Alice Neel
Painter of Modern Life

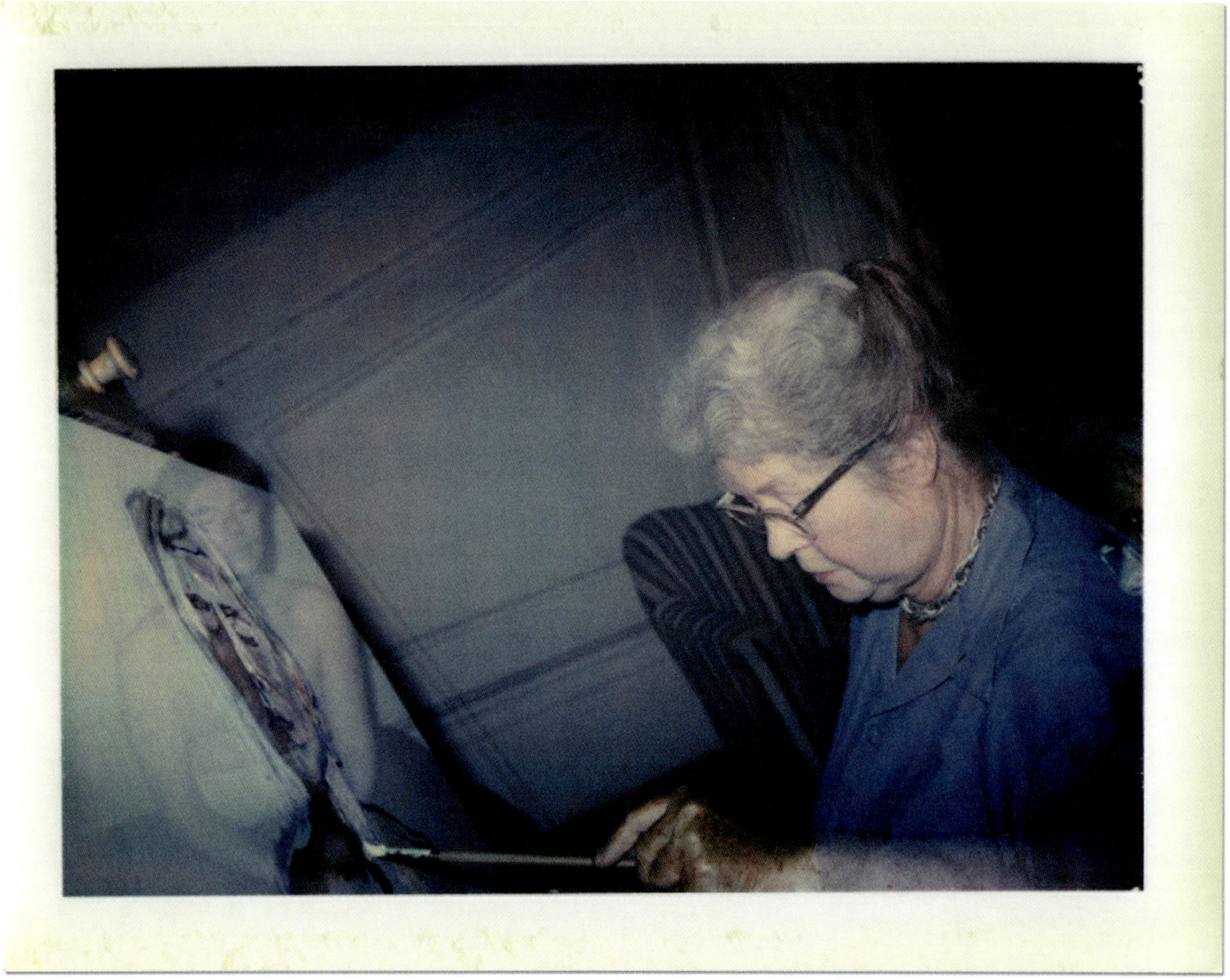

Alice Neel

Painter of Modern Life

Herausgeber
Jeremy Lewison

Herausgeber der deutschen Ausgabe
Dirk Luckow

Mit Beiträgen von
Bice Curiger
Petra Gördüren
Jeremy Lewison
Laura Stamps
Annamari Vänskä

HATJE CANTZ

DEICHTORHALLEN HAMBURG INTERNATIONALE KUNST UND FOTOGRAFIE

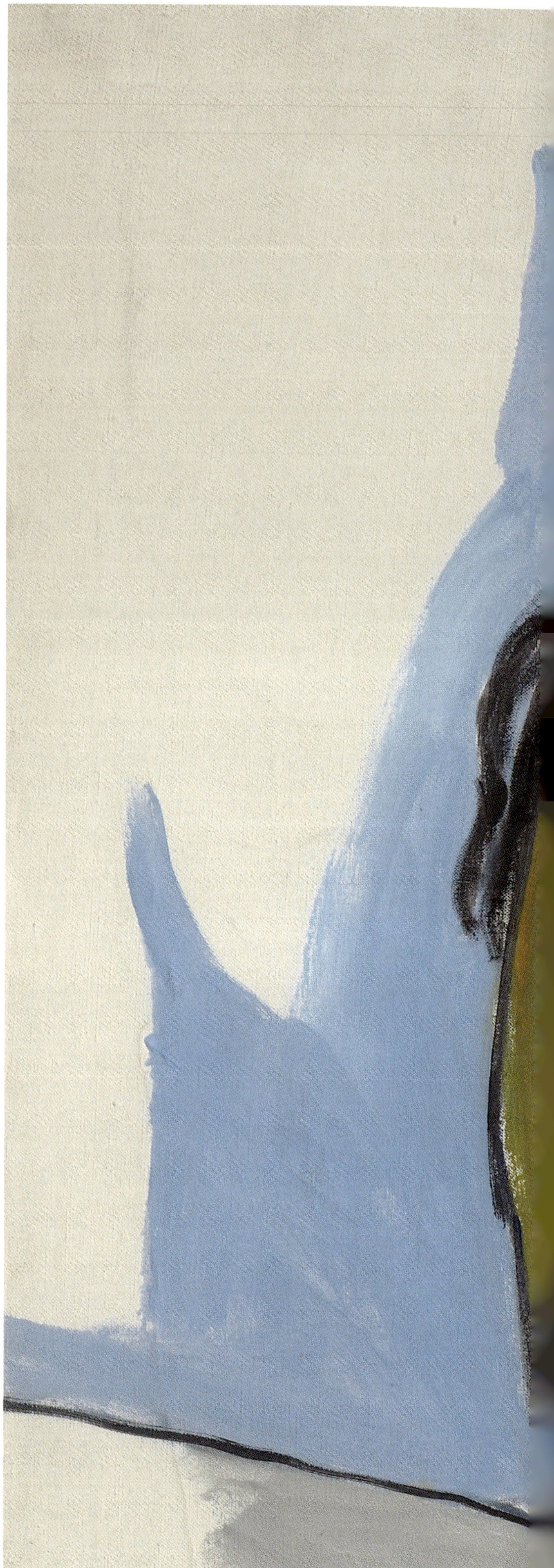

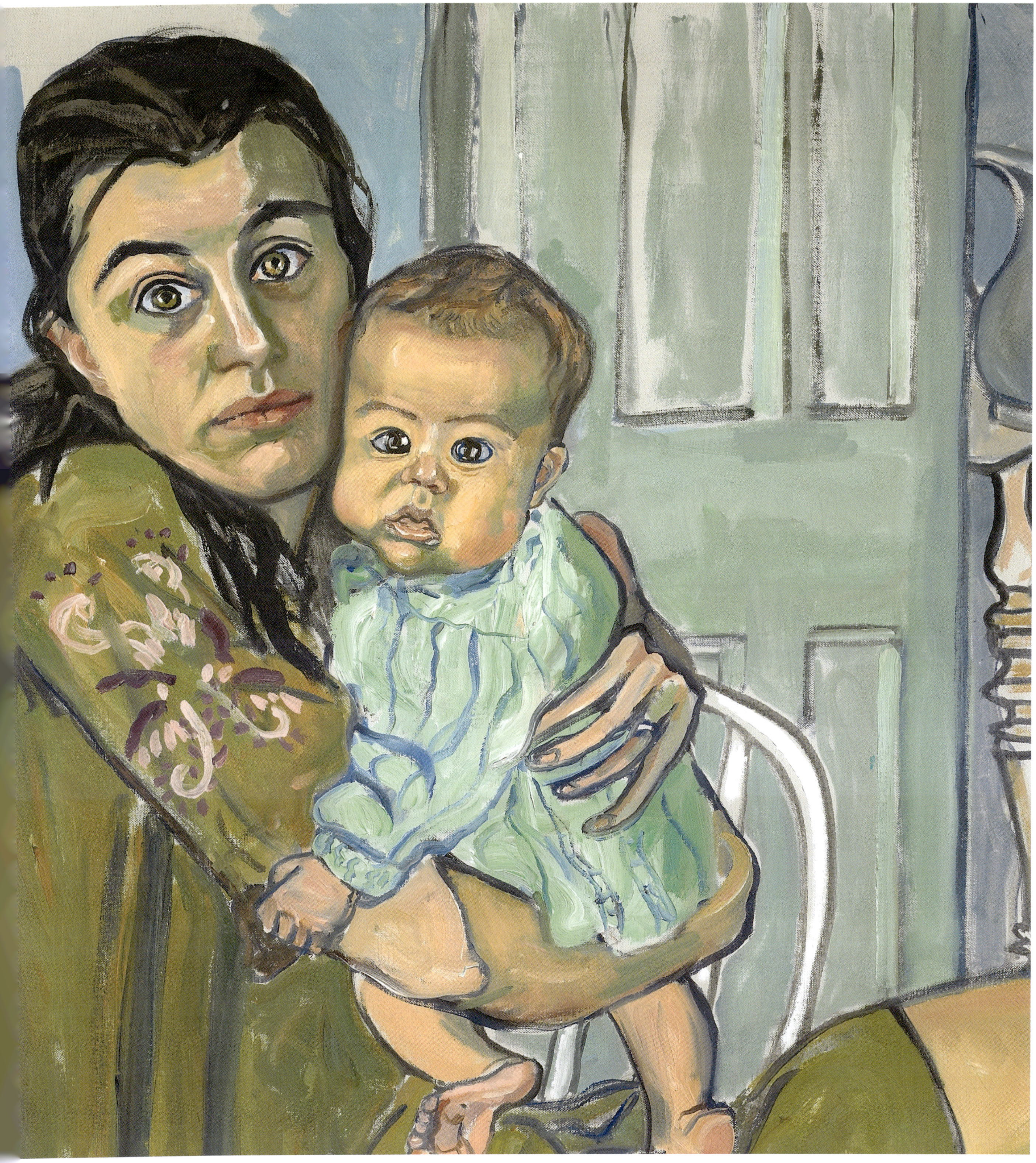

Dieser Katalog erscheint anlässlich der Ausstellung
Alice Neel – Painter of Modern Life

Ateneum Art Museum, Finnish National Gallery, Helsinki
10. Juni – 2. Oktober 2016

Gemeentemuseum Den Haag
5. November 2016 – 12. Februar 2017

Fondation Vincent van Gogh Arles
4. März – 17. September 2017

Deichtorhallen Hamburg
13. Oktober 2017 – 14. Januar 2018

Kurator der Ausstellung
Jeremy Lewison

Kuratoren der Häuser
Bice Curiger, Künstlerische Direktorin, Fondation Vincent van Gogh Arles
Sointu Fritze, Chefkuratorin, Ateneum Art Museum, Helsinki
Dirk Luckow, Intendant, Deichtorhallen Hamburg
Laura Stamps, Kuratorin, Gemeentemuseum Den Haag

Ausstellungskoordination
Anna Pirkkalainen, Finnish National Gallery

Wir möchten all jenen unseren größten Dank aussprechen, die zur Realisation der Ausstellung und Umsetzung des begleitenden Kataloges beigetragen haben, insbesondere den Mitarbeitern der beteiligten Museen. Unser besonderer Dank gilt den Lektoren der unterschiedlichen Sprachversionen des Katalogs: Laura Stamps für die niederländische Version, Delphine Ménage für die französische Version, Basil Blösche, Sabine Seidel und Annette Sievert für die deutsche Ausgabe.

Ann Mestdag und Bernard Steyaert von Mercatorfonds in Brüssel und Barbara Costermans von Tijdsbeeld & Pièce Montée in Ghent koordinierten die Produktion dieses Buches und seiner fünf Sprachversionen, dafür möchten wir ihnen herzlich danken.

Unser ganz besonderer Dank gebührt den Museen, Galerien, Stiftungen und Sammlern, und all jenen Leihgebern, die nicht namentlich genannt werden möchten, die ihre Werke großzügig für diese Ausstellung zur Verfügung gestellt haben:

Brand Family Collection
Charlotte Feng Ford Collection
Cheim & Read, New York
Cleveland Museum of Art
Defares Collection
Diane and David Goldsmith Collection
The Estate of Alice Neel
Foundation for Women Artists, Antwerpen
Hirshhorn Museum and Sculpture Garden, Smithsonian Institution, Washington, D.C.
Honolulu Museum of Art
The Institute of Contemporary Art, Boston
The Jewish Museum, New York
John Cheim Collection
Kim Manocherian Collection
Locks Foundation, Philadelphia
The Metropolitan Museum of Art, New York
Moderna Museet, Stockholm
Museum of Fine Arts, Boston
The Museum of Fine Arts, Houston
The Museum of Modern Art, New York
National Gallery of Art, Washington, D.C.
National Museum of Women in the Arts, Washington, D.C.
The National Portrait Gallery, Smithsonian Institution, Washington, D.C.
Oklahoma City Museum of Art
Philadelphia Museum of Art
Smithsonian American Art Museum, Washington, D.C.
Tate, London
Victoria and Warren Miro Collection
Whitney Museum of American Art, New York

ATENEUM FINNISH NATIONAL GALLERY • DEICHTOR HALLEN INTERNATIONALE KUNST UND FOTOGRAFIE HAMBURG • FONDATION VINCENT VAN GOGH ARLES • GEMEENTE MUSEUM DEN HAAG

Alice Neel und das menschliche Bild
Vorwort

Das Darstellen von Menschen zieht sich als zentrales Thema durch die gesamte Geschichte der Kunst, von den kykladischen Figurinen bis zu heutigen Ausgestaltungen. Ein Werk geht immer einher mit seiner Zeit, ist an den historischen Kontext, an Kunstgattung und künstlerische Absicht gebunden. Häufig stellen Künstler sich selbst und ihnen Nahestehende dar. Sie deuten die Welt, indem sie menschliche Persönlichkeiten und deren gelebtes Leben porträtieren.

Die Porträts der amerikanischen Künstlerin Alice Neel (1900–1984) haben eine außerordentlich aufrüttelnde Kraft. Manchmal schauen die Dargestellten geradewegs auf die Betrachter und scheinen ihnen extrem nahe zu kommen. Andere Male ist der Blick nach innen gerichtet, weist die Betrachter ab, schließt sie aus. Diese Bilder berichten und offenbaren: Sie lassen uns ohne Mühe Gefühle und Gedanken, aber auch Geschichten erkennen. Ein ums andere Mal erfasst Neel mit ihrem psychologisch scharfblickenden Auge und ihrem virtuosen malerischen Können etwas Wesentliches von der Person und ihrem Umfeld.

Manche der in Neels Werken Porträtierten, wie die US-amerikanischen Kollegen Robert Smithson und Andy Warhol, sind aufgrund ihrer künstlerischen Arbeiten, andere als politische Akteure oder Prominente bekannt. Manche zählen zu Neels Familie und engem Freundeskreis, wieder anderen ist sie einfach durch Zufall begegnet. Diese Porträts erschließen Neels ungewöhnlich vielfältiges, facettenreiches Leben, das, wollte man es erzählen, einige Bücher füllen könnte. Die urbanen Landschaften, die für die Ausstellung gewählt wurden, tun das Ihre, Neels Fähigkeit zur präzisen und von der Erfahrung geleiteten Beobachtung ihres Umfelds noch besser zur Geltung zu bringen.

Museen stehen heute immer stärker in der Verantwortung – und in der Pflicht –, angesichts des endlosen Bilder- und Informationsstroms innezuhalten und gut durchdachte Entscheidungen zu treffen. Eine Ausstellung zu gestalten, erfordert das Engagement einer großen Zahl von Fachleuten in verschiedenen Funktionen. Gleichzeitig ist dies ein Versprechen an unser Publikum: Wir haben etwas zu zeigen und zu erzählen.

Das Ateneum Museum / Finnish National Gallery ist ausgesprochen stolz, diese Alice Neel Ausstellung in Partnerschaft mit dem Gemeentemuseum Den Haag, der Fondation van Gogh in Arles und den Deichtorhallen Hamburg präsentieren zu können. Ohne die bereitwillige Mitwirkung des Estate of Alice Neel sowie privater und öffentlicher Leihgeber wäre die Zusammenstellung der Schau nicht möglich gewesen. Besondere Dankbarkeit empfinden wir für Alice Neels Familie, namentlich ihre Söhne Richard und Hartley Neel. Ihr Enkel, Andrew Neel, erlaubte uns großzügigerweise, den aufschlussreichen Film über Alice Neel zu zeigen. Danken möchten wir ebenso den Repräsentanten des Estate of Alice Neel Xavier Hufkens, Victoria Miro, Aurel Scheibler und David Zwirner, die uns während der gesamten Ausstellungsorganisation unterstützt haben.

Dem Hauptkurator der Ausstellung, Jeremy Lewison, der mit Sointu Fritze vom Ateneum zusammengearbeitet hat, möchten wir unsere tiefste Dankbarkeit für seine unermüdliche, fachkundige und kompromisslose Arbeit aussprechen. Dank schulden wir auch allen Autoren dieser Publikation, deren Essays neue Perspektiven auf Neels Kunst eröffnen, sowie Ateneum-Kuratorin Anu Utrianinen für die Koordinierung des Katalogprojekts.

Wir hoffen, dass möglichst viele Menschen durch die Ausstellung und das Buch Zeit finden, sich auf Neels Kunst einzulassen – so aufmerksam und frei heraus, wie Neel selbst ihre Sujets gemalt hat. Zeit, innezuhalten im Strom der Bilder und Reize, Zeit, zu schauen und zu denken.

Susanna Petterson
Direktorin
The Ateneum Art Museum / The Finnish National Gallery, Helsinki

Benno Tempel
Direktor
Gemeentemuseum Den Haag

Bice Curiger
Künstlerische Direktorin
Fondation Vincent van Gogh Arles

Dirk Luckow
Intendant
Deichtorhallen Hamburg

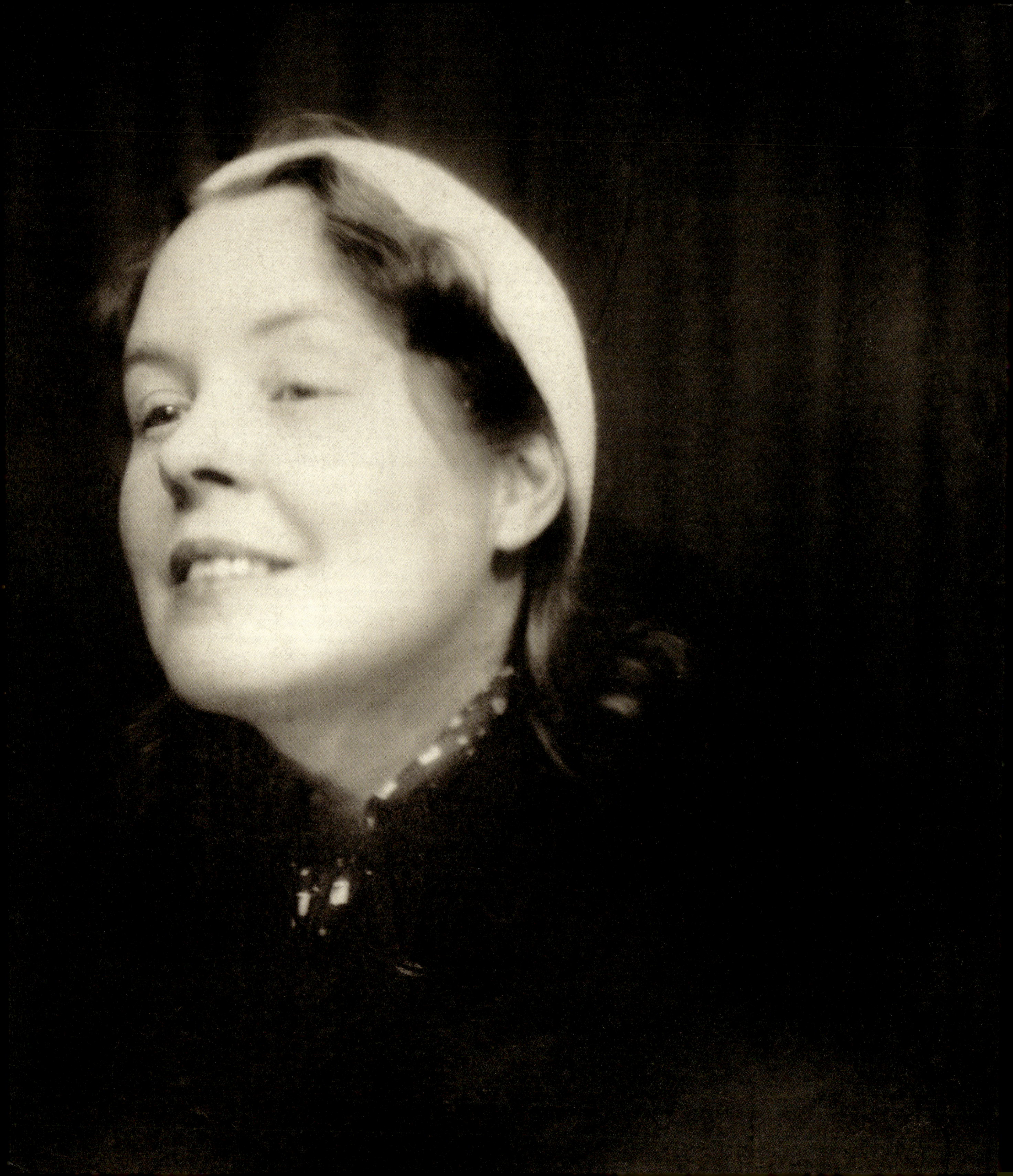

Alice Neel: Painter of Modern Life
Eine Einführung

Jeremy Lewison

Am 26. und 29. November sowie am 3. Dezember 1863 veröffentlichte die Zeitung *Le Figaro* »Le Peintre de la vie moderne«, einen Essay in drei Teilen des Dichters und Kritikers Charles Baudelaire. 1859 hatte er daran zu arbeiten begonnen, doch bedurfte es noch weiterer vier Jahre, bis der Text das Licht der Welt erblickte. Baudelaire war für Delacroix gewesen, was John Ruskin für J.M.W. Turner war – ein Fürsprecher aus der jüngeren Generation. Tatsächlich erschien Baudelaires langer Abschiedsartikel über den großen französischen Maler der Romantik in drei Lieferungen am 2., 14. und 22. November 1863, knapp vor der Publikation von »Le Peintre de la vie moderne«. Der zweite zur Publikation anstehende Artikel zeugte somit davon, dass sich sein Interesse an der Malerei und seine Einstellung zu ihr verändert hatten. Delacroix war bereits Vergangenheit.

Vordergründig ein Aufsatz über einen namenlosen Illustrator und Zeichner, wenngleich die Initialen C.G. nur eine dürftige Tarnung für Constantin Guys darstellten, kam »Le Peintre de la vie moderne« einem Manifest der modernen Malerei gleich, das weitreichende Wirkung entfaltete. Der *Salon des Refusés* eröffnete im Mai 1863 mit Édouard Manets *Déjeuner sur l'herbe* (1863) als seinem Glanzstück. Manets Werk, das heute als Geburtsstunde der Moderne gilt, wurde zu gleichen Teilen mit Hohngeheul, Gelächter und Entrüstung empfangen, doch hatte Baudelaires Schrift, wenn auch nicht mehr zum Zeitpunkt ihrer Veröffentlichung, der Haltung Manets zur Malerei schon vorgegriffen. Baudelaire tritt für eine Kunst ein, die ein »Sittengemälde unserer Zeit«[1] darstellt – das Vergnügen an ihr »entspringt nicht nur der Schönheit, worein [sic] sie sich kleiden mag, sondern auch ihrer wesentlichen Eigenschaft als Gegenwart«.[2] Er plädiert für Bilder vom Stadtleben, nicht von antiken Griechen und Römern, wie die akademischen Nachfolger von Jacques-Louis David sie noch in der zweiten Hälfte des 19. Jahrhunderts malten, ja nicht einmal von den Episoden aus der Geschichte des Mittelalters, wie Delacroix und seine Schüler sie geschildert hatten. Baudelaire verlangt nach einer Malkunst, die keine Togas abbildet, auch keine Tracht des späten 18. Jahrhunderts, sondern zeitgemäße Kleidung, so dass sie »die Moral und Ästhetik ihrer Zeit«[3] veranschaulicht. Die Schönheit des Menschen, erklärt er, sei in seiner Haltung zu finden, in seiner Kleidung, seinen Gebärden und in den Zügen seines Gesichts, und diese seien untrennbar verbunden mit der Epoche, in der er lebt.

»Das Schöne«, so der Dichter, »besteht aus einem ewigen, unveränderlichen Element, dessen Anteil äußerst schwierig zu bestimmen ist, und einem relativen, von den Umständen abhängigen Element, das, wenn man so will, eins ums andere oder insgesamt, die Epoche, die Mode, die Moral, die Leidenschaft sein wird. Ohne dieses zweite Element, das wie der unterhaltende, den Gaumen kitzelnde und die Speiselust reizende Überzug des göttlichen Kuchens ist, wäre das erste Element unverdaulich, unbestimmbar, der menschlichen Natur unangepasst und unangemessen.«[4] Das Schöne ist daher nach Baudelaires Auffassung sowohl universal als auch zufällig, ewig und flüchtig, entfließt der Gegenwart und der Vergangenheit. Das vergängliche Element findet sich in der Mode. Für den Künstler gilt es, »der Mode das abzugewinnen, was sie im Vorübergehenden an Poetischem enthält«.[5] Zeitgenössische Mode an sich macht deshalb noch nicht das Schöne. Der Künstler muss sie ergründen, sie freilegen, bis er im Kurzlebigen das Dauerhafte findet. Baudelaire lästert darüber, wie Künstler, die seine Zeitgenossen sind, die Mode der Gegenwart schlecht machen. »Die Modernität«, wiederholt er, »ist das Vergängliche, das Flüchtige, das Zufällige, die eine Hälfte der Kunst, deren andere Hälfte das Ewige und Unwandelbare ist.«[6] Während Baudelaire Künstlern zubilligte, ihre Kostüme der historischen Periode des gewählten Themas entsprechend zu wählen, betrachtete er es als Verrat, zeitgenössische Porträts in etwas anderem als zeitgenössischer Kleidung zu malen. Im Wesentlichen stritt Baudelaire für eine Porträtkunst, die den Zeitgeist vergegenwärtigt.

Die Kleidung eines Modells beeinflusst in jeder Hinsicht dessen Verhalten, die Gebärden, die es macht, den Ausdruck, den es an den Tag legt, und die Art, wie es sitzt. »Jede Epoche hat ihre Haltung, ihren Blick und ihre Gebärde.«[7] Was nun das Aktbild angeht: »Wenn ein geduldiger und sorgfältiger, doch nur mit mittelmäßiger Phantasie begabter Maler, bei dem Vorhaben, eine Kurtisane unserer Tage zu malen, sich an einer Kurtisane Tizians oder Raffaels *inspiriert* (das ist

‹ Alice Neel, ca. 1945, Fotografie aus einem Passbildautomaten

der geheiligte Ausdruck), so wird er mit höchster Wahrscheinlichkeit ein verfehltes, uneinheitliches und obskures Werk hervorbringen. Das Studium eines Meisterwerks jener Zeit und Gattung wird ihn weder die Haltung noch den Blick, die freche Fratze oder überhaupt das lebendige Aussehen eines dieser Geschöpfe lehren, die das Wörterbuch der Mode nacheinander unter den groben oder scherzhaften Benennungen als *impures, filles entretenues, lorettes* und *biches* verzeichnet.«[8] An wen anderes mochte Baudelaire gedacht haben als an Jean-Auguste-Dominique Ingres, dessen *La Grande Odalisque* von 1814, *L'Odalisque à l'esclave* von 1842 und das 1862 gemalte *Le Bain turc* alles verkörperten, was Baudelaire am anachronistischen Zugriff auf das Zeitgenössische hasste? Und wie stark kontrastierte doch Ingres' *Le Bain turc*, eine Orgie von Frauen, die wie Göttinnen oder Madonnen außer Dienst posieren, mit dem zeitgemäßen Erscheinungsbild von Manets nackter Dame, die mit ihren bekleideten männlichen Begleitern im Bois de Boulogne sitzt? Selbst wenn Manet durch die seinerzeit Giorgione und heute Tizian zugeschriebene *Fête champêtre* (um 1509, Musée du Louvre) und weitere venezianische Gemälde inspiriert wurde, hat er doch keine sklavischen Kopien gemacht. Vielmehr benutzte er Vorausgegangenes, um ein gänzlich modern aussehendes Bild zu malen, wobei er ein Hirtenkonzert in Arkadien in ein zeitgenössisches Picknick im Bois de Boulogne verwandelte. Die mittelalterlichen Kostüme ersetzte er durch das allgegenwärtige schwarze Jackett mit grauen Hosen, und vielleicht von alledem am schockierendsten und modernsten: Statt dass die Figuren die Betrachter des Gemäldes ignorieren, blickt ihnen die nackte Victorine Meurent, eine moderne Frau und Malerin eigenen Rechts, direkt ins Gesicht. Keine Anwandlung von Scham liegt hier vor, eher eine Pose für die Kamera. Baudelaire hatte gegen das Studium alter Meister nichts einzuwenden, aber nicht um den Preis, sich von der Erscheinung der Gegenwart zu entbinden. Das Problem mit Ingres und seinen Nachfolgern war, dass deren Bilder nicht Stil und Sitten der Gegenwart, sondern die eines exotischen Ortes in entlegener Zeit veranschaulichten.

Nun schnell voran zu Alice Neel. Hier war eine Künstlerin, die sich von Beginn an für das Erscheinungsbild ihrer Zeit interessierte. Das Werk der mit dem Jahrhundert Geborenen hat sich in dessen Verlauf stilistisch gewandelt. Doch wie? Ihre Gemälde spiegeln Veränderungen in der Mode, in den Einstellungen zu Geschlechterrolle und Rasse, in der Frage von Geschminkt oder Ungeschminkt wider. Sie antizipieren und sie reflektieren die Neuformulierung von Darstellungsweisen. Sie erkennen den engen Zusammenhang der Gebärde mit der Kleidung und der Körperhaltung genauso wie das Verhältnis von Körperhaltung zu Klasse, Einstellung, Folgsamkeit, Rebellion und Renitenz. Das »unfertige« Aussehen vieler späterer Werke Neels war ein Kennzeichen jener Gemälde von Baudelaires Zeitgenossen, die dieser zustimmend mit dem Wort »Barbarei« belegte, das »den oder jenen zu dem Glauben verleiten könnte, dass es sich hier um formlose Zeichnungen handle, die allein durch die Vorstellungskraft des Betrachters sich in etwas Vollkommenes verwandeln.«[9] Demgegenüber ermutigt Baudelaire die Künstler, die Hauptlinien und Umrisse niederzulegen, aus dem Gedächtnis zu malen und nicht nach der Natur: »Es entsteht dann ein Widerstreit zwischen dem Willen, alles zu sehen, nichts zu vergessen, und dem Vermögen des Gedächtnisses, das sich gewöhnt hat, die vorherrschende Farbe und die Silhouette, die Arabeske des Umrisses lebhaft in sich aufzunehmen.«[10] Was könnte einer Beschreibung von Neels Gemälde von Michel Auder (1980, Kat. 67) – mit den hingeschnörkelten Knien, die, im Kontrast zur hoch detaillierten Studie des Kopfes, so beredt das Flair des »Unfertigen« haben, – näher sein als dies? Tragen Neels frühe, zügellose Gemälde die Kennzeichen von Baudelaires lyrischer Dichtung, so beruhen ihre späten Bilder, von den 1960er Jahren an, auf dem von Baudelaire beschriebenen Wettstreit zwischen dem Beobachteten und dem Empfundenen, dem Erforschten und dem Vorgestellten, dem Erkannten und dem Projizierten, dem Studierten und dem flüchtig Erblickten und dem Fokussierten und Unfokussierten. »Fertig« wird unter Neels Händen zu einem variablen Begriff. Baudelaire spricht davon, dass bei Guys »jede Zeichnung [...] als genügend fertig erscheint.«[11] Diese Verschmelzung von Fertig und Unfertig wird in dem schmalen Grat verkörpert, auf dem Neel sich oftmals zwischen dem Abstrakten und dem Abbildenden bewegte.

Meyer Schapiro beschrieb das Werk Paul Cézannes, der ein Bewunderer Baudelaires war und zu Neels Heroen zählte, als angesiedelt »zwischen der alten Auffassung, die vom Maler die getreue Wiedergabe eines besonders auffallenden oder schönen Gegenstandes forderte und der modernen, ›abstrakten‹ Malerei, die eine Harmonie von Farbflecken ist und nichts abbilden will. [...] Doch hat Cézanne [...] die sichtbare Welt nicht nur einfach nachgemacht; durch die Farbstriche selbst, von denen viele mit dem Gegenstand nichts zu tun haben, die aber für die Harmonie des Ganzen notwendig sind, schafft er eine neue Welt.«[12] Welch bessere Beschreibung könnte es für Hartleys T-Shirt in *Hartley* (1966, Kat. 43) oder eben Schapiros Gesicht in Neels spätem Porträt zu Lebzeiten geben (1983, Kat. 71)?

Doch wie steht es um Neels tatsächliche Kenntnis von Baudelaires Schlüsseltext? Nun, es ist nicht bekannt, ob sie ihn gelesen hat, aber 1929 malte sie ein Aquarell von Nadya Olyanova mit dem Titel *La Fleur du Mal (Nadya)*, an sich schon eine Hommage an Baudelaires qualvolle Gedichte, die zur Zeit ihrer Veröffentlichung als dekadent und obszön galten. Ob sie sich im Weiteren auch mit seinem gefeierten Essay befasste? Sie sprach zwar kein Französisch, doch besorgte der britische Kunstkritiker Paul G. Konody von Baudelaires Artikel eine Übersetzung ins Englische, die 1930 erschien.[13] Und sollte sie womöglich versäumt haben, diese zu lesen, so hätte sie 1950 eine weitere Übersetzung in die Hände bekommen können, diesmal von Norman Cameron,[14] oder aber die 1964 veröffentlichte Übertragung von Jonathan Mayne.[15] Falls sie diese alle indes verpasst hätte, was bei einer Frau, die sich so eingehend mit dem Erscheinungsbild der Moderne auseinandergesetzt hat, unwahrscheinlich anmutet, so ist Robert Henris *The Art Spirit*, der für Neel einen Schlüsseltext darstellte, von Baudelaires Gedanken durchtränkt.[16] Henri, der sich 1888 eine Zeitlang in Paris aufhielt und bis 1891 in Frankreich blieb, kam an ihnen nicht vorbei. Für ihn als Bewunderer des Impressionismus war Baudelaires Essay eine Pflichtlektüre.

Baudelaires Sicht der Modernität klingt in einer Reihe von Neels Äußerungen nach, und keine davon ist treffender als das, was sie 1971 bei ihrer Doktoratsrede im Moore College of Art & Design mitteilte: »Vielleicht habe ich meine Entscheidungen nicht immer bewusst getroffen, aber ich spürte, dass die Bilder von den Menschen die Epoche in einer Weise widerspiegeln, wie nichts anderes es könnte. Wenn Porträts gute Kunst sind, reflektieren sie die Kultur, die Zeit und noch vieles mehr.«[17] Neel, selbst eine moderne Frau, Flapper,[18] alleinstehende Mutter, eigensinnig, geradeheraus, die für ihre Rechte aufstand, war die Malerin ihres modernen Lebens.

Malerei (in) der Krise

Jeremy Lewison

Alice Neels Lebensgeschichte hat oft in die Untersuchung und Deutung ihrer Gemälde hineingewirkt. Gewiss müssen ihre Lebenserfahrungen für die Wahl ihrer Themen und für die Haltungen, die sie in ihren Gemälden einnahm, eine wichtige Rolle gespielt haben. Beispielsweise der Tod ihrer erstgeborenen Tochter im Kleinkindalter und der Verlust des Sorgerechts für ihr nächstes Kind zwei Jahre darauf können nur tiefe Furchen in ihrer Psyche hinterlassen haben. Dass sie in einer figurativen Bildsprache malte, hat es Kommentatoren (auch dem Verfasser dieses Textes) erlaubt, Verbindungen zwischen solchen Lebensereignissen und ihrem Werk zu ziehen,[1] doch hätte sie abstrakt gearbeitet, wären solche Interpretationen vielleicht schwieriger zu begründen gewesen. Figurative Maler bieten wohl immer Gelegenheiten für biografische Querverweise, und diese sind gewiss nicht unerheblich; ein Gemälde, ob abstrakt oder gegenständlich, ist jedoch eine Ansammlung von Pinselspuren auf einem Trägermaterial, und die Malfarbe ist das Medium, durch das Maler Gedanken, Eindrücke, Regungen und Beobachtungen mitteilen, während sie strategische Entscheidungen treffen, um das Problem der Darstellung zu einer Lösung zu bringen. Bewusstes und Unbewusstes kommen in jedem Idiom ins Spiel. Es ist deshalb hilfreich, beim Betrachten von Alice Neels Gemälden dem Drang zu widerstehen, diese schlicht anhand ihres Lebens und des sozialen Zusammenhangs, in dem sie arbeitete, zu erklären, sondern vielmehr die Beschaffenheit ihrer Kunst und deren physische Erscheinungsform zu untersuchen, zu ergründen, auf welche Weise sie malte oder welche Pinselspuren sie tatsächlich setzte, und zu bestimmen, was dargestellt ist.

Neels gesamtes Œuvre durchzieht eine Spannung zwischen dem Realistischen und dem Expressiven, anders ausgedrückt, zwischen dem Naturalistischen und dem Deformierten. Auch entfaltet sich in ihm ein Dialog zwischen der Pinselspur als Material und als Bedeutungsträger. Solche Dualitäten sind keineswegs ungewöhnlich. In der kubistischen Malerei war das Spiel zwischen Spur und Zeichen ein zentrales Konstrukt. Ähnlich stand Neels Interesse an einem bestimmten Realismus völlig im Einklang nicht nur mit den ihr vorausgegangenen Künstlern der Ashcan School, sondern sogar mit der europäischen »Rückkehr zur Ordnung« infolge des Zweiten Weltkriegs. Doch gerade durch ihr Arbeiten mit beiden Malweisen, dem Realen wie dem Deformierten, und ihr Verhandeln zwischen Materialautonomie und Dienst an der Erzählung wurde es Neel möglich, über das Naturalistische hinauszugelangen, um offenzulegen, was jenseits davon liegt – oder zumindest diesen Eindruck zu erwecken.

Während die Ashcan-Künstler bisweilen mit ihren aus den sozialen Niederungen gegriffenen Sujets gegen die in der impressionistischen Malerei geschilderten bourgeoisen Milieus aufbegehrten, blieb ihr Werk im Wesentlichen impressionistisch in der Faktur; auch manche Themen und Strategien – nicht zuletzt die voyeuristischen Tendenzen – des Impressionismus übernahm sie. Als exemplarische Künstler hielten sie Edgar Degas und dessen Wegbereiter Honoré Daumier hoch. Wie die Impressionisten neigten die Ashcan-Künstler dazu, das Leben in den Niederungen durch eine etwas romantische Brille zu betrachten. In manchen von Neels frühen Werken wie *Beggars, Havana, Cuba* (1926, Estate of Alice Neel, Abb. 1) gibt es solche Momente, auch wenn Neels rückblickende Äußerungen an ihrer Empathie für die Dargestellten keinen Zweifel lassen.[2]

Strebte Neel nach dem Gütesiegel der Authentizität, wäre eine voyeuristische Einstellung auch nicht haltbar gewesen. Ihr Interesse am Realismus oder, wie sie es bei mancher Gelegenheit formulierte, an »der Wahrhaftigkeit« verlangte von ihr, das Leben zu führen und zu atmen, das sie schilderte. So malte sie, ob mit Wasserfarben oder Öl, in den späten 1920er und frühen 1930er Jahren ihre eigene Welt, weil diese es war, die ihr authentisch und unmittelbar zur Verfügung stand: ihre Eindrücke aus einer Geburtsklinik, das Erlebnis, mit ihrem Kind in New Jersey am Strand von Belmar zu sitzen, oder ihre nackten Ateliergefährtinnen Ethel Ashton und Rhoda Myers. Es waren Ereignisse, die sie erlebte, und Menschen, die sie kannte.

Schon in *Ethel Ashton* (1930, Abb. 2, Kat. 5) gibt Neel ein Interesse an der materiellen Beschaffenheit der Malfarbe und ihrer möglichen Doppelfunktion als Zeichen und Pinselspur zu erkennen. Der Anflug von Ockergelb neben Ashtons linker Brust hat keine narrative Funktion,[3] zumindest aber erscheint die einzig denkbare narrative Funktion recht unplausibel – dass nämlich zwischen der Brust und dem überquellenden Bauch eine Lücke war, durch die Neel aus ihrer Ashton überragenden Position die Wand hinter ihr hätte erblicken können. Das längliche gelbe Gebilde ist vielmehr dazu da, die Faltungen des Fleisches zu unterbrechen, die ausgedehnte Gestalt der Brust zu akzentuieren, um ihr Kontur zu geben, und den Körper zu einer sich windenden Masse zu modellieren, die auf Ashtons Verlegenheit und Scham hindeutet. Der Kopf, der mit den offenbar flehend nach oben gerollten Augen auf die Brüste abgestimmt ist, verrät die Dominanz, manche mögen sagen Gefühllosigkeit, der Künstlerin.

Die Porträts von Ashton und Myers zeugen von einem Wunsch, die Konventionen der Aktdarstellung zu überwinden, als Domäne männlicher Künstler nämlich, die den weiblichen Akt traditionell zu einer unbedrohlich und dennoch erotisch wirkenden, gefassten Form idealisierten. In Neels Gemälden hingegen erscheint die nackte Frau als lebendiges, atmendes Wesen mit Regungen, Gefühlen und Sorgen, vor allem jedoch mit einem nicht-idealisierten Körper. Neel scheut weder das in der Abjektion hervortretende existenzielle Grauen, noch erzeugt sie eine pure Illusion, sei es die Illusion von Fleisch oder die Illusion eines Ideals. Die Malfarbe ist gleichermaßen sie selbst wie Mittel zur Erschaffung einer Illusion – Malfarbe als Fleisch und Fleisch als Malfarbe. Man beachte den Bereich rechts von Ashtons Nabel, wo, wie es scheint, ein schmutziggrauer Flecken dünn hingewischt und mit einer schwarzen Kurve konturiert wurde. Während die Kurve einen Schatten anzeigt, hat der graue Bereich keine beschreibende Funktion, da die Fleischfalte sich im direkten Licht befindet. Er bildet schlicht eine Malfarbenpassage: Zwar wurden die für Ashtons eigenen linken Oberschenkel verwendeten Farben annähernd zu einem Hautton gemischt, doch sind sie in breiten, sichtbaren Pinselstrichen aufgetragen. Ähnlich lässt die schwarze Passage zwischen ihren Beinen, wo zwei Dreiecke sich an den Spitzen berühren, Schamgegend und Schatten verschmelzen und kann doch weder als Beschreibung der einen noch des anderen gelten. Sie ist in erster Linie ein Bereich aus Malfarbe, dann erst der Deutung zugänglich.

In *Rhoda Myers with Blue Hat* (1930, Kat. 4) ist Myers' Schamhaar summarisch durch eine Reihe waagerechter Pinselstriche in Schwarz und Braun wiedergegeben; dabei wurden die Farben einfach übereinander aufgetragen, ohne eine illusionistische Mischung anzustreben. Merkmale dieser Art sind 1950 in de Koonings unverkennbaren Stil eingeflossen, in dem die Malfarbe sowohl autonom als auch deskriptiv aufzufassen ist.

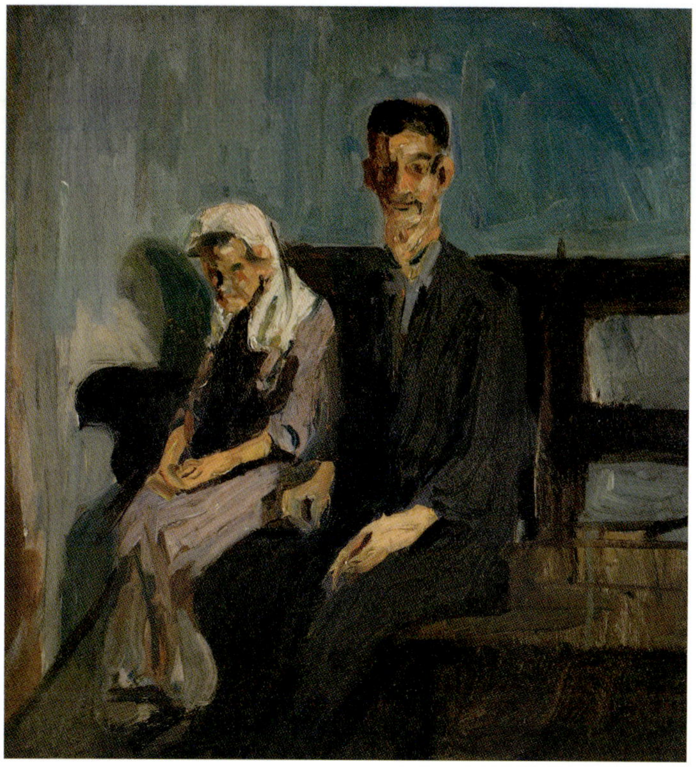

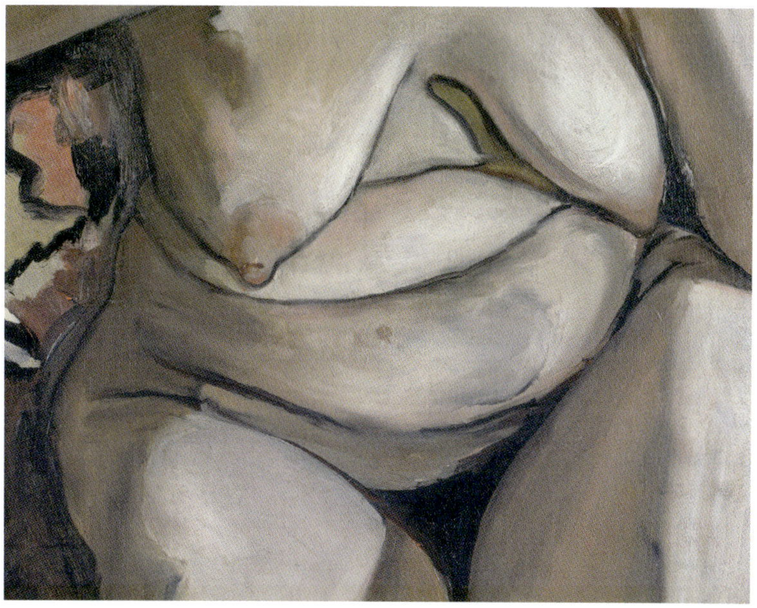

1 **Alice Neel, *Beggars, Havana, Cuba*, 1926**
Öl auf Leinwand, 50,8 x 45,7 cm
Estate of Alice Neel

2 **Alice Neel, *Ethel Ashton*, 1930. Detail**
Öl auf Leinwand, 61 x 55,9 cm
Tate, London

Keine der beiden Aktdarstellungen steht in der Tradition der neutralen Darstellung eines Ateliermodells. Sie führen vielmehr Édouard Manets Verfahren weiter, das Modell zugleich mit einer erkennbaren Funktion (*Olympia* als Kurtisane) und mit einer Persönlichkeit (*Olympia* als Unbekümmerte) auszustatten. Galten die Maßverhältnisse in Manets Kurtisanengemälde als eines seiner schockierendsten Elemente, so wirken die Maßverhältnisse in Neels Darstellungen zweier »moderner« Frauen nicht weniger konfrontativ, so eng wie sie durch die Ränder der Leinwand eingefasst werden und direkt zu den Betrachtern schauen. Neels Sujets sind keine Modelle, sondern Freundinnen, Künstlerkolleginnen, deren Persönlichkeiten sie entblößt – Ashtons Scham und Verlegenheit und Myers' Gleichgültigkeit. Nicht anders verfuhr sie in ihrem Porträt von Joe Gould (1933, Kat. 8), in dem dieser sich kraft seiner teuflischen Exzentrik der Rolle des Modells enthebt und zum Greenwich-Village-Charakter wird.

Erneut ist hier eine Spannung zwischen deskriptiven und materiellen Funktionen der Malfarbe zu beobachten. Dem orangefarbenen Querstreifen unter dem Hocker kommt keine narrative Aufgabe zu. Ähnlich mag die graue Stelle unter den Beinen des Rumpfkörpers zur Linken zwar einen Schatten anzeigen, sie ist aber zuallererst eine Reihe von Pinselspuren, während die Beschädigung der Oberfläche, dort wo Neel die Farbe abgeschabt hat, beispielsweise in der oberen Ecke links, keine augenscheinliche Bedeutung besitzt, wenngleich sie vielleicht sinnbildlich für Goulds Schludrigkeit steht. Ein schmutziger Fleck kann ein Zeichen für Schmutz sein, doch gibt es hier keine Illusion, nur Malfarbe, die als Malfarbe fungiert. Dennoch können Betrachter daraus etwas erschließen, das die Künstlerin vielleicht beabsichtigt hat – oder auch nicht. Vielleicht wollte Neel, dass *Joe Gould* einer mythologischen Kreatur in einem abblätternden römischen Fresko ähnelt, wovon Beispiele im Metropolitan Museum gezeigt wurden. In diesen Wandmalereien, insbesondere aus dem Boscoreale im Golf von Neapel, war Zinnoberrot oft die Hintergrundfarbe. Goulds plastisch wirkendes Haar ähnelt den römischen oder griechischen Büsten von Kaisern, Göttern oder mythologischen Figuren. Porträtiert von Neel erscheint Gould schimärisch.

Einem solch malerischen Ansatz ist Neel nicht immer gefolgt. In ihrem ersten Porträt von *Max White* (1935, Kat. 11), das möglicherweise den Einfluss deutscher Künstler der Neuen Sachlichkeit erkennen lässt,[4] verdünnt Neel die Farbe zu einer mageren glatten Paste. Der einzige anarchische Zug an diesem in kühlen Tönen gehaltenen Gemälde ist der kleine grüne Fleck zwischen Lippen und Nase, der die Farbe der Regenbogenhaut spiegelt und damit die Betrachteraufmerksamkeit von den Augen auf die komplementären roten Lippen lenkt und umgekehrt. Eine stärker verdünnte Fläche dieser Farbe ist in die Hauttöne unterhalb der Lippen eingearbeitet, wo sie zeichenhaft für einen Schatten steht und zugleich auf die Vereinheitlichung des Gesichts hinwirkt. Die mittelgraue Stelle zwischen den Beinen ist vermutlich die Sitzfläche des Stuhls oder Hockers, auf dem White sich niedergelassen hat (allerdings fragt man sich, ob Neel sich hier eine farbliche Freiheit herausgenommen hat), spielt aber insofern eine stärker strukturelle als deskriptive Rolle, da sie einen Bruch zum Dunkelblau im unteren Bereich des Gemäldes und eine Verbindung zu den helleren Tönen bildet.

Bislang ließen die Hintergründe in Neels Gemälden auf ein Interesse an geometrischer Abstraktion schließen. Sie waren in großen, vielleicht sogar groben Zügen umgesetzt und enthielten gelegentlich Malfarbenpassagen, die Mark Rothkos späteres Werk vorwegnehmen. Ist die Verbindung von lasiertem Purpur und dämmrigem Graurosa in *Max White* dem Hintergrund in Rothkos *Underground Fantasy* (ca. 1940, National Gallery of Art, Washington, Abb. 3) nicht so unähnlich, so deuten die auffälligen Hintergrundkontraste in *Elenka* (1936, Kat. 18) auf ein Interesse an geometrischer Abstraktion, auch wenn sich nach einer Weile herausstellt, dass Elenka nachts vor einem Fenster mit etwas mehr als halb herabgelassenem Rollo sitzt. Das Licht stammt von einer unsichtbaren elektrischen Lampe im Innenraum und strahlt von oben links ein, während die linke Wange, die dem Fenster am nächsten ist, im Schatten liegt. Doch was bleibt, ist selbst nach Entzifferung des Zusammenhangs eine Passage reiner Malerei, nämlich der außerordentlich textürlich gestaltete Bereich linkerhand, eine Masse grau-schwarzer Pinselstriche mit, am unteren Rand, einer dünnen Schlangenlinie in Grün, die sich Elenkas eigener rechter Schulter anschmiegt und einen Raum zwischen Bluse und Wand eröffnet. Diese grüne Linie hat keine deskriptive Funktion, denn die Bluse ist weiß und hat nichts mit ihr gemein. Dann ist da die Polarität der schwarzen und goldenen horizontal verlaufenden Farbstreifen, deren Horizontalität faktisch eine Illusion ist, bestehen sie doch aus einer Reihe vertikaler und diagonaler Pinselstriche. In diesen prächtigen Hintergrund drängen sich (ebenso wie auf der anderen Seite des Kopfes) zwei einzelne krause Locken, womit Neel die Oberfläche belebt, indem sie die horizontale Dynamik bricht und die quadratische Form von Elenkas Kopf hervorhebt. Elenkas weiße Bluse schließlich ist im Grunde eine Ansammlung weißer, grauer und hellbrauner Töne in Verbindung mit unbemalter, aber grundierter Leinwand: Daraus spricht nicht nur Neels Erfahrung im Umgang mit Wasserfarben, sondern auch ihre Betrachtung von Paul Cézannes »unfertigen« Gemälden. Die Bluse besteht aus einer Reihe gewundener vertikaler Passagen weißer Malfarbe, meist recht pastos aufgestrichen und zusammengehalten durch ein verdünntes, zuweilen mit eher trockenem Pinsel aufgetragenes dunkleres Grau. Auf Wahrscheinlichkeit kommt es Neel hier nicht an; sie erlaubt es der Malfarbe, die Erzählung zu übernehmen, wenn die verschiedenen Elemente vor den Augen der Betrachter zusammenwachsen. Das Gesicht ist ein weiterer Bereich, in dem Neel allmählich erkennt, dass Farbe und Materialien ein Eigenleben haben können. Manche Hauttöne sind zwar gemischt, andere Stellen des Gesichts aber entschieden unnaturalistisch und durch eine Fülle an Gelbtönen, die im Ring an Elenkas Finger noch einmal aufscheinen, mit dem Hintergrund verbunden.

Um die Mitte der 1930er Jahre malte Neel Freunde, kommunistische Politaktivisten und Bohemiens aus Greenwich Village. Ihr stilistisches Wechselspiel zwischen dem Expressiven (*Elenka*) und dem sozusagen Fotografischen (*Max White*) ist möglicherweise darauf zurückzuführen, dass sie hin- und hergerissen war zwischen ihrer von Robert Henri beeinflussten Ausbildung und ihrer Entdeckung der europäischen und amerikanischen Fotografie, die zu dieser Zeit stattgefunden haben muss. Henris (1923 erstveröffentlichtes) Buch *The Art Spirit* war so etwas wie eine Bibel für Neel – vielleicht ließ sich die Anwendung seiner Lehren sogar in steigendem Maße in ihren Gemälden erkennen. Henris Glaube an Spontaneität, an das Primat des Pinselstrichs und an dessen Kraft, den inneren Zustand des Künstlers zu übermitteln, an die Notwendigkeit zu rascher Ausführung und zum Malen aus dem Gedächtnis, an die Darstellung des Hintergrunds als reine Luft und an die Überlegenheit des dem Anblick nach Unfertigen gegenüber dem Fertigen war für Neels Werk von entscheidender Bedeutung, selbst wenn sie solche Züge auch an den Bildern der von ihr meistgeschätzten Künstler beobachtet haben dürfte, zu denen Cézanne, Edvard Munch

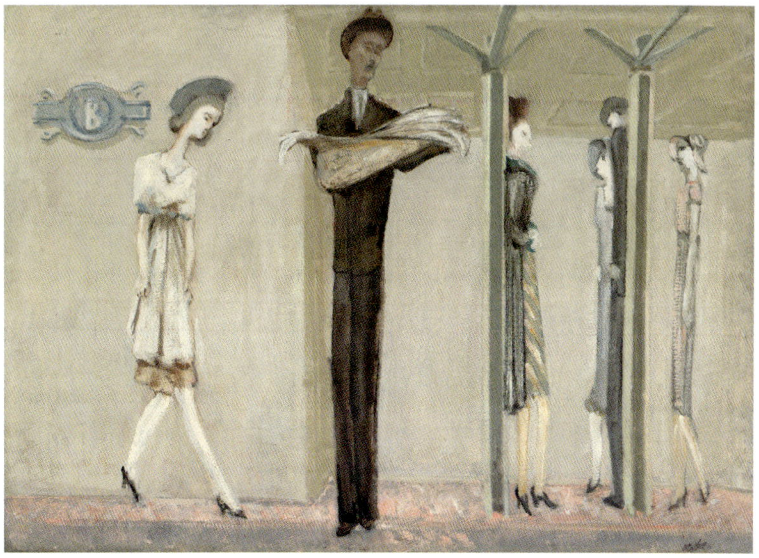

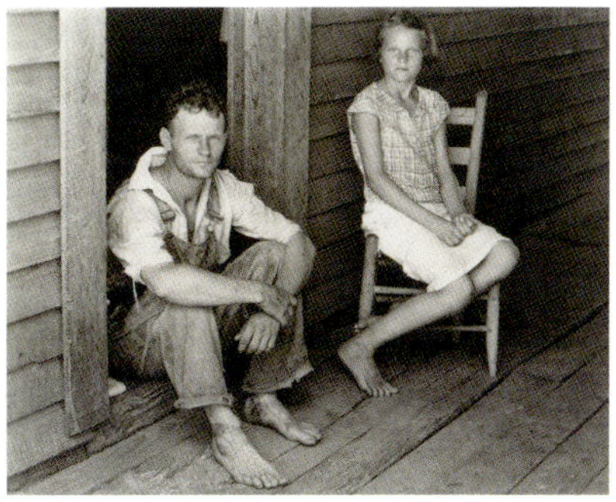

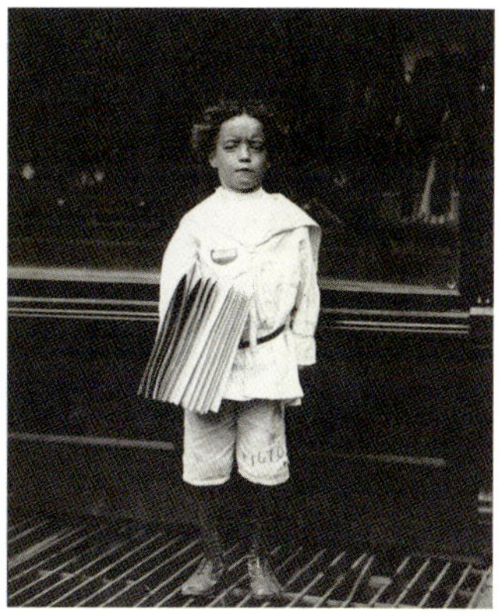

3 **Mark Rothko, *Underground Fantasy*, ca. 1940**
Öl auf Leinwand, 87,3 x 118,2 cm
National Gallery of Art, Washington D.C., Schenkung der Mark Rothko Foundation, Inc., 1986.43.130

4 **Walker Evans, *Floyd and Lucille Burroughs on Porch, Hale County Alabama*, 1936**
Silbergelatineabzug, 18,9 x 23,7 cm
Metropolitan Museum of Art, New York. Erwerb durch Schenkungen der Marlene Nathan Meyerson Family Foundation, zum Gedenken an David Nathan Meyerson, sowie von Pat und John Rosenwald und Lila Acheson, 1999, 199.237.4

5 **Lewis Wickes Hine, *Jo Lehman, a 7 year old newsboy. 824 Third Ave., N.Y. City*, Juli 1910**
»He was selling in this Saloon. I asked him about the badge he was wearing. ›Oh! Dat's me bruder's,‹ he said.«, Silbergelatineabzug, 11,6 x 9,5 cm. Metropolitan Museum of Art, New York, Gilman Collection. Erwerb durch eine Schenkung der Howard Gilman Foundation, 2005, 2005.338

und Vincent van Gogh zählten.[5] Andererseits aber kam sie verstärkt mit der sich zunehmend profilierenden Fotografie in Berührung, seit sie den Fotografen und Filmemacher Sam Brody kennen gelernt hatte, der von 1939 an für über 18 Jahre ihr Geliebter und Partner wurde.

Im Jahr vor dieser Begegnung, als sie noch mit José Santiago Negrón zusammenlebte und von ihm ein Kind erwartete, zog Neel aus dem Bohemeviertel Greenwich Village in den rauen Einwandererstadtteil Spanish Harlem. Insgesamt war Harlem zwar überwiegend ein afroamerikanischer Bezirk von Manhattan, aber es gab dort auch Nischen, in denen sich die einen oder anderen Nationalitäten gruppierten und ghettoartige Siedlungen bildeten. Spanish Harlem, später El Barrio genannt, bildete die mehrheitlich von Puerto Ricanern und Lateinamerikanern bevölkerte östliche Enklave. Dass Neel durch ihren Umzug Negróns Familie näher kommen wollte und sich von der Boheme löste, bedeutete jedoch weniger, wie manche Autoren meinten, einen Rückzug aus der kulturellen Welt. Denn Harlem erlebte in den 1920er und 1930er Jahren eine »Renaissance« der afroamerikanischen Kultur,[6] und mit einigen ihrer Protagonisten stand Neel zweifelsohne in Kontakt. Dennoch verließ sie, wie sie rückblickend feststellte, das Village hauptsächlich, um die »Wahrhaftigkeit« zu finden, und mit dieser Haltung folgte sie den Worten der fotografischen Pioniere Amerikas.

In seinem 1931 veröffentlichten Artikel »The Reappearance of Photography«[7] beschrieb Walker Evans ein neu erwachtes Interesse an »einfacher« und »ehrlicher« Fotografie und eine Abkehr von Alfred Stieglitz' romantischem Ästhetizismus. Evans und seine Zeitgenossen führten eine neue Ästhetik ein, die Verfall, Entbehrung und Erstarrung in den Vordergrund rückte und damit das Mitgefühl ansprach. Im Kontext der Großen Depression wurde sie zu einem Gradmesser der Wahrheit. Die Porträts, die diese Fotografen von Farmpächtern, Arbeitslosen, Hungernden und Verzweifelten aufnahmen, trugen viel dazu bei, Stadtbewohnern zu einem deutlicheren Weltverständnis zu verhelfen, und bewiesen mehr als alles sonst, dass Amerika keine einheitliche Identität besaß, sondern eine Nation aus vielen Teilen war (Abb. 4). Das Interesse an der Dokumentation Amerikas mit Blick auf die gewöhnlichen Menschen und deren hartes Leben deckte sich mit den Auffassungen von Neels kommunistischem Freund Mike Gold, der für einen proletarischen Realismus, eine mit den Tatsachen befasste funktionale Kunst eintrat. Seine Ablehnung der Boheme war, wie Andrew Hemingway erklärt,[8] unter Angehörigen der Kommunistischen Partei gang und gäbe. Einem weiteren Kommunisten wie Brody galten Film und Fotografie als Waffen im Klassenkampf.

Fotografie galt seinerzeit als Maßstab für Authentizität. Augenscheinlich objektiv und oft anonym veröffentlicht, wurde sie zu einem Werkzeug von Sozialreformern und zu einem Mittel, ehrliche Wahrheiten mitzuteilen. Das Publikum machte sich wenig Gedanken über die Möglichkeiten von Fotografen, ihre Absichten durch Nachbearbeitung der Lichtverhältnisse und des Bildausschnitts zu gestalten. Neel zählte daher zu einer Reihe von Künstlern und Fotografen, die zu der Erkenntnis kamen, dass, wie ein namenloser Schreiber im Programmheft für die Film and Photo League (eine etwas spätere Ausformung der Workers' Film and Photo League, zu deren Gründungsmitgliedern 1930 Brody gehörte) meinte, »der einzig ehrliche Zugang zur Kunst die WAHRHAFTIGKEIT ist«.[9]

Drei Gemälde aus der Mitte des Jahrzehnts, *Max White*, *Elenka* und *Kenneth Fearing* (1935, Kat. 12) lassen darauf schließen, dass sich Neel an einem Scheideweg befand. Hatte *Max White* eine scharf gezeichnete, fast fotografische Anmutung und erschien *Elenka* in gewissem Grade expressionistisch, so war Fearings Porträt in hohem Maße allegorisch und auf einer Linie mit Werken wie *Futility of Effort* (1930, Privatsammlung, Abb. 31), *Degenerate Madonna* (1930, Kat. 3) und *Symbols (Doll and Apple)* (ca. 1933, Kat. 7). Dass Neel der in *Elenka* angelegten Richtung zu folgen beschloss, deutet darauf hin, dass »Wahrhaftigkeit« für sie mehr war als Naturalismus, mehr als dem Erscheinungsbild treu zu sein, aber auch größere Zurückhaltung erforderte als die Fantasie, deren es zur Schaffung einer Allegorie bedarf. Obwohl sie die allegorischen, didaktischen und propagandistischen Wandbilder von Diego Rivera, David Siqueiros und José Clemente Orozco (Orozco galt ihr als der bedeutendste der drei)[10] sehr bewunderte und in ihrer Darstellung von *Pat Whalen* (1935, Whitney Museum of American Art, Abb. 6)[11] in Richtung Rivera zu grüßen schien, muss sie erkannt haben, dass die mexikanischen Werke, die sie in *Kenneth Fearing* in gewissem Umfang nachgebildet hatte, allzu illustrativen Charakter hatten, zu sehr im Dienst der Erzählung standen und vielleicht unter dem Gesichtspunkt der Malerei zu wenig rein waren, denn selten war es in den Wandarbeiten der Malfarbe vergönnt, Malfarbe zu bleiben. Diese Werke waren dem Wesen nach grafisch, fast eine Comic-Strip-Kunst, die den Vorbildern folgte, die von den italienischen religiösen Malern des *trecento* und *quattrocento* mit ihren Nacherzählungen heiliger Geschichten gegeben worden waren.

Der Umzug nach Spanish Harlem führte weniger zu einem thematischen Wandel als vielmehr zur Erweiterung des Spektrums. Neel malte weiterhin linke Aktivisten, zu denen jetzt aber Angehörige der afroamerikanischen und hispanischen Bevölkerung hinzukamen, denen sie in Greenwich Village nicht begegnet wäre; ferner dehnte sie ihr Repertoire auf Einwanderer in der Nachbarschaft aus. Falls überhaupt, dürften dort nur wenige ihrer Modelle öffentlich bekannt gewesen sein.

Wie Neel ihre neuen Sujets auffasste, den jungen Georgie Arce zum Beispiel oder die namenlosen hispanischen und schwarzen Kinder, hatte sie einiges der Arbeitsweise von Lewis Hine zu verdanken (Abb. 5). Hine fotografierte Einwanderer auf Ellis Island und Straßenkinder in einem sozialdokumentarischen Stil. Hines Fotografien wurden 1939, im Jahr nach Neels Umzug nach Spanish Harlem, in einer Retrospektive am New Yorker Riverside Museum gezeigt.[12] Von der Authentizität Hine'scher Fotografien und der Unschuld der Kinder in der rauen städtischen Umgebung sind auch Neels Darstellungen ihrer unterprivilegierten Nachbarn durchdrungen. Wie Helen Levitt, ebenfalls Harlemer Straßenfotografin, die 1943 eine Einzelausstellung im New Yorker Museum of Modern Art hatte, thematisierte Neel nicht die Bürger der neuen stromlinienförmigen technisierten City, sondern die Armenbezirke, an denen die Modernisierung vorbeiging. Dies war ein genau beobachtetes New York, nicht die anhand von Architekturmodellen vorgelegte idealisierte Version der New Yorker Weltausstellung von 1939.[13]

Wie stark sich Neel mit Fotografie beschäftigte, bevor sie Brody kennen lernte, ist nicht klar, aber sie bewunderte den großen französischen Pionier des 19. Jahrhunderts Félix Nadar, dessen Werk Julien Levy bereits 1931 erwarb und zeigte. »Nadar nahm Fotos auf, die besser waren als Gemälde«, sagte sie zu Jonathan Brand. »Sein Bild von Balzac hätte man nicht übertreffen können. (Abb. 7)[14] Auch hat Nadar ein Foto von [Joseph] Conrad gemacht, das zum Größten gehört, was ich je gesehen habe. Er sieht aus wie ein Löwe.«[15] Was Neel in Nadars Werk bewundert haben muss, ist die Charakterzeichnung des Modells, die Kraft der

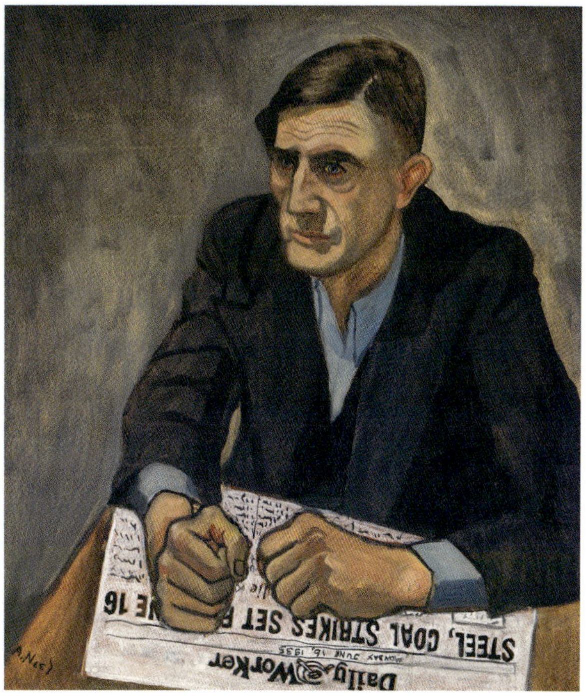

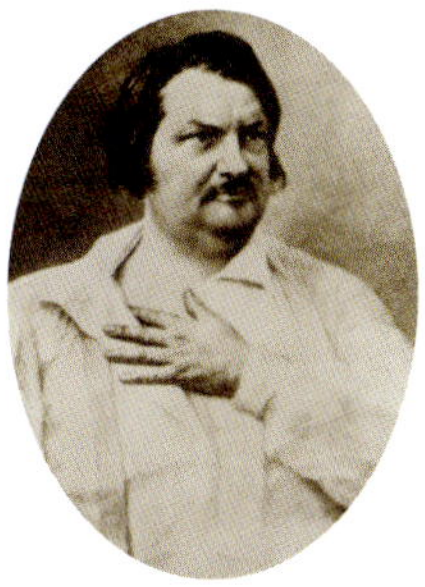

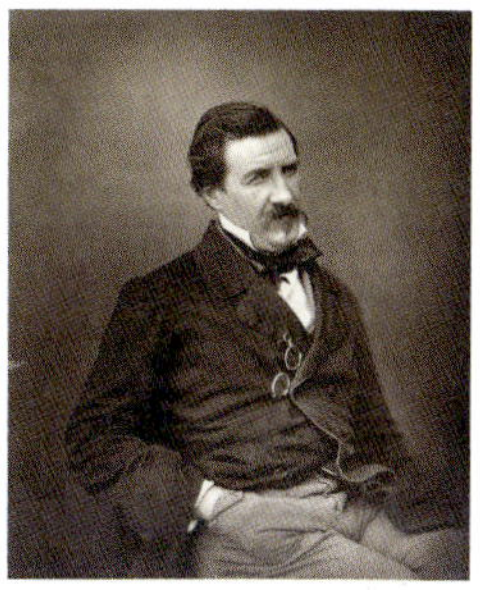

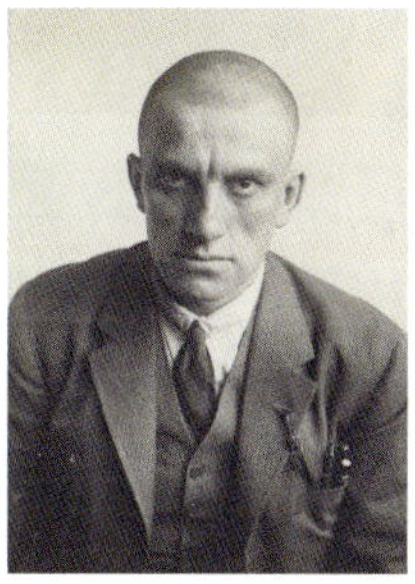

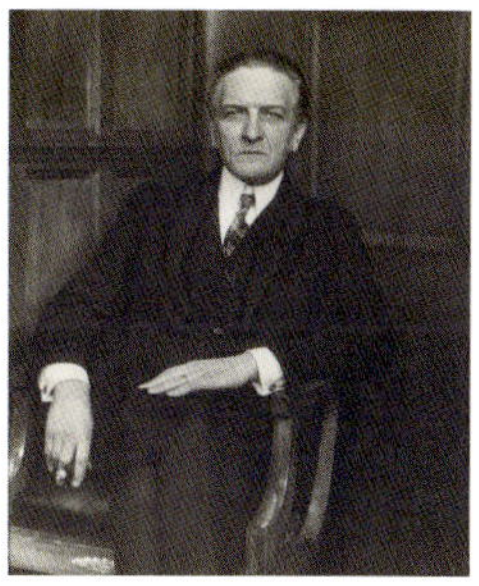

6 **Alice Neel, *Pat Whalen*, 1935**
Öl, Tinte und Zeitung auf Leinwand, 68,9 x 58,7 cm
Whitney Museum of American Art, New York. Erworben durch Schenkung von Dr. Hartley Neel, 81.12

7 **Unbekannter Fotograf, Daguerreotypie von Honoré de Balzac im Besitz von Nadar.**

8 **Nadar, *Champfleury*, ca. 1877**
Musée d'Orsay, Paris

9 **Alexander Rodchenko, *Vladimir Majakowsky*, 1924**
Silbergelatineabzug, 10,7 x 7,5 cm
Metropolitan Museum of Art, New York. Gilman Collection, Purchase, Ann Tenenbaum and Thomas H. Lee Gift, 2005, 2005.100.346

10 **August Sander, *Der Kunstgelehrte Wilhelm Schäfer*, 1928**
Silbergelatineabzug, 21,6 x 15,9 cm
The J. Paul Getty Museum, Los Angeles

Pose und das Gefühl von Intimität, das sein Werk von routinemäßiger Fotografie unterscheidet (Abb. 8). Nadars Methoden, das Modell zu geeigneter Haltung zu bewegen, glichen ziemlich den Neel'schen. Über eine seiner späten Fotografien von Adolphe Crémieux schrieb er: »Man setzt sich hin, plaudert und lacht, während die Linse bereitgemacht wird; und wenn [er] platziert ist, gut positioniert und gelockert für den entscheidenden Augenblick, erwärmt von der Zuwendung, die er rings um sich spürt, wird der Verschluss ausgelöst.«[16] Nadar war wie Neel auf einen intimen Moment aus, in dem das Modell das Innerste seiner Persönlichkeit offenbart. Neel sprach während des Malens ständig mit den Modellen und wiegte sie mit Worten in eine Pose hinein, die das preisgeben würde, was sie als deren inneres Wesen betrachtete.

Im Unterschied zum fotografischen Werk vieler Zeitgenossen, in dem reich verschnörkelte Interieurs die Kulisse bildeten, waren Nadars Fotografien schmucklos und zeigten die – selten in voller Größe – Dargestellten stets vor schlichtem Hintergrund. Kaum einmal forderte Nadar sie auf, eine Gefühlsregung zu zeigen, und in zahlreichen seiner Porträts blicken die Menschen frontal oder in Dreiviertelpose in die Kamera. Ähnliche Strategien wählte Neel in ihren Porträts der 1930er Jahre. Max White zum Beispiel sitzt ungerührt da, den Blick direkt auf die Künstlerin geheftet (1935, Kat. 11). Seine schlichte und lockere Kleidung verhüllt den Körper, um die Aufmerksamkeit nicht von seinem Gesicht abzulenken. Genauso verfuhr Nadar, dessen männliche Modelle meist schwarz angezogen sind, so dass ihr Gesicht als Glanzpunkt erscheint. Wie Nadar lenkt Neel in ihrem strengen und spannungsvollen Gemälde somit alle Konzentration geradewegs auf den Kopf. Whites kurz geschorenes Haar, die kantigen Gesichtszüge, die einfache Arbeitskleidung und der neutrale Hintergrund lassen aber auch an Alexander Rodtschenkos 1924 entstandenes Porträt von Wladimir Majakowsky denken (Abb. 9). So ist Neels Gestaltung, ganz unabhängig davon, ob sie die sowjetischen Fotografien kannte, mit dem Erscheinungsbild des proletarischen Denkers und Schriftstellers verknüpft.

Elenka folgt ebenfalls Nadars kompositorischem Vorbild – einmal mehr ein ungerührter Blick, Verdichtung des Raums, aber auch Nutzung einer seitlichen Stuhllehne zur Wahrung der Pose (1936, Kat. 18). Offenbar findet kein Gespräch statt, und die Abgebildete scheint sich, anders als in Neels bisweilen unstet wirkenden späten Porträts, auf das Stillsitzen zu konzentrieren. Fotografische Aufnahmen erforderten in Nadars Tagen so lange Belichtungszeiten, dass das Modell auf Requisiten angewiesen war, um seine Pose zu halten. Der starke Kontrast zwischen der lichten und der dunklen Seite von Elenkas Gesicht ist ebenfalls ein Merkmal von Nadars Fotografien, denn in der Frühzeit seiner Laufbahn nahm er seine Modelle bei vollem Sonnenschein im Außenraum auf und platzierte sie so, dass eine Gesichtshälfte heller beleuchtet war als die andere. Neel arbeitete regelmäßig mit diesen Verfahren, nirgends aber einprägsamer als im zweiten Porträt von Max White (1961, Kat. 37), bei dem in der dunklen Seite des Gesichts die Gebrechlichkeit des hohen Alters und der Odem der Sterblichkeit zum Vorschein kommen. Zum geläufigen Gestaltungsmuster wurde das Chiaroscuro-Porträt auch im Werk des fotografischen Porträtisten Irving Penn, der es jedoch weniger zur Anregung einer metaphorischen Deutung als vielmehr der dramatischen Wirkung halber einsetzte. Penn, der sich in Paris aufgehalten hatte, war gleichfalls deutlich von Nadar beeinflusst.

Auch wie Neel die Bildausschnitte ihrer Gemälde anlegte, stand in enger Beziehung zur Fotografie. Anschnitte des Motivs spielten in ihrem Œuvre eine zunehmend wichtigere Rolle, und es kann kein Zufall sein, dass dies mit ihrem vermehrten Augenmerk auf die Fotografie einherging. »Ich habe viele Jahre mit einem Mann zusammengelebt, der ein großer Fotograf war«, erzählte sie Henry Geldzahler über Brody, »und dadurch wurde mein Interesse an Fotografie geweckt.«[17] Neel hatte auch Verbindungen zu der 1952 gegründeten fotografischen Zeitschrift *Aperture*. Ihr war durchaus bewusst, dass sie den Rahmen eines Bildes bestimmen konnte. In *Richard at Age Five* (1945, Kat. 25) ist Richards rechter Ellenbogen an der Leinwandkante gekappt, genauso bei Art Shields im gleichnamigen Porträt von 1951 (Kat. 28). Auch Shields' Haarschopf ist angeschnitten, so dass der Betrachter sich stärker auf seine Gesichtszüge konzentriert. In John Perreaults Aktporträt von 1972 (Kat. 59) bleibt der rechte Ellenbogen ausgeklammert, und in dem Spätwerk *Don Perlis and Jonathan* (1982, Kat. 70) werden es in ähnlicher Weise die Arme von Don Perlis. Solche bewussten Beschneidungen verdichten das Bild und verleihen ihm etwas Informelleres, Unmittelbares und Spannendes.

Für eine an realistischer Porträtkunst interessierte Künstlerin war Fotografie natürlich eine relevante Quelle. Ausdrücklich bekannte sich

Neel zu ihrem Interesse für Hine, Margaret Bourke-White und den deutschen Fotografen August Sander (Abb. 10). Im Gespräch mit Brand bezog sie sich auf eine Ausstellung von Bourke-Whites Fotografien »in der russischen Botschaft in den dreißiger Jahren« und Abbildungen ihrer Arbeit in der Zeitschrift *Life*. Sie bezeichnete Hine als »überwältigend« und Sander als jemanden, dessen Werk sie »liebte«.[18] Sanders typologisches Projekt weist manche Parallelen zu Neels selbst erklärter Absicht auf, ein Gegenstück zu Honoré de Balzacs *Comédie humaine* zu schaffen.

Bei allen Parallelen zu manchen Fotografen in früherer oder ihrer eigenen Zeit, was Themen, Kompositionsformen und motivische Auffassungen betrifft, war Neels Methode doch eine substanziell andere. Denn ein Gemälde ist ein zusammengesetztes Bild, das mit der Zeit durch von Hand aufgetragenes Material aufgebaut wird und, im Fall der Künstlerin, in Form von Pinselstrichen, *pentimenti* – als »Reue-Striche« bezeichnete Abänderungen – sowie subjektiver Farbenwahl von diesem Aufbau Zeugnis ablegt. Malen ist letztlich eine Fiktion, eine Schöpfung der Einbildung, in der Pinselstriche sich zum endgültigen Bild verhalten wie Worte zu einem Buch. Ihre Akkumulation ist es, die ihnen Bedeutung verleiht. Neels Gemälde sind nicht realer oder weniger real als das Werk eines beliebigen abstrakten Malers. Sie sind Konstrukte. Alles andere als glatt ist das Gesicht des für den *Daily Worker* arbeitenden Journalisten Art Shields eine schroffe Ballung knapper Pinselstriche, durchsetzt von blanker grundierter Leinwand – eine Textur, die an die trockene Haut eines Mannes erinnert, der sich wenig um sein persönliches Erscheinungsbild oder die Bewahrung einer jugendlichen Haut sorgt (Abb. 11, Kat. 28). Diese Markigkeit scheint seinen felsenfesten Glauben an die Richtigkeit linker Anliegen zu untermauern, der auch in den stechenden blauen Augen zum Ausdruck kommt, die, an sowjetische Pionierfotografien erinnernd, offenbar eine ferne Vision von Gerechtigkeit für alle Menschen erblicken. Das herbe Porträt von Sam Brody, etwa zu der Zeit im Jahr 1958 ausgeführt, als er endgültig mit Neel brach,[19] enthält pikturale Passagen, zum Beispiel auf seiner Nase und seiner Stirn, die für sich genommen eine Abfolge halb-autonomer abstrakter Spuren bilden, in ihrer Gesamtheit aber eine glaubwürdige Form ergeben (Abb. 12, Kat. 31). Das knollige Gebilde an der unteren linken Seite des Nasensattels, der zackige kastanienbraune Fleck schräg darunter (der sich am Kinn wiederholt) und die weiße Bahn, die sich den Sattel hinaufschlängelt wie eine Art

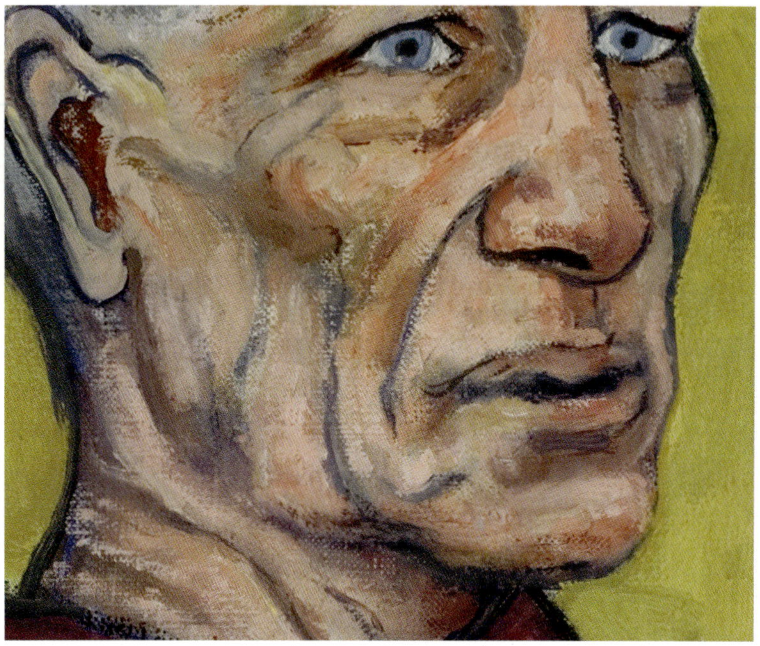

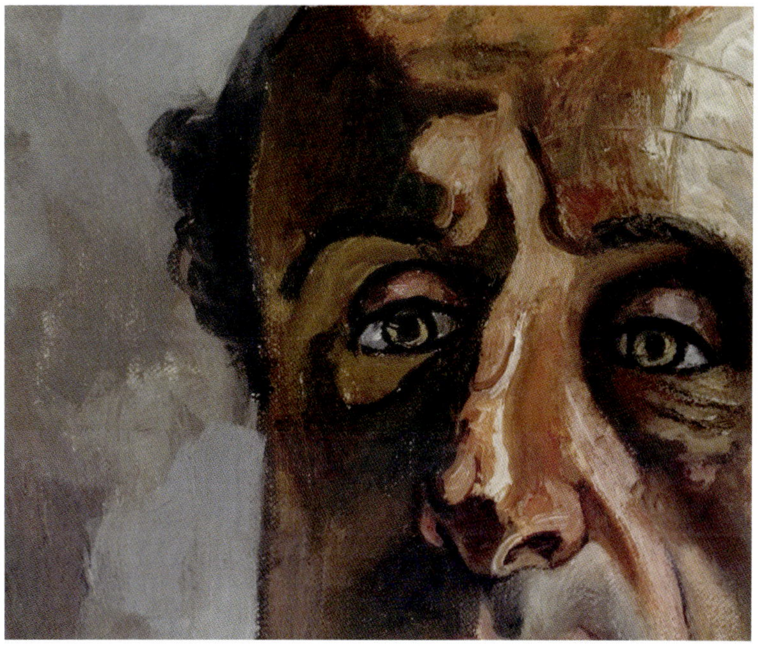

11 **Alice Neel, *Art Shields*, 1951. Detail**
Öl auf Leinwand, 81,3 x 55,9 cm
Privatsammlung

12 **Alice Neel, *Sam*, 1958. Detail**
Öl auf Leinwand, 81,3 x 56,2 cm
Estate of Alice Neel

Urtier-Absonderung, fügen sich zu einer überzeugenden Nase, die Licht reflektiert und Schatten wirft, aber als ein Stück reiner Malerei so abstrakt ist wie der Hintergrund, der eindeutig den herrschenden Tendenzen in der abstrakt-expressionistischen Malerei nachempfunden wurde, die Neel in den Galerien gesehen und von denen sie bei ihren Teilnahme an Versammlungen des Clubs gehört haben dürfte.[20] Wenn sie solche Hintergründe – auch etwa in *Georgie Arce* (1959, Kat. 33) zu sehen – malte, zähmte Neel den Abstrakten Expressionismus, feminisierte, ja entmannte ihn, und unterstellte damit vielleicht, er sei etwas bloß Dekoratives. Abstraktion, schien Neel zu sagen, sollte in den Dienst der Figuration gestellt werden und sei kein Selbstzweck.

Ganz besonders absichtsvoll kam dies in dem Doppelporträt *Rita and Hubert* (1954, Kat. 30) zum Einsatz. Hubert Satterfield zählte, wie Alvin Simon (1959, Kat. 34), zu einer Reihe schwarzer Schriftsteller, die Neel malte, hier mit seiner weißen Freundin Rita. Der krasse Kontrast zwischen Ritas heller Haut und Satterfields Schwärze, verschärft durch den locker hingeworfenen kastanienbraunen Hintergrund, der in seinem Rücken noch dunkler wird und in dem er versinkt, wirkt darauf hin, ihn weniger sichtbar zu machen. Mehr noch, das strahlende, verworrene Muster seines Hemdes lenkt den Blick des Betrachters von seinem Gesicht ab, das, wären da nicht die Glanzlichter auf Nase, Wangen, Lippen und Kinn sowie die Weißtöne in seinen Augen, in der unbeleuchteten Welt der Bürger zweiter Klasse verdämmern würde. Sichtbarkeit war das vorrangige Thema etlicher schwarzer Schriftsteller der damaligen Zeit, nicht zuletzt des preisgekrönten Autors Ralph Ellison, dessen 1952 veröffentlichter Roman *Invisible Man* (*Der unsichtbare Mann*), der sich mit Rassismus und schwarzem Aktivismus befasste, die amerikanische Literaturszene im Sturm eroberte. Der schwarze Erzähler, der in dem in der ersten Person verfassten Bericht weder beschrieben noch benannt wird, stellt gleich eingangs klar, er sei zwar ein »leibhaftiger Mann aus Fleisch und Blut, Fasern und Flüssigkeiten«, aber »unsichtbar [...], einfach weil die Menschen sich weigern, mich zu sehen«.[21] Neel gibt diese Ungerechtigkeit in der amerikanischen Gesellschaft auf die lebhafteste und malerisch anschaulichste Weise wieder, ohne Angst vor der Darstellung eines Verhältnisses, das zu jener Zeit als normverletzende Beziehung zwischen einem Schwarzen und einer Weißen galt.

Zwar machte sich Neel in den Bildhintergründen ihrer damaligen Porträts die herrschende Idiomatik des Abstrakten Expressionismus zu eigen, doch waren sie nicht nur kundig gearbeitete Passagen reiner Malerei, sondern könnten auch pointierte Parodien sein. Im letzten Porträt von Max White (1961, Kat. 37) hat Neel den Kopf mit einem Helm aus Pinselstrichen ummalt, als verweise sie darauf, dass sie ihr erstes Porträt von White als Olmekenhaupt beschrieben hatte.[22] Offenbar benutzte sie diese Ummalung dazu, einen Versatz in der Umrisslinie seines Schädels zu kaschieren, was sie wiederum durch gestische Spiralformen im oberen linken Teil des Gemäldes ausbalancierte, Lichtflecken vermutlich, die, wenn nicht an die wirbelnden Brüste in vielen von de Koonings Frauen-Bildern, so jedenfalls an Ellie Poindexters üppigen Busen in dem bitteren Porträt erinnern, das Neel im Jahr darauf aus dem Gedächtnis gemalt hatte (Kat. 39). Neel scheint de Kooning bewusst zu persiflieren, wenn sie seine Pinselfiguren für ihr Porträt eines verblühten arthritischen Mannes vereinnahmt und mit ihnen die Brüste einer mächtigen Kunsthändlerin enterotisiert, die ihr, als sie sie kennenlernte, unsympathisch war.

Die Demontage des Erotischen, die als Angriff auf de Kooning und andere männliche Aktmaler betrachtet werden mag, zählte sicher zu den Absichten hinter dem freimütigen Porträt der *Ruth Nude* (1964, Kat. 41), die in einer Gebärde der Verachtung und ohne einen Deut Verführung ihre Genitalien zur Schau stellt. Wie Ethel Ashton ist Ruth korpulent, doch anders als sie zeigt sie keine Scham. Man schreibt die 1960er Jahre, das Zeitalter sexueller Befreiung und zunehmenden feministischen Muts und Stolzes, als Frauen sich gegen die Männerherrschaft wehren. *Ruth Nude* ist emblematisch für diesen Moment, ein Gegenschlag wider die Unterwürfigkeit, die traditionell die Grundlage für die Beziehung des weiblichen Modells und des männlichen Künstlers bildete und in der Fantasie des männlichen Betrachters Vorstellungen von einem Koitus nach getaner Sitzung heraufbeschwor. Ruth ist nicht zu haben, sie ist respekteinflößend.

Ruth Nude enthält lange, fließende Pinselstriche, eingefasst von kräftigen Konturen. Die grünen Bereiche rings um ihren Körper lassen an Gras denken, die gestischen Striche in Gelb und Blau links von ihr symbolisieren Sonne und Himmel. Vielleicht wurde das Bild in Erinnerung an Spring Lake gemalt (wo Neel 1935 ein kleines Haus gekauft hatte), und womöglich vor einem Fenster, denn der Schatten linkerhand deutet auf eine Innenwand hin. Die Zweideutigkeit des

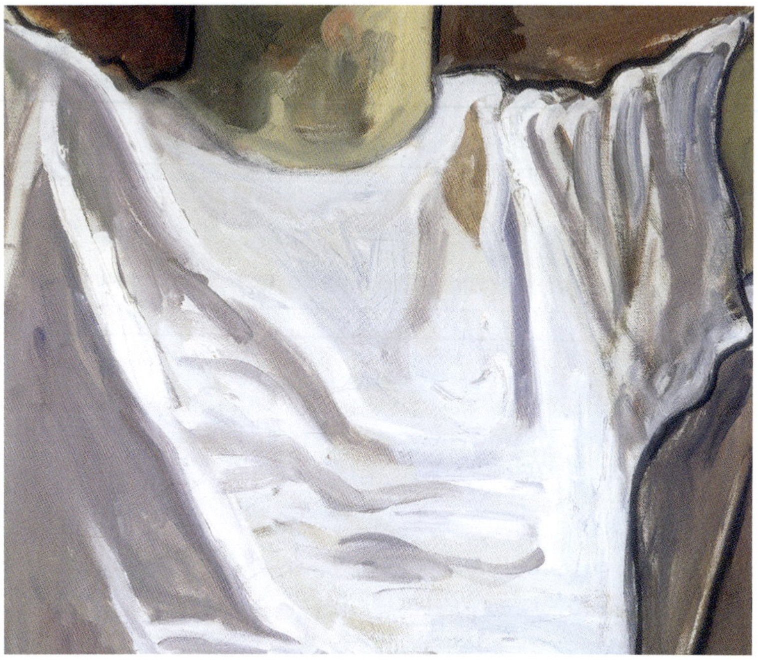

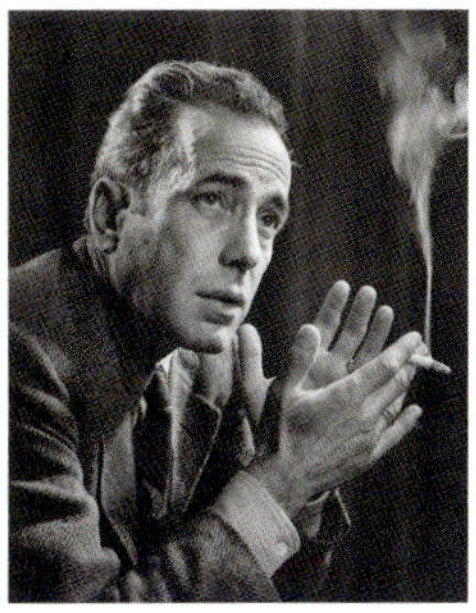

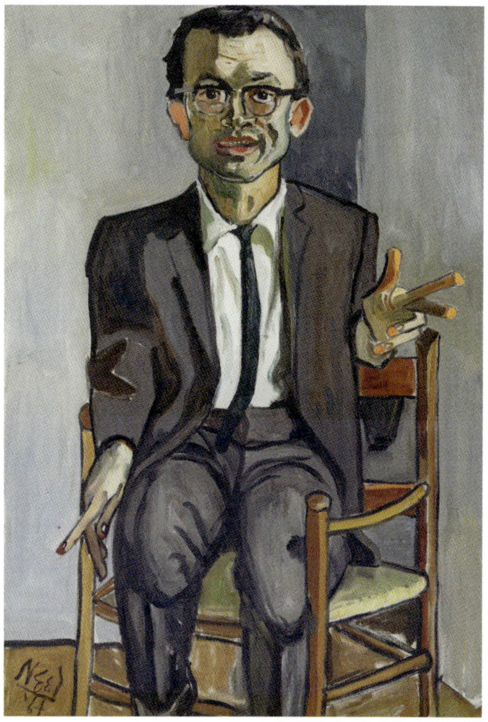

Schauplatzes erwächst aus einem Farbauftrag, der sich der lückenlosen Beschreibung verweigert, und zu gleichen Teilen Material und Farbe bleibt. Ist hier ein Hauch von Parodie auf die Frauen zu erkennen, die de Kooning in einer Landschaftsumgebung darstellte, so gilt aber dennoch die ernsthafte Aussage, dass der weibliche Körper kein Sexobjekt ist, sondern eine Quelle weiblichen Stolzes und Respekt verdient.

Der Hintergrund in *Ruth Nude* ist weit weniger vollständig ausgemalt als in früheren Gemälden. Neel entsagte allmählich dem Bedürfnis, die Leinwand mit Malfarbe auszufüllen und einen hohen Grad an Abgeschlossenheit zu erreichen. Schon Robert Henri hatte sich für Skizzenhaftigkeit ausgesprochen, war aber selbst weniger kühn gewesen als Neel. So sind zum Beispiel in *Hartley* (1966, Kat. 43) die Merkmale des Zimmers äußerst rudimentär dargestellt, die Farbe rasch hingestrichen, um Schatten und drei einfache, um die Ecke reichende und damit den Abschluss eines Wandsockels markierende Linien anzuzeigen. Die ganze Aufmerksamkeit bündelt sich in der Figur, deren bekümmertes Aussehen Neel durch die Grüntöne bezeichnet, die ihre Miene verdüstern. Grün benutzte sie später auch in *Pregnant Woman* (1971, Kat. 55), um das Leiden und die Schwäche ihrer Schwiegertochter Nancy zu schildern.

Die »unfertige« Anmutung der Hintergründe in diesen Porträts übertrug sich bald auf die Figuren selbst, deren Gesicht dann manchmal vollständig, der Rumpf aber nur umrissen ist. Mögen Henris Theorien diese Skizzenhaftigkeit begünstigt haben, so sind dafür aber auch eine Reihe anderer Gründe denkbar. Um 1960 war Neel sechzig Jahre alt und sich ihrer Sterblichkeit ausgesprochen bewusst. In Anbetracht der ablaufenden Zeit wurde sie ungeduldiger, drängte es sie stärker, zur nächsten Idee zu gelangen. Waren die Grundzüge gelegt, konnte es also nach ihrer Auffassung weitergehen. Ferner mag sie das »unfertige« Porträt für suggestiver gehalten haben, weil es die Betrachter daran mitwirken lässt, es zu vervollständigen. Ihr Ansatz lag in dieser Hinsicht sehr im Geist der Zeit, denn 1962 veröffentlichte der italienische Philosoph Umberto Eco seinen Essay *Opera aperta* (*Das offene Kunstwerk*), in dem er analysierte, wie die Betrachter durch Vieldeutigkeit und Unvollständigkeit in das Kunstwerk einbezogen werden.[23] Neel dürfte Ecos Schrift nicht gekannt haben, bewies aber auf geglückte Weise ihre Gültigkeit. Mangelnde »Abgeschlossenheit« war auch eine Möglichkeit, dem Momentaufnahmecharakter des

13 Alice Neel, *Hartley*, 1966. Detail
Öl auf Leinwand, 127 x 91,5 cm
National Gallery of Art, Washington D.C.
Schenkung von Arthur M. Bullowa, zu Ehren des 50. Jubiläums der National Gallery of Art 1991.143.2

14 Yousuf Karsh, *Humphrey Bogart*, 1946

15 Alice Neel, *Sherry Speeth*, 1964
Öl auf Leinwand, 106,7 x 71 cm
Privatsammlung

realistischen oder fotografischen Porträtbilds entgegenzuwirken. Das »unfertige« Porträt war in einem fortwährenden Zustand des Werdens.

Auch wurden Neels Porträts weniger statisch und schlossen Gestik und Bewegung ein. Waren ihre Bildnisse bis in die späten 1950er Jahre im Stil eines *set piece* stark eingerichtet, so schwenkte sie in den 1960er Jahren zu mehr Zwanglosigkeit um – und manche Fotografen gingen denselben Weg. Yousuf Karshs lebendiges Humphrey-Bogart-Porträt von 1946 (Abb. 14) und Richard Avedons Marcel-Duchamp-Porträt von 1958 bieten interessante Vergleichspunkte zu Neels *Sherry Speeth* (1964, Abb. 15). Die Dynamik der Porträts, von ihrer psychologischen Intensität ganz zu schweigen, erwächst aus den Gesten so sehr wie aus dem Gesicht. In *Simon and Garfunkel*, 1968 verwendet für das Cover ihres Albums *Bookends*, setzt Avedon Gebärden ähnlich ein wie Neel. Die angewinkelte Haltung der Köpfe und Garfunkels erhobener, am Ellenbogen abgeschnittener Arm münden, spannungsgeladen, in ein überaus exzentrisches Bild.

Auch in der Fotografie veränderte sich die Gestaltung der Hintergründe. Irving Penn erstellte, vermutlich unter dem Einfluss Sanders, eine Klassifikation der Handwerksberufe in den frühen 1950er Jahren und entwickelte einen charakteristischen Stil gefleckter Hintergründe, in denen sich ein Bewusstsein für die modulierten Oberflächen im Abstrakten Expressionismus zu spiegeln scheint, geradeso wie es bei Neels gemalten Hintergründen der Fall war. In den 1960er Jahren war es mit diesem Look vorbei, als Avedon neben anderen Fotografen die Aufnahme im brillantweißen Studio einführte, bei der die Abgelichteten unabänderlich vor eine gleißende Papierwand gestellt wurden. Neel scheint in einigen Porträts von dem neuen Stil Kenntnis genommen zu haben, zum Beispiel in *Andy Warhol* (1970, Kat. 51) und ganz besonders in *Victoria and the Cat* (1980, Kat. 68), wo die Verletzlichkeit und Ausgesetztheit ihrer Enkelin in einem gleissend strahlenden Licht für ein unbehagliches Seherlebnis sorgt. Indem Neel den Hintergrund ausschneidet, verstärkt sie den Blick der Betrachter auf das ungelenke Kind und betont dessen Verwundbarkeit. In dieser Haltung war Victoria zu einem früheren Zeitpunkt des Jahres fotografisch eingefangen worden (wie ihr Vater berichtete, hielt sie die Katze oft auf diese Weise),[24] und wenngleich Neel das Werk nicht nach dem Foto gemalt hat, könnte sie es durchaus im Sinn gehabt haben. Tatsächlich wurde das Bild großenteils aus dem Gedächtnis geschaffen, da ein Kind diesen Alters eine Katze wohl kaum für längere Zeit so halten könnte.

Auch Verletzlichkeit zählt zu den Themen in Neels Porträtarbeit. Gleich wie Neel porträtierte Avedon die Mitglieder von Warhols Factory und bildete den narbenbedeckten Körper des Künstlers ab (Abb. 16), doch während Avedons Aufnahme das hochtrabende Draufgängertum Warhols darstellt, der seine Wunden trägt wie ein modisches Gewand, dringt Neels stillere Schilderung unter seinen Panzer und offenbart einen in sich schauenden Warhol, der in seiner Ausgesetztheit Erschöpfung, vielleicht Gleichmut oder sogar Scham erkennen lässt – denn Scham erwächst daraus, vom Anderen gesehen zu werden. Indem er die Augen schließt, hält Warhol dem durchdringenden Blick stand. Auf ähnliche Weise porträtierten sowohl Neel als auch Avedon Personen vorgerückten Alters unsentimental und mit schmerzhafter Ehrlichkeit, wodurch sie den Verfallsprozess, zugleich aber auch eine menschliche Tiefe ins Licht rückten. In Avedons Porträts seines leidenden Vaters finden Neels früheres Bildnis ihrer Mutter, *Last Sickness* (1953, Kat. 29), sowie ihr Doppelporträt *The Soyer Brothers* (1973, Kat. 61) ein Echo.

Andy Warhol ist eine Wiederaufnahme von *Ethel Ashton*; seine hängenden Brüste erinnern an die Gestalt der ihren, und seine überquellenden Fleischfalten werden von einem Korsett gebändigt. Wie ironisch, dass Neel diesen männlichen Kultkünstler hat malen sollen wie die vergessene weibliche Künstlerin, die einst ihre Freundin war. Die malerische Faktur ist jetzt aber eine völlig andere. Die Farbe ist breit hingepinselt, die Nadelstichspuren an den Versehrungen sind krude Farbkleckse, das Gesicht eine Ansammlung fauvistischer Flecken, das Blau unter dem linken Auge kein effeminierter Lidschatten, sondern bloß ein Bindeglied zum hellblauen Hintergrund, so wie auch die grüngelben Flecken auf der Stirn kaum glaubhafte Reflexionen des Haars darstellen. Malmittel und Farbe handeln in eigener Regie, leisten für die Dynamik der Komposition ebensoviel wie in ihrer deskriptiven Funktion. Neel hat sich Freiheiten mit der Erscheinung ihres Sujets herausgenommen, um ein psychologisch eindringliches und kompositorisch straffes Bild zu gestalten. Warhol sitzt wie ein moderner Märtyrer vor einer reinblauen Hintergrundfläche, die an ein Gemälde von Piero della Francesca gemahnt und ihm angeheftet ist wie Flügel. Als gewichtige, jedoch nur gerade so in der Welt verankerte Erscheinung, ist Warhol physisch anwesend, aber psychisch abwesend.

Neels Erfahrung mit dem Malen von Hintergründen, deren offene Pinselführung verrät, wie sie gemalt wurden, bahnte sich nun den Weg in die zentralen Elemente des Gemäldes selbst. Ihre Behandlung von Hartleys T-Shirt im Porträt von 1966 (Abb. 13) erinnert an die von Elenkas Bluse, ist aber weitaus fließender und gestischer, eine reiche Verbindung von Weiß-, Grau- und Pinktönen sowie Andeutungen von Blau mit gewundenen und diagonalen Pinselspuren, die Falten und Knitterungen anzeigen. Es ist eine ausgeklügelte Malereipassage, auf die jeder abstrakte Künstler stolz gewesen wäre, die aber weniger den Bildern von Robert Ryman ähneln, der bereits auf eine Erforschung der Farbe Weiß und des Mediums der Ölfarbe gesetzt hatte, als vielmehr denen Manets, der das eigentliche Vorbild für diese Art von malerischem Angang geschaffen hatte und mit seiner sichtbaren Pinselführung den Bedarf nach hochgradiger Abgeschlossenheit wegfegte, der er eine gebrochene Oberfläche aus Tupfern in vielen Farben folgen ließ, die sich in der Netzhaut zu einer gekräuselten oder geriffelten monochromen, das Licht fangenden Textur zusammenschließen (Abb. 18). Hatte Neel früher schon Kleidungsstücken Aufmerksamkeit geschenkt, zum Beispiel Huberts Hemd in *Rita and Hubert* oder dem abgetragenen Hausmantel ihrer Mutter in *Last Sickness*, so waren diese meist gemustert. Doch in *Hartley* war es ein neutrales, vermutlich einfarbiges T-Shirt, das sie in früheren Gemälden summarisch und mit wenig Modulationen abgehandelt hätte (siehe beispielsweise *Art Shields*, Kat. 28). Hier jedoch wird das T-Shirt zu einer lebendigen, atmenden Membran, einer Matrix von Schattenwürfen, Glanzlichtern und Mitteltönen, die sich von der Kontur entlang der rechten Schulter und rechten Seite abhebt und sich einer Festlegung entzieht. Als große Ausdehnung strahlenden Lichts lässt sie, in umgekehrter Entsprechung zum Verfahren Nadars, das Düstere in Hartleys Gesicht hervortreten.

Hartley ist der Höhepunkt einer langen Reihe von Porträts, die Neel in einer Periode zunehmenden Interesses am Existenzialismus malte, mit dem sich die amerikanischen Intellektuellen nach dem Krieg beschäftigten. Ihr jüngster Sohn, Medizinstudent in Tufts, sitzt da und siniert über seine Zukunft, vermutlich beunruhigt, Leichen sezieren zu müssen, zumal zu einer Zeit, in der seine Altersgenossen auf den Schlachtfeldern Vietnams starben.[25] Sein feines gutes Aussehen, sein großenteils verschattetes Gesicht, eine Maskerade in der Tradition weiblicher *maquillage*, zeigen einen Mann in der Krise.

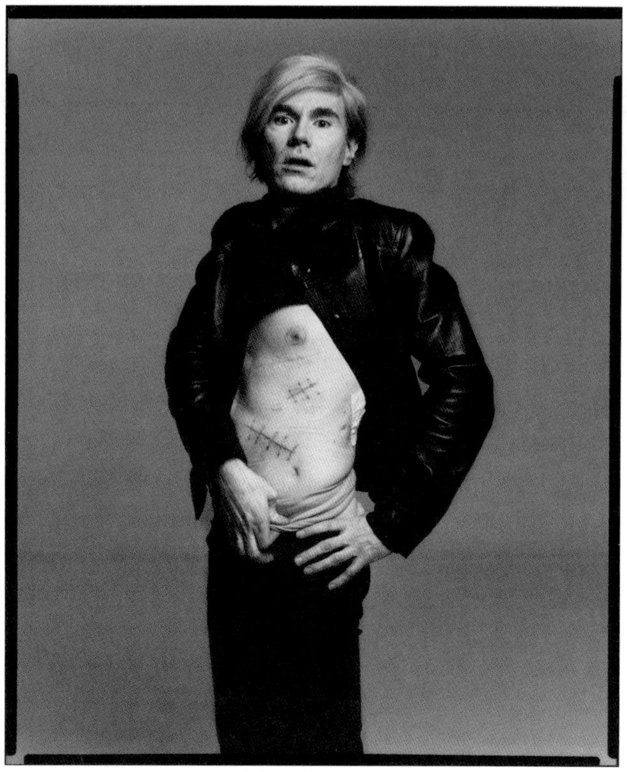

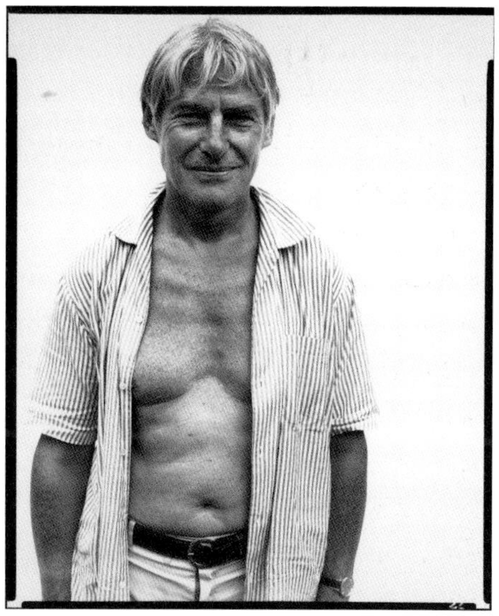

16 **Richard Avedon, *Andy Warhol, artist, New York City, April 5, 1969***

17 **Richard Avedon, *Willem de Kooning, painter, Springs, Long Island, August 18, 1969***

Neels Projekt einer *comédie humaine*, einer Sammlung von Typen, überschnitt sich mit der Auseinandersetzung über die, wie der Literaturhistoriker Mark Greif sie bezeichnete, »Krise des Menschen«, die in den USA in den 1930er Jahren begann, in den frühen 1940ern besonders nachdrücklich auftrat und schließlich in den späten 1940ern und den 1950ern in die existenzialistische Rhetorik einging.[26] Wie Greif überzeugend darlegt, befürchtete man in den 1930er Jahren, dass nicht nur faschistische Regime, insbesondere die Nazi-Diktatur, die menschliche Natur zu pervertieren und grundweg neu zu produzieren versuchten, sondern auch die vom Menschen geschaffene Technologie seiner Kontrolle entglitten sei und gegen ihn zum Einsatz komme. Neels kommunistischer Freund Mike Gold erklärte in der Einführung zum Katalog ihrer 1951 im New Playwrights Theatre gezeigten Ausstellung: »Alice Neel hat es ihnen nie gestattet, sie zu entmenschlichen. Das ist eine heroische Haltung in der amerikanischen Malerei, in der in den vergangenen fünfzehn Jahren die Menschheit ausgestoßen und ihr Platz an die mechanischen Perversionen, Lackleder-Nachtmahre und andere kranke Symbole einer verendenden Ordnung vergeben wurde.«[27] Für Gold war der Kapitalismus eine entmenschlichende Kraft, die in die Vermassung führte. Neel knüpfte an Gold an, wenn sie 1974 der Technik die Schuld gab: »In unserer gegenwärtigen Gesellschaft kann der Mensch nicht mit den Kräften mithalten, gegen die er ausgespielt wird, deshalb technologisiert er sich selbst und verleugnet seine eigene Menschlichkeit. Er vermag die von seinem Verstand geschaffenen technologischen Kräfte nicht zu beherrschen, versucht daher die Gefühllosigkeit seiner eigenen Erfindungen nachzuäffen und merkt gar nicht, dass sie ohne ihn nur leere Hülsen wären.«[28] Das ist klassische »Krise des Menschen«-Rhetorik.

Greif hat den Kontext für solche Äußerungen beschrieben: »Der Mensch wurde in der Mitte des Jahrhunderts zu der Figur, die nach einhelliger Auffassung thematisiert, anerkannt, unterstützt, gerettet und zum Mittelpunkt, zum Maßstab, zur ›Wurzel‹ gemacht und um dessentwillen, ›was in ihm ist‹, befreit werden musste.«[29] Es erschienen zahlreiche Bücher, die mit der Frage »Was ist der Mensch« anhoben, beziehungsweise sie zu beantworten versuchten.[30] Dass die menschliche Natur, die zuvor als beständig gegolten hatte, nun formbar zu sein schien, führte vermehrt zu sozialen Angststörungen. Man hatte die Empfindung, dass das Menschengeschlecht durch Überzivilisierung in die Barbarei zurückgefallen war, oder, wie es der Soziologe Lewis Mumford, der sich früher optimistisch über den technologischen Fortschritt geäußert hatte, 1944 formulierte: »Der Mensch ist das Opfer genau der Werkzeuge, die er am meisten schätzt.«[31] Der Einschlag der Atombombe und die Aufdeckung der Konzentrationslager verstärkten nur das Gefühl der von Technologie und menschlicher Selbstzerstörungsfähigkeit ausgehenden Gefahr. Zur gleichen Zeit präsentierte der *Film noir* den Menschen als ein außer Kontrolle geratenes Wesen, bedroht von seiner ständig zunehmenden Schwäche, verfangen in einem wirbelnden Gespinst aus Konflikten, Verwirrung, Unschlüssigkeit und Ohnmacht, mit Frauen, die als Gefahren und Bedrohungen wahrgenommen wurden. Die »Krise des Menschen« war im Wesentlichen eine männliche Sorge, die durch die ansteigende Welle des Feminismus in keiner Weise besänftigt wurde und Themen, die Rassismus und Frauen betrafen, ausklammerte.

Die Auseinandersetzung wurde in der unmittelbaren Nachkriegszeit in der Diskussion des französischen Existenzialismus aufgegriffen, geführt von in niedriger Auflage erscheinenden Zeitschriften wie *Tiger's Eye* oder *Partisan Review*. Jean-Paul Sartres Existenzphilosophie, die den Nachdruck auf individuelles Handeln, Drang, persönliche Verantwortung und Freiheit legte, übte eine ungeheure Sogkraft auf Linksintellektuelle wie auch auf Künstler aus, inbesondere die Abstrakten Expressionisten und ihre Unterstützer. Doch wurde der Einfluss Sartres bald durch den Universalismus Albert Camus' verdrängt. Vorträge im Club nahmen oft auf existenzialistisches Denken Bezug. Neels durchdringender Blick auf Männer und Frauen lässt sich als ihr eigener Weg verstehen, auf die Debatte einzugehen, Antworten auf die Frage »Was ist der Mensch« zu suchen und die eigensinnige Natur des Individuums gegen die Einförmigkeit einer barbarischen Welt zu verteidigen, in der die Menschen manipuliert, ruhiggestellt und in den Dienst des Kapitals genommen werden, wie unter anderem Aldous Huxley es in *Brave New World* (1932) so treffend aufs Korn genommen hat. »Ich male gerne Menschen, die vom Rattenrennen in New York zerschunden und zerschlagen sind«, überlegte 1984 Neel und gab damit ihre Sicht auf die Unmenschlichkeit großstädtischen Lebens in der kapitalistischen Ära zu erkennen.[32]

Auch der Roman war in der Krise. In der Frühzeit des Jahrhunderts betrieb die Moderne, mit dem Wort José Ortega y Gassets, eine »Entmenschlichung der Kunst«.[33] Nach dem Zweiten Weltkrieg versuchten viele Romanciers, angesichts der Mechanisierung den festen Glauben an den Wert des Humanismus wiederherzustellen und schlugen einen ähnlichen Kurs ein wie Neel. So gelangte William Faulkner, ein Schriftsteller, der den Roman aus seiner gesellschaftlichen Bedeutungslosigkeit zu befreien vermochte, in seinen kritischen Anschauungen vom Nihilismus zum Humanismus. Dem Kritiker Robert Penn Warren zufolge galt Faulkner die Moderne als »Feind des Menschlichen, als Abstraktion, als Mechanismus«.[34] In der literarischen Sphäre waren Humanismus und Moderne diametrale Gegensätze; in den bildenden Künsten wurde die abstrakt-expressionistische Malerei, die sich den Existenzialismus zu eigen machte, in einem gewissen Grade als humanistisch wahrgenommen, insofern sie einen Gradmesser für die Gefühle des Künstlers als Individuum lieferte. Der Abstrakte Expressionismus, so Michael Leja, sei die Manifestation der neuen Ich-Vorstellung des »modernen Menschen«.[35]

Warren lehnte sich mit seinem Standpunkt an den bekannten Literaturkritiker Lionel Trilling an, der Abstraktion, Moderne und mit der Form ringende Romane für erschöpft hielt und die Romanschriftsteller anhielt, zur »Menschlichkeit« zurückzukehren.[36] Künstler wie Jackson Pollock tanzten, soweit ihr Werk abstrakt war, etwas aus der Reihe, obwohl ihr Beharren auf dem Tragischen und Zeitlosen als kunstgemäße Themen durchaus mit der Epoche im Einklang stand. Obwohl sie ihrer Kunst indirekt Menschlichkeit einflößten, ließ ihre Weigerung, sich in ihrem Reifewerk mit der Figur zu befassen (Pollocks schwarze »Gießbilder« ausgenommen), auf eine Auslöschung des Menschen oder bestenfalls eine Konzentration auf innere Empfindungen schließen. Als Faulkner den Nobelpreis annahm, vertrat er den entgegengesetzten Standpunkt: »Ich weigere mich, das Ende des Menschen hinzunehmen. Ich glaube, dass der Mensch nicht nur fortbestehen wird; er wird obsiegen. Er ist unsterblich, nicht weil er allein unter den Lebewesen eine unerschöpfliche Stimme hat, sondern weil er eine Seele besitzt, einen Geist, der zu Mitgefühl und Aufopferung und Beständigkeit fähig ist.«[37] Echos von Faulkners viel gelesener Ansprache finden sich in Neels Beitrag zu der Beat-Anthologie *The Hasty Papers. A One Shot Review* mit Artikeln unter anderem von

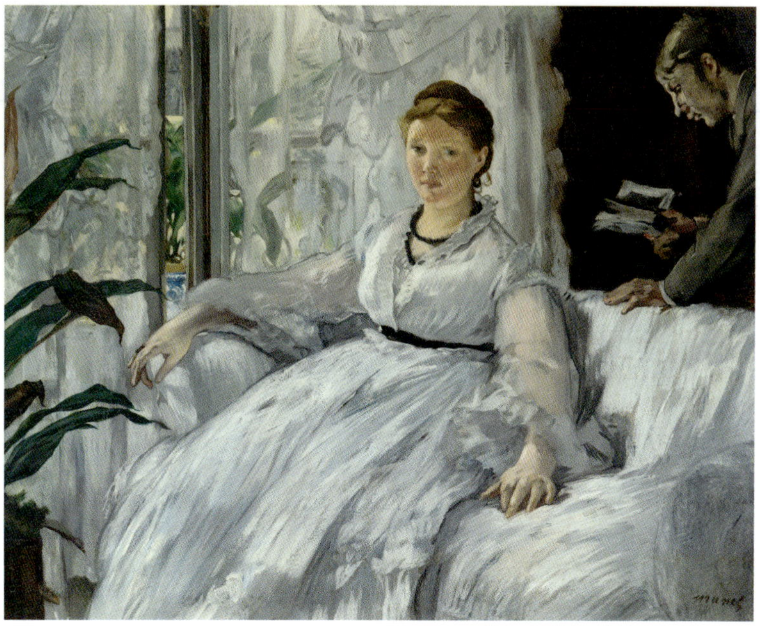

18 Edouard Manet, *La Lecture*, ca. 1848–1883
Öl auf Leinwand, 61 x 73,2 cm
Musée d'Orsay, Paris

Jack Kerouac, Allen Ginsberg, Gregory Corso und Frank O'Hara sowie Fotografien von Robert Frank. Sie enthielt auch einen Text von Sartre. »Wenn ich eine Ausstellung mit modernen Werken besuche«, schrieb Neel, »spüre ich, dass meine Welt weggefegt worden ist – und doch glaube ich nicht, dass es so sein kann, dass das menschliche Lebewesen für immer *verboten* sein wird. Du sollst dir kein Bildnis machen.«[38]

An dieser Stelle ergibt sich die Frage, was unter Künstlern die radikalste Position war: die Entwicklung der Moderne fortzuschreiben wie Pollock, Rothko und Newman oder, wie Neel, die moderne Abstraktion als etwas Bedeutungsloses beziehungsweise als *passé* abzulehnen und durch eine neue Auseinandersetzung mit der humanistischen Frage eine Position außerhalb des Mainstreams zu behaupten. Immerhin war in den späten 1950er Jahren der Abstrakte Expressionismus zur neuen Akademie geworden. Hatte die Fotografie als Tod der Malerei gegolten, wie der *juste milieu* Maler Paul Delaroche 1839 anlässlich der Erfindung der Daguerreotypie bemerkt haben soll, war es dann mehr oder weniger abenteuerlich, sich auf sie einzulassen, wie Neel es tat? Es bedurfte unter anderem des Werks von Gerhard Richter, um zu zeigen, dass die Fotografie, ja Realismus überhaupt, eine grundlegende Beziehung zur Malerei hat. War die Abstraktion eine Möglichkeit, diesen Tod aufzuschieben, sich von der Wirklichkeit abzukehren und eine auf die Innenwelt fokussierte Sprache zu entwickeln, so bot ein neuer Humanismus eine andere Möglichkeit, die Relevanz der Malerei nach der Fotografie zu bewahren oder weiterzuentwickeln. Ob im Schaffen von Frank Auerbach, Francis Bacon, Jean Dubuffet, Jean Fautrier, Lucian Freud, Alberto Giacometti, Pablo Picasso oder Alice Neel, Künstler fanden Wege, sich mit den Realitäten der Nachkriegsära auseinanderzusetzen, ohne auf die Figur zu verzichten. Es gab mehr Möglichkeiten als den Abstrakten Expressionismus, um die »Krise des Menschen« und die Bruchlinien des »modernen Menschen« darzustellen, und sie waren jeweils auf ihre Art erfindungsreich und radikal.

Die Diskussion um die »Krise des Menschen« hilft, *Hartley* und frühere Gemälde wie *Rita and Hubert* (1954, Kat. 30), *Sam* (1958, Kat. 31) und *Sam, Snow (How Like the Winter)* (1945, Kat. 24) mit ihrer verstörenden Darstellung mentaler Dämonen als Manifestationen einer akuten und dringenden Debatte einzuordnen. Neel schilderte fortwährend den seelischen Aufruhr, die Unsicherheiten und Qualen, auf die der Diskurs von der »Krise des Menschen« abhob, besonders in den Bildern von Sam, der zuweilen eine so belastende Gegenwart in der Familie entfaltete, wie Neel es auf dramatische Weise in *Minotaur* (1940, Estate of Alice Neel, Abb. 19) vor Augen führte.

Themen der Identität waren in der Krise und in Neels Kunst ebenfalls entscheidende Elemente: Homosexualität und Geschlechterrollen zum Beispiel in *Jackie Curtis and Ritta Redd* (1970, Kat. 52), *Jackie Curtis as a Boy* (1972, Kat. 57) und *David Bourdon and Gregory Battcock* (1970, The University of Texas at Austin), aber sogar auch berufliche Identität in *Richard in the Era of Corporation* (1979, Estate of Alice Neel, Abb. 42). Selbstheit erscheint als ein gleitender und beunruhigender Begriff. Wie in *Hartley* kennzeichnet Neel Richards Verwirrung und Niedergeschlagenheit durch einen kränklichen, wie Schminke über sein Gesicht gewischten grünen Schimmer. Sie erfasst seine Unsicherheit, wie schon in dem halbnackten Standporträt *Richard* (1973, Estate of Alice Neel), in dem er betreten, gehemmt und vielleicht verärgert im Garten von Spring Lake posiert. Andere Bildnisse, die einen Eindruck von *ennui* festhalten, etwa *Hartley* (1978, Estate of Alice Neel), *Nancy and the Rubber Plant* (1975, The Toledo Museum of Art, Ohio) und sogar die bejahrten *Soyer Brothers* (1973, Kat. 61) bekunden das fortwirkende Vermächtnis der »Krise des Menschen« bis tief in die zweite Hälfte des Jahrhunderts hinein, während Geschlechterrollen betreffende Themen nicht nur in den erwähnten Gemälden von Warhol und dessen Entourage erscheinen, sondern auch in der kessen Pose des *Marxist Girl (Irene Peslikis)* (1972, Abb. 39)[39] mit ihren schamlos zur Schau getragenen Achselhaaren, bei dem effeminiert wirkenden Künstler *Robbie Tillotson* (1973, Museum of Contemporary Art, Los Angeles) und sogar bei Julia in *The Family (John Gruen, Jane Wilson and Julia)* (1970, Kat. 53), wo Neel die Verlegenheitsgefühle der frühen Pubeszenz in einer Pose festhält, die an Munchs Gemälde *Pubertet* (1894/95, Nationalgalerie Oslo) erinnert. In Pose, Wahl der Schattierungen und Farben, Faktur und Malmethode beschreibt Neel die Bruchlinien des Jahrhunderts.

Bis zum Ende ihres Lebens handhabte Neel die Malfarbe so, dass sie sowohl Spur als auch Bedeutungsträger war. In *Don Perlis and Jonathan* (1982, Kat. 70) bildet Perlis' Gesicht eine Maske der Schwermut; die tief liegenden, leeren Augen und der verzogene Mund drücken den Schmerz über einen an Zerebralparese leidenden Sohn aus. Jonathan, ganz Unschuld, ist in lichten Tönen dargestellt,

Perlis hingegen dunkel, wobei der kahle, helle Hintergrund seine düstere Gemütslage akzentuiert. Neel malt sein Gesicht mit groben Pinselstrichen, die als Spuren ihre Individualität behalten und wie eine Metapher für inneren Konflikt in allen Richtungen aufeinander prallen. Perlis' Schmerz fand seinen Ausdruck in Neels grober Pinselführung durch einen Übertragungsprozess. Farben, die als Schatten begründet sein könnten – die schwarzen und braunen Flecken links von seiner Nase zum Beispiel – verleihen einem ansonsten in flachen, mehr oder minder horizontalen Pinselstrichen gemalten Gesicht plastisches Relief. Es ist eine Scharte, die seine vom Tod umwehte Fassade durchdringt. Dieses Gesicht funktioniert auf unerklärliche Weise. Eine derart »unfertige« und grobe Fläche sollte sich nicht so klar und schlüssig entziffern lassen, tut es aber. Und was ist mit den pinkfarbenen und gelben Spuren, die oberhalb von Perlis' Schulter zwischen seinem und Jonathans Kopf entspringen? Erzählerisch gibt es für sie keine logische Erklärung. Sie erscheinen wie eine Flamme, ein Lichtflackern, das auf einen dahinter liegenden Raum deutet, aber auch als ein strahlender Kontrapunkt zu Perlis' pechschwarzem Haar und seiner Trübnis, vielleicht ein Hoffnungsschimmer für die Zukunft seines Sohnes.

Neel zog keine Pinselstriche um ihrer selbst willen; diese hatten immer einen Zweck, sei er strukturell oder allusorisch. Als die Moderne sich zunehmend von der Illusion des Realen abkehrte und die Fotografie den frei gewordenen Platz belegte, nutzte Neel die Mittel der Abstraktion, die buchstäbliche Pinselspur, um eine auf dem Realismus fußende Kunst zu schaffen, die von der Erkenntnis ausgeht, dass das Reale ebensosehr eine Eigenschaft der Pinselspur wie des Geschilderten ist. Malen verkörpert den Akt des Sehens und Denkens über einen anhaltenden Zeitraum. Das Bild, notwendigerweise ein fiktionales Konstrukt, ist eine in einmalige Form gebrachte Akkumulation von Erfahrungen, von jeweils einzeln aufgetragenen Pinselstrichen, die, indem sie sich zu einem Ganzen fügen, zu Analogien für gesehene Dinge werden. Es kann einen logischen Grund dafür geben, auch über das erzählerische Erfordernis hinaus Pinselspuren zu setzen, wo sie zu eher strukturellen als abbildenden Zwecken geboten sind, wo ein Pinselstrich das realistische Projekt untergraben oder unterstützen kann. Bei der Gestaltung ihrer Gemälde hat Neel zwischen beidem ein feines Gleichgewicht erreicht.

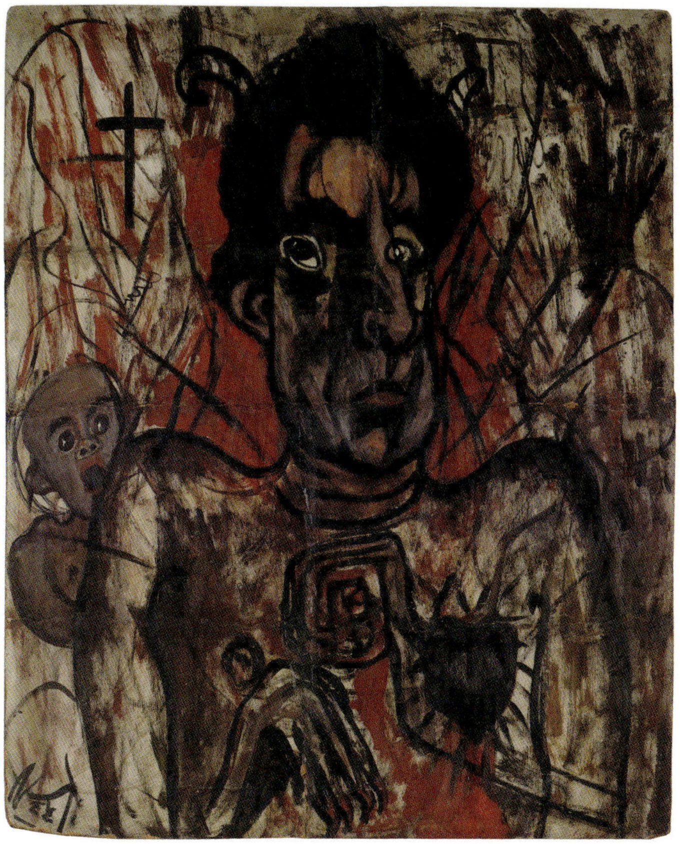

19 Alice Neel, *Minotaur*, 1940
Öl auf Leinwand, 76,6 x 61 cm
Estate of Alice Neel

Emotionale Werte
Alice Neel und die amerikanische Rezeption deutscher Kunst

Petra Gördüren

Am 8. November 2005 wurde in New York ein Bild der amerikanischen Künstlerin Alice Neel versteigert, ein eindringliches Bild mit einer klaren Botschaft: *Nazis Murder Jews* lautet der Werktitel, die Aufschrift auf einem Transparent zitierend, das im kompositorischen Mittelpunkt des Gemäldes aus dem Jahr 1936 steht (Abb. 20).[1] In dunkler Arbeiterkluft, eine Schirmmütze auf dem Kopf, führt ein Mann, das Plakat in der geballten Faust, mit zwei Begleitern einen langen Protestzug an. Berittene Polizei flankiert die Demonstranten, mit Fackeln in der Hand marschieren sie Reihe um Reihe durch die dunklen, von hohen Häusern gesäumten Straßen New Yorks. Drei prominent ins Bild gesetzte rote Banner mit Hammer und Sichel weisen die Demonstration gegen das nationalsozialistische Regime in Deutschland als eine Initiative des kommunistischen Lagers aus, an der sich, so berichtete es Neel, sie selbst und Künstlerkollegen der Works Progress Administration (WPA) beteiligt hatten.[2]

Bei seiner ersten Ausstellung in der ACA Gallery in New York erregte das Gemälde große – und durchaus kritische – Aufmerksamkeit.[3] So war am 12. September 1936 im *New York World-Telegram* zu lesen: »Alice Neel schwingt die Fackel, die, wie sie und die Mitglieder der Artists Union mit ihr hoffen, dereinst zur Aufklärung und zur Zerschlagung des Faschismus führen wird. Eines, das einen Arbeiteraufmarsch darstellt, wäre unter den Gesichtspunkten Farbe, Aufbau und emotionale Bedeutsamkeit ein ausgezeichnetes Bild, wenn nicht das große, fettgedruckte, schwarzweiße Schild, das einer der Marschierenden am Kopf des Zuges hält, den Rest der Komposition vollkommen aus den Angeln heben und ein visuelles Loch in die Leinwand reißen würde.«[4] Beanstandet wurde der propagandistische Kunstgriff, mit dem der Blick des Betrachters auf das Demonstrationsbanner gelenkt wird, das sich hell vom dunklen Protestzug abhebt. Durch die extreme Aufsicht gelang es Neel zudem, den Zug in seiner ganzen Länge zu erfassen und damit das Problem der Darstellung von Menschenmengen zu lösen, die in der perspektivischen Kompromisslosigkeit deutlich über die Prozession von James Ensors berühmtem Gemälde *Christ's Entry into Brussels in 1889* (1888, J. Paul Getty Museum, Los Angeles) hinausgeht.[5] In einer rauen Direktheit gemalt, mit Figuren, deren Gesichter und Körper holzschnittartig vereinfacht und entindividualisiert wurden, wollte Neel zweifellos ein Bild schaffen, das aufrüttelt, und so kommentierte sie, Jahre später, die Bemerkung der Kunstkritikerin des *New York World-Telegram*: »Wenn sie aber dieses Schild bemerkt hätten, wären Tausende Juden vielleicht gerettet worden.«[6]

Es ist bekannt, dass Neel an Versammlungen der kommunistischen Partei teilnahm und mit ihrem Programm sympathisierte. Laut ihrer Biographin war sie selbst ab 1935 Parteimitglied.[7] Sie war zudem eine der ersten Künstlerinnen, die in den 1930er Jahren auf die Judenverfolgung im »Dritten Reich« aufmerksam machte. Gemalt vier Jahre vor dem Beginn des systematischen Völkermords durch die Nationalsozialisten, erscheint das Gemälde aus heutiger Sicht prophetisch. Doch berichtete die amerikanische Presse bereits seit der »Machtergreifung« Hitlers über die Situation der jüdischen Bevölkerung in Deutschland, oft in Zusammenhang mit Demonstrationen gegen das nationalsozialistische Regime in vielen Städten der USA.[8] 1936 kündigte sich das bevorstehende Morden zunehmend an. So zitierte die *New York Times* am 20. Juni 1936 den deutschen Emigranten und Chefredakteur der Exilzeitung *Pariser Tageblatt* Georg Bernhard: »Infolgedessen ist das gesamte deutsche Judentum jetzt Folter und Sklaverei ausgesetzt. Es ist das Schicksal dieser Massen, über das die zivilisierte Welt sich Sorgen machen sollte.«[9]

Kann der Blick Alice Neels auf deutsches Zeitgeschehen mit dem Gemälde als gesichert gelten, so ist zu fragen, ob sich die Künstlerin nur für deutsche Politik oder darüber hinaus auch für deutsche Kunst interessierte. Nicht wenige Bilder in ihrem Werk legen dies nahe, und insbesondere die Gemälde der späten 1920er und 1930er Jahre zeigen eine frappierende Nähe zu etwa zeitgleich entstandenen Bildern deutscher und nordeuropäischer Künstler. So ähneln die gespenstergleichen Trauernden ihres Aquarells *Requiem* (1928, Privatsammlung, Abb. 22) den düsteren Bildfiguren Edvard Munchs, doch wird sie später in ihren Erinnerungen schreiben: »Munch sah ich aber am Anfang gar nicht. Ich malte ein Bild, und man könnte schwören, dass ich von Munch beeinflusst war, dabei hatte ich noch nicht einmal von ihm gehört«.[10] Die herausgeputzten *Two Women* (Privatsammlung, Abb. 21) in einem Aquarell von 1936 erinnern an grell geschminkte Kokotten von Rudolf Schlichter; die knochig-manierierten Hände mit Zigarette von Neels *Man with Rose* (1936, Privatsammlung, Abb. 24), zeigen eine eigentümliche Ähnlichkeit zum gleichen Motiv im von Otto Dix gemalten Bildnis der deutschen Schriftstellerin Sylvia von Harden (1926, Musée National d'Art Moderne, Paris, Abb. 25), und nicht zuletzt lässt die im Sessel versunkene Haltung des von Neel porträtierten Ed Meschi (1933, Estate of Alice Neel, New York, Abb. 23) an die verkrampfte Haltung des Dichters Max Herrmann-Neiße denken, wie ihn George Grosz 1927 dargestellt hat (Museum of Modern Art, New York, Abb. 27).[11] Bei anderen Gemälden wiederum fühlt sich der mit der Kunst des deutschen Expressionismus und der Neuen Sachlichkeit vertraute Betrachter an Werke von Oskar Kokoschka und Max Beckmann erinnert. Die Liste möglicher Vorbilder ließe sich mühelos fortsetzen, doch wie in einem bizarren Vexierbild oszilliert angesichts der Werke Neels der motivische wie stilistische Eindruck zwischen einer durch die europäische Avantgarde geprägten Kunst und einer völlig eigenständigen künstlerischen Auffassung.

Die Kunstkritik hat insbesondere im Hinblick auf Neel expressives Frühwerk immer wieder den Vergleich zu europäischen Künstlern gezogen. Mit Vincent van Gogh, Munch und Oskar Kokoschka wurden hierbei vor allem Begründer der Moderne zitiert, die – wie Neel – Malerei als Ausdruck subjektiven Empfindens verstanden haben und sich nicht scheuten, die Abgründe der menschlichen Psyche auszuloten.[12] Neel selbst äußerte sich nur selten und verhältnismäßig spät über andere Künstler. Ihre Wertschätzung etwa für Francisco de Goya, Munch oder Chaïm Soutine formulierte sie offenbar bewusst recht vage, konkrete Bezüge zu möglichen Einflüssen europäischer Kunst lassen sich daran kaum festmachen.[13] Ihre eigene künstlerische Position beschrieb sie als »Verbindung von Realismus und Expressionismus«.[14]

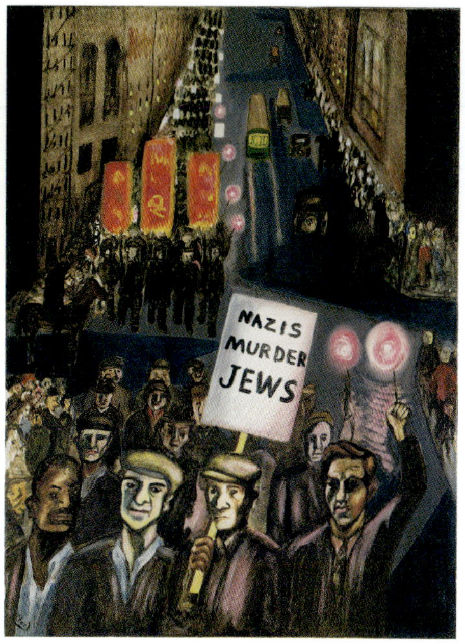

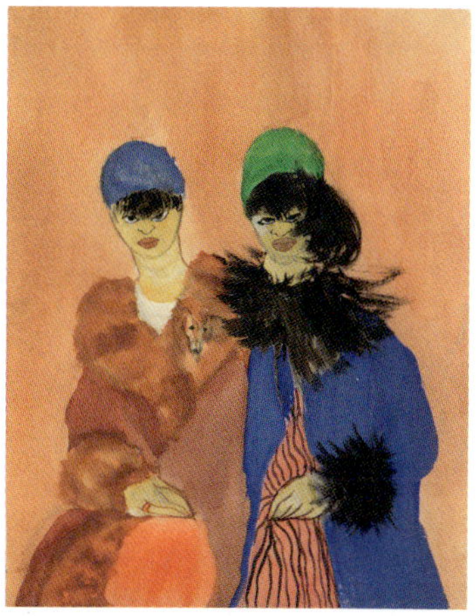

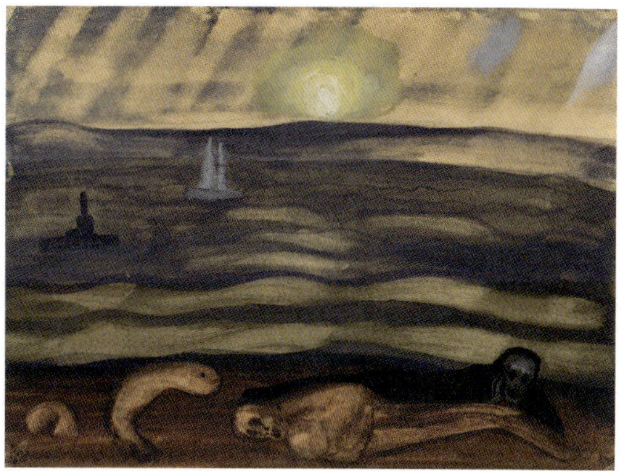

20 Alice Neel, *Nazis Murder Jews*, 1936
Öl auf Leinwand, 106,7 x 76,2 cm
Privatsammlung

21 Alice Neel, *Two Women*, 1936
Aquarell auf Papier, 50,8 x 42,5 cm
Privatsammlung

22 Alice Neel, *Requiem*, 1928
Aquarell auf Papier, 22,9 x 30,5 cm
Privatsammlung

Expressiver Realismus im Frühwerk

Mit dem amerikanischen Realismus, dessen Tradition Alice Neel fortführte und für die Kunst des 20. Jahrhunderts sicherlich auch neu definierte, kam die Künstlerin während ihrer Ausbildung in Philadelphia in Kontakt. Die Philadelphia School of Design for Women (heute Moore College of Art & Design), an der sich Neel 1921 einschrieb, galt damals zwar als konventionelle Schule für höhere Töchter, erinnerte sich aber mit Stolz an die Jahre, in denen Robert Henri – Begründer der New Yorker Ashcan School und seit den 1910er Jahren einer der Hauptvertreter des amerikanischen Realismus – dort als Lehrer gewirkt hatte. Im Rückblick erklärte Neel entschieden, dass sie ein Studium an der School of Design gegenüber der etablierten Pennsylvania Academy of the Fine Arts in Philadelphia, der ältesten Kunstakademie der USA, vorgezogen hätte.[15] Diese öffnete sich zwar um 1920 moderneren Kunstströmungen,[16] pflegte aber auch das Andenken an zwei international erfolgreiche Künstlerinnen aus Philadelphia, der Impressionistin Mary Cassatt und der mondänen Porträtmalerin Cecilia Beaux, beide, wenn man so will, negative »Rollenmodelle«, von denen Neel sich mit ihren weniger gefälligen Werken programmatisch abgrenzte. »Ich wollte nicht im Impressionismus unterrichtet werden [...]«, begründete die Künstlerin die Wahl ihrer Ausbildungsstätte, »ich sah das Leben nicht als ein *Déjeuner sur l'herbe*. Ich war nicht glücklich wie Renoir.«[17] Und sie fügte ergänzend hinzu: »Ich wollte keine formale Form erlernen.«[18] Demnach kritisierte Neel den Impressionismus als eine formalistische Kunst, als eine hoch ästhetisierte Kunstrichtung, die sich nicht mit den realen Schattenseiten des menschlichen Lebens befassen wollte. An diesen nicht vorbeizusehen, war jedoch die erklärte Absicht der Künstlerin, die Malerei in erster Linie als Medium der Meinungsäußerung und folgerichtig sogar als »Philosophie über das Leben« verstand.[19]

Die europäischen Avantgarden, darunter Expressionismus und Neue Sachlichkeit, hatten in den ersten Jahrzehnten des 20. Jahrhunderts ähnliche Ziele verfolgt: der Expressionismus mit seiner Hinwendung zu einer von inneren Welten bestimmten Kunstäußerung, die Neue Sachlichkeit mit ihrer Kritik an der sozialen und politischen Realität der Zwischenkriegszeit. Kann der Bezug Neels zur Tradition des amerikanischen Realismus auch nicht bestritten werden, so stellt sich für ihr Werk – und dies durchaus exemplarisch für den sozialen Realismus der amerikanischen Malerei der 1920er und 1930er Jahre – durchaus die Frage nach einer möglichen Rezeption europäischer Kunstströmungen. Insbesondere deutsche und skandinavische Positionen, die im Vergleich zur vorherrschenden französischen Kunst als weniger formalistisch und vor allem als Ausdruck subjektiven Empfindens erachtet wurden, mussten ihre Aufmerksamkeit erregen.

Wann Neel erstmals mit deutscher Avantgardekunst in Kontakt kam, lässt sich anhand der Quellenlage allerdings kaum ermitteln. Berührungspunkte zur deutschen Kultur hat es in ihrem Leben jedoch schon früh gegeben. Die Künstlerin wuchs in der Nähe von Philadelphia auf, einer Stadt, die von deutschstämmigen Einwanderern geprägt war. Auch zwei ihrer Professoren waren in Deutschland geboren. Ohne seinen Namen zu nennen, beschrieb sie einen als »sehr dogmatisch«, begeistert war sie jedoch von ihrer Zeichenlehrerin, der Porträtmalerin und Glaskünstlerin Paula Himmelsbach Balano, die als Kind 1879 mit ihrer Familie aus Leipzig in die USA gekommen war.[20]

Neels erste Werke datieren aus dem Jahr 1926, als sie, frisch mit dem kubanischen Maler Carlos Enríquez verheiratet, in Havanna lebte. Wenngleich mit groberem Pinselstrich und deutlich expressiverer Geste ausgeführt, zeigen Gemälde wie *Beggars, Havana, Cuba* (Estate of Alice Neel, New York, Abb. 1), das *Carlos Enríquez* (Kat. 1) oder *Mother and Child (Havana)* (Kat. 2) sowohl in ihrer dunklen Farbigkeit als auch hinsichtlich der Darstellung weniger privilegierter Gesellschaftsschichten eine deutliche Nähe zur Kunst Robert Henris.[21] Dessen Buch *The Art Spirit* war für Neel, wie für andere Künstler ihrer Generation, zweifellos von großer Bedeutung.[22] Henri propagierte eine Malerei, die aus den Akademien herausführen und sich dem Alltagsleben mit subjektivem, doch unvoreingenommenem Blick zuwenden sollte: »Was wir brauchen, ist mehr Sinn für das Wunder des Lebens und weniger von diesem Geschäft des Bildermachens.«[23] Und er forderte von den Künstlern »ein frisches, neues Interesse an den Objekten des Alltags und ein Bewusstsein für neue Strömungen in der Malerei«.[24]

In Havanna bewegte sich Neel, die schon während ihres Studiums in Philadelphia als belesene Intellektuelle gegolten hatte, in den

Kreisen der künstlerischen Avantgarde Kubas. Deren Sprachrohr war die Zeitschrift *revista de avance*, deren erstes Heft im März 1927 erschien und zu der Enríquez regelmäßig beitrug.[25] Der Blick richtete sich durchaus auf Europa, doch interessierten vor allem Kubismus, Futurismus und Surrealismus. Dennoch fand eine Auseinandersetzung insbesondere mit deutscher Literatur und Philosophie statt, Leibniz und Hegel wurden ebenso diskutiert wie Nietzsche und Husserl. Zu den wenigen Spuren deutscher beziehungsweise österreichischer Avantgardekunst, die sich in der Zeitschrift verfolgen lassen, zählen ganz selbstverständlich eingestreute Illustrationen von Max Ernst, George Grosz und Egon Schiele, deren Bekanntheit damit als vorausgesetzt werden kann.[26]

Der amerikanische Blick auf eine »ernste« Kunst

Nach gut einjährigem Aufenthalt in Kuba kehrte Alice Neel mit ihrer Tochter im Mai 1927 in die USA zurück und, nachdem Enríquez wenige Monate später gefolgt war, ließ sie sich noch im Herbst des selben Jahres in New York nieder. Sie traf dort auf eine Kunstszene, in der sich die deutsche und nordeuropäische Kunst zunehmend ihren Platz eroberte. Nachdem während des Ersten Weltkriegs der künstlerische Austausch mit Deutschland abgebrochen war, der noch bis Anfang des Jahrhunderts durch Zuwanderung, Studienreisen sowie eine beginnende institutionalisierte Förderung stattgefunden hatte, unterstützten in den 1920er Jahren Kunstvermittler, Galeristen und Museumsleute systematisch den Kontakt zur jungen deutschen Avantgarde.[27] Einige für die Rezeption deutscher Kunst wichtige Ausstellungen fanden bereits früh statt. Die von der deutschstämmigen Künstlerin und Sammlerin Katherine Sophie Dreier 1920 gegründete Société Anonyme, an der auch Marcel Duchamp mitwirkte, hatte 1920 Kurt Schwitters, 1923 Wassily Kandinsky und 1924 Paul Klee dem amerikanischen Publikum vorgestellt und richtete 1926/1927 im Brooklyn Museum die mit 52.000 Besuchern höchst erfolgreiche *International Exhibition of Modern Art* aus.[28] Mit Künstlern wie Kurt Schwitters und Wassily Kandinsky, Max Ernst, Paul Klee, Franz Marc,

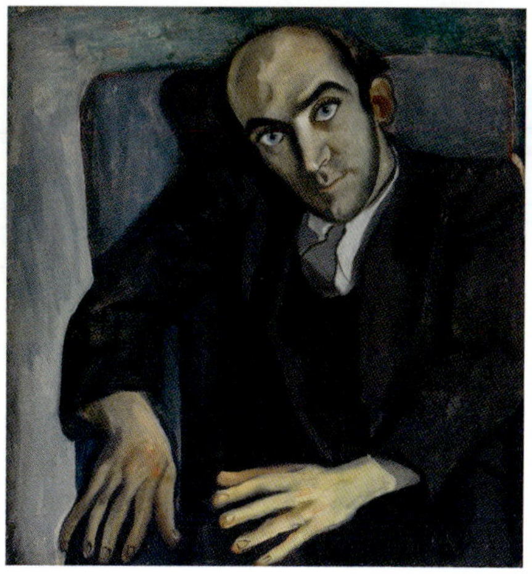

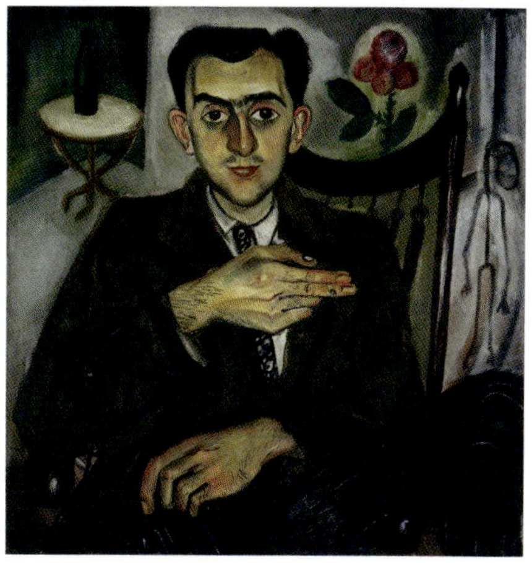

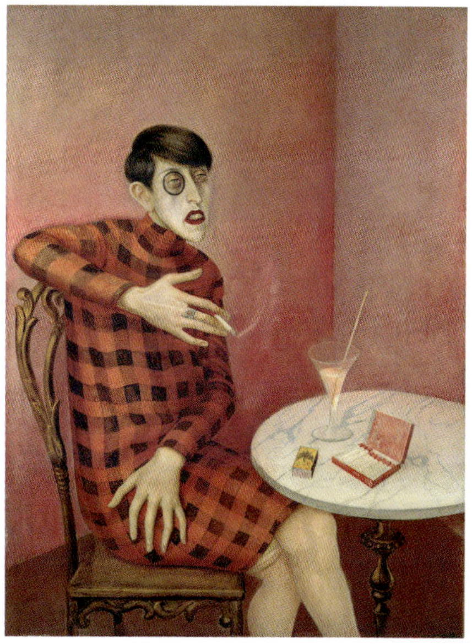

23 Alice Neel, *Ed Meschi*, 1933
Öl auf Leinwand, 66 x 61 cm
Estate of Alice Neel, New York

24 Alice Neel, *Man with Rose*, 1936
Aquarell auf Papier, 66 x 61 cm
Privatsammlung

25 Otto Dix, *Bildnis der Journalistin Sylvia von Harden*, 1926
Öl und Tempera auf Holz, 121 x 89 cm
Centre Pompidou - Musée national d'art moderne - Centre de création industrielle, Paris

Gabriele Münter, Heinrich Hoerle und Carl Buchheister war bei der deutschen Kunst der Fokus auf expressionistische, dadaistische und konstruktive Tendenzen gerichtet. Der Ausstellungskatalog wirkte in den folgenden Jahren kanonbildend auf die moderne Kunst der USA.

Die expressionistische Kunst hingegen wurde engagiert vom deutschen Kunsthistoriker Wilhelm Reinhold Valentiner gefördert, der 1921 in die USA kam. Er war zunächst als Kurator und ab 1924 als Direktor am Detroit Institute of Art beschäftigt.[29] In Zusammenarbeit mit dem Berliner Galeristen Ferdinand Möller, der in Übersee nach neuen Märkten für die von ihm vertretene deutsche Moderne suchte, veranstaltete er 1923 die Ausstellung *Modern German Art* in den New Yorker Anderson Galleries. Ausgestellt wurden unter anderem Künstler der Brücke und des Bauhaus, aber auch Emil Nolde, Christian Rohlfs, Franz Radziwill sowie der in New York geborene, in den USA damals kaum bekannte Lyonel Feininger.[30] Die jüngere Kunst war mit zwei Zeichnungen von George Grosz vertreten, »eine unerfreuliche Überraschung« wie die *New York Times* urteilte.[31] Die Ausstellung wurde zwar nicht unbedingt wohlwollend besprochen, aber sie wurde durchaus wahrgenommen und so verbuchte Valentiner sie als Erfolg.[32]

Ein wesentliches Bestreben Valentiners bestand darin, die deutsche Kunst als eine Kunst des inneren Ausdrucks vom französischen Impressionismus und Post-Impressionismus abzugrenzen: »Aber es gibt auch eine Kunst, die das Leben selbst ist,«, schrieb er in der Einleitung des Katalogs, »die wie ein Schrei der Tiefe entspringt, und sie birgt den tiefsten Ausdruck der Menschheit.«[33] Expressionistische Kunst stellte Valentiner als Ausdruck einer leiderfüllten Seele dar und charakterisierte sie als ein deutsches Phänomen, darüber hinwegsehend, dass der Begriff des Expressionismus zu Jahrhundertbeginn auf internationale, auch französische avantgardistische Tendenzen gemünzt worden war.[34] Das Interesse am Expressionismus hatte in den USA bereits zu Beginn der 1920er Jahre eingesetzt und noch bevor die Kunst dieser Bewegung die Bühne betrat, hatten der expressionistische Film, Literatur und Musik das amerikanische Publikum beeindruckt.[35]

Ein weiterer Protagonist, der sich erfolgreich für die Vermittlung deutscher Kunst in den USA einsetzte, war der Kunsthändler J. B. Neumann, der 1924 seine Galerie in New York eröffnete und ab 1927 auch deutsche Künstler zeigte.[36] So war dort im April 1927 – nur kurze Zeit vor Neels Ankunft in der Metropole – die erste amerikanische Einzelausstellung Max Beckmanns zu sehen.[37] Die Schau war kein finanzieller Erfolg, doch die fünfzehn gezeigten Gemälde erregten in der Presse große Aufmerksamkeit; Beckmann war mit einem Schlag als »fraglos gewichtiger Maler« bekannt,[38] dessen Werk als »zielgenauer Spiegel des Lebens im Mitteleuropa der Nachkriegszeit« verstanden wurde.[39] Im gleichen Jahr verkündete der eher konservative Homer Saint-Gaudens, Direktor des Carnegie Institute in Pittsburgh, von einer Reise nach Europa zurückkehrend: »Der größte Wandel, was die Lage der Kunst in Europa betrifft, hat in Deutschland stattgefunden. [...] In Deutschland ist die Kunst vollständig modernistisch geworden.«[40]

Das Interesse an der Kunstentwicklung in Deutschland spiegelt sich ab Mitte der 1920er Jahre in der Tagespresse, aber auch in Artikeln zur deutschen Kunst in Fachzeitschriften. Oskar Kokoschka und Max Pechstein, Max Ernst und Paul Klee waren geläufige Namen, Karl Schmidt-Rottluff, Emil Nolde und Käthe Kollwitz genossen hohe Anerkennung, George Grosz war ebenso für seine karikaturhaften, bösen Blätter bekannt wie für seinen Blasphemie-Prozess im Jahre 1928. Ein weiterer deutscher Künstler, der nach 1927 zunehmend Aufmerksamkeit auf sich zog, war Otto Dix. Neumann, bei dessen Berliner Partner Karl Nierendorf 1923 die erste Einzelausstellung des Künstlers stattfand, hatte ihn im Programm, und seit Herbst 1927 war er neben Kokoschka, Pechstein, Willy Jaeckel und Anton Faistauer mit mehreren Werken auf der *Carnegie International* vertreten, die zuerst in Pittsburgh und anschließend in Brooklyn und San Francisco zu sehen war.[41]

Wie in jedem Jahr hatte die *Carnegie International*, die wohl umfangreichste regelmäßig ausgerichtete Ausstellung internationaler zeitgenössischer Kunst ihrer Zeit, große Resonanz in der Presse. Von den Künstlern aus dem deutschsprachigen Raum wurden insbesondere Otto Dix und Oskar Kokoschka besprochen. Die *New York Times* bildete Kokoschkas *Porträt von Albert Ehrenstein* (1914, Nationalgalerie, Prag, Abb. 26) ab, dessen psychologisierende Darstellung sie lobte, und beschäftigte sich ausgiebig mit dem *Portrait Hugo Erfurth mit Hund* (1926, Museo Thyssen-Bornemisza, Madrid, Abb. 28), einem der wichtigsten Bildnisse von Dix, das hier erstmals in den USA zu sehen war.[42] Es ist möglich, dass Alice Neel, die damals in New York lebte, zu den Besuchern der Ausstellung in Brooklyn zählte. Stets gegen etablierte künstlerische Positionen rebellierend, musste sie ein vitales Interesse an einer Kunst haben, über welche die Kunstkritikerin Helen Appleton Read am 15. Januar 1928 im *Brooklyn Daily Eagle* urteilte: »Die deutsche Sektion bildet einen interessanten Kontrast zur französischen und britischen. Deutsche Maler kümmern sich wenig um Charme, aber es gibt da einen Ernst [...] und stets die psychologische Wendung, die ihrer Kunst unverkennbare Persönlichkeit und Interessantheit verleiht. [...] Malen bedeutet dem Deutschen nicht Dekoration oder bloß ästhetische Genugtuung. Sie ist und war stets eine Weltanschauung.«[43] Read, die bei Robert Henri studiert hatte und den amerikanischen Realismus unterstützte, hob die kompromisslose Innerlichkeit und psychologische Ausdrucksstärke der deutschen Kunst hervor, womit auch die amerikanische Kunstkritik der 1920er Jahre wiederholt deren augenscheinliche Hässlichkeit legitimiert hatte.[44]

Begegnungen mit der deutschen Moderne

Kunst als Ausdruck des »Lebens selbst« (»life itself«, Wilhelm Reinhold Valentiner) oder als »Weltanschauung« (Helen Appleton Read), solche Charakterisierungen der deutschen Kunst der 1920er Jahre zeigen eine auffallende Nähe zu Alice Neels Auffassung von Kunst als einer »Philosophie des Lebens« (»philosophy of life«), so dass man unabhängig von der heiklen Frage nach einer unmittelbaren Rezeption deutscher Kunstströmungen in ihrem Werk in jedem Fall von einer vergleichbaren Geisteshaltung ausgehen kann. Zudem hat sich Neels Schaffen, soweit sich dies anhand der wenigen erhaltenen frühen Arbeiten belegen lässt, nach 1927 deutlich gewandelt. Standen zuvor die unterprivilegierten Schichten der Gesellschaft im Blickpunkt ihrer künstlerischen Produktion, so wendete sie sich mit Werken wie *The Family* (1927, Privatsammlung, Abb. 30), einer klarsichtigen Analyse der Situation im elterlichen Haus, mit erschreckender Offenheit ihrem eigenen Leben zu. Schonungslos verarbeitete sie persönliches Leid, etwa den Tod ihrer ersten Tochter Santillana Ende 1927, die traumatische Trennung von Carlos Enríquez im Mai 1930, finanzielle Sorgen und

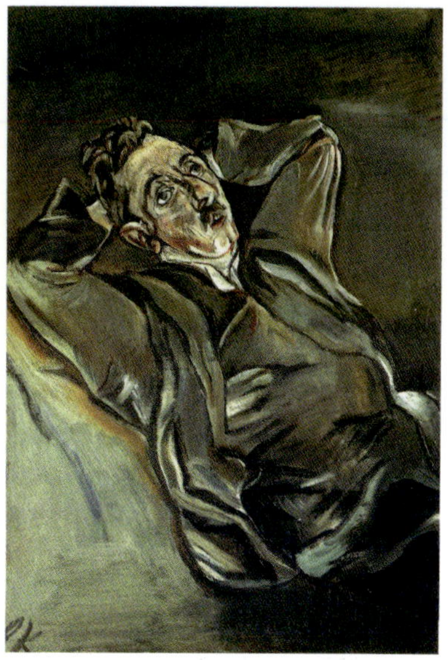

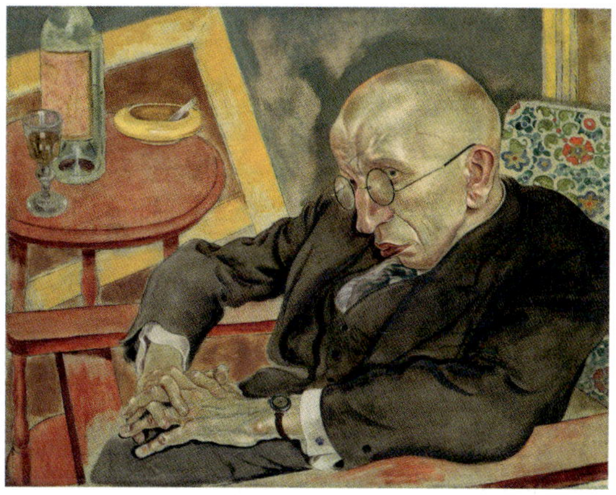

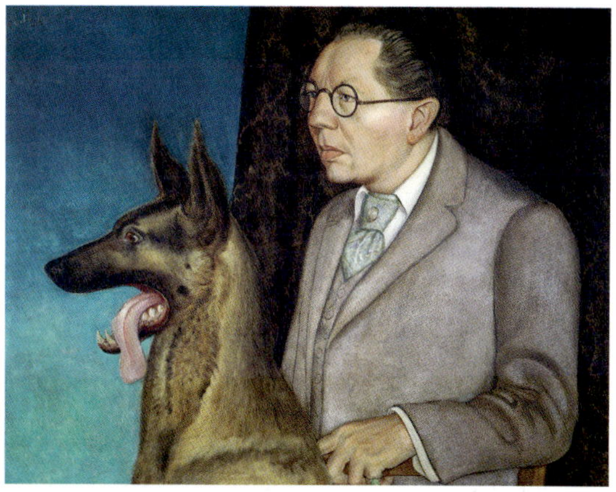

26 Oskar Kokoschka, *Portrait von Albert Ehrenstein*, 1914
Öl auf Leinwand, 120,7 x 80 cm
Národní galerie, Prag

27 George Grosz, *Der Poet Max Herrmann-Neiße*, 1927
Öl auf Leinwand, 59,4 x 74 cm
Museum of Modern Art (MoMA), New York, Kauf, 49.1952

28 Otto Dix, *Hugo Erfurth mit Hund*, 1926
Tempera und Öl auf Holz, 80 x 100 cm
Museo Thyssen-Bornemisza, Madrid

die mangelnde Unterstützung ihrer Familie; persönliches Leid, das sie in zutiefst erschütternden Bildkompositionen zum Ausdruck brachte und das schließlich zum Nervenzusammenbruch der Künstlerin führte.

Währenddessen gewann die deutsche Kunst in den USA zunehmend an Akzeptanz und Präsenz. Noch bevor sie mit Alfred J. Barrs *German Painting and Sculpture* im noch jungen Museum of Modern Art ihren endgültigen Durchbruch erlebte, riss die Berichterstattung über Ausstellungsereignisse deutscher Kunst nicht ab. Allein schon die *New York Times* berichtete im Juni 1928 anlässlich der Ausstellung *Deutsche Kunst* in Düsseldorf ausführlich über einzelne Künstler der Neuen Sachlichkeit; im Herbst war der Blasphemie-Prozess gegen George Grosz eines ihrer Tagesthemen.[45] Anfang 1929 kommentierte das Blatt einen Beitrag von Alfred Kuhn in einem Deutschland gewidmeten Sonderheft der Zeitschrift *Survey Graphic*, der einen umfangreichen Überblick über die aktuelle deutsche Kunst gab und unter anderem Otto Dix, Georg Scholz, George Grosz und Rudolf Schlichter vorstellte.[46] Im Frühling 1929 wurde konstatiert, dass sich Max Beckmann und Karl Hofer auf dem internationalen Markt etabliert hätten und gleichzeitig wurde vermerkt, dass George Grosz in den USA Präsenz zeigen wollte.[47] Und nur wenige Monate später meldete die *New York Times* erste Ankäufe deutscher Kunst für Detroit und Chicago.[48] Im Mai 1930 hob die Zeitung schließlich hervor, dass Nolde von einigen als »größter lebender deutscher Maler« betrachtet werde, und lobte im August des Jahres anlässlich der *Biennale* von Venedig Dix' Gemälde *Liegende auf Leopardenfell* von 1927 (Cornell University, Herbert F. Johnson Museum of Art), das auch prominent abgebildet wurde.[49]

Im Jahr 1931 wurde die Rezeption deutscher Kunst in den USA vor allem von der Ausstellung *German Painting and Sculpture* geprägt.[50] Alice Neel hat die Ausstellung gewiss nicht gesehen, denn sie befand sich zur gleichen Zeit nach einem Selbstmordversuch in stationärer Behandlung. Dennoch ist anzunehmen, dass sie aus professionellem Interesse von der Ausstellung und dem zugehörigen Katalog Kenntnis genommen hat, zeigen doch einige Porträts der 1930er Jahre, etwa *Max White* (1935, Kat. 11) und *Elenka* (1936, Kat. 18), deutliche neusachliche Anklänge. Mit drei Künstlern, die in *German Painting and Sculpture* vertreten waren, Max Pechstein, Max Beckmann und Paul Klee, stellte sie 1933 schließlich gemeinsam aus. Es war die zweite Gruppenausstellung Neels in den USA, die nach ihrer Rekonvaleszenz Anfang 1932 in das von Intellektuellen bevorzugt bewohnte New Yorker Greenwich Village gezogen war.

Die *Living Art Exhibition*, die J. B. Neumann nach seinem Galeriekonkurs in den Mellon Galleries in Philadelphia ausrichtete, ist schließlich der einzige dokumentarisch gesicherte unmittelbare Berührungspunkt zwischen Neel und der deutschen Avantgarde.[51] Die Folgen dieser direkten Begegnung waren allerdings, so die dürftige Quellenlage, von mäßiger Intensität. Neumann versammelte in dieser Gruppenschau amerikanische, mexikanische und europäische Künstler. Beckmann war mit fünf Werken am stärksten vertreten, Neel zeigte laut Ausstellungsfaltblatt zwei Werke, *Red Houses* und *Snow*, die bislang allerdings nicht zweifelsfrei identifiziert werden konnten, möglicherweise aber auch 1934 der Zerstörungswut eines eifersüchtigen Liebhabers zum Opfer fielen. Nach der Ausstellung kam es noch zu einem weiteren Kontakt mit Neumann, der die Künstlerin in ihrem Atelier besuchte.[52] Doch die Bilder, die Neel dem Galeristen bei dieser Gelegenheit zeigte, unter denen das – nahezu Martin Kippenbergers »bad painting« vorwegnehmende – Porträt *Joe Gould* (1933, Kat. 8) die wohl radikalste Position darstellte, führten nicht zu weiteren geschäftlichen Beziehungen .

Dass auch die zunehmende Kenntnis deutscher Kunst ihren Beitrag zum künstlerischen Umbruch in Neels Werk nach 1927 beigetragen hat, kann vielleicht ein direkter Bildvergleich zeigen. Wir wissen nicht, ob die Künstlerin beispielsweise Ernst Ludwig Kirchners Gemälde *Weiblicher Halbakt mit Hut* von 1911 (Museum Ludwig, Köln, Abb. 29) im Original oder einer Reproduktion gesehen hat, doch die motivischen wie stilistischen Ähnlichkeiten mit dem Porträt *Rhoda Myers with Blue Hat* (Kat. 4) von 1930 ebenso wie mit dem Aktporträt *Ethel Ashton* (Kat. 5) aus dem selben Jahr sind nicht zu übersehen. Neel hat in den prägenden Jahren ihrer Karriere viele Einflüsse unterschiedlicher Künstler in ihr Werk aufgenommen und diese dann zu einer eigenständigen Position verarbeitet. Die Ausdrucksstärke des deutschen Expressionismus, aber auch die Unerbittlichkeit neusachlicher Kunst, die in ihren Augen eine Verbindung zu Positionen des amerikanischen Realismus darstellen musste, gehörten sicherlich zu den anregenden Bildwelten im visuellen Kosmos einer Künstlerin, die – wie jeder souveräne Künstler – das schülerhafte Zitat vorbildlicher Werke konsequent verweigerte.[53]

Geistesverwandtschaft

Neels Werk der 1930er Jahre ist vom Experiment gekennzeichnet, sowohl was die Themenvielfalt der Werke angeht, als auch im Ringen um eine eigene künstlerische Handschrift. Bildnisse wie *Max White, Gerhard Yensch* (ca. 1935, Kat. 14) oder das etwas spätere *Mr Greene* (1938, Kat. 19) zeigen eine deutliche Nähe zu einer kühlen neusachlichen Porträtauffassung, wie etwa Otto Dix oder Rudolf Schlichter sie vertraten, während der Aktivist und Arbeiterführer *Pat Whalen* (1935, Whitney Museum of American Art, New York, Abb. 6) für einen politisch-agitatorischen Realismus steht. Ein Akt, wie ihn Neel von ihrer Studienkollegin Ethel Ashton malte, ruft gleichermaßen die Erinnerung an ähnliche Motive Ernst Ludwig Kirchners und Pablo Picassos hervor, die stilistisch jedoch weitgehend transformiert wurden. Daneben profilierte sich Neel mit Szenen, in denen sich die triste Wirklichkeit der Depressionsjahre um 1930 widerspiegelt, als Malerin eines sehr persönlich empfundenen sozialen Realismus, wie er die amerikanische Malerei der späten 1920er und der 1930er Jahre dominierte.[54] Und es entstehen singuläre Werke von höchster Radikalität, etwa das zwischen Realismus und Abstraktion positionierte Gemälde *Futility of Effort* (1930, Privatsammlung, Abb. 31), das Neel noch im Alter als eines ihrer besten Werke bezeichnen wird.[55] Die Bezüge zu künstlerischen Strömungen sind vielfältig, und neben deutschen Einflüssen weisen in dieser Zeit auch Werke amerikanischer und mexikanischer Künstler deutliche formale Bezüge zu Neels Werk auf. Stilistisch und kompositorisch bewegte sich Neel in diesen frühen Jahren ihrer Karriere in einer widerspruchsvollen Konstellation zwischen Expression und analytischem Blick, zwischen Entindividualisierung und schonungsloser Charakterstudie, zwischen kühler Oberfläche und rauer Gestik.

Trotz aller formalen Heterogenität verbindet Alice Neels Werke eine künstlerische Haltung, die aus jedem einzelnen Gemälde spricht,

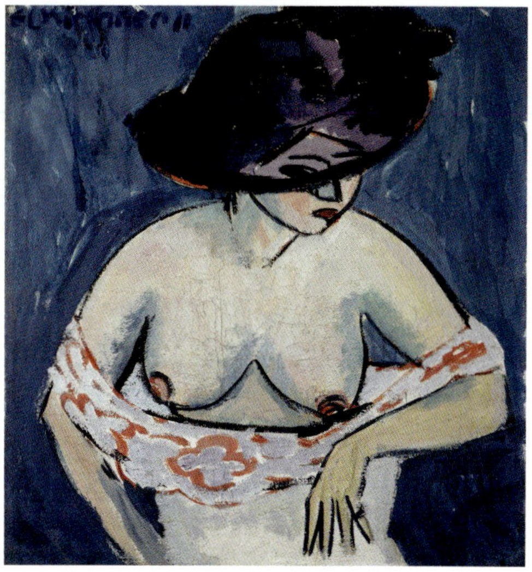

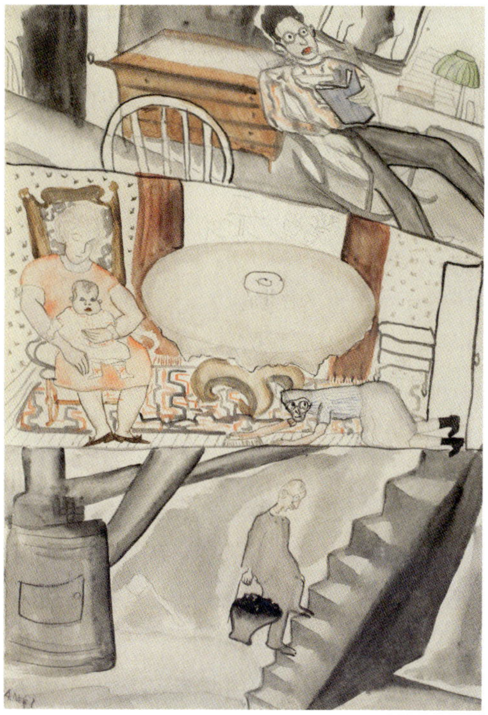

29 Ernst Ludwig Kirchner, *Weiblicher Halbakt mit Hut*, 1911
Öl auf Leinwand, 76 x 70 cm
Museum Ludwig, Köln

30 Alice Neel, *The Family*, 1927
Aquarell auf Papier, 36,8 x 24,8 cm
Privatsammlung

eine Haltung, die nicht den Regeln einer formalistischen Ästhetik folgt, sondern das Kunstwerk als Zeugnis und Ausdruck einer subjektiven Weltauffassung versteht: »Ich wollte keine formale Form erlernen.« Die unbedingte Notwendigkeit, ein inneres Empfinden, eine innere Weltsicht zu visualisieren, beschrieb Neel mehrfach als Motivation zu rastloser künstlerischer Produktivität. Und genau darin, und nicht etwa in der zitierenden Motivübernahme, trifft sich ihre Kunstauffassung mit einem Verständnis des deutschen Expressionismus, wie es in den 1920er Jahren vielfach propagiert wurde. »Der Expressionismus sprengt derlei Beschränkungen der Technik oder Methode allesamt«, schrieb Sheldon Cheney 1924 in *A Primer of Modern Art*: »Er zeichnet sich allein durch ein anderes Herangehen an die Kunst aus.« Und er führte weiter aus, den Expressionismus charakterisiere »eine Verlagerung von impressionistischen Oberflächenwerten zu emotionalen Werten, von Nachahmung zu Ausdruck.«[56] Für die 1920er Jahre ist damit eine »amerikanische« Definition des Expressionismus gefunden, auch wenn Autoren wie Wilhelm Reinhold Valentiner oder Alfred H. Barr diese Kunst wenig später mit dem deutschen Kulturerbe verbinden, um sie gegenüber der dominierenden französischen Kunst strategisch aufzuwerten. Neel hatte ihre künstlerische Laufbahn mit dem ästhetischen Gedankengut Robert Henris begonnen, der einen unvoreingenommenen Blick auf die Welt forderte. Ihre frühe Auflehnung als Künstlerin gegen eine bourgeoise Gesellschaft hat sie zweifellos in die Nähe von avantgardistischen Kunstströmungen gebracht, in die Nähe des Expressionismus und des sozial engagierten Realismus beiderseits des Atlantiks, die von der breiten Öffentlichkeit der amerikanischen Gesellschaft aufgrund ihrer mangelnden Gefälligkeit zunächst rigoros abgelehnt wurden. Und so ist es weniger die Rezeption einzelner Werke oder Motive, die Neels Schaffen in einer entscheidenden frühen Phase geprägt haben, als vielmehr eine tief empfundene Geistesverwandtschaft zu einer künstlerischen Haltung die nicht nur artistisches Kalkül sondern vor allem eines ist: Weltanschauung.

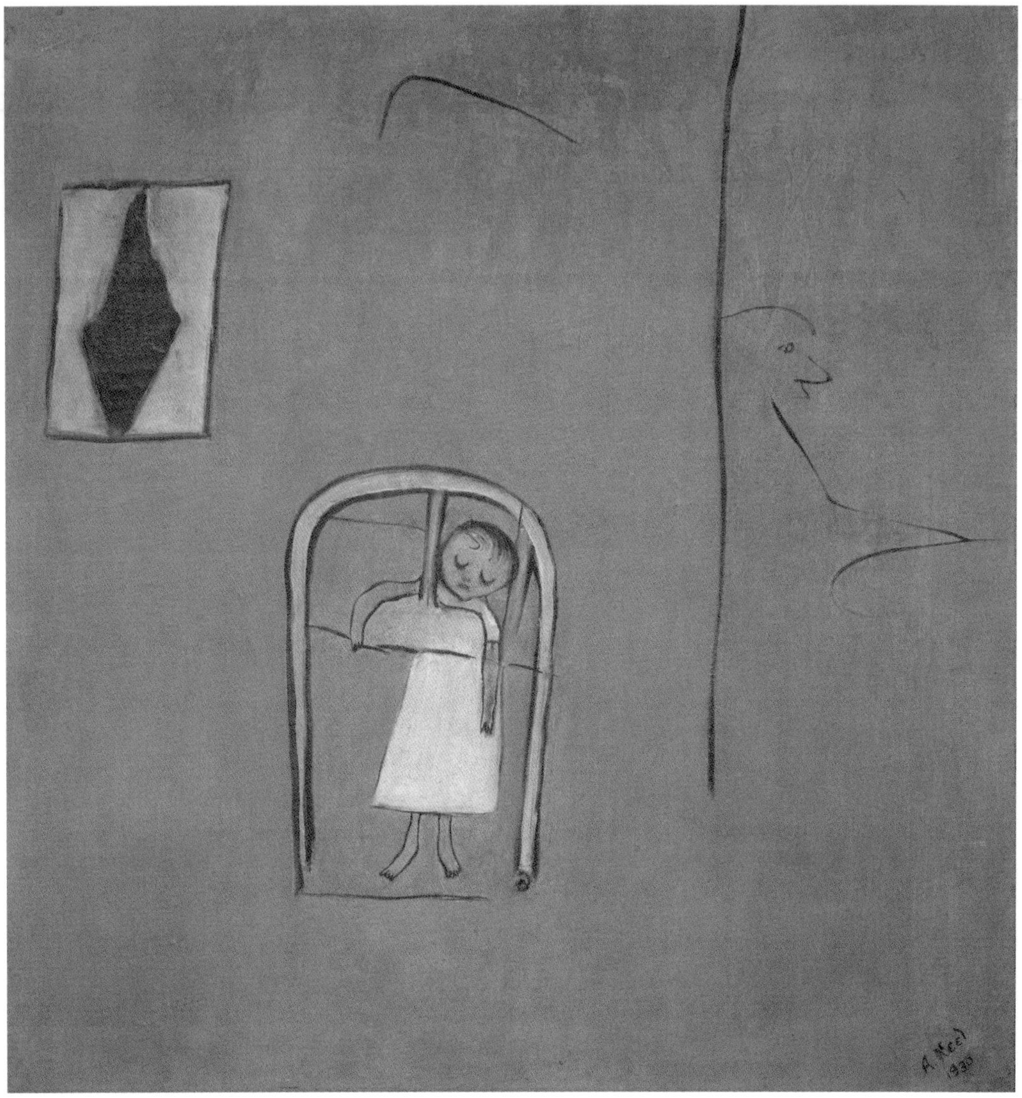

31 **Alice Neel, *Futility of Effort*, 1930**
Öl auf Leinwand, 68,6 x 63,5 cm
Privatsammlung

Alice Neel, ein »Marxist Girl« über den Kapitalismus

Laura Stamps

»Wenn die Geschichte nicht von dem Zuhörer handelt, wird er nicht zuhören. Und hier stelle ich eine Regel auf: Eine gute und interessante Geschichte handelt von jedermann, sonst wird sie nicht bestehen.«

John Steinbeck, *East of Eden*, 1952

Als Begründung, warum Alice Neels Werk zu ihren Lebzeiten in der Kunstwelt lange keine Beachtung fand, trifft man stets auf dieselbe Erklärung. Neel wandte sich entschieden gegen den Zeitgeist. Ihr ganzes Leben malte sie in einem quasi-realistischen Stil vor allem Porträts. Im 20. Jahrhundert wurde jedoch ein realistischer Malstil in modernistischen Kreisen lange Zeit als rückständig betrachtet, als eine Rückkehr ins 19. Jahrhundert. Der vorherrschende Stil in den vierziger und fünfziger Jahren war der Abstrakte Expressionismus von Künstlern wie Jackson Pollock (Abb. 32) und Willem de Kooning, und zu Beginn der sechziger Jahre wurde die Malerei sogar für tot erklärt.[1] Zudem lebte Neel als Frau in einer Kunstwelt, die bis in die siebziger Jahre nahezu von Männern dominiert wurde. Zieht man außerdem in Betracht, dass die Künstlerin im Amerika des Kalten Krieges nach wie vor mit dem Kommunismus sympathisierte, grenzt es an ein Wunder, dass es ihr überhaupt gelungen ist, ein Oeuvre aufzubauen.[2]

Auch wenn diese Gründe durchaus der Wahrheit entsprechen, so erzählen sie doch nicht die ganze Geschichte. Die Medien sind nur allzu schnell bereit, Neels Geschichte auf ein amerikanisches Märchen von einer Frau zu reduzieren, die einem inneren Drang folgend Porträts von Menschen ihrer näheren Umgebung malt und, obwohl dies zu jener Zeit nicht »in« ist, an ihrem eigenen Stil festhält und schließlich nur deshalb mit Anerkennung belohnt wird, weil sich die Zeiten geändert haben. Diese Darstellung führt Neels Popularität einzig und allein auf sich verändernde externe Faktoren zurück und hebt den persönlichen Aspekt ihres Werks hervor. Dabei wird außer Acht gelassen, dass sich Neels künstlerische Intention erst spät in ihrer Karriere wirklich offenbart. In diesem Essay möchte ich daher deutlich machen, dass ihre Anerkennung auf dem Zusammenspiel mehrerer Faktoren beruht – eine Anerkennung, die sie nicht ausschließlich aufgrund ihrer rein persönlichen Sichtweise verdient hat.

La Víbora, Havanna, Kuba

Neels Vorstellungen über Kunst nehmen in Havanna (Kuba), wo sie von Januar 1926 bis Mai 1927 mit ihrem kubanischen Ehemann Carlos Enríquez (1900–1957, Abb. 33) lebte, mehr und mehr Gestalt an. Unter der Diktatur Gerardo Machado y Morales erlebte Kuba damals stürmische Zeiten. Obwohl das Paar während der ersten Monate bei Enríquez' sehr wohlhabenden Eltern in einem Nobelvorort wohnt, gehen sie regelmäßig in die Stadt, um Menschen aus den untersten Schichten zu porträtieren. Beide malen in einem realistischen Stil, wenn auch Enríquez' Werke romantischer sind. Nach einigen Monaten ziehen sie nach La Víbora, ein heruntergekommenes Viertel, in dem viele linksorientierte Schriftsteller und Künstler leben. In dieser Glanzzeit der kubanischen Literatur lernt Neel Schriftsteller wie Nicolás Guillén (1902–1989), Marcelo Pogolotti (1902–1988) und Alejo Carpentier (1904–1980) kennen und wird mit ihren Methoden vertraut, eine sich verändernde Gesellschaft darzustellen. Auch durch sie lern Neel, dass Kunst ein politischer Akt sein kann. In ihren Büchern beschreiben sie, welche Folgen der amerikanische Imperialismus für das Leben von Menschen in Lateinamerika hat. Neel teilt deren Antiamerikanismus. In den folgenden Jahren durchlebt Neel persönlich sehr unruhige Zeiten. Sie wird Mutter eines Mädchens, das im Alter von einem Jahr stirbt, sie und Carlos Enríquez trennen sich, was zur Folge hat, dass ihre zweite Tochter bei seiner Familie in Kuba aufwächst. Aufgrund dieser Ereignisse erleidet Neel einen Nervenzusammenbruch und muss in eine psychiatrische Klinik aufgenommen werden. In dieser Zeit ist ihr Werk hauptsächlich autobiografisch geprägt.[3]

Greenwich Village, New York

1931 scheint sich das Blatt gewendet zu haben, und Neel zieht nach Greenwich Village. Ein interessanter Zeitpunkt, sich in diesem New Yorker Stadtteil niederzulassen. Bei den dort lebenden Künstlern, Intellektuellen und Schriftstellern erwacht während der Großen Depression das Interesse am Marxismus und viele werden auch politisch aktiv. In Greenwich Village beginnt Neel, die 1935 selbst Mitglied der Kommunistischen Partei wird, »revolutionäre Gemälde« zu malen. Sie entwickelt ihren charakteristischen Stil, indem sie einerseits zum Expressionismus tendiert, andererseits aber auch zum Realismus, der in linken Kreisen propagiert wird.[4] Obwohl Neel einige Bilder mit explizit politischem Inhalt malt, sind Porträts – auffallend viele von prominenten Kommunisten – deutlich in der Überzahl. Zu ihren Freunden und Bekannten in Kunstkreisen zählen wie schon in La Víbora Journalisten, Schriftsteller und Dichter. So fertigt sie auch eine ansehnliche Reihe von Porträts proletarischer Schriftsteller an, unter anderem von Sam Putnam, Joe Gould und Max White. Der bemerkenswerteste von Ihnen war Joe Gould (1889–1957), eine Ausnahmeerscheinung in Greenwich Village. Er hängt meist betrunken in Cafés und Restaurants herum und arbeitet täglich an einem Buch, das er ›An Oral History of Our Time‹ nennt, eine Idee, die ihm 1917 gekommen ist, während er als Berichterstatter bei der *New York Evening Mail* tätig war. Gould: »Was wir bislang für Geschichte hielten – Monarchen und Monarchinnen, Abkommen, Erfindungen, große Schlachten [...] ist nur die formelle Geschichte, und diese ist größtenteils falsch. Ich werde die informelle Geschichte der hemdsärmeligen Masse aufschreiben.«[5] Bei diesem Unternehmen erhielt Gould Unterstützung von Privatleuten und vom Federal Writers Project.[6] Seine ›Oral History‹ sollte allerdings nie das Licht der Welt erblicken.[7]

Alice Neel porträtierte Gould zweimal im Jahr 1933 (Kat. 8). Auf dem bei Weitem bekanntesten Bild ist ein nackter, grinsender Mann mit Halbglatze zu sehen, der breitbeinig, leicht die Knie gebeugt, vor uns steht. Goulds Genitalien befinden sich auf diesem Bild nicht nur zwischen seinen Beinen. Penis und Hoden sind auch unter dem Nabel platziert, während ein weiteres »Gemächt« unter dem Hocker, der hinter seinen Beinen steht, zum Vorschein kommt. Zudem sind Penisse und Hoden von Männern zu sehen, die links und rechts von ihm stehen. Sind dies Echos seines eigenen Größenwahns? Schließlich

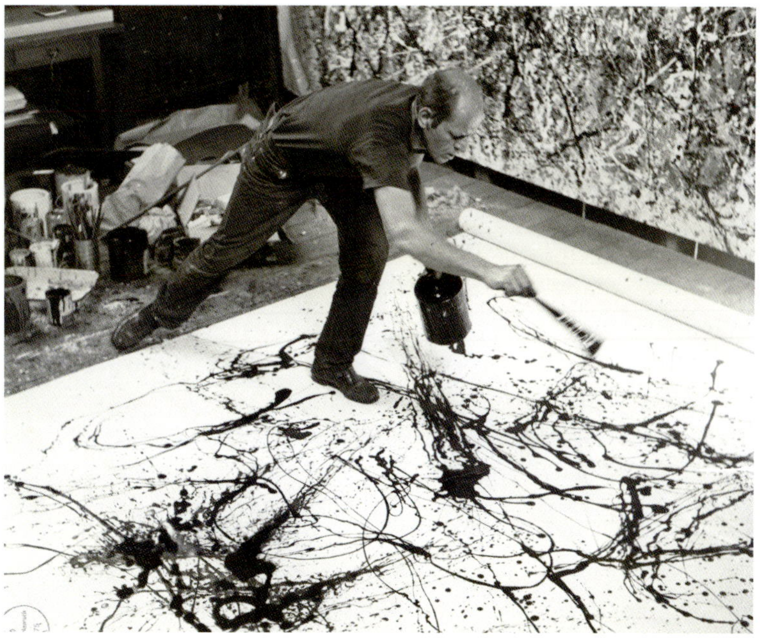

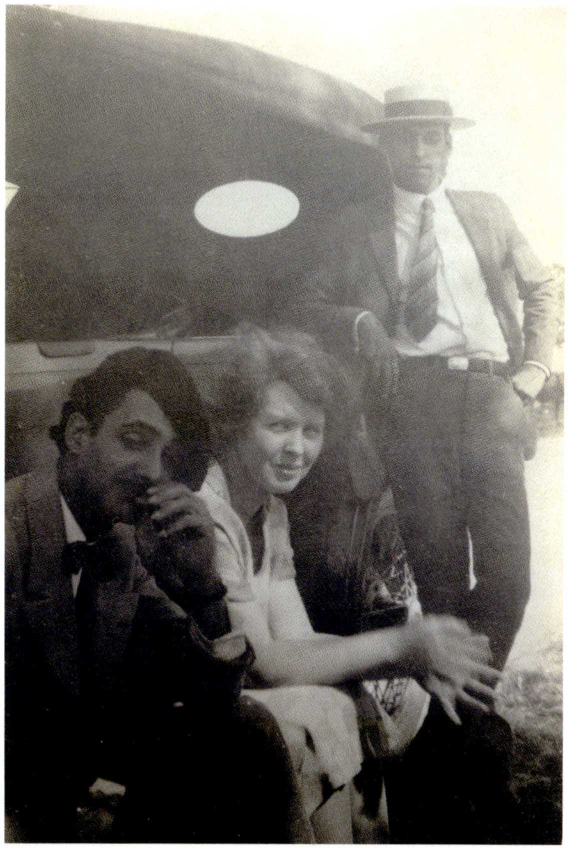

32 **Hans Namuth, *Jackson Pollock*, 1950**
National Portrait Gallery / Smithsonian American Art Museum, Washington D.C.

33 **Alice Neel, Carlos Enríquez and Marcelo Pogolotti, ca. 1926/27**

war er mit »dem größten literarischen Projekt, das es jemals gegeben hat« beschäftigt, bei dem es bereits damals, angesichts seines Alkoholproblems und seiner psychischen Labilität, sehr zweifelhaft war, ob es jemals vollendet würde. Es war bekannt, dass Neel Sympathien für den exzentrischen Gould hegte. Sie kümmerte sich um ihn, lange nachdem ihn seine Förderer hatten fallen lassen. Doch warum macht sie ihn dann trotzdem in ihrem Porträt zu einer lächerlichen Figur? Brachte Goulds ›mündliche Geschichte seiner Zeit‹ Neel auf die Idee, selbst eine ›visuelle Geschichte ihrer Zeit‹ zu erschaffen, indem sie Menschen aus allen Schichten der Gesellschaft porträtierte? Auf jeden Fall ist es der ideale Weg, das Genre des Porträts – das in linken Kreisen immer negativ mit Personenkult assoziiert wurde – mit kommunistischen Idealen zu verbinden. Vielleicht hat Neel dieses groteske Porträt von Gould gemalt, um sich selbst davon zu überzeugen, dass der Geistesverwandte Gould eigentlich ihr Gegenteil war. Das Porträt von Gould als Schreckgespenst, als ständige Erinnerung daran, sich selbst davon zu überzeugen, dass ihre ›Visual History‹, auch wenn diese von ihr viele Opfer und Geduld erforderte, sehr wohl das Licht der Welt erblicken würde. Tatsächlich ist kein anderes Porträt von Neel bekannt, in dem der Name des Porträtierten aufgenommen ist, zudem auf selber Höhe und in selber Größe wie Alice Neels Nachname, der als Signatur fungiert.[8] Allem Anschein nach findet Neel in Greenwich Village nicht nur zu ihrem eigenen Malstil, sondern auch ein übergreifendes künstlerisches Konzept, in dem sie ihre persönlichen Ambitionen als Künstlerin mit den kollektiven Zielsetzungen des Kommunismus vereinigen kann.

Spanish Harlem, New York

1938 zieht Neel nach Spanish Harlem, ein noch viel ärmeres Viertel in New York, wo sie bis 1962 bleiben wird und an ihrer ›Visual History‹ beständig weiterarbeitet. Sie porträtiert Menschen von der Straße, während sie weiterhin kommunistische Aktivisten malt. Wahrscheinlich identifizierte sie sich mit Persönlichkeiten wie Art Shields, Reporter für den *Daily Worker*, und dem »Ford Union organiser« Bill McKie (Abb. 34), die den Idealen der Partei in einer Zeit treu blieben, als es in Amerika keinesfalls mehr zum guten Ton gehörte, Kommunist zu sein. Die Porträts dieser Männer aus den Jahren 1951 (Kat. 28) und 1953 (Abb. 34) wecken durch die Verwendung der Farben, das Fehlen eines ausgearbeiteten Hintergrunds und die Hervorhebung äußerlicher Merkmale ihrer Objekte Assoziationen zu van Goghs Bildern aus dessen Zeit in Arles. Dort stellte er in starken Farbkontrasten das Alltagsleben dar, unter anderem mit Porträts einer alten Frau, eines Pfeife rauchenden Bauers und des Postboten. Mit dieser Referenz bezeugt Neel sowohl den kommunistischen Anführern als auch dem Künstler van Gogh Respekt, dessen humanistische Kunst innerhalb der Partei hochgeschätzt wird. Damit unterstreicht sie abermals, an etwas zu arbeiten, was das Persönliche übersteigt, obwohl es auch sie selbst betrifft.[9]

Spanish Harlem ist auch der Ort, an dem ihre Söhne Richard (*1939) und Hartley (*1941), deren Väter José Santiago Negrón und Sam Brody sind, geboren werden. Mit Brody, einem Fotografen, Dokumentarfilmer und Gründer der Workers Film and Photo League, wird Neel fast 20 Jahre lang eine Beziehung führen. Neel porträtiert Sam, Richard und Hartley in dieser Periode regelmäßig. Diese Bilder bieten nicht nur einen Blick auf deren Lebensstadien und Gemütszustände, sondern lassen beispielsweise durch ihre jeweilige Kleidung auch erkennen, wie sich die Welt um sie herum verändert. Neben einer Vielzahl von Porträts ihrer Söhne und Geliebten – später ihrer Schwiegertöchter und Enkelkinder – finden sich auch Bilder anderer Personen. So porträtiert sie Georgie Arce aus Spanish Harlem (1959, Abb. 36, Kat. 33) von 1950 bis 1959 in regelmäßigen Abständen. Manchmal stellt sie seine kindliche Unschuld oder seine Verspieltheit in den Vordergrund, mal dominiert sein eindringlicher Blick das Bild. Besonders bemerkenswert an dieser Reihe jedoch ist seine zunehmende Tendenz, die Pose des puerto-ricanischen Gangsters (mit Messer!) einzunehmen. Nimmt Arce diese Pose ein, weil sie seiner inneren Entwicklung entspricht oder weil sein soziales Umfeld in Spanish Harlem dies von ihm erwartet? Lebt er nach dem vorgefertigten Bild, wie sich die weißen herrschenden Klassen die Entwicklung eines armen Puerto-Ricaners vorstellen? Wie dem auch sei, als Betrachter von Neels Porträtserie wird man gezwungen, sich zu Arce zu verhalten. Auf der Tagesordnung der Kommunistischen Partei standen in jener Periode, in der Neel in Spanish Harlem lebte, Rassenfragen und Diskriminierung ganz oben auf der Tagesordnung. Mit ihren Porträts von Arce macht Neel diese

Themen in ihrer ganzen Komplexität sichtbar. Denn wen oder was sehen wir wirklich in dieser Serie? Arce selbst, Neels Vorstellung von ihm, unsere eigene Sicht oder all dies zugleich in einer Art »blur«?[10]

Ab 1955 nimmt Neel an Zusammenkünften von »The Club« teil, einer Diskussionsgruppe für Künstler, gegründet von Vertretern der abstrakt-expressionistischen, gegenstandslosen Kunst, die mit dem akademischen Idiom gebrochen hatten. Dadurch beginnt sie allmählich einen Kontext für ihr Werk außerhalb der kommunistischen Kreise zu finden, gleichwohl einige Clubbesucher auch als Sympathisanten des Kommunismus bekannt waren. 1959 spielt Alice Neel an der Seite von Allen Ginsberg in dem Film *Pull My Daisy* (nach einem Theaterstück von Jack Kerouac) mit. Die Schriftsteller Ginsberg und Kerouac gehörten zu den *Beats*, einer Bewegung, zu der sich Neel hingezogen fühlt, weil sie gegen die amerikanische bürgerliche Moral opponiert. Die Bewegung wird schon bald von den Medien vereinnahmt, die daraufhin den »Beatnik« (in Anlehnung an den russischen Begriff »Sputnik«)[11] erschufen: ein archetypischer Intellektueller mit Bart und schwarzem Rollkragenpullover, mit dem man sich als junger Amerikaner identifizieren konnte, wenn man mit der ›oberflächlichen‹ Popkultur nichts zu tun hatte. Aspekte der Beatkultur wurden in den sechziger Jahren von der Hippiebewegung übernommen. Es ist eine Zeit, in der Gegenkulturen nicht mehr aktiv bekämpft oder ignoriert werden, sondern einen Kultstatus zugesprochen bekommen.[12] Neel ist sich dessen bewusst, dass dies für sie der Moment ist, aktiv nach außen zu treten. Das Projekt der ›visuellen Geschichte unserer Zeit‹ ist eine Sache, aber sie würde nur ›gelesen‹ wenn dessen ›Verfasser‹ Bekanntheit genießt. Neel war inzwischen sechzig, ihr blieb nicht mehr viel Zeit, um nicht doch wie Joe Gould zu enden.

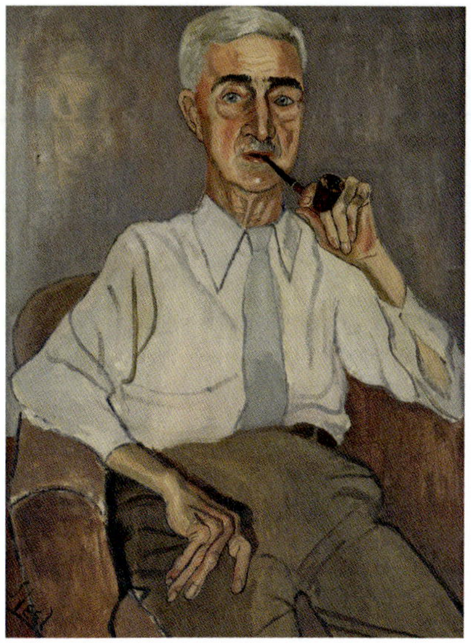

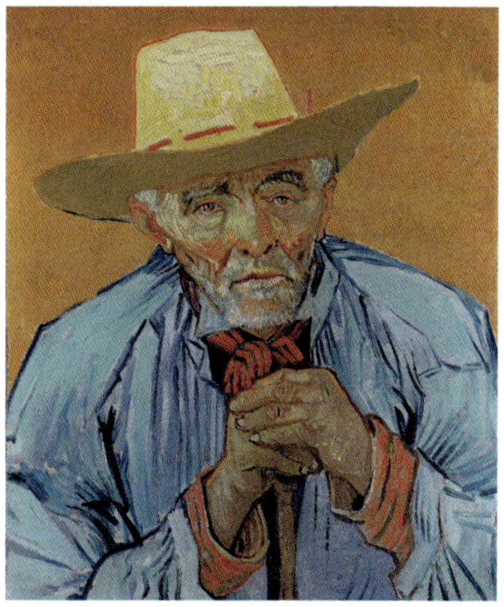

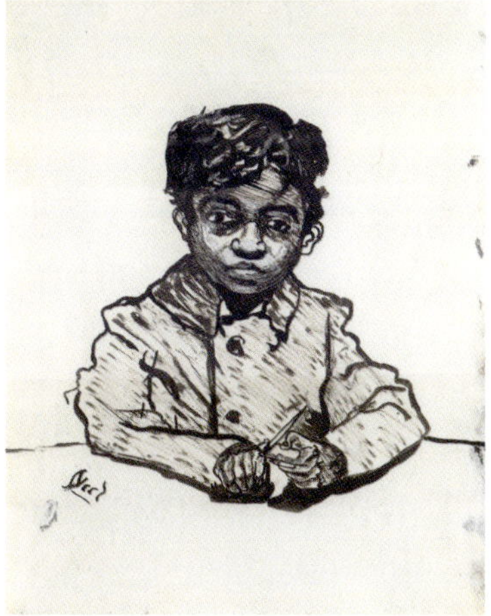

Upper West Side, New York

Die Schritte, die Alice Neel im Lauf der sechziger Jahre unternimmt, sind auf mehreren Ebenen ausschlaggebend für das Erreichen ihrer Ziele. Von ihrem Psychotherapeuten ermuntert, sucht sie nach Möglichkeiten, um einen Platz im Kanon der amerikanischen Kunstgeschichte zu erobern. Neel porträtiert Prominente aus der

34 Alice Neel, *Bill McKie*, 1953
Öl auf Leinwand, 81,3 x 58,4 cm
Estate of Alice Neel

35 Vincent van Gogh, *Portrait de Patience Escalier*, 1888
Öl auf Leinwand, 60 x 45 cm
Privatsammlung

36 Alice Neel, *Georgie Arce*, 1952
Tinte und Gouache auf Papier, 35,5 x 27,9 cm
Privatsammlung

Kunstwelt wie Frank O'Hara (Kat. 35), Dichter und Kurator des MoMA, und die führende Galeriebesitzerin Ellie Poindexter (Kat. 39) in der Hoffnung, dass sie ihr eine Ausstellung ermöglichen. Sie malt sogar die Tochter von Clement Greenberg, ebenso wie O'Hara und Poindexter, einer der einflussreichsten Förderer der abstrakten expressionistischen Kunst. Neel hinterlässt jedoch bei ihnen keinen nachhaltigen Eindruck. O'Haras Porträt von Neel aus dem Jahr 1960 wird allerdings im Rahmen eines Artikels über ihn in der tonangebenden Zeitschrift *ARTnews* veröffentlicht, was ihren Bekanntheitsgrad erhöht.[13] In dieser Periode unternimmt Neel erste Versuche, kommerziell erfolgreich zu sein, und dies mit dem Streben nach ihrem tatsächlichen künstlerischen Ziel zu verbinden. Bislang hatte sie sich mit dem Porträtieren kommunistischer Anführer, von Proletariern, Unterdrückten, den Armen und ihrer eigenen Familie beschäftigt. Für eine wahrhaftige und ›vollständige‹ visuelle Geschichte war es höchste Zeit, auch die andere Seite der Medaille zu zeigen. Sie malt nun nicht nur bewusst diverse Angehörige der kulturellen Elite, sie stürzt sich auch full-time in die »rat race«[14] der New Yorker Kunstszene. Ganz im Sinne der marxistischen Dialektik, die mittels Gegensätzen die Wahrheit aufzuspüren versucht, verkündet Neel: »Ich wollte alles sehen und von allem auch das Gegenteil.«[15]

Da Neels Vermieter wieder über ihr gemietetes Apartment in Spanish Harlem verfügen möchte, bietet er ihr 1962 an, an die wohlhabendere Upper West Side New Yorks zu ziehen, in kultureller Hinsicht *the place to be*. Dort findet sie zahlreiche Gegenstücke der Sujets ihrer früheren Porträts. Aufmerksamkeit galt. So malt sie zum Beispiel unter dem Titel *The Family* (1970, Kat. 53) ein Familienporträt des Kunstkritikers John Gruen, Exmodel und Malerin Jane Wilson und ihrer Tochter Julia. Erfolgreiche »beautiful people«, die der Kunstszene angehören und bereits zuvor von berühmten Fotografen wie Diane Arbus (1923–1971, Abb. 37) und Richard Avedon (1923-2004) porträtiert worden waren. Nachdem sie angekommen und sich für das Porträt hingesetzt hatten, soll Neel gesagt haben: »Oh, wie wunderbar! Ihr tragt alle Lacklederschuhe!«[16] 1943 hatte Neel *The Spanish Family* (Kat. 22) unter völlig anderen Umständen gemalt. Eine Frau mit drei Kindern, der Mann nicht im Bild, die niemals in ihrem Leben Lacklederschuhe tragen würden. Zugleich sehen wir in den Gesichtern von Gruen, Wilson und Tochter Julia dieselbe Müdigkeit und Anspannung wie in denen der namenlosen Spanish Family. Nichts in diesem Porträt deutet darauf hin, dass der Reichtum und der Kult des Individuums tatsächlich zu einer Befreiung geführt haben, wie es ebenso wenig der Kommunismus geschafft hat, die spanische Familie von ihren finanziellen Sorgen zu befreien.

An der Upper West Side begegnet Neel 1963 auch Andy Warhol (1928–1987, Abb. 38), der Gallionsfigur der Pop Art. Warhol fragt sie, ob sie in einem seiner Filme mitspielen und ob sie sein Porträt malen möchte, was erst 1970 geschieht (Kat. 51, und Frontispiz, S. 2).[17] Sein Interesse an einem Porträt von Neel ist bemerkenswert. Sowohl er selbst als auch sein Werk war *Camp*, ein Begriff, der von Susan Sontag treffend erklärt wurde als »Liebe zum Unnatürlichen: zum Künstlichen und Übertriebenen!«[18]. In Neels Porträt wird gerade seine menschliche und verletzliche Seite hervorgehoben. Warhol sitzt auf einer Bank mit entblößtem Oberkörper, sodass seine schlaffen männlichen Brüste, das Korsett um seine Taille und die Narben des Attentats von 1968 zu sehen sind. Mit gefalteten Händen im Schoß und gesenktem Blick ist er in keiner Weise erkennbar als der genial konstruierte *celebrity-artist*, der er in der Öffentlichkeit war. »Als Camp-Dandy, der in der Öffentlichkeit jede persönliche Gefühlsäußerung ablehnte, ließ Neel Warhol als den Mann zum Vorschein kommen, der das äußerste Opfer für seine Kunst gebracht hatte«[19] – sich selbst.

Neel hingegen ließ gerade das persönliche Gefühl in ihrem Werk zur Geltung kommen. Sie wollte ihre Modelle psychologisch und sozial einfangen und bat ihn deshalb um mehrere Porträtsitzungen. »Sie nehmen unbewusst ihre typischste Pose ein, und diese umfasst in gewissem Sinn ihren ganzen Charakter und ihre soziale Stellung – das, was die Welt mit ihnen gemacht hat und wie sie sich gerächt haben.«[20] Neel projiziert auch bewusst ihre eigenen Sehnsüchte und Ängste auf ihre Motive. Im Grunde wählt sie die Porträtmalerei, um den Dialog mit »dem Anderen« aufzunehmen. Jedes Porträt zeugt insofern von einer eigenen Dynamik, die gemeinsam mit all den anderen Porträts die Dynamik einer Zeit widerspiegelt. Auf den ersten Blick symbolisiert Warhol all das, was Neel nicht ist. Basierend auf Polaroidfotos porträtierte er Stars wie Marilyn Monroe und Liz Taylor, die er in Siebdrucke übertrug. Sein Interesse galt nicht der Person, sondern der Ikone, die sie geworden waren. Seine unpersönlichen Porträts zeigen, dass Menschen in den sechziger Jahren zu einem Produkt geworden sind, und zeugen damit auch von einer sozialen Realität – ebenso wie jene von Neel, wie sehr sie sich im Übrigen auch unterscheiden. Die Pose, in der er sich von Neel porträtieren lässt, legt nahe, dass Warhol sich dieser Gemeinsamkeit mit Neels Werk bewusst war.[21] Zudem verhielt es sich so, dass die Pop Art – die in Deutschland als »kapitalistischer Realismus« treffend beschrieben wurde – der Vorherrschaft des Abstrakten Expressionismus ein Ende bereitete, was Künstlern mit kommunistischen Wurzeln wie Alice Neel ironischerweise nach Jahrzehnten wieder eine Bühne bot. Könnte Neel durch ihre Beziehung zu Warhol die Erkenntnis gewonnen haben, dass auch der Kalte Krieg zwischen Amerika und der Sowjetunion dazu geführt hat, dass die politischen Systeme des Kommunismus und des Kapitalismus in jener Zeit voneinander abhängig geworden waren, um ihre Identität zu wahren?

Zur Zeit der Entstehung des Warhol-Porträts kämpft das *Women's Liberation Movement* aktiv für die Gleichberechtigung von Frauen und Männern. Obwohl Neel sich nie der Frauenbewegung anschließt, decken sich ihre Vorstellungen zum größten Teil mit denen der *Redstockings*.[22] Sie sind der Meinung, dass sich für die Befreiung der Frauen das gesamte politische System verändern muss. Ein Mitglied ist Irene Peslikis, die Neel 1972 unter dem Titel *Marxist Girl (Irene Peslikis)* (Abb. 39) porträtiert.[23] In diesem Jahr gründet Peslikis gemeinsam mit Cindy Nemser das *Feminist Art Journal*, in dessen erster Ausgabe die berühmte Whitney-Petition erscheint, die »die Aufnahme von Alice Neel in das Whitney Painting Annual« fordert.[24] Neel malt Peslikis in einer dunklen Hose, Hemd und Schnürschuhen und mit unrasierten Achseln. Auf einem Stuhl sitzend in einer raumgreifenden Haltung, ist unmissverständlich, dass Peslikis nicht vorhat, sich kleinzumachen. *Every inch a feminist.* In dieser Pose steckt etwas Forciertes. Welches Opfer muss dieses marxistische Mädchen für ihre »Befreiung« bringen? Vielleicht gibt das Porträt der Kunsthistorikerin Linda Nochlin mit ihrer Tochter Daisy aus dem Jahr 1973 (Abb. 40) die Antwort. Es ist das Porträt einer schon älteren, angespannten Mutter mit einem verspielten Kind, in dem das gespaltene Leben einer Frau widergespiegelt wird, die als Mutter und Intellektuelle gleichermaßen Verantwortung trägt. Eine Spannung, die Neel aus ihrem eigenen Leben kannte.[25]

Neels Arbeitsweise gibt ihr während ihrer Zeit an der Upper West Side auch die Möglichkeit, die Auswirkungen des Kapitalismus auf

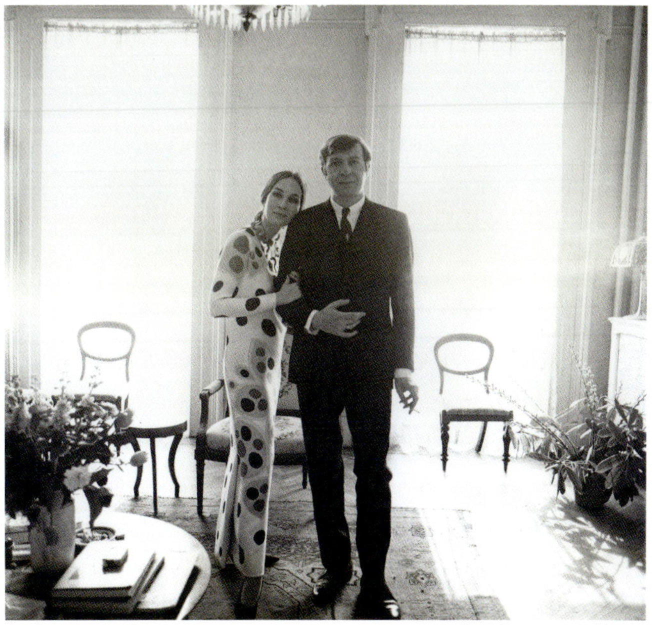

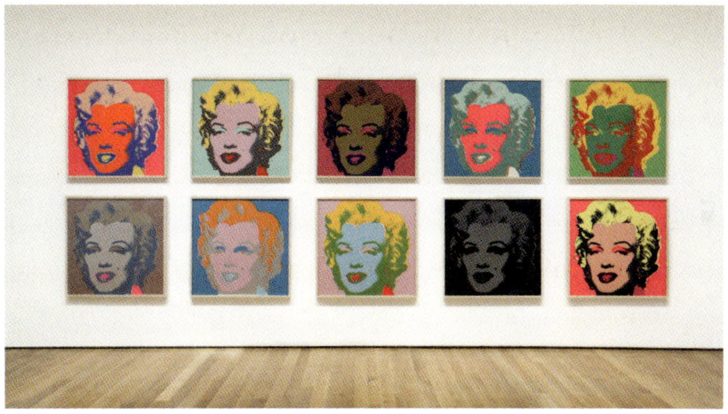

37 John Gruen and Jane Wilson, New York, 1965. Fotografie von Diane Arbus

38 Installationsansicht der Ausstellung *Andy Warhol: Campbell's Soup Cans and Other Works, 1953–1967*
25. April bis 12. Oktober 2015, Museum of Modern Art (MoMA), New York. Fotografiert von Jonathan Muzikar, The Museum of Modern Art, New York

ihren eigenen Lebenslauf zu zeigen. So sehen wir ihren Sohn Richard 1963 zum Beispiel noch als einen bedächtigen und idealistischen jungen Mann in legerem Sweatshirt und Hose dargestellt (Abb. 41). 1979 hingegen begegnen wir ihm in *Richard in the Era of Corporation* (Abb. 42) als erwachsenem Mann, absorbiert von Maßanzug und Geschäftsleben. Wo Neel zuvor die Helden des Kommunismus porträtiert, zeigt sie uns mit diesem Bild den *corporate hero* des amerikanischen Kapitalismus, auf den sie trotz ihrer kommunistischen Wurzeln stolz ist. Auch selbst lernt sie das ein oder andere von den Methoden des Kapitalismus. Anfang der sechziger Jahre stellt sie eine Diaschau über ihr Werk zusammen und lässt keine Gelegenheit ungenutzt, sie in Universitäten und Museen vorzuführen, aufgelockert durch ihre lustigen Anekdoten und scharfzüngigen Kommentare zu ihren Bildmotiven. Sie arbeitet hart und erfolgreich am *branding* der Marke Alice Neel.[26]

Eine visuelle Geschichte unserer Zeit

In der Zeit, als Neel ihre Diaschau zeigte, beginnt sie ihr Oeuvre mit *La Comédie humaine* des Schriftstellers Honoré de Balzac (1799–1850) zu vergleichen. Über 90 Romane und Erzählungen, in denen alle Klassen der Gesellschaft im post-napoleonischen Frankreich vertreten sind. Eine Sammlung von Geschichten über Liebe, Begierde und Sehnsucht, die auf unterschiedliche Weise miteinander verwoben sind und in denen die Hauptpersonen in stets anderen Phasen ihres Lebens wiederkehren. Geschichten, die scharfe Kritik an dem (kapitalistischen) System üben.[27] Gegen Ende ihres Lebens hat Neel malend ein Œuvre erschaffen, das vor allem aus Porträts besteht, die in ihrer Gesamtheit einen Querschnitt der amerikanischen Gesellschaft ab Ende der zwanziger Jahre des 20. Jahrhunderts darstellen. Und wie im Fall von Balzac nicht nur einer seiner Romane als sein Meisterwerk betrachtet wird, sondern die ganze *Comédie humaine*, besteht auch Alice Neels größte Leistung in der Gesamtheit ihres Œuvres. Es ist ein Œuvre, innerhalb dessen viele Zusammenstellungen von Porträts denkbar sind, die immer wieder andere Geschichten über ihr eigenes Leben, über kleine Subkulturen, aber auch über große Teile der Menschheit erzählen. Weil die Entstehung einer ›Visual History of our Time‹ nur möglich ist mit einer Vielfalt sozialer Geschichten, die man daraus zusammenstellen kann, konnte Neels Œuvre erst spät als solches verstanden werden. An der Upper West Side war Neel in der Lage, verschiedene Gruppen von ›Gegenparts‹ ihrer ›Visual History‹ hinzuzufügen, während der Zeitgeist ihr und ihrem Werk gegenüber aufgeschlossener war. In dem Moment, als Neel eine Bühne bekam, betrat sie diese mit Verve, mit einem Œuvre, das sie zudem als beeindruckendes Gesamtkunstwerk präsentieren konnte. Es ist dieses Zusammentreffen von Faktoren, das zu begeisterten Rezensionen führte, und nicht nur der sich wandelnde Zeitgeist.

Alice Neel hat einmal gesagt, dass Malen für sie ein Weg gewesen sei, um ihre Distanz zu anderen, zur Welt um sie herum, zu verringern. Zugleich scheint das Malen von Porträts für sie auch ein Weg gewesen zu sein, sich selbst besser zu verstehen. Da Neel mittels Darstellung von Gegensätzen auf der Suche nach der Wahrheit war, ist es nicht so abwegig zu sagen, dass Porträts von künstlerischen »Gegenpolen« wie Gould und Warhol das meiste über ihr Schaffen aussagen könnten. Während das Porträt von Gould schon früh ihre künstlerischen Ambitionen offenbart, betont Warhols Bild, wie wichtig die Dynamik zwischen dem Selbst und dem Anderen in ihren Porträts ist. Außerdem veranschaulicht das Porträt, in welchem Maße zu Zeiten des Kalten Krieges die kommunistische Identität von der kapitalistischen abhängig war. Mit *Self-Portrait* (1980, Kat. 66), dem einzigen als solchem erkennbaren Selbstporträt, das Neel jemals malte, gibt sie ihr letztes großes Statement ab. Darauf stellt sie sich dar, wie sie sich selbst im Spiegel sieht. »So hält die Linkshänderin Neel in diesem Porträt den Pinsel in der rechten Hand, in einem gespiegelten Bild. Dies ist zweifelsohne ein Porträt des Selbst als ›das Andere‹.«[28] Mit diesem Porträt scheint sich Neel endgültig entschieden zu haben, sich an niemandes Seite zu stellen. Die Wahrheit befindet sich nicht an einem der Pole des Gegensatzes, sondern im Gegensatz selbst. Ohne das Individuum keine Gesellschaft, ohne das Persönliche keine Politik, ohne den Kommunismus kein Kapitalismus. Neels Œuvre, ihre visuelle Geschichte, reflektiert dies in dem tiefen Bewusstsein, dass kein Glaube, auch nicht der des Marxist Girl Neel selbst, heilig ist.

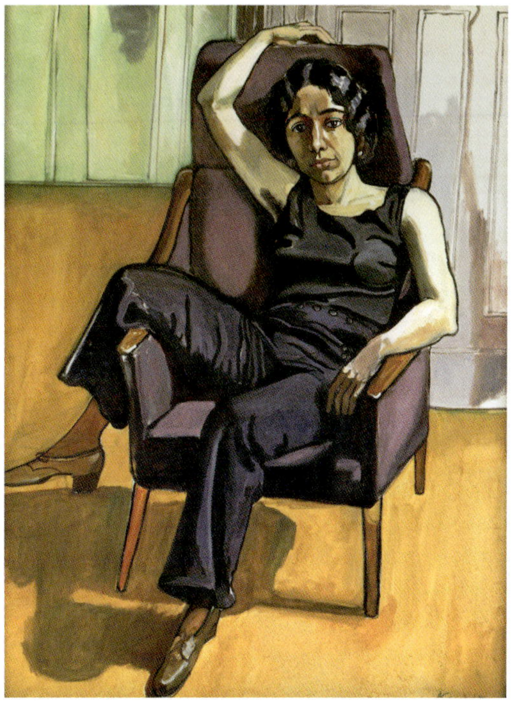

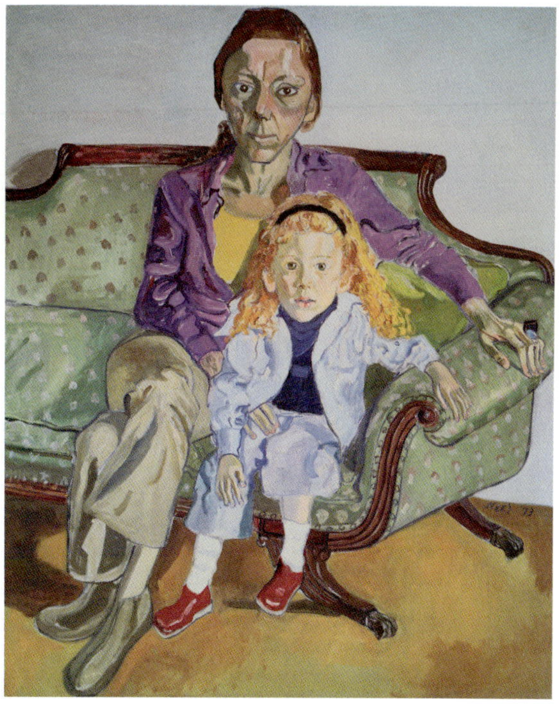

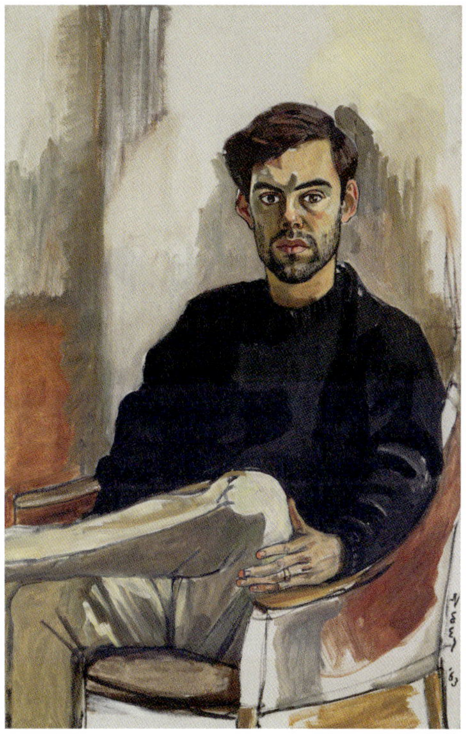

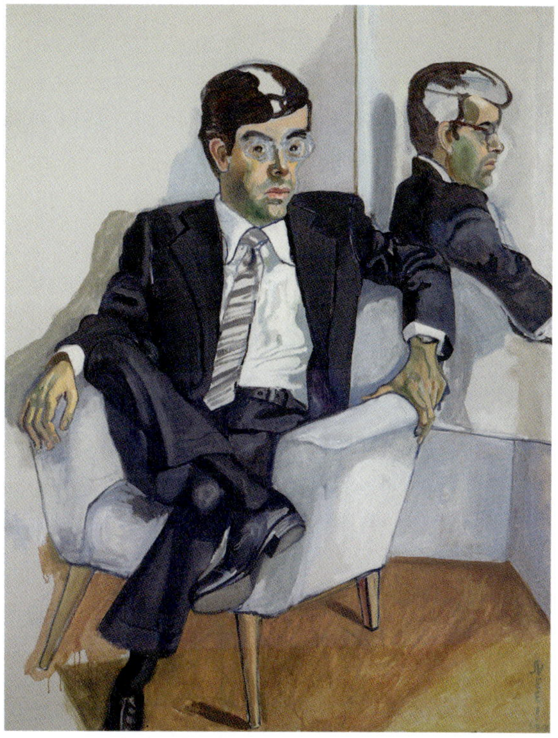

39 Alice Neel, ***Marxist Girl (Irene Peslikis)*****, 1972**
Öl auf Leinwand, 151,8 x 106,7 cm
Privatsammlung

40 Alice Neel, ***Linda Nochlin and Daisy*****, 1973**
Öl auf Leinwand, 141,9 x 111,8 cm
Museum of Fine Arts, Boston. Seth K. Sweetser Fund

41 Alice Neel, ***Richard*****, 1963**
Öl auf Leinwand, 121,9 x 76,2 cm
Estate of Alice Neel

42 Alice Neel, ***Richard in the Era of Corporation*****, 1979**
Öl auf Leinwand, 152,4 x 114,3 cm
Estate of Alice Neel

»I Hate the Use of the Word Portrait«

Bice Curiger

Alice Neel wusste, was sie mitzuteilen hatte, war nur mit Malerei möglich. Malen war für sie eine existenzielle Notwendigkeit. Es ist die in den Bildern von Menschen aufscheinende Grundsätzlichkeit, welche heute ihre herausragende Qualität ausmacht.

Im Vergleich mögen die Menschenbildnisse ihrer Malerkollegen des 20. Jahrhunderts entweder zu poliert und in Konventionen gefangen erscheinen, oder aber deren Formwollen sich so sehr in den Vordergrund stellen, dass dabei die Unmittelbarkeit einer menschlichen Begegnung zurückgedrängt oder zweitrangig wirkt.

In Alice Neels Bildern hingegen ist eine große Richtigkeit im Einsatz der Mittel, im Übertragen eines zwischen Ernstfall und Glücksfall oszillierenden schlichten Ereignisses. Es sind Bilder, in welchen spürbar ist, wie die darin überaus präsenten Subjekte in der Bildwerdung ihren Beitrag leisten, damit wie Robert Storr es ausdrückte, man sieht »wie Zeit sich ereignet«.[1]

Wie erstaunlich und bezeichnend, dass Neels unkonventionelles Temperament sich von früh an ausgerechnet auf die im 20. Jahrhundert zum konventionellsten der Genres geronnene Porträtkunst eingeschworen hat! In diesem Licht ist auch ihre Aussage zu bewerten, sie »hasse den Gebrauch des Wortes Porträt«.[2] Zumal sie Menschen malte, die für sie »posierten«, wie es in der Sprache der klassischen Kunst heißt, und ihr »Modell saßen«.

Und immer ist in Neels Bildern diese betonte Aufmerksamkeit, Wachsamkeit, Präsenz, eine wortlose Kommunikation auf Seiten der Posierenden spürbar. Die Menschen sind in der Séance »bei sich«, zugleich ruhend und alert, sie tragen metaphorisch gesprochen keine »Rüstung« – doch zeigen sie gelegentlich auch, wie ihnen ihre Schutzhüllen, z.B. die Kleider, aber auch ihre gestischen Krücken und Prothesen Halt geben. »Wenn die Leute frei und emanzipiert sind, fühle ich mich auch sehr frei und kann sie in freierer Art malen,« sagte sie.[3]

1967, in der Blütezeit der Konzeptuellen Kunst, präsentierte Giulio Paolini eine schwarz/weiß-Reproduktion des Renaissance-Bildnisses eines jungen Mannes, 1505 gemalt von Lorenzo Lotto, und gab dieser den Titel: *Giovane che guarda Lorenzo Lotto* (Abb. 43). Damit rückte Paolini die Tatsache ins Zentrum, dass rund fünfhundert Jahre zuvor ein junger Mann seinen Blick auf den Künstler richtete, während dieser ihn malte – und auch darauf, dass wir, als Betrachter des Bildes, nun an die Stelle des malenden Künstlers treten.

Das Thematisieren des Blickes, die Aufmerksamkeit auf den Moment der Meta-Ebene eines Bildnisses: Neel ist keine Konzeptkünstlerin, doch lässt sich angesichts ihrer Bilder einmal mehr behaupten, dass gute Kunst stets auch konzeptuell ist. Neels Malerei repräsentiert die Porträtkunst *in actu*. Ihr Mut, sich mit ihrer figurativen Malerei der herrschenden Kunst-Ideologie in New York, dem auf Abstraktion fixierten Zentrum der Nachkriegskunst, zu widersetzen, machte Neel umso entschlossener und wachsamer, um ihren Beitrag in einem größeren Zusammenhang zu reflektieren.

Wie im Vorbeigehen, erwähnt Alice Neel, »meine Malerei schließt immer den Rahmen als Teil der Komposition mit ein«, und erwähnt zum Vergleich den russischen Maler Chaïm Soutine und Rembrandt, die noch innerhalb des Rahmens verbleiben würden.[4] Diese Aussage verleitet aber auch dazu, sie auf Neels oft ungewohnte Kompositionen, auf die Positionierung der Dargestellten im Bild zu beziehen, das Herstellen einer Spannung innerhalb des Formatrechtecks und die wilden Ausschnitte, welche die Nahsicht nicht nur auf das Gesicht, sondern auf den Körper betonen. Im Film sieht man, wie Alice Neel durch das mit den Zeigefingern und Daumen nachgebildete Bildgeviert blickt und Bildausschnitte prüft, eine Geste, die, wie die Söhne von Alice Neel bekräftigen, eine sehr häufige war (Abb. 44).[5]

Es sind die Posen der Menschen im Bild, die kühn und innovativ erscheinen.[6] Sie behauptete zwar »ich positioniere meine Modelle nicht,« aber gibt zugleich zu verstehen, dass sie die Leute beobachtet, wenn sie mit ihnen redet, wie sie sich setzen. »Sie nehmen unbewusst ihre typischsten Posen ein, in welchen sich ihr ganzes Wesen und ihr sozialer Status ausdrücken – das, was ihnen die Welt zugefügt hat, und wie sie sich dagegen wehren«.[7]

Im Film vernimmt man auch, dass sie den Modellen manchmal vorschlug sich zu entkleiden, mit dem Argument, die Art der Bekleidung passe nicht ins Bild – etwa ein dreiteiliger Anzug –, und ihnen vorschlug, in Unterwäsche zu posieren, bis diese dann letztlich nackt auf dem Bett oder dem Sofa landeten. Wie *Cindy Nemser and Chuck* (1975, Abb. 45) die im Bild mit jeder Faser genau diesen Umstand auszudrücken scheinen. Schutz suchend schmiegen sie sich nun in der Ecke des ausladenden Möbels aneinander und blicken ernst und doch vertrauensvoll auf die Malerin.

Es ist ein Glück für die Nachwelt, dass für den 2007 erschienenen Film gewisse Modelle befragt werden konnten, wie Julie aus dem Bild *Pregnant Julie and Algis* (1967, Kat. 47). Julie spricht von einer »überaus starken elektrischen Energie« in einem intensiven nonverbalen Dialog. Indem man Alice' »Laser Blick« ausgesetzt sei, starre man selber auf sich.[8]

Julie schaut selbstbewusst aus dem Bild und zeigt sich in dem Panoramaformat mit spürbarer Entschiedenheit als Schwangere auf dem Bett ausgestreckt und uns zugewandt - hinter ihr der beschützende, sich aber doch eher versteckende, auf jeden Fall bekleidet gebliebene Partner. Das bewegte Muster der roten Unterlage fängt etwas von der Spannung des Moments ein, während die charakteristische blaue Neel-Konturlinie mit souveräner Spannkraft den weiblichen Leib umfährt, wie eine zärtliche Arabeske der Freiheitlichkeit. »Es gibt eine neue Freiheit für Frauen, sie selber zu sein im Herausfinden, wer sie wirklich sind.«, verkündet Alice Neel.[9]

Es mag so sehr ein Gemeinplatz sein, dass uns kaum mehr auffällt, wie der Kulturwandel in den vergangenen hundert Jahren unsere Körper und unser Verhältnis zu ihm grundlegend verändert hat. Und hier lässt sich zurückkommen auf Alice Neels Ausspruch zum Rahmen, den sie »in die Komposition des Bildes einbezieht«. Denn damit meinte sie wohl auch den von ihr so viel zitierten *Zeitgeist*, »the feel of an era«.

1968, ein Jahr nachdem es gemalt wurde, erschien das Gemälde mit der im Vordergrund nackten schwangeren Julie und ihrem Partner auf dem Titelblatt der damals tonangebend ein neues

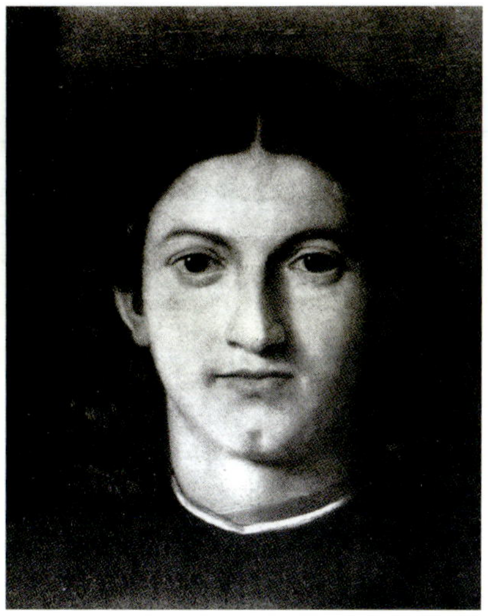

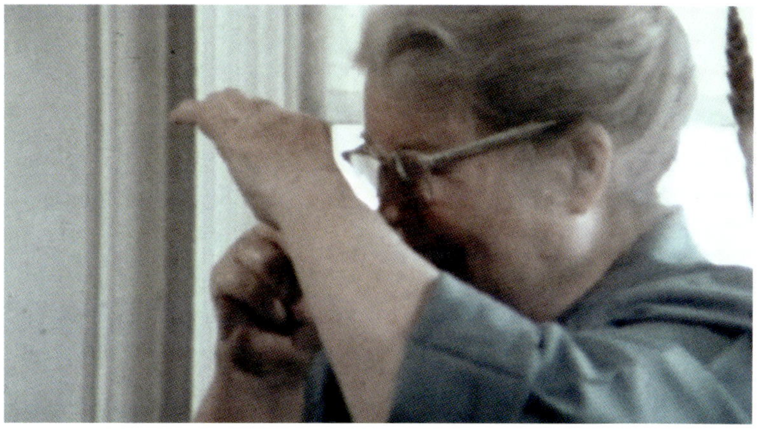

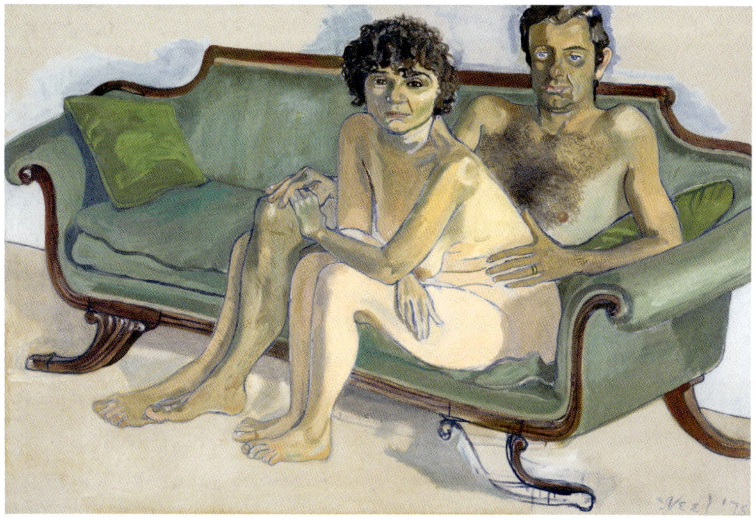

43 Giulio Paolini, *Giovane che guarda Lorenzo Lotto*, 1967
Fotoemulsion auf Leinwand, 30 x 24 cm
Sammlung FER, Ulm

44 Standbild aus dem Film *Alice Neel* von Andrew Neel: Alice beim Prüfen von Bildausschnitten.

45 Alice Neel, *Cindy Nemser and Chuck*, 1975
Öl auf Leinwand, 105,4 x 151,8 cm
Privatsammlung

Lebensgefühl vermittelnden *Village Voice*. Dies muss zugleich wie ein doppelter Tabubruch gewirkt haben. Einerseits verkörperte das Bild mit einer selbstbewussten Natürlichkeit ein höchst ungewohntes Motiv in der Malerei und war somit auch ein Zeichen des Aufbruchs im Kampf gegen den Puritanismus der bourgeoisen Kultur und Gesellschaft. Andererseits war Schwangerschaft aber auch ein von den Feministinnen tabuisiertes Thema, weil es als Argument dienen konnte, um Frauen »an ihre häuslichen Gefängnisse zurückzubinden«.[10]

Mit *John Perreault* (1972, Kat. 59) malt Neel formal gesehen das nackte männliche Gegenstück zu Julie. Ausgestreckt liegt er wie sie da mit angewinkeltem Bein, ruhig und nachdenklich, sein Geschlecht in aller Offenheit unserem Blick zugewandt.[11]

Die grosse Intimität in den Bildern von Alice Neel hat nichts Forciertes. »Psychologisch« ist ein immer wiederkehrender Begriff in den Texten zu Alice Neels Porträts. Was ist damit eigentlich gemeint? Es ist das Festhalten einer Bereitschaft zum vertrauensvollen Entgegenkommen und zur Vertrautheit. Es ist die Aufmerksamkeit für den andern, die sich in spannungsvoller Ruhe entfaltet in einem zeitlich ausgedehnten Akt einer speziellen Begegnung, in einem ungewöhnlichen kommunikativen Austausch.

In *The Family (Algis, Julie and Bailey)* (Kat. 48) malt Alice Neel 1968 nochmals das junge Paar, nun mit Baby stehend, lapidar in umwerfend zwangsloser Haltung. Der Vater im Zentrum, er umschließt das Kind lässig mit der einen Hand, der Daumen der andern steckt in der Jeanstasche (Abb. 46). Es sind die Gesichter, fragend, ernst und offen, die dem Bild die geradezu existenzielle Eindringlichkeit verleihen. Aber letztlich ist es so eindringlich, weil diese Menschen gemalt sind!

Während in der Frühzeit der Fotografie die Posierenden minutenlang stillhalten mussten, zeigten die Bilder meist erstarrte, zugeknöpfte, sich gerne in formalisierter Repräsentation ergehende Menschen. Nun, rund hundert Jahre später, als der fotografische Schnappschuss und die Momentaufnahme zum allumfassenden Begleiter und Dokumentarist in allen Lebenslagen geworden ist, betreibt Alice Neel mit Nachdruck ein ganz anderes Ritual der Bilderfassung. Sie drängt den Posierenden eine betont zeitintensive Bereitschaft auf. Bei Neel beginnt das Bild schon mit der Wegstrecke, welche die dazu Einwilligenden unter die Füße nehmen müssen, um in ihr Studio, das eigentlich ihre Wohnung war, zu gelangen.

Es ist Brigid Berlin, die von Andy Warhol berichtet: »Andy bat mich, mit ihm zu Alice Neel zu gehen, weil er Angst hatte allein nach Harlem zu fahren. Ich konnte es nicht fassen, dass wir soweit herauf fahren würden.«[12]

Das Gemälde *Andy Warhol* (1970, Kat. 51) zeigt ihn frontal, halbnackt. Entblößt sind seine massiven Narben, sein attackierter Körper. Die delikate, zärtliche Malweise entspricht der spürbaren Verletzlichkeit. Er weicht ihrem Blick aus, schaut nach unten, nach innen. Man denkt an seine Geheimnisse, Andy der Katholik, der Kirchgänger, sein gehütetes Innenleben. Er trägt ein Korsett und trotzdem scheint die Hüftpartie überzuquellen, was die weiblichen Aspekte unterstreicht. Schon die Pose hat etwas Mädchenhaftes, wie er die Beine und die schmalen Füße gerade zusammen hält. Da ist das Schamhafte des Blickes, während das Kinn und die Mundpartie Bestimmtheit ausdrücken. Es ist eine berührende und überraschende Innigkeit im Bildnis dieser so unergründlich und provozierend mit der Indifferenz spielenden Figur des 20. Jahrhunderts.

Ein wichtiges Detail fällt auf bei diesem Porträt, es sind die ganz kleinen Hände. Sie halten ein Tuch oder das Unterhemd. Die Hände sind in Alice Neels Bildern wichtige Ergänzungen der Persönlichkeit, aber sie sind auch formale Anker für die Figur in der Komposition und erscheinen oft leicht bis stark verzerrt, manchmal verkleinert wie in *Henry Geldzahler* (1967, Kat. 44), oder betont mit manierierter Fingerstellung (*Sherry Speeth*, 1964, Abb. 15), im Händehalten als Kraft- oder Wärmeaustausch bei Paaren, oder in *Mother and Child (Nancy & Olivia)* (1967, Kat. 46), die ihr Kind hält, und die Hand sieht aus wie die Kralle eines Vogels.

So wie Neel Hände manchmal betont stilisiert, wirken auch die Arme, zuweilen auffällig, fast wie langgezogene Würste, und doch im Ganzen gesehen sind es gerade diese Partien, die Kraft und Geschwindigkeit ausdrücken, ja, eine bewusste Nonchalance ins Bild bringen. Um die Figuren herum erscheinen immer wieder rudimentär gemalte Farbflächen im Übergang mit Partien, die nicht ganz »ausgemalt« sind, so dass man die grundierte Leinwand sieht. Warhol sitzt auf einem Bett, das nur als feine Konturzeichnung wie von links ins Gemälde geschoben erscheint beinahe so, als wäre es das Holzstängelchen für einen Kanarienvogel. Um Warhol herum breiten sich hellblaue Pinselstriche sparsam aus und weiten sich rechts oben, hinter der Figur zur Flügelform, was Andy in Andeutung zum Vogel oder vollends auch noch zum Engel macht. Häufig fasst Alice Neel mit großzügigen Pinselstrichen die Figur ein, verleiht ihr damit visuell Halt, aber hält so auch die Farbe und den Duktus des Striches autonom und lebendig.

Um nochmals auf Alice Neels Aussage zum »Rahmen im Bild« zurückzukommen, es ist unübersehbar, wie stark es der Künstlerin darum geht, in ihrer Malerei die Homogenität des Bildgevierts aufzubrechen. Dazu setzt sie eine raffinierte Dramaturgie ein im Spiel mit der Wichtigkeit der Gesichtszüge einer Person. Das Bildrechteck wird visuell porös gehalten, mit *non finito* Partien (etwa die Hose bei Warhol) und bewusst sichtbar gelassenen *pentimenti* etc., im Verknüpfen mit dem, was detailliert, langsam und bedacht und dem, was schnell und doch bestimmt auf die Leinwand gesetzt wird. All dies gehorcht einer raffinierten und überraschungsvollen Orchestrierung im Ausgleich auch mit den zusätzlich symbolisch konnotierten Stellen, wie die Kleider, Möbel, Pflanzen, Stoffmuster und mit all den andern semiologisch schillernden Interferenzen im Bild.

Immer ist Bewegtheit in den Gemälden von Alice Neel. Sie ist Ausdruck dieses Balancierens zwischen dem Willen der möglichst getreuen bildlichen Wiedergabe des Gesehenen und der dabei entstehenden Emotionen, den Wünschen nach formaler impulsiver Loslösung, dem sich resoluten Absetzenwollen von der »sklavischen Wiedergabe«. Auch Vincent van Gogh musste die Realität sehen, um ihr in formaler Überhöhung im Bild zu begegnen. Eine Funken sprühende Bewegung ist im Porträt des noch jungen *Robert Smithson* (1962, Kat. 38), ein großes Tempo, ein Drive, welche der spezifischen Intelligenz des Porträtierten entspricht und der Aufbruchsenergie als junger Künstler.

Immer wieder hinterlässt Neel in den Bildern Spuren eines »Extemporierens«, Signale spontaner, amüsanter Eingebungen, die sie beim Malen und Schauen befallen haben. Derart ist in *Michel Auder* (1980, Kat. 67), das Knie des Posierenden als ein dreifacher Kringel oder markante Scheibe wiedergegeben. Als wäre dieses

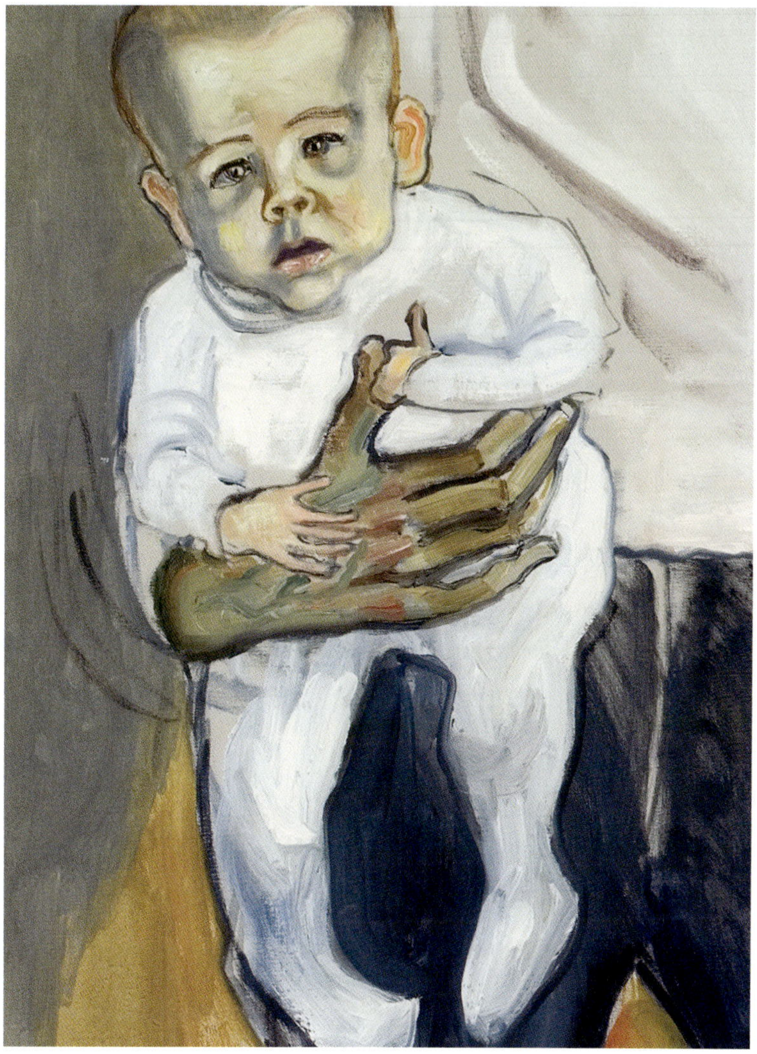

46 Alice Neel, *The Family (Algis, Julie and Bailey)*, 1968. Detail
Öl auf Leinwand, 152,1 x 87 cm
Charlotte Feng Ford Collection

Drehmoment ein Kommentar zur leicht rotierenden Tendenz der Bildkomposition von Armen und Beinen. Wiederum gleicht diese Bildstelle auch jener großen Scheibe in *Max White* (1961, Abb. 47, Kat. 37), die als Verdoppelung des Bogens hinter seinem Glatzkopf dem Bildhintergrund Bewegung und Tonus verleiht. Ein zusätzlich energetisches Moment im Bild, gerade bei White, der angespannt und eingespannt im Sessel sitzt.

Wohl sind auch die fünf Penisse im berühmt-berüchtigten, grotesken Porträt *Joe Gould* (1933, Kat. 8) auf eine solche Eingebung, einer momentanen Beobachtung und einem darauffolgendem Impuls zurückzuführen. Aber was für eine!

In diesem Bild verkündet die damals 33-jährige Malerin, dass sie immer auch als beobachtend reagierende Frau, als weibliche Künstlerin malt. Es ist ein unglaubliches Statement in die Zeit und in die Kunst gesetzt. Sie sagte, dass der exzentrische, offensichtlich etwas machohafte Gould sein Bild so wollte, einfach als Grille.[13] So ihre Erklärung, aber eigentlich ist es die Kunstgeschichte, die nun diese liebevoll und elaboriert gemalte Ladung männlicher Geschlechtsteile bekommt, als Kompensation für die jahrhundertelange einseitige Fixierung auf die weibliche Nacktheit.

Der Malakt als solcher gründet auf einem mimetischen Impuls, Malerei ist ein physischer Akt – wenn wir die Körpersprache der Sitzenden analysieren, so bezieht sich »Body language« auch auf den physischen Einsatz der Künstlerin, das hat Neel immer wieder furchtlos, in aller Freiheit ihren Bildern eingeschrieben.

So ist auch der vielzitierte Satz von Alice Neel zu verstehen, dass sie ganz ausgelaugt sei nach einer Malsession: »Ich identifiziere mich so sehr mit den Menschen, die ich male, dass ich mich schrecklich fühle, wenn sie nach Hause gehen. Ich habe kein Selbstgefühl mehr – ich bin in dieser anderen Person aufgegangen. Und indem ich dies tue, erhalte ich etwas, das andere Künstler nie erreichen.« Sie fährt dann gleich fort, man werfe ihr vor, sie könne ihr Leben nicht von ihrer Kunst trennen, »das ist richtig. Das ist meine Art, die Entfremdung zu überwinden. Mein Ticket in die Wirklichkeit.«[14]

Die Bilder von Alice Neel vermitteln ein starkes Gefühl von Gemeinschaft. Trotz all der wilden Aspekte ist es gerade das Unaufgeregte, die entspannte Vertrautheit, die in ihrer Kunst berührt. Neels Reichweite scheint alle sozialen Schichten zu umfassen, in größter, ja, zugespitzter Offenheit zeigt sie die Bereitschaft sich einzulassen, wenn es einmal dieses und einmal jenes »Exemplar« vor ihre Staffelei zu spülen scheint.

Ein anderer Vorwurf lautete, dass das Staffeleibild anachronistisch sei, und dass sie wie der Revolutionsmaler David Alfaro Siqueiros, die Massen malen solle und nicht bloß die einzelne Person. Neel antwortet: »Eins plus eins plus eins ist eine Menschenmenge.«[15]

Sie sei vier Wochen jünger als das Jahrhundert, in dem sie lebe, sagte Alice Neel in dem Film ihres Enkels. Welch eine passende Fügung für diese Künstlerin, die uns dieses eindringlich menschliche und bedeutsame Panorama der schillernden Charaktere eines Jahrhunderts hinterlassen hat. Ein Panoptikum mit Zeitabschnitten, von der Depression der 1920er Jahre, zur Kriegs- und Nachkriegsstimmung und dem kulturrevolutionären Aufbruch der 1960er und 1970er. So sehr darin die unterschiedlichen Epochen spezifisch und zeitgeistig fassbar sind, so sehr ist in Neels Bildern das *Basso continuo* der starke unverkrampfte, wache körperliche Bezug – sowohl der Modelle, wie auch der malenden Protagonistin.

Unübersehbar ist zugleich die subkulturelle Note eine Kategorie, die in der heutigen Gesellschaft nahezu obsolet geworden ist, aber in Neels Zeit ein wichtiger, wenn nicht sogar der wichtigste Motor für das Aufbrechen und Überwinden von verknöcherten Strukturen aller Art war. Es lässt sich sagen, dass Neel in verschiedenen Zeiten Teil oder zumindest Sympathisantin von diversen Subkulturen war. Da ist ihre Affinität zu einer ethnischen Subkultur durch die Heirat mit einem Kubaner und ihre langjährigen Wohnorte in New Yorks Spanish Harlem. Sie ist Teil einer linken politisch-literarischen Subkultur auch durch die spätere langjährige Liaison mit dem kommunistischen Fotografen und Dokumentarfilmer Sam Brody; ihr Freundeskreis schließt Mitglieder der Beatgeneration im literarischen Greenwich Village ein (Abb. 48).[16] Und da ist ihr unvoreingenommenes Interesse für die Welt der Transgender- und Homosexuellenszene. Alice Neel gehört vor allem auch in ihrem Rollenverständnis in Bezug auf die damalige etablierte New Yorker Kunstwelt zu einer künstlerischen Subkultur (vergleichbar mit dem ebenfalls figurativ malenden Alex Katz).

Die Malerin Marlene Dumas hat sich über den Mut Neels geäußert, Menschen bekleidet, ja, mit modischer Kleidung zu malen[17]. Die Kleider sind aber wichtige Elemente im speziellen Mikrouniversum, das Neel in jedem Bild einfängt und entwirft. Im Vergleich mit der Fotografie der jeweiligen Zeit vermitteln Neels Gemälde gerade den Eindruck offener zu sein. Es scheint paradox, dass gemalte Bilder eine Distanz zu den eher ephemeren Aspekten ihrer spezifischen Zeit betonen, und zwar durch die tradiert »zeitlose« Konnotation des Mediums, während sie das in einem tieferen Sinne Zeitspezifische umso authentischer vergegenwärtigen. Aber vor allem vermitteln Alice Neels Bilder die Gewissheit, dass jedes Karomuster und jede Krawatte, jede Rüschenbluse wirklich durchdrungen ist vom Willen der Malerin, sich auch in Zukunft den Betrachtern als nicht bloß für den Tag, die Mode und den anekdotischen Moment festgehaltene Bildelemente mitzuteilen.

Erving Goffman publiziert 1959 seine bahnbrechende soziologische Studie »The Presentation of Self in Everyday Life« als eine Geschichte der Alltagskultur und des performativen Körpers. Es sind Themen, die erst sehr viel später in der Kunst breiter eingeführt und diskutiert werden, etwa durch die Ankunft von Cindy Sherman, Robert Gober, Marlene Dumas, Matthew Barney. Auch die späte Rezeption von Louise Bourgeois ist ein Beispiel einer vor allem erst seit den 80er Jahren vertieften Auseinandersetzung mit dem Thema Körper.[18]

Wie sinnig jedoch, dass es Andy Warhol ist, der 1968 den ersten Film namens »Flesh« einer Underground-Trilogie von Paul Morissey produziert. In diesen weltweit Furore machenden Filmen der Factory manifestiert sich offen ein anarchischer Aufbruch und ein neues Körperbewusstsein, das mit den Worten von Klaus Theweleit »den Übergang aus dem formierten Körper in einen individuell vibrierenden markiert; drogengefährdet, hedonistisch, sexualisiert, kunstinfiziert, semitolerant, verantwortungsfrei«.[19]

1974 organisiert Jean-Christophe Ammann im Kunstmuseum Luzern mit der Ausstellung »Transformer: Aspekte der Travestie«, die wohl erste gender-thematische Veranstaltung in einem Museum.[20] Der Titel entstammt Lou Reeds zwei Jahre zuvor erschienener Platte mit dem Jahrhunderthit »Walk on the Wild Side«. Die Zeile, »Jackie

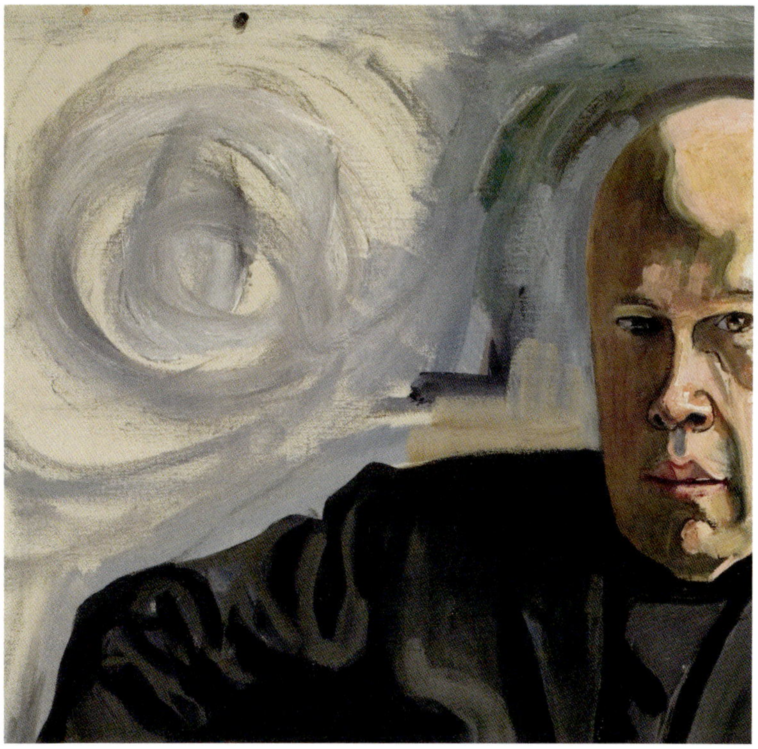

47 Alice Neel, *Max White*, 1961. Detail
Öl auf Leinwand, 101,90 x 71,60 cm
Collection Kim Manocherian

is just speeding away, thought she was James Dean for a day«, ist auf Jackie Curtis bezogen, der, oder eben die Jackie, die Alice Neel in zwei Porträts festgehalten hat.

1970, zwei Jahre vor Erscheinen von Lou Reeds Song, entsteht *Jackie Curtis and Ritta Redd* (Abb. 49, Kat. 52), 1972 dann *Jackie as a Boy* (Kat. 57). Beide Porträts unterstreichen nicht so sehr das Frivole dieses trashigen »Superstars« aus der Factory und sind wohltuend unaufgeregt. Jackie neben Ritta könnte gleich jede Minute losspringen, wegen der speziellen Beinstellung mit dem liebevollen Fußkontakt zum Partner. Details wie die kecke Zehe, die aus dem Loch in der Strumpfhose schaut, unterstreichen subtil die Gewöhnlichkeit des Moments. Das Ambigue des Looks ist zwar präsent. Jackies Gesicht uns frontal derart zugewandt mit ihrem Make-up, als würde es die Malerin gerade auffordern: male mich, so will ich aussehen!

Vielleicht intuitiv wissend, was Alice Neel in solchen Momenten beflügelt hat: »Egal was die Regeln sind, wenn man malt, dann erschafft man eine eigene Welt.«[21]

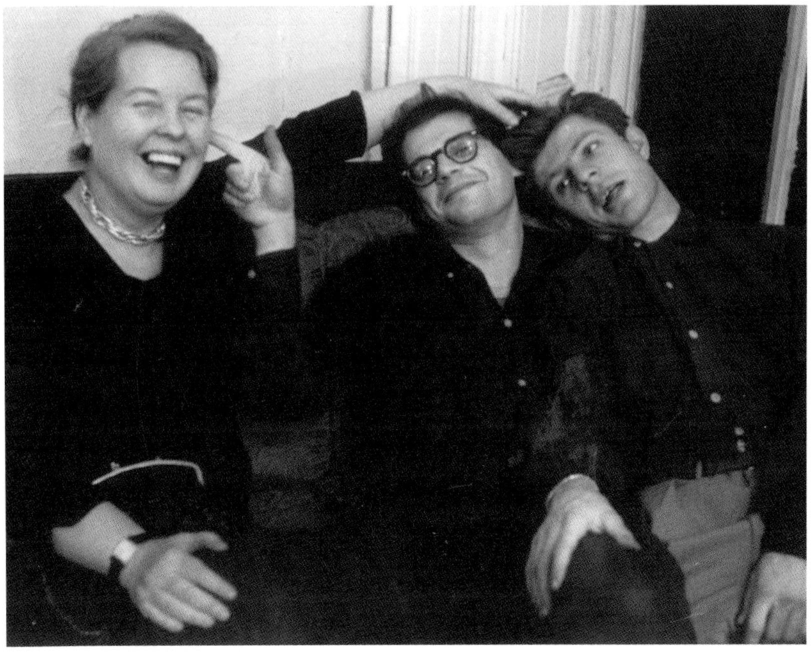

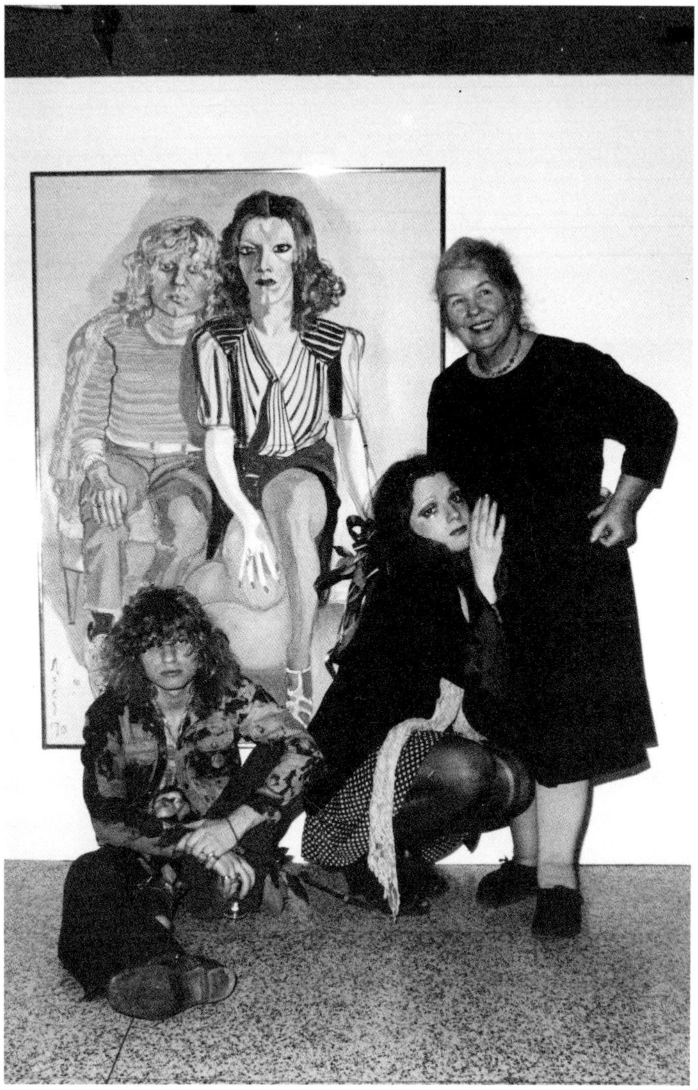

48 John Cohen, Alice Neel am Filmset von *Pull My Daisy* von Robert Frank, mit Allen Ginsberg und Peter Orlovsky, 1959.

49 Neel mit Jackie Curtis und Ritta Redd bei der Eröffnung ihrer Moore College Ausstellung, Philadelphia, Januar 1971.

Das soziale Bewusstsein einer modernen Frau

Annamari Vänskä

Ein direkter, herausfordernder Blick. Langes dunkles Haar. Ein weißes Herrenhemd mit Kragen und rotweiß gestreifte Hosen. Leicht nach vorne gelehnt, sieht die Abgebildete so aus, als könne sie sich jeden Augenblick erheben und den Betrachter angreifen.

Alice Neels Gemälde von 1970 zeigt die radikale Feministin Kate Millett, eine Ikone der zweiten Welle des Feminismus. Das Porträt entstand im Auftrag des Magazins *Time* im selben Jahr und etwa zu der Zeit, als Millett ihr Buch *Sexual Politics* veröffentlichte, das bald zu einem Klassiker der feministischen Literatur avancierte und aufgrund seiner harschen Kritik am patriarchalen Gesellschaftssystem sofort Kultstatus erlangte. Die Literaturwissenschaftlerin Millett argumentierte, dass maßgebliche Vertreter der westlichen Literatur des 20. Jahrhunderts wie die amerikanischen Schriftsteller Norman Mailer und Henry Miller sowie der englische Autor D.H. Lawrence in ihren Werken ein gesellschaftliches System unter Beweis stellten, das auf Machismus und Hass auf Frauen und Homosexuelle fuße.

Obwohl *Sexual Politics* auf gemischte Resonanz stieß, wurde die Schrift bald zur Bibel der feministischen Bewegung und Millett zu ihrer Galionsfigur. Als die Redaktion von *Time* auf dem Cover einer Ausgabe zum Thema »Woman's Lib« der Bewegung ein Gesicht geben wollte, war es kein Wunder, dass sie Millett dafür auswählte. Um diese zu porträtieren, wandte sie sich an Alice Neel, eine amerikanische Malerin, die sich gerade eine Position als bedeutende weibliche Künstlerin erarbeitete. Der Autorin allerdings missfiel diese Idee. Sie weigerte sich, Modell zu sitzen, und erklärte Neel, kein einzelnes Individuum könne eine breite soziale Bewegung verkörpern. Daraufhin musste Neel zur Gestaltung ihres Gemäldes auf Fotos von Millett zurückgreifen. Auch dies mag hinter der Erbostheit stehen, die einem hier entgegenzublicken scheint. Obwohl das Porträt fraglos den Zorn der feministischen Bewegung symbolisiert, könnte darin auch Neels Unzufriedenheit über die verweigerte Zusammenarbeit zum Ausdruck kommen.

Wie auch immer man es deutet, die Auftragsarbeit für *Time* spricht für Neels Position in der amerikanischen Kunstwelt. Durch die feministische Bewegung wuchsen ihr Bekanntheitsgrad und die Anerkennung, die sie bekam. So wie Millett der westlichen Literatur vorwarf, bei der Anerkennung der Frauen versagt zu haben, geißelte die feministische Kunstkritik die Welt der Kunst für ihren Androzentrismus. In den frühen 1970er Jahren begannen sich nun die Frauen als Künstlerinnen deutlicher zu profilieren. 1971 veröffentlichte eine weitere feministische Kunsthistorikerin und künftige Freundin Neels, Linda Nochlin, in *ARTnews* ihren bekannten Essay *Why Have There Been No Great Women Artists?*. Die damals vierzigjährige Nochlin erkundigte sich schlicht, weshalb der kunsthistorische Kanon keine weiblichen Kunstgenies anerkannte. In ihrem einflussreichen Aufsatz hinterfragte sie kämpferisch die männlich dominierte Kunstgeschichte und zeigte, dass deren »Genie«-Begriff ein durch und durch männlicher war. Ferner machte sie geltend, dass Frauen deshalb keinen Eingang in die Welt der Kunst gefunden hätten, weil sie sozial und gesellschaftlich schwächer gestellt seien als Männer und nicht zum Studium an Kunsthochschulen aufgenommen würden. Die Verantwortung dafür gab sie »dem romantischen, elitären, das Individuum verherrlichenden und Monografien produzierenden Unterbau, auf dem die Profession der Kunstgeschichte ruht«.[1] Sie beschuldigte also sämtliche Akteure der Kunstwelt, von den Forschern bis hin zu den Museumskuratoren, dass sie die männliche Künstler bevorzugten und ausstellten.

Nochlins kritischer Essay setzte eine feministische Kunstrevolution in Gang, die bislang unter der Oberfläche gegärt hatte und die unter anderem auch Neel zugute kam. So schossen in der amerikanischen Kunstszene viele feministische Kunstpublikationen und aktivistische Gruppierungen aus dem Boden, etwa Women Artists in Revolution (WAR), Los Angeles Council of Women Artists (LACMA),[2] Ad Hoc Women Artists' Group, Women in the Arts (WIA) und Women's Caucus for Art (WCA). Letztere ehrte Neel 1979 neben vier weiteren Künstlerinnen mit ihrem erstmals vergebenen Preis für eine Lebensleistung.

Neel kann durchaus als Beispiel dafür gelten, wie »vergessene« Frauen durch den Aufstieg der feministischen Kunstkritik allmählich aus der Versenkung der Geschichte hervorgeholt und auf Podeste gestellt wurden. Die Frauenbefreiungsbewegung schuf Raum sowohl für Künstlerinnen, die nicht weltweit bekannt und anerkannt waren, als auch für eine Generation feministischer Kunsthistorikerinnen, die eine kritische Analyse des Kunstkanons vorangetrieben haben, den sie bis zum heutigen Tag um Künstlerinnen erweitern. Neel kam als eine der ersten Künstlerinnen in den Genuss dieses Wandels. Dennoch hatte sie zum Feminismus eine zwiespältige Haltung. Sie räumte zwar ein, dass sie als Künstlerin aufgrund ihres Geschlechts benachteiligt war, sagte aber auch, sie habe Männer stets mehr respektiert als Frauen. Ihre Biografin Phoebe Hoban zitiert sie mit den Worten: »Frauen machten mir Angst. Ich hielt sie für dumm, weil sie nichts anderes taten, als Kinder und Hunde im Zaum zu halten.«[3]

Unabhängig von Neels persönlicher Sicht auf Frauen, Feminismus und ihrem Verhältnis zu der Bewegung ist ihre Laufbahn als Künstlerin zweifellos ein überzeugendes Beispiel und eine Bestätigung für den sozialen Wandel, den der Feminismus in Gang gesetzt hat. Als Neel am 28. Januar 1900 in eine gewöhnliche Familie der unteren Mittelschicht in Pennsylvania hineingeboren wurde, tendierten die Aussichten einer Mittelschichtsfrau, eine Berufslaufbahn einzuschlagen – von einer Künstlerkarriere gar nicht zu reden – gegen Null. Als sie am 13. Oktober 1984 starb, waren Frauen als Forscherinnen, Kritikerinnen und Künstlerinnen zu zentralen Figuren in der Kunstwelt geworden. Von Neel ist der Ausspruch: »Ich bin das Jahrhundert«[4] bekannt. Auch wenn sie sich mit dieser Äußerung auf ihr Lebensalter bezog, zeigen ihr Leben und Werk beispielhaft, wie radikal die Position der Künstlerin sich binnen weniger als hundert Jahren gesellschaftlich verändert hat.

Neel wurde im Viktorianischen Zeitalter geboren, das durch strenge Sitten und Klassengefüge sowie unbedingte Trennung der Geschlechter geprägt war. Sie starb in einer Ära, als dieses Gesellschaftssystem Geschichte war und Frauen viele zuvor den Männern vorbehaltene Privilegien errungen hatten. Das Erwachsenenalter erreichte sie in der Hochzeit der Suffragettenbewegung während des Ersten Weltkriegs, und sie hatte das mittlere Lebensalter überschritten, als sie die zweite Welle der

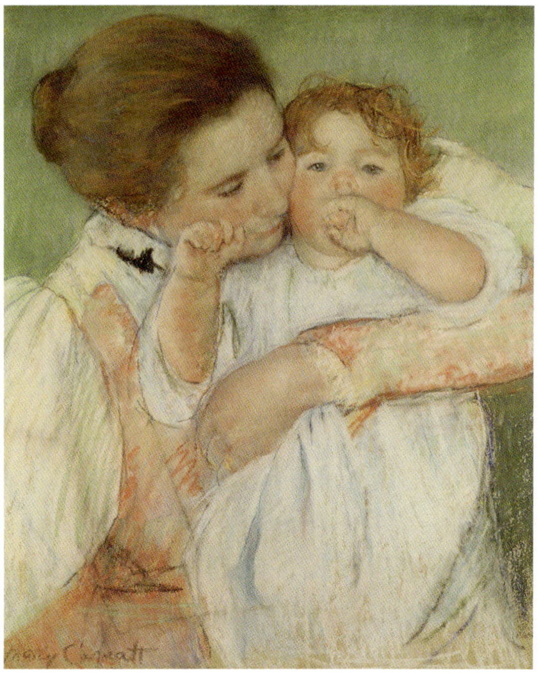

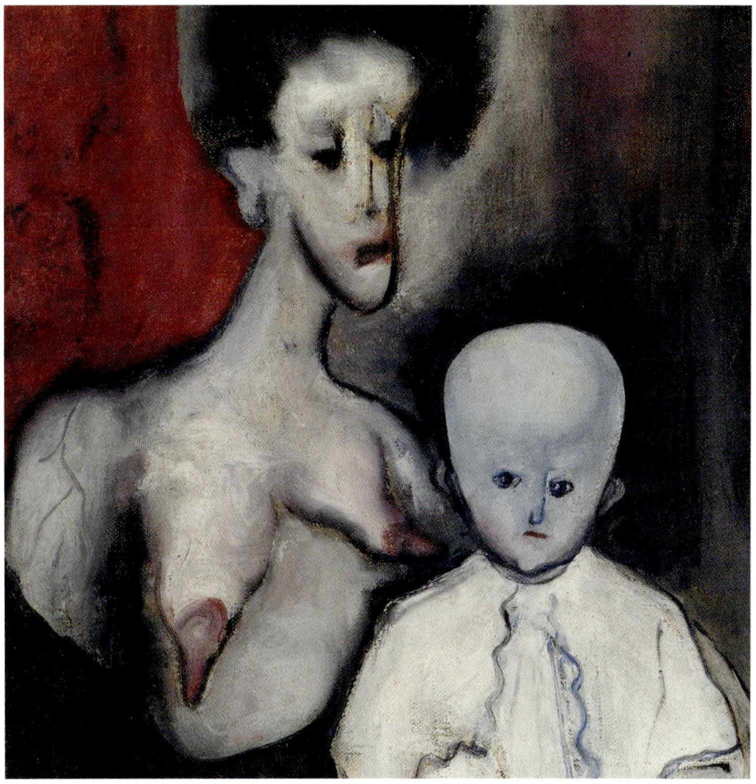

50 **Mary Cassatt, *Mother and Child*, 1897**
Pastell auf Papier, 53 x 45 cm
Musée d'Orsay, Paris

51 **Alice Neel, *Degenerate Madonna*, 1930. Detail**
Öl auf Leinwand, 78,9 x 61,3 cm
Estate of Alice Neel

feministischen Bewegung und die sexuelle Revolution in den 1960er Jahren miterlebte.

All dies ist in ihrem Werk zu erkennen. Anders als die meisten Künstlerinnen des 19. Jahrhunderts begnügt sie sich nicht damit, den häuslichen und privaten Bereich darzustellen. Neel malt ihre Freundinnen und Freunde, obdachlose Straßenbewohner, öffentliche Räume und berühmte Persönlichkeiten. Ihre menschlichen Figuren fügen sich nicht den traditionellen Geschlechterrollen: Die Männer sehen weder heroisch aus noch die Frauen schwach. Auch scheut Neel nicht vor Themen zurück, die für Frauen als ungehörig gelten, wie etwa Nacktheit. Ungeachtet ihres Geschlechts, Alters oder Standes erscheinen die Menschen in ihren Porträts oft unbekleidet und ohne kulturelle Statussymbole. Ihre Nacktheit wird dabei nicht idealisiert, sondern jede Hautfalte, Runzel oder andere körperliche Ausformung hervorgehoben. Für Neel war der Körper Material, das geformt und von mit verschiedenen Werten / Sozialklischees verbundenen Hierarchien bereinigt werden sollte. Das sieht man auch an den Personen, die sie in ihrer Porträtgalerie dargestellt hat. Angehörige der Intelligenzija und der gesellschaftlichen Oberschicht befinden sich darin neben solchen, die von der Gesellschaft auf verschiedene Weisen marginalisiert werden: New Yorker Latinos, Afroamerikaner, Schwule und Drag Queens. Tatsächlich ist die thematische Triebfeder ihres Schaffens das soziale Bewusstsein. Und dieses wurde höchstwahrscheinlich geprägt durch ihre eigene Stellung als Künstlerin in einer männlich dominierten Kunstwelt, ihre politischen Überzeugungen als Angehörige der Kommunistischen Partei und dem von ihr erlebten Wandel in den gesellschaftlichen Rechten der Frau.

In ihrer Jugend nahm Neel den Aufstieg der Suffragettenbewegung wahr und bekam mit, wie die National Women's Party (NWP) Präsident Woodrow Wilson harsch dafür kritisierte, dass er es in der zweiten Dekade des Jahrhunderts unterließ, das allgemeine Frauenwahlrecht zu gewähren. Als Folge davon wurden im Jahr 1917 Angehörige der Bewegung inhaftiert. 1920 erlangten die Frauen schließlich das Wahlrecht. Über eine Teilnahme Neels an der Suffragettenbewegung ist zwar nichts bekannt, doch begann sie ihr Universitätsstudium 1921, kurz nachdem die Frauen das Wahlrecht erkämpft hatten. Sie beschloss, an der größten Kunsthochschule für Frauen in den USA, der Philadelphia School of Design for Women, zu studieren. 1848 gegründet, verfolgte diese ein ziemlich feministisches, ja ausgesprochen revolutionäres Ziel: Frauen einen Beruf beizubringen. Auch durften hier, anders als in fast allen anderen Kunsthochschulen, Künstlerinnen Aktmodelle zeichnen.

Neel ließe sich durchaus als »moderne Frau« beschreiben, eine von denen, die zum ersten Mal in der westlichen Geschichte Gelegenheit hatten, sich durch Arbeit außer Haus selbst zu verwirklichen. Neel war eine Burschikose, Flapper oder *Garçonne* – was als »der neue Frauentyp« galt.[5] Sie kleidete sich jungenhaft in Hosen oder in Röcke, die ihre Beine zeigten, und war sexuell emanzipiert. Traditionellen Anstandsvorschriften oder von Frauen erwarteten Verhaltensformen schenkte sie keine Beachtung. Sie verkörperte das Ideal der gleichberechtigten Frau, die den Ersten Weltkrieg erlebt und wahrgenommen hatte, wie der zerstörungsreichste Krieg in der Geschichte paradoxerweise ihre soziale und gesellschaftliche Sichtbarkeit verbesserte. Als die Männer auf den Schlachtfeldern waren, mussten die Frauen an der Heimatfront Verantwortung übernehmen. Kein Wunder, dass Neel studieren gehen konnte. Sie genoss Freiheiten, die früheren Frauengenerationen verwehrt geblieben waren. Die Werke, die sie für öffentliche Räume malte, zeugen ebenfalls davon: Frauen konnten nun überall unbegleitet erscheinen und all das tun, was Frauen von heute für selbstverständlich halten.

Ihrer eigenen Aussage nach wählte Neel die Philadelphia School of Design for Women wegen der dort herrschenden Freiheit: »Ich wollte keine formale Form gelehrt bekommen. Wenigstens da wo ich hinging, war es nicht allzu organisiert, sondern man hatte seine Freiheiten. Man konnte es halten, wie man Lust hatte, was in meinem Leben das Wichtigste war.«[6] Neels Freiheitsdrang sorgte auch für Verunsicherung. Dies lag, wie sie es ausdrückte, daran, dass sie »keinen Tee einschenken« oder »duftige Kleider« tragen,[7] mit anderen Worten nicht das höfliche, gehorsame Mädchen sein wollte, das im Anschluss an das Kunststudium nach Hause zurückkehren und ein traditionelles Familienleben anfangen würde. Anders als viele ihrer Kommilitoninnen war Neel überaus klassenbewusst und sah in der Kunst einen Kampfplatz für Sozialkritik: »Ich arbeitete sehr hart [...] nicht für meine eigene Familie, sondern für all die Armen in der Welt. Denn wenn ich die Schule betrat, kehrten die Putzfrauen gerade davon zurück, dass sie die ganze Nacht die Gebäudeböden geschrubbt hatten. Es machte mich fertig, dass diese alten grauköpfigen Frauen Böden schrubben mussten und ich dort hineinging, um griechische Statuen zu zeichnen.«[8]

Die dramatische Polarisierung zwischen werktätigen Frauen und Kunsthochschulstudentinnen wirft natürlich ein aufschlussreiches Licht auf Neels Charakter, aber auch auf ihre Bemühungen, die Realität kritisch und ungeschminkt zu beschreiben. Dem Impressionismus stand sie zum Beispiel skeptisch gegenüber – mit ihren Worten: »Ich sah das Leben nicht als ein *Déjeuner sur l'herbe*. Ich war nicht glücklich wie Renoir.«[9] Neel missbilligte die Frauen- und Kinderbildnisse von Amerikas führender Malerin Mary Cassatt, die sie als zu glattgeschliffen und konservativ bezeichnete (Abb. 50). Da sie selbst realistisch zu malen versuchte, mit allen Schrammen und Makeln, galt sie in ihrer Zeit als zu direkt. Genau dieses Direkte ist es, das heutige Generationen anspricht, die in der Ära der Fotografie aufgewachsen sind. Neels Werke sind frisch und zeitgemäß.

Einige von Neels Gemälden, die, wie etwa das Mutter-Kind-Bild *Degenerate Madonna* von 1930 (Abb. 51, Kat. 3), Symbolismus mit unverstelltem Realismus verbinden, sind weit entfernt von den Schilderungen idyllischen bürgerlichen Familienlebens ihrer zeitgenössischen Zunftgenossinnen. Im Vergleich zu, sagen wir, Cassatts pastellener Wärme und von Mutterliebe durchflossenen Gemälden ist Neels Sicht auf die Mutterschaft geradezu beklemmend. Da ist keine Wärme, nur Tod und Verlust: Die Proportionen von Frau und Kind sind verzerrt, das Gesicht der Frau ist maskenartig, der Schädel des Kindes wie der eines Außerirdischen geformt und beider Haut leichenhaft in ihrem wächsernen Weiß. Ein weiterer Unterschied zu Cassatt – Neel schildert ihre eigenen Erfahrungen, anders als Cassatt, die nie geheiratet oder Kinder bekommen hatte. Obwohl für die Mutterfigur in *Degenerate Madonna* Neels enge Freundin Nadya Olyanova Modell saß, lässt sich das Gemälde auch als Selbstporträt betrachten. Neel schuf es kurz vor ihrem Eintritt in eine psychiatrische Klinik, in der sie infolge eines Nervenzusammenbruchs ein Jahr lang in Behandlung blieb. Zur selben Zeit überschatteten zwei große Sorgen ihr Leben. Sie hatte sich in den kubanischen Künstler Carlos Enríquez verliebt, mit dem sie ihre erste Tochter Santillana bekam, die 1927 noch vor dem ersten Geburtstag an

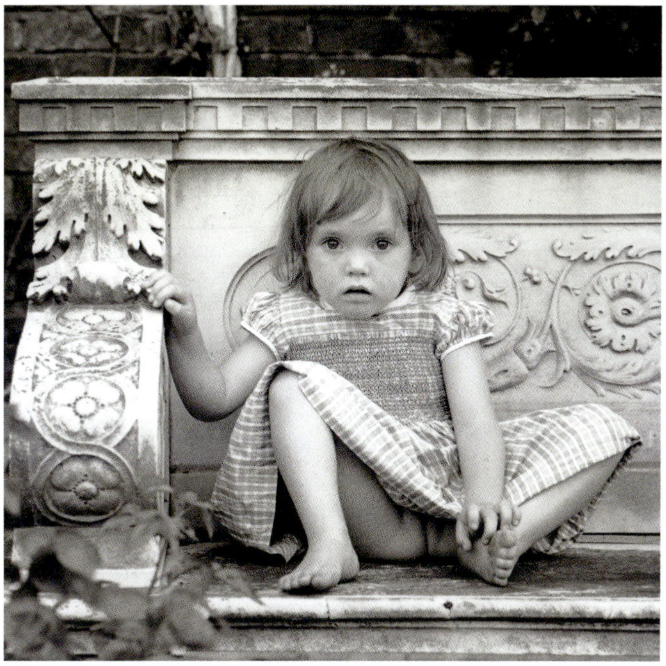

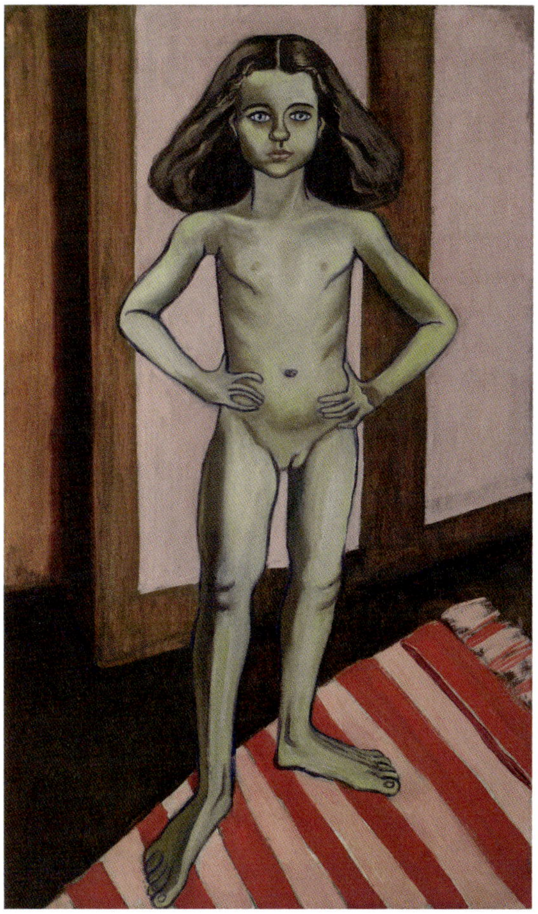

52 Robert Mapplethorpe, *Rosie*, 1976

53 Alice Neel, *Isabetta*, 1934, neu gemalt 1935
Öl auf Leinwand, 109,2 x 66 cm
Privatsammlung

Diphterie starb. Bald darauf war Neel erneut schwanger und brachte 1928 eine zweite Tochter, Isabetta, zur Welt. Zwei Jahre später verlor sie auch dieses Kind, als Enríquez es, ohne sie um Einwilligung zu bitten, nach Kuba zu Verwandten mitnahm, damit es dort aufwuchs. Die Tragik des Gemäldes lässt sich auch als Infragestellung mutterschaftlicher Normen verstehen – was bei Neels Zeitgenossen auf wenig Verständnis stieß. Als das Werk 1932 in New York auf der *First Washington Square Outdoor Art Exhibit* gezeigt wurde, stieß es vermutlich aufgrund seines blasphemischen Titels auf Ablehnung und wurde aufgrund eines Einspruchs der katholischen Kirche zensiert. Solches Aufsehen zu erregen, lässt Neel als eine äußerst zeitgenössische Künstlerin erscheinen.

Man könnte sogar sagen, dass das Erschüttern und Niederreißen der Konventionen akademischer Malerei Schlüsselelemente ihrer künstlerischen Produktion waren. Ein weiteres Beispiel hierfür ist ihr Selbstporträt von 1980 (Kat. 66). In diesem skizzenartigen Werk sitzt die achtzigjährige Künstlerin, eine Brille tragend und mit einem Pinsel in der Hand, nackt in einem Sessel. Ihr durchdringender Blick zielt direkt auf die Betrachter. Der Körper der alternden Frau wird mit herabhängenden Wangen, Brüsten und Bauch gezeigt. Neel verbirgt nicht schamhaft ihren verfallenden Körper, sondern fordert uns eher heraus, das belastete Verhältnis zwischen Alter und Nacktheit zu überdenken. Warum wollen wir den alternden Körper nicht sehen? Warum möchten wir nur der Jugend huldigen?

Ähnlich provokative Aktbilder malte Neel bereits in den 1930er Jahren, als Nacktheit tabu und für eine Künstlerin so ungebührlich war, wie es die Verbindung von Nacktheit und Alter heute ist. Das Wesen des Nacktheitstabus zeigt sich darin, dass es in Neels Jugend für anständige Frauen als unangemessen galt, Hosen zu tragen. Man glaubte, diese betonten die Beine und deren sexuelle Strahlkraft, und für eine tugendsame viktorianische Frau gehöre es sich nicht, Aufmerksamkeit auf ihre Körperlichkeit, geschweige denn Sexualität zu ziehen. Aber auch Männer waren von der Diskussion um Nacktheit nicht völlig ausgeschlossen. Zum Beispiel sorgte Frank Capras Film *It Happened One Night* von 1934 für eine Sensation, als Clark Gable in einer Filmszene sein Oberhemd auszieht. Dabei kommt der nackte Oberkörper des Filmstars zum Vorschein, anstatt dass er den damaligen Erwartungen entsprechend ein Unterhemd getragen hätte. Dies setzte sofort einen Trend, der den Verkauf von Unterhemden angeblich um über 40 Prozent zurückgehen ließ.

Im Kontext ihrer Zeit war die in Neels Kunst allgegenwärtige Nacktheit revolutionär, auch wenn sie selbst diese für die natürlichste Sache der Welt hielt. Sie schuf Aktporträts von ihren Freunden, malte aber auch Kinder mit demselben realistischen Zugriff. Zu ihren kraftvollsten Aktporträts zählt vielleicht das 1934 entstandene und 1935 neu gemalte von Isabetta (Abb. 53, Kat. 10). Das Werk verblüfft durch seine Modernität: Wie trotzt es doch der romantischen Vorstellung des 19. Jahrhunderts von der Kindheit als einem Lebensalter, das sich radikal vom Erwachsensein unterscheidet und deshalb anders verbildlicht wird.[10] Es enthält keine Spur von jener bürgerlichen Unschuld, die von britischen Künstlern des 18. Jahrhunderts wie Sir Joshua Reynolds (Abb. 54), Thomas Gainsborough, Thomas Lawrence, Sir Henry Raeburn und John Hoppner eingeführt und von Mary Cassatt in ihren Werken fortgeschrieben wurde. Sie alle porträtierten Kinder auf sentimentale Weise als weiche rundliche Knirpse mit großen Augen, deren Körper unter einer verhüllenden Ausstaffierung erdrückt wurden. Die romantische Kindheit ist körperlos, und das Kind scheint sich der Außenwelt nur selten bewusst. Der Blick ist nach innen gewandt, und das Kind wird in seine eigene Welt versunken dargestellt.

Neels Gemälde von Isabetta ist völlig anders. Das Mädchen wird nackt gezeigt und direkt von vorn, mit deutlich sichtbaren Genitalien. Es scheint sich seiner Nacktheit indes nicht zu schämen. Im Gegenteil, es steht in einer leicht gedrehten Haltung, die Hände recht selbstbewusst auf den Hüften, und mustert mit seinen funkelnden grünen Augen und dem keck herausgekehrten Haar den Betrachter. Auch diesem Gemälde geht die erwartete gefühlvolle mütterliche Wärme ab. In einem Dokumentarfilm über Neel äußert sich Isabettas Tochter missbilligend über die Freimütigkeit dieses Bildes: »Ich finde es abstoßend. Ich meine, ich bin konservativ, aber ich bin nicht, wissen Sie, verzopft. Und ich würde meine Kinder niemals derart nackt für ein Foto oder Gemälde Modell stehen lassen. Ich, ich halte das einfach nicht für richtig. All die Genitalien, wissen Sie ... [lacht nervös], und das war ja in dem Bild sehr ausgeprägt ... Ich, ich finde es hässlich.«[11] Der abgeklärte analytische Blick, den das Gemälde aufweist, wurde dem Umstand zugeschrieben, dass Isabetta nicht mit Neel zusammenlebte. Es wurde argumentiert, das Fehlen einer Mutter-Tochter-Beziehung habe Neel zu einer sachlichen Beobachterin der Mädchenjahre gemacht.[12]

Das kann natürlich stimmen. Gleichzeitig gilt es jedoch zu verstehen, dass Neel an normengerechter Darstellung ganz allgemein nicht interessiert war. Ihre Gemälde zeigen, dass es nicht nur eine Möglichkeit gibt, Kindheit, Mutterschaft oder die Mutter-Kind-Beziehung wiederzugeben. Das Gemälde zitiert letztlich die Regeln, denen die Kindheit unterliegt, und zeigt, wie sie gebrochen werden können. So scheint die Figur der Isabetta mit der Geschichte der unschuldigen Kindheit in keinem Zusammenhang zu stehen, wie sie Reynolds 1788 in dem Gemälde *The Age of Innocence* (Tate, London), Hoppner 1796 in *The Sackville Children* (Metropolitan Museum of Art, New York) oder Cassatt 1878 in *Little Girl in a Blue Armchair* (National Gallery of Art, Washington DC) verewigt haben. Den heutigen Betrachter erinnert sie viel eher an unkonventionelle Kinderdarstellungen, die nach Neel entstanden sind: Robert Mapplethorpes Fotografien von Jesse McBride und Rosie Bowdrey von 1976 (Abb. 52) und Sally Manns Fotografien ihrer eigenen Kinder aus den 1980er Jahren. Das Gemälde hat auch viel gemeinsam mit – und bezog vielleicht Anregungen aus – Lewis Carrolls Fotografien von Alice Liddell in den 1850er und Julia Margaret Camerons sinnlichen Ablichtungen ihrer Kinder aus den 1860er Jahren (Abb. 55). Diese Werke zeigen, wie Neels Gemälde, das »Andere« der Unschuld: ein erotisches, sexuelles Kind.

Das ist auch nicht befremdlich, wenn man bedenkt, wann das Gemälde entstanden ist. Das frühe 20. Jahrhundert war eine Zeit, in der die Sexualwissenschaft als neue wissenschaftliche Forschungsdisziplin und die Freudsche Psychoanalyse ihre Definitionsmacht in Bezug auf die Sexualität befestigten. Der Figur des Kindes kam in dieser Konstellation eine zentrale Stellung zu. Sie wurde gleichsam zu einer Linse, durch die man die Frage nach dem Ursprung der Sexualität ergründete. Bis dahin hatte man das Thema gewissermaßen ganz vom Standpunkt der Unschuld betrachtet, die ein Produkt der Aufklärungsphilosophie des 18. Jahrhunderts war. Kinder galten als wahrnehmungslose Halbmenschen oder Wilde, die zur Menschheit und zu einem aufgeklärten Erwachsenendasein erzogen werden mussten. Im Laufe des 19. Jahrhunderts wurde nun aber das Thema

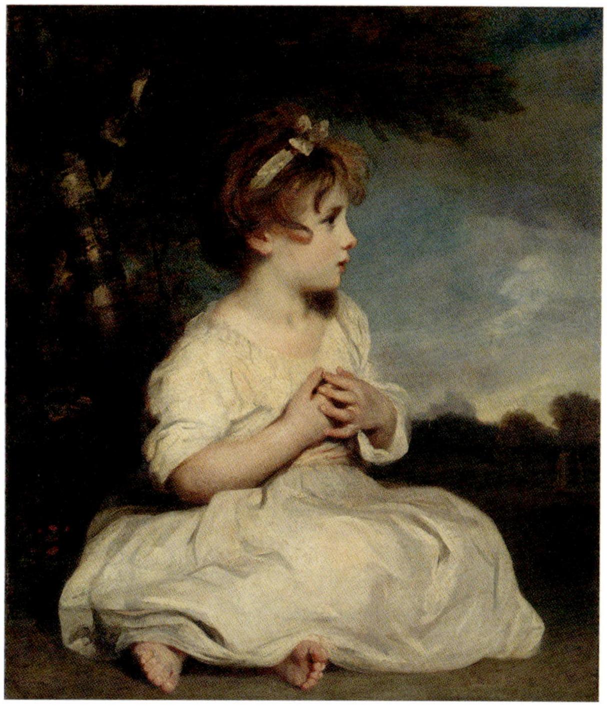

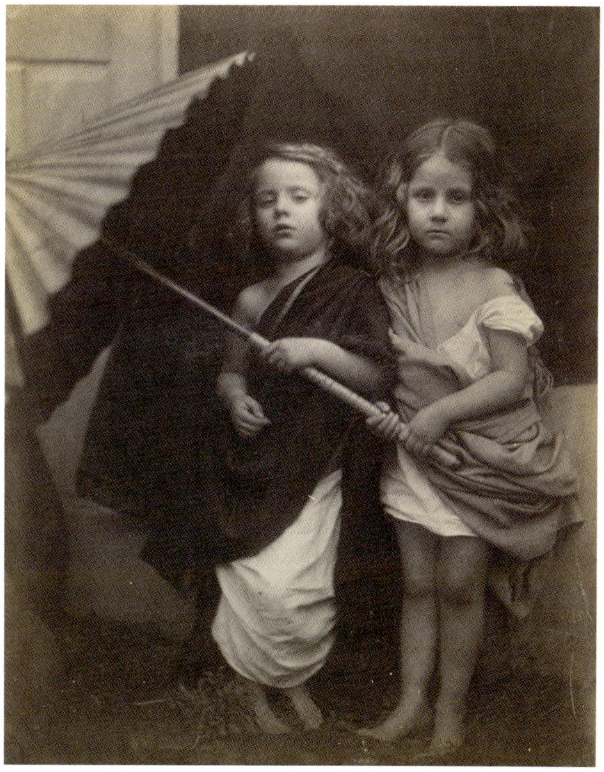

54 Sir Joshua Reynolds,
***The Age of Innocence*, 1788**
Öl auf Leinwand, 76,5 x 63,8 cm (ungerahmt)
Tate, London

55 Julia Margaret Cameron,
***Paul and Virginia*, 1864**
Albuminpapier, 26,6 cm x 21,5 cm
Victoria & Albert Museum, London

sexueller Unschuld auch zum wesentlichen Bestandteil von Unschuld überhaupt. Die Antwortversuche auf die aufkommende Frage, wie in einer Person Sexualität entsteht, prägten dann sowohl die fortgeschriebene Geschichte vom unschuldigen Kind als auch die vom sexuellen Kind. Bis weit in die Moderne hinein hat somit die Vorstellung von der Unschuld des Kindes die »große Erzählung« von der Kindheit geformt. Von dieser abgespalten wurde die Geschichte kindlicher Sexualität, die man in etwas Negatives und Problematisches verkehrte. Ein masturbierendes Kind zum Beispiel galt als Problem, während aber Kinder der Arbeiterklasse von vornherein als sexuell unerschrockene, kleinkriminelle Problemkinder galten. Tatsächlich ist die Idee von der kindlichen Unschuld das Produkt einer Mittelschichtphantasie.

Im frühen 20. Jahrhundert änderte sich jedoch die Tonart, als Sigmund Freud die Bühne der Wissenschaft betrat. Er strebte nach einer analytisch-sachlichen Schilderung der Sexualität und betrachtete diese nicht an sich als Problem. Für ihn war im Gegenteil klar, dass jedes Kind sexuell geboren wird – dass Sexualität angeboren ist. Dieser Gedanke war revolutionär, bedeutete er doch, dass die Kindheit am Ende womöglich keine so unschuldige Zeit war, wie man es üblicherweise glaubte. Freud betonte auch, dass die letztendliche Ausformung einer individuellen Sexualität von Kultur und Erziehung abhängt. Hierzu gibt es Parallelen in Neels Darstellung ihrer vorpubertären Tochter. Sie trifft zwar keine besonderen Aussagen über Isabettas Sexualität, scheint aber gleichzeitig mitzuteilen, dass die Mädchenzeit auch nicht von jeder Kategorie des Sexuellen ausgenommen werden kann.

Durch die neue Sexualforschung rückten in Neels Jugend auch Homosexualität und Lesbianismus in den Brennpunkt wissenschaftlicher und öffentlicher Auseinandersetzung – Themen, die in Neels Werk ebenfalls zu sehen sind. Homosexualität wurde jedoch nicht einfach als inneres Merkmal einer Person definiert, vielmehr glaubte man, sie mache sich äußerlich in Form des Transvestismus bemerkbar. In Neels Heimatstadt New York war die homosexuelle Subkultur sichtbar. Angehörige sexueller Subkulturen versammelten sich in den 1950er und 1960er Jahren in Bars in Lower Manhattan wie dem Stonewall Inn. 1969 wurde das Stonewall zum Schauplatz eines Schlüsselereignisses in der Schwulen- und Lesbengeschichte: Ein Aufstand, bei dem Polizei und Angehörige sexueller Subkulturen aufeinanderprallten, führte noch im selben Jahr zur Gründung der Schwulen- und Lesbenbefreiungsbewegung. Zu den ideologischen Hauptzielen gehörte es, städtische Räume zu erobern und die Menschen zu ermutigen, ihre Sexualität offen zu äußern.

Spuren dieser Geschichte lassen sich in Neels Gemälden wahrnehmen, zum Beispiel in den Porträts *Jackie Curtis and Ritta Redd* (1970, Kat. 52) und *Jackie Curtis as a Boy* (1972, Abb. 56, Kat. 57). Curtis war ein Schauspieler, Bühnenautor und Sänger, dessen typischer Look aus greller Schminke, Glitter und zerrissener Frauenkleidung bestand. Er gehörte zu den »Superstars« in der Factory des Popkünstlers Andy Warhol, einer Reihe gesellschaftlicher Außenseiter, die Warhol durch seine Filme zu Prominenten machte. In Neels Porträt erscheint Curtis in Frauenkleidung gemeinsam mit seinem androgynen Geliebten Ritta Redd, der Jeans und ein gestreiftes Oberteil trägt. Während das Bild Curtis als Angehörigen einer sexuellen Minderheit mit seinem Geliebten ins Scheinwerferlicht rückt, hebt es zugleich die Ambivalenz der Geschlechterrollen und die Bedeutung von Kleidung und Schminke für die Geschlechterkonstruktion hervor. Neel scheint anzudeuten, dass Geschlechtszugehörigkeit kein angeborenes Faktum ist, sondern vielmehr eine Eigenschaft, die sich durch Kleidung und Körperstilisierung gestalten lässt und heute unter der Idee des Performativen bekannt ist. Inzwischen hat der Begriff Gender-Performativität sich eingebürgert, doch zu Neels Lebzeiten war die Vorstellung von Geschlechtszugehörigkeit als Drag noch fremd. Auch in ihrem zweiten Porträt, *Jackie Curtis as a Boy* von 1972, hat Neel Curtis' Gender-Ambivalenz betont. Anders als im früheren Porträt erblickt der Betrachter hier eine entschlossen androgyne Gestalt mit kurzem rotem Haar, die an den rötlichen Stoppeln um den Mund als Mann zu erkennen ist. Mit diesem Porträtduo unterstreicht Neel die Auffassung, dass Geschlechtlichkeit wie ein Kunstwerk oder eine Collage ist. Und da das Verhältnis zwischen maskulinen und femininen Zeichen variabel ist, lassen sich sogar gegensätzliche Gender-Interpretationen erzeugen.

Wie ihre Curtis-Bilder betont auch Neels Andy-Warhol-Porträt von 1970 die Ambivalenz der Geschlechterrollen. In diesem Werk wird einer der zentralen Wegbereiter der Pop Art seiner typischen Drag-Aufmachung entkleidet. Unterhalb dieser Oberfläche offenbart das Gemälde eine zart bemuskelte, feminine Figur, die mit geschlossenen

Augen und hängenden Brüsten auf der Kante einer Couch sitzt. Im Mittelpunkt des Bildes steht das Korsett, das seine Taille umgibt, und eine Narbe, die sich über die Magengegend erstreckt. Dies ist keine Spur von einer Geburt, sondern die grausame Erinnerung an einen Anschlag, den die Feministin Valerie Solanas gerade einmal zwei Jahre zuvor, am 3. Juni 1968, auf ihn verübt hatte. Der Vorfall stand im Zusammenhang mit Solanas Theaterstück *Up Your Ass*. Sie war der Ansicht, Warhol habe zugestimmt, das Stück zu produzieren, doch der brach wohl sein Versprechen und machte alles noch schlimmer, als er Solanas Manuskript verlor. Solanas reagierte auf diese Demütigung, indem sie dreimal auf Warhol schoss und ihn dabei beinahe tötete. Die in dem Gemälde gezeigte Narbe gemahnt an wahllose Gewalt, stellt aber auch die Geschlechterrollen auf den Kopf. Warhol erscheint als Gewaltopfer, von Solanas hingegen wird das Bild eines maskulinen Killers heraufbeschworen. Unter Neels Händen verwandelt sich Warhol in einen zeitgenössischen Heiligen Sebastian, dem Schutzheiligen der Ausgegrenzten und Märtyrer par excellence.

Neels Œuvre eröffnet eine faszinierende Perspektive auf Geschlechterrollen, weibliches Künstlertum und den Rang der Kunst als Schilderung der sozialen Realität im 20. Jahrhundert. Ihr soziales Bewusstsein und ihre einzigartige Fähigkeit zum unsentimentalen Blick auf die Ränder der Gesellschaft machen sie vielleicht zeitgemäßer denn je.

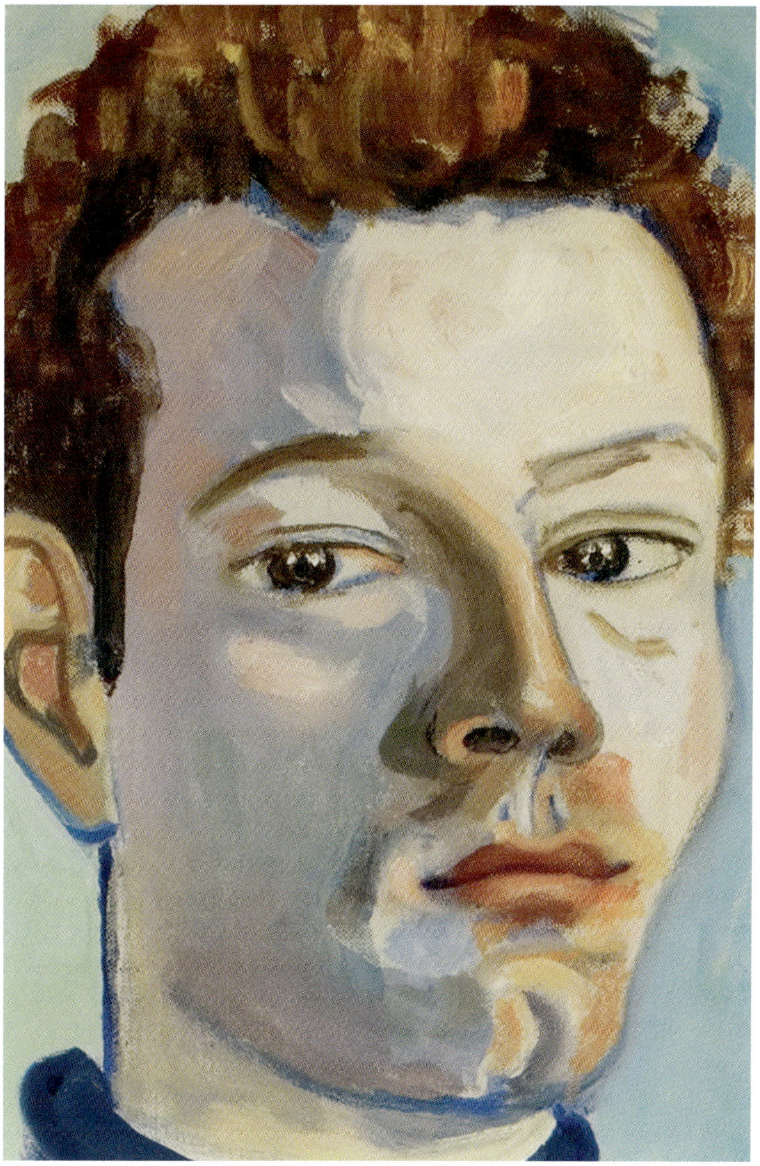

56 Alice Neel, *Jackie Curtis as a Boy*, 1972. Detail
Öl auf Leinwand, 111,8 x 76,2 cm
Collection John Cheim

Werkkatalog

Jeremy Lewison

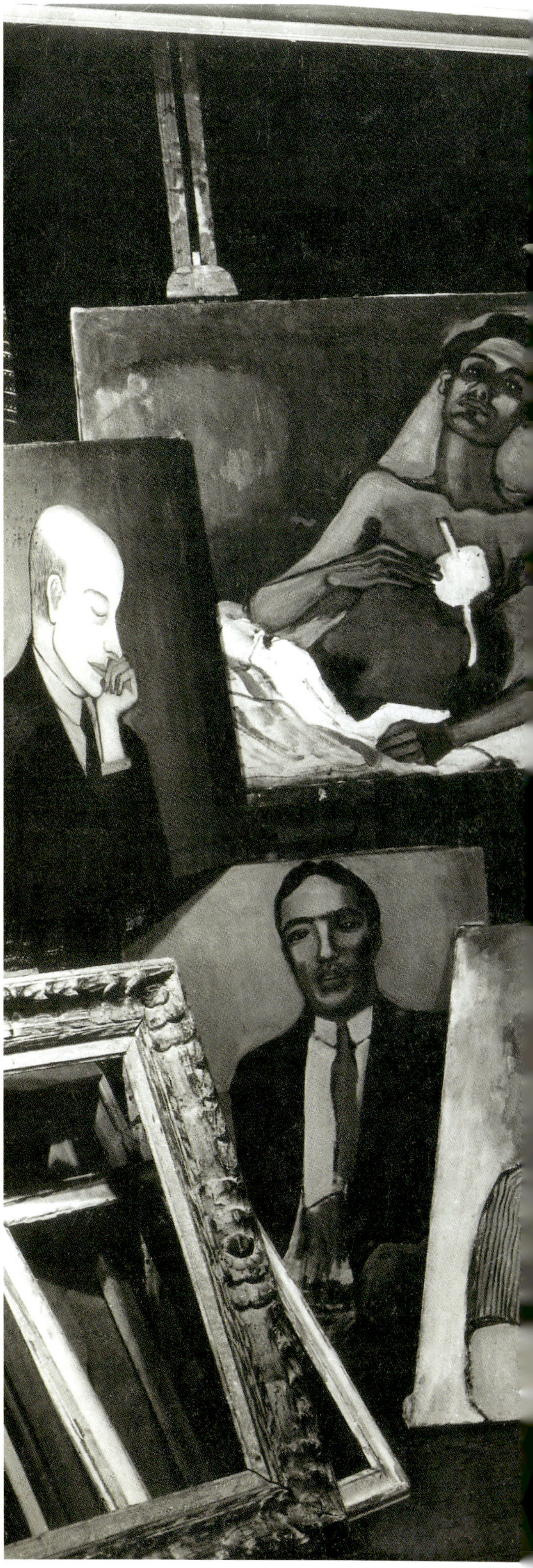

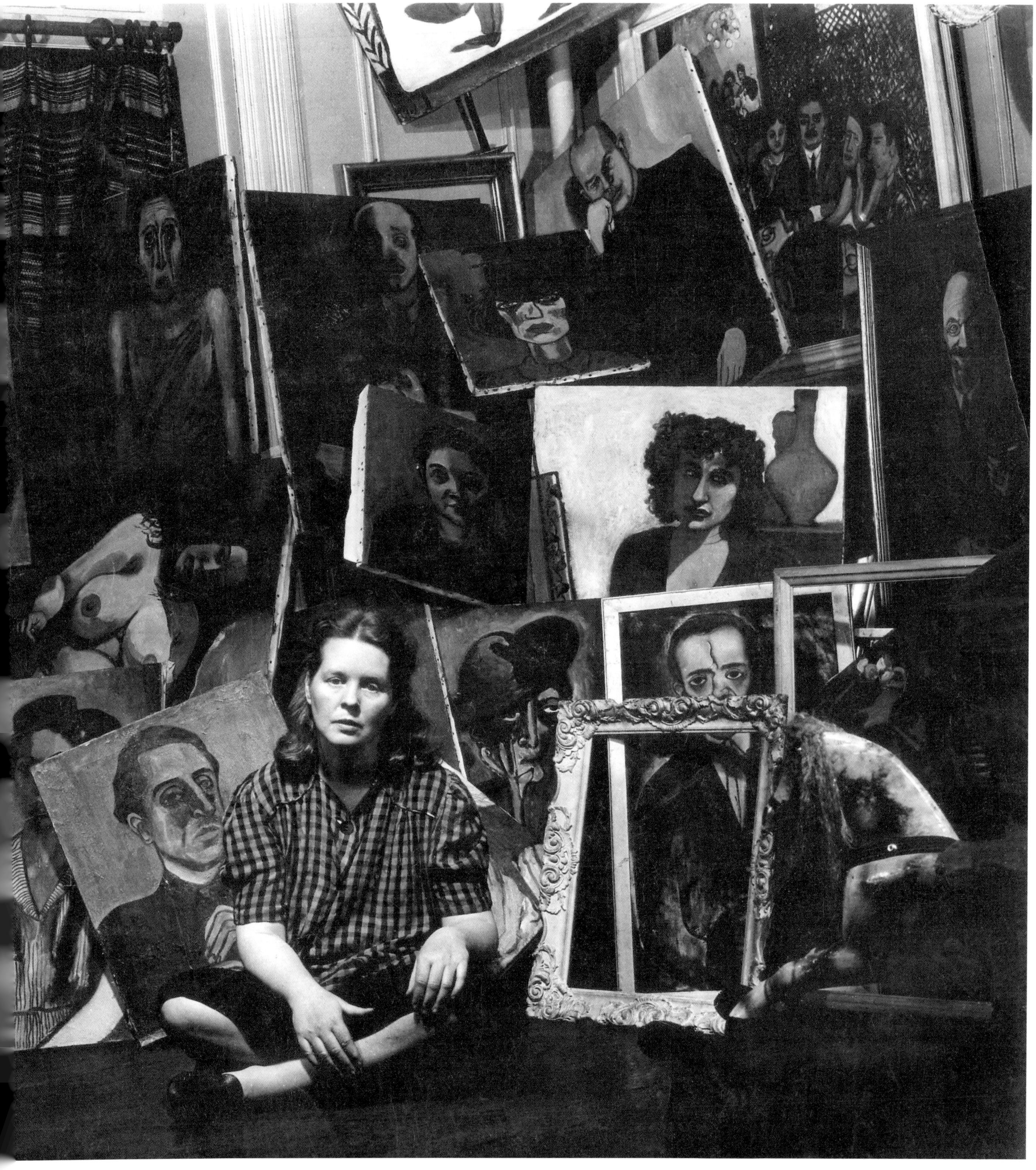

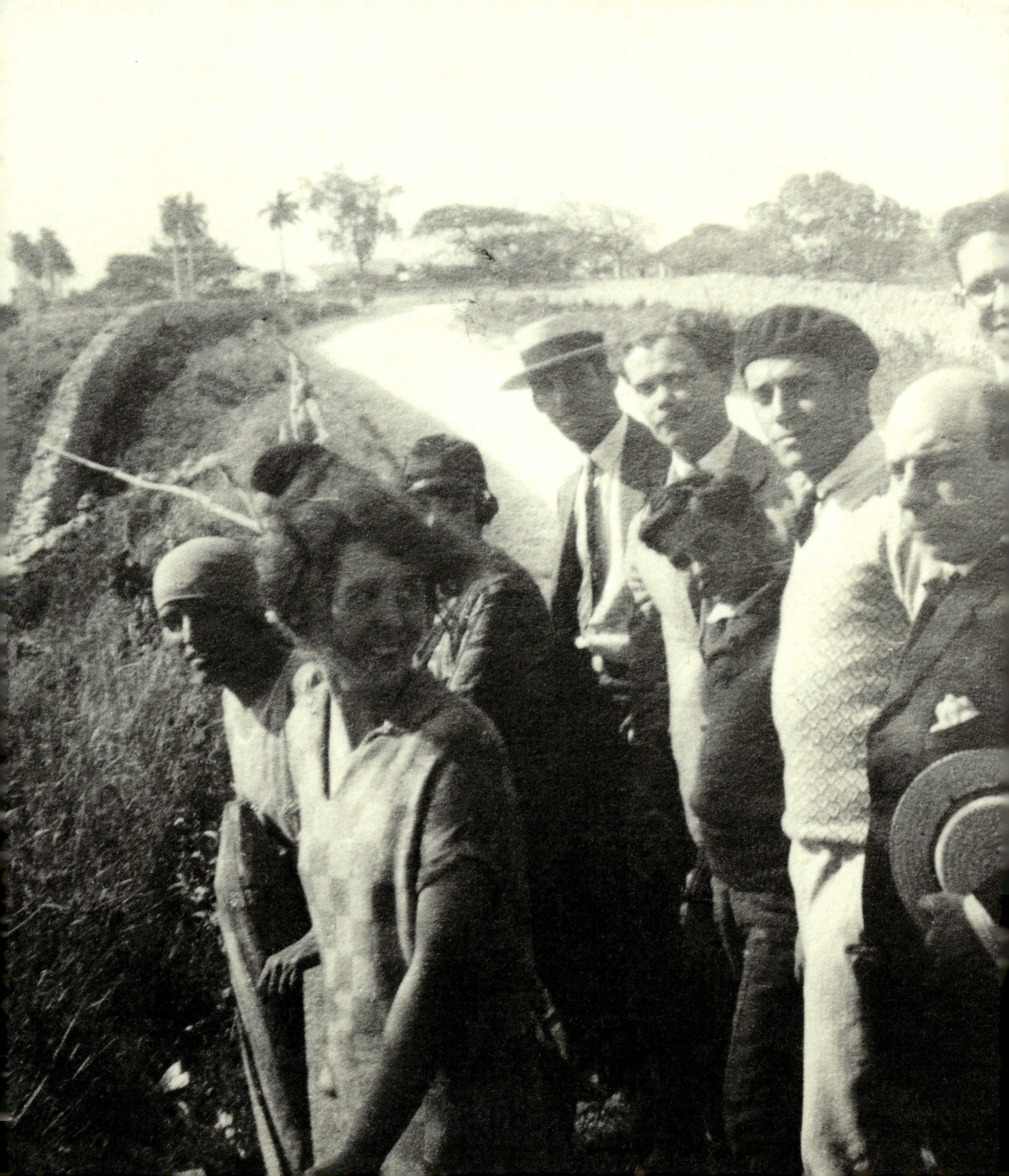

Havanna, Kuba

Kurz nachdem sie an der Philadelphia School of Design for Women ihren Abschluss gemacht hatte, heiratete Neel ihren Malerkollegen Carlos Enríquez. Er kehrte bald darauf nach Kuba zurück, um sich der dortigen Avantgarde anzuschließen, während sie in Philadelphia blieb, um einer Einladung zur Zusammenarbeit mit ihren Künstlerkolleginnen Rhoda Myers und Ethel Asthon zu folgen. 1926 überzeugte Enríquez Neel schließlich, auch nach Kuba zu kommen. Zuerst lebte sie mit ihm bei seinen der reichen Mittelschicht angehörenden Eltern im Stadtteil Vedado von Havanna. Später suchten sie sich eine eigene Wohnung. Neel behagte es nicht, dass der Lebensstandard ihrer Schwiegereltern stark von dem der Unterprivilegierten abwich, die sie malte und zeichnete. Kuba verzeichnete damals einen beträchtlichen Wohlstand und vor allem Havanna erlebte einen wahren Bauboom.

Damals entwickelte sich eine starke und gut vernetzte Avantgarde, der sich Neel ebenfalls anschloss. 1927 stellte sie auf dem *XII Salón de Bellas Artes* aus und im selben Jahr erschienen einige ihrer Werke in der *revista de avance*. Die meisten Mitglieder der Gruppe hatten Europa bereist und waren mit den Muralisten vertraut. Obwohl Neel nur ein Jahr in Kuba verbrachte, hatte dieser Aufenthalt einen enormen Einfluss auf sie. Ihre erste Reise außerhalb der USA führte sie in ein exotisches, geschichtsträchtiges Land mit strahlendem Licht und leuchtenden Farben. Umgeben von der Dienerschaft im Hause Enríquez erlebte Neel einen Lebensstil, der ihre Erfahrungen übertraf. Zudem lockte Havanna, das inzwischen als Paris der Karibik galt, mit Nachtclubs und Bars. Die Zahl wohlhabender Amerikaner, die nach Havanna kamen, nahm stetig zu. Doch vor allem die lateinamerikanische Lebensart sollte Neel nachhaltig prägen. Zusammen mit Enríquez verbrachte sie viel Zeit mit Mitgliedern der kubanischen Avantgarde, darunter der Porträt- und Landschaftsmaler Marcelo Pogolotti. Im Dezember 1926 kam Neels und Enríquez' Tochter Santillana zur Welt. Da es jedoch zunehmend Probleme gab, kehrte Neel schließlich im Mai 1927 mit Santillana nach Colwyn, Pennsylvania, zurück. Enríquez blieb in Kuba.

‹ Alice Neel und Carlos Enríquez in Kuba, 1926

Kat. 1

Carlos Enríquez, 1926

Öl auf Leinwand, 76,5 x 61,3 cm
Estate of Alice Neel

Der Kubaner Carlos Enríquez wurde 1900 und somit im selben Jahr geboren wie Alice Neel. 1920 kam er in die USA, um in Philadelphia an der Curtis Business School zu studieren. Nach Abschluss seines Studiums schrieb sich Enríquez an der Pennsylvania Academy of the Fine Arts ein, wo er Neel begegnete. Die beiden heirateten 1925 und zogen später nach Kuba, wo sie eine Weile bei seinen Eltern wohnten. 1927 siedelten sie nach New York um, wo Enríquez als Illustrator für die kubanische Avantgarde-Zeitschrift *revista de avance* arbeitete. Nach dem Tod der ersten Tochter Santillana und der Geburt der zweiten Tochter Isabetta beendete Enríquez die Beziehung zu Neel und kehrte 1930 mit Isabetta nach Kuba zurück. Sein Stil als Maler zeichnet sich durch einen Mix aus Surrealismus und träumerischer Romantik aus. Er starb 1957 in Havanna.

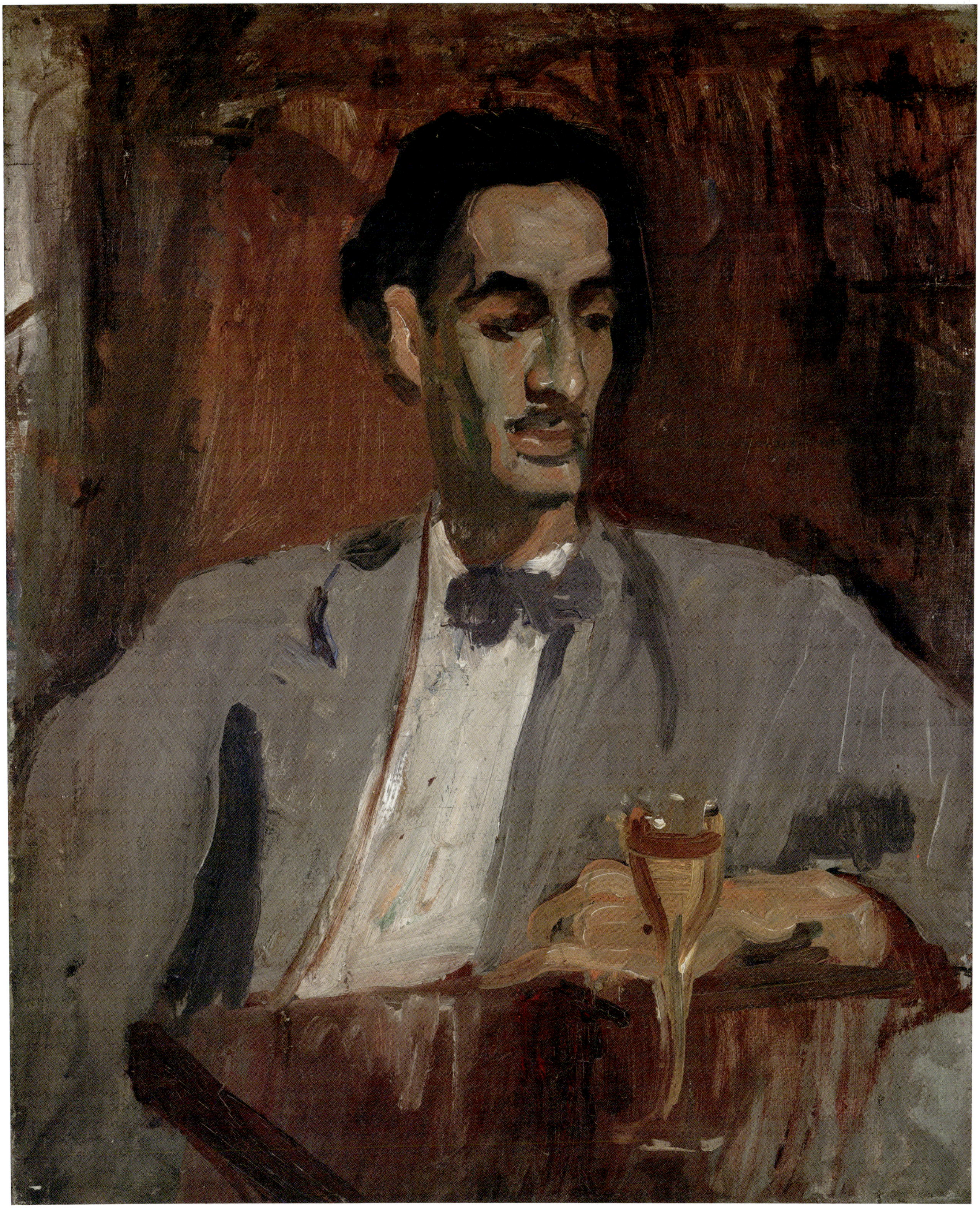

Kat. 2

Mother and Child (Havana), 1926

Öl auf Leinwand, 65,7 x 45,9 cm
Estate of Alice Neel

Dieses Gemälde, eines der frühesten Porträts Neels, markiert den Beginn ihrer lebenslangen Faszination für das Mutter-Kind-Motiv. Zwar lebte Neel mit Enríquez bei dessen wohlhabenden Eltern in bürgerlichem Luxus, doch beide suchten häufig die ärmeren Stadtteile auf, um den Alltag von Menschen kennenzulernen, die in weniger glücklichen Verhältnissen lebten. Bereits damals zeigte Neel viel Mitgefühl für die Unterprivilegierten. Bei diesem Gemälde setzte sie auf ein reduzierte Farbspektrum, applizierte die Farbe in breiten, gebrochenen Pinselstrichen und brachte so auch ihre Freude am Umgang mit den Materialien zum Ausdruck. Durch die gedrehte Sitzhaltung der Mutter und die Gestik des Kindes erzeugt die Künstlerin den Eindruck einer unmittelbaren Lebendigkeit. Als Neel nach Havanna reiste, nahm sie für ihre kubanischen Kollegen einige Ausgaben von *The Art Spirit* von Robert Henri mit, einem Maler der Ashcan School. Neels Gemälde kommt Henris Buch in Bezug auf Stil, Machart und Wahl der Farbpalette sehr nah.

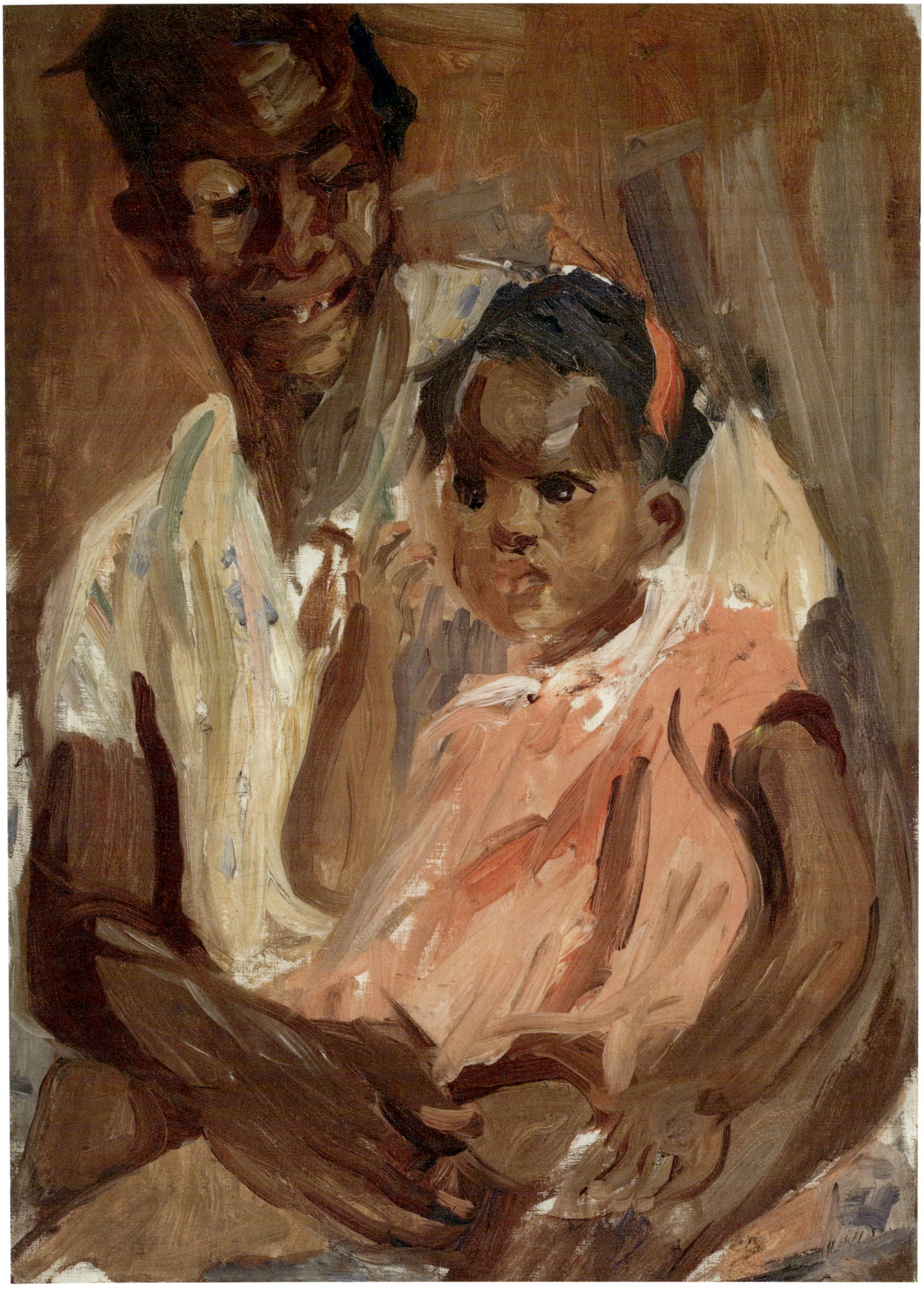

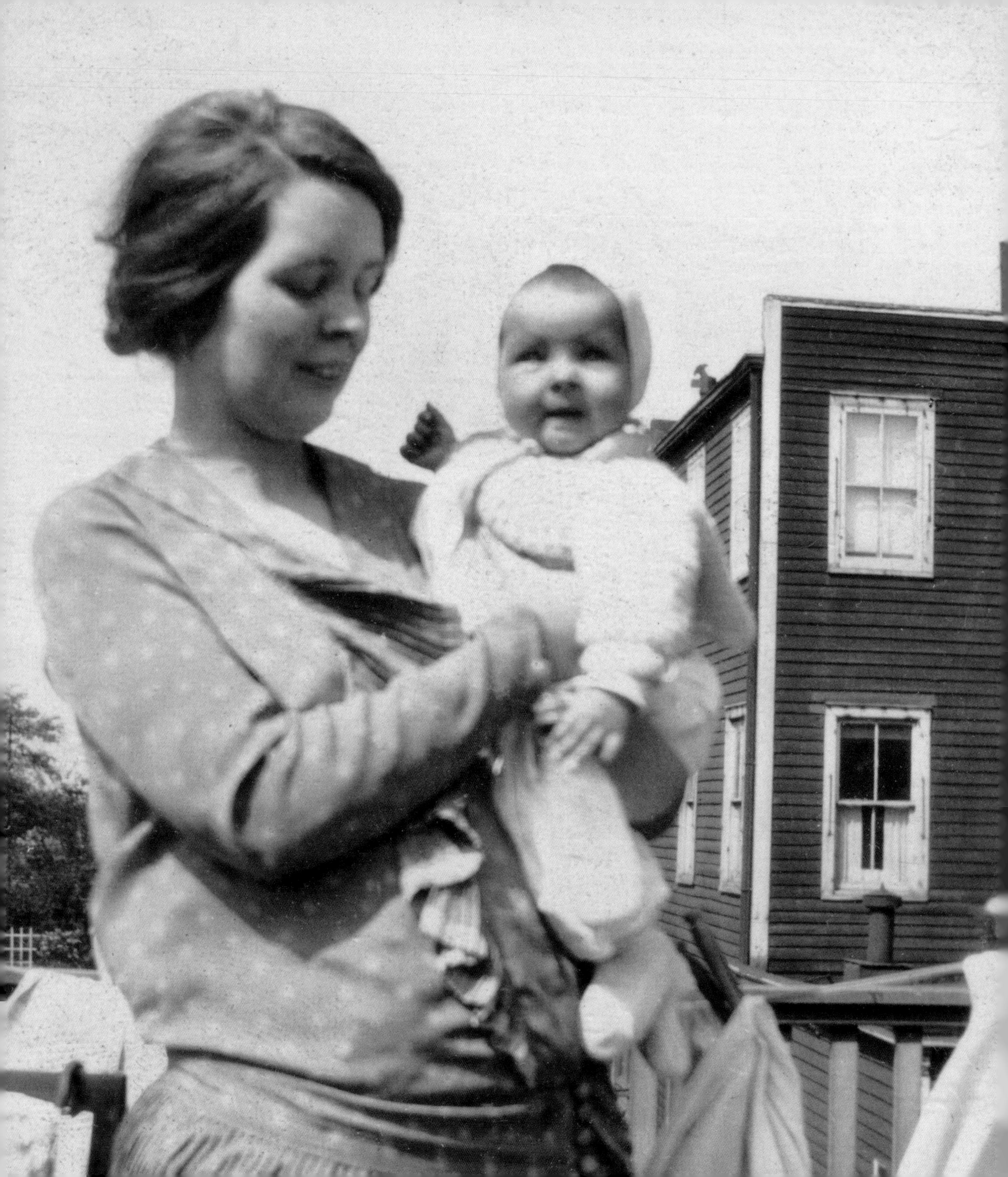

New York und Philadelphia

Enríquez kam im Herbst 1927 in die USA und bezog mit Neel ein Zimmer mit Gemeinschaftsbad an Manhattans Upper West Side. Damals war die Upper West Side ziemlich heruntergekommen. Neel fand Arbeit in einem Buchladen in Greenwich Village, während Enríquez als Illustrator und Berichterstatter für die *revista de avance* tätig wurde. Neel schuf in jener Zeit neben einigen Ölgemälden hauptsächlich Aquarelle, in denen sie oft ihre damaligen Lebensbedingungen thematisierte. Da es sich als kostspielig erwies, in dieser Gegend eine Familie mit Kind zu ernähren, zogen sie in die Bronx, in die Sedgwick Avenue nördlich der Washington Bridge, nahe dem Harlem River und des Highways. Infolge des Ausbaus des Subway-Netzes und der Höherlegung des Schienenverkehrs hatten sich zahlreiche Immigranten und jüdische Amerikaner in der Bronx niedergelassen. Letztere verließen den Süden und Westen der Bronx jedoch wieder, als Latein- und Afroamerikaner hinzuzogen. Die Gegend war zwar weit von Manhattan entfernt, doch gut an den öffentlichen Nahverkehr angeschlossen. Dies war für Neel sehr wichtig, zumal sie in der Bronx niemanden kannte. Im Winter 1927 starb Santillana an Diphterie. Bald darauf wurde Neel erneut schwanger und brachte im November 1928 Isabella (Isabetta) zur Welt. Neels Gemälde und Aquarelle lassen darauf schließen, dass sie mit Isabetta Tagesausflüge nach Coney Island und zum Strand von Belmar, New Jersey, unternahm. In ihnen offenbaren sich Zeichen eines bescheidenen Glücks, aber im Hintergrund ist stets eine überwältigende Traurigkeit und Orientierungslosigkeit zu spüren. Zwei Jahre später verließ Enríquez Neel unter dem Vorwand, Isabetta zu seinen Eltern zu bringen, um anschließend mit Neel eine Reise nach Paris zu unternehmen. Dies war das Ende ihres gemeinsamen Lebens. Neel kehrte zu ihren Eltern zurück und teilte sich in Philadelphia erneut ein Atelier mit Ashton und Myers. Die Gemälde, die Neel dort schuf, zeugen davon, wie schlecht es ihr seelisch ging. Im August 1930 erlitt sie einen Nervenzusammenbruch und wurde in eine Klinik eingewiesen.

Die pulsierende Stadt New York war zu einem tragischen Schauplatz geworden. Es sollte zwei Jahre dauern, bis Neel wieder dorthin zurückkehrte.

‹ Alice Neel mit Santillana vor ihrem Haus an der Sedgwick Avenue in der Bronx, 1927

Kat. 3

Degenerate Madonna, 1930

Öl auf Leinwand, 78,9 x 61,3 cm
Estate of Alice Neel

In ihren Anfangsjahren als Malerin schuf Neel eine Reihe von Werken, die als allegorisch bezeichnet werden könnten. In *Degenerate Madonna* porträtiert sie die ukrainische Emigrantin und Freundin Nadya Olyanova mit einem erfundenen Kind auf dem Schoß. Im Hintergrund erscheint das Profil eines weiteren Kindes in einem Garten. Die wie Gespenster wirkenden Kinder mit grauer Haut, übergroßen Köpfen und spindeldürren Beinen lassen an Krankheit denken; möglicherweise spielt Neel hier mit einem gewissen Galgenhumor auf den Tod ihres ersten Kindes und die Wegnahme ihres zweiten Kindes an. Die groteske Natur des Gemäldes erinnert an Werke wie *Mutter mit Kind* (1921) von Otto Dix, aber es finden sich auch interessante Anklänge an Francisco de Goyas *María Ignacia Álvarez de Toledo, condesa de Altamira, y su hija María Agustina* (1787/88), ehemals Teil der Lehman-Sammlung und inzwischen im Metropolitan Museum beheimatet. Das Goya-Werk wurde im Dezember 1924 in Walter Cooks Beitrag »Spanish and French Paintings in the Lehman Collection« im *The Art Bulletin* abgedruckt.[1] Vermutlich hatte Neel in der Bibliothek der Philadelphia School of Design for Women Zugang dazu, wie auch zu *Goya. An Account of His Life and Works* von Albert Calvert, erschienen 1908 bei John Lane, London und New York; auf dieses Werk war vermutlich noch leichter zuzugreifen[1]. Neel war zweifellos von Goya fasziniert. Goya präsentiert seine Modelle bleich; die Darstellung des Kindes, das auf dem Schoß seiner Mutter sitzt, zeigt Parallelen zu der des Kindes auf Neels Gemälde, und die Gräfin hat einen ähnlichen Heiligenschein aus krausem Haar wie Nadya Olyanova. Letztere hieß ursprünglich Edna Meisner (oder auch Ethel Neidish), war Graphologin und wurde in den 1930er Jahren Psychologin. Sie war zweimal verwitwet, blieb kinderlos und starb 1991. *Degenerate Madonna* wurde 1932 auf der ersten Washington Square Outdoor Art Exhibit ausgestellt, musste jedoch nach Protesten der katholischen Kirche, vermutlich wegen des Titels, wieder entfernt werden.

Anmerkung

1 Diese Informationen wurde freundlicherweise von Debra Jackson, Kuratorin der Lehman Collection, Metropolitan Museum of Art, New York, zur Verfügung gestellt.

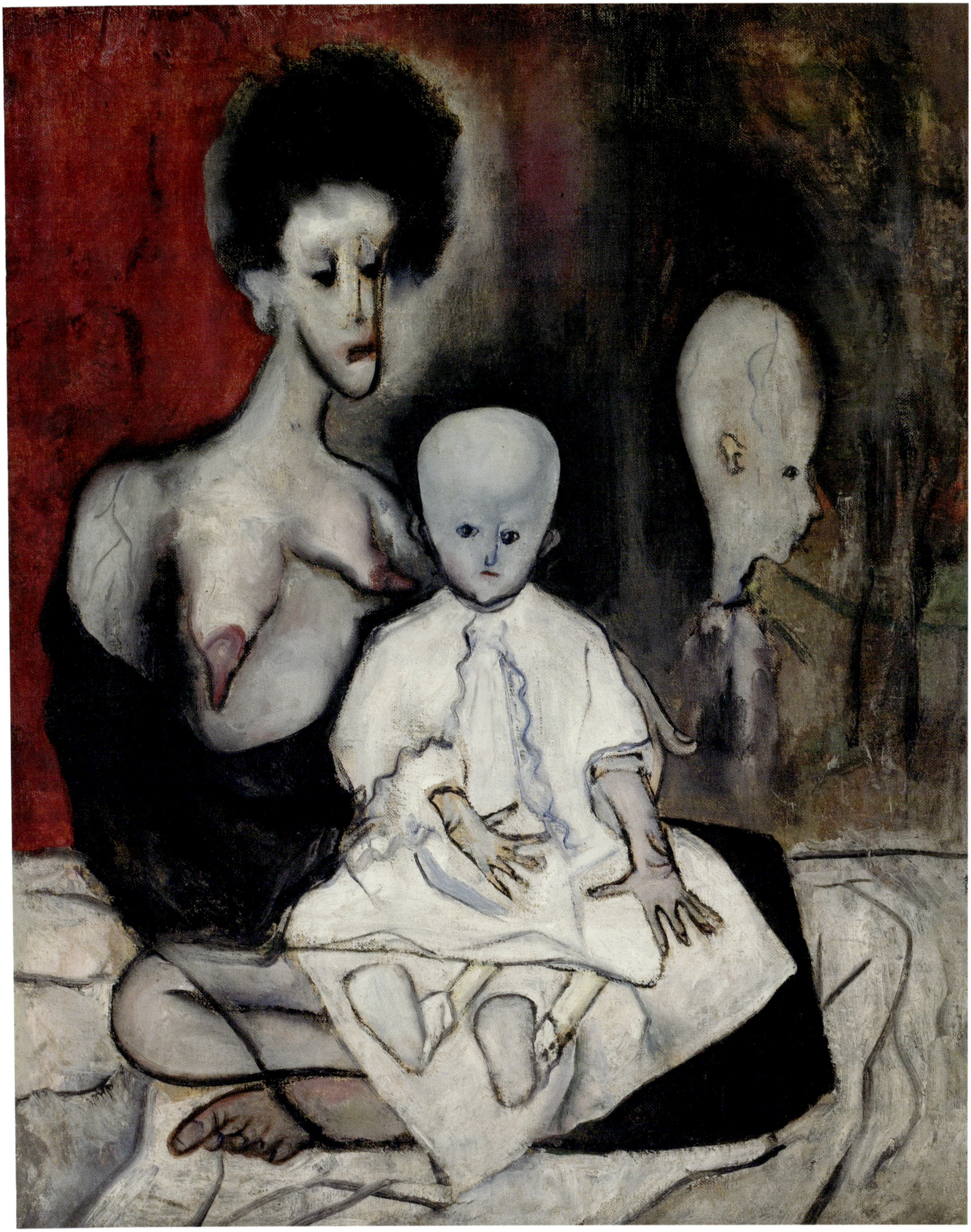

Kat. 4

Rhoda Myers with Blue Hat, 1930

Öl auf Leinwand, 69,9 x 59,7 cm
Privatsammlung

1930, vor ihrem Nervenzusammenbruch, malte Neel in dem Atelier, das sie mit ihren Freundinnen Rhoda Myers (1902–1991) und Ethel Ashton in Washington Square, Philadelphia, teilte, eine Reihe von Aktbildern. Neel entzog das Sujet der Kontrolle männlicher Künstler, indem sie den weiblichen Körper auf eine Weise darstellte, die ihm jegliche erotische Spannung nahm. Myers Körper erscheint ungeschönt und konfrontiert den Betrachter mit einer fleischlichen Wirklichkeit, die weit von jedem Ideal entfernt ist. Neel nimmt keine Rücksicht auf Myers' Würde; sie stellt ihren Körper viel älter dar und versieht den Schatten zwischen ihren Beinen mit einer Andeutung von Schamhaar. Doch Myers' Miene ist gleichgültig. Unter der breiten Krempe ihres Hutes, die den Raum durchschneidet, sitzt sie der Malerin mit verschleiertem Blick auf einem Sessel mit gelbem Blumenmuster gegenüber und entzieht sich ihrer kritischen Musterung. Das Gemälde erinnert an *Madame Cézanne en robe rouge* (1888–1890) von Paul Cézanne.

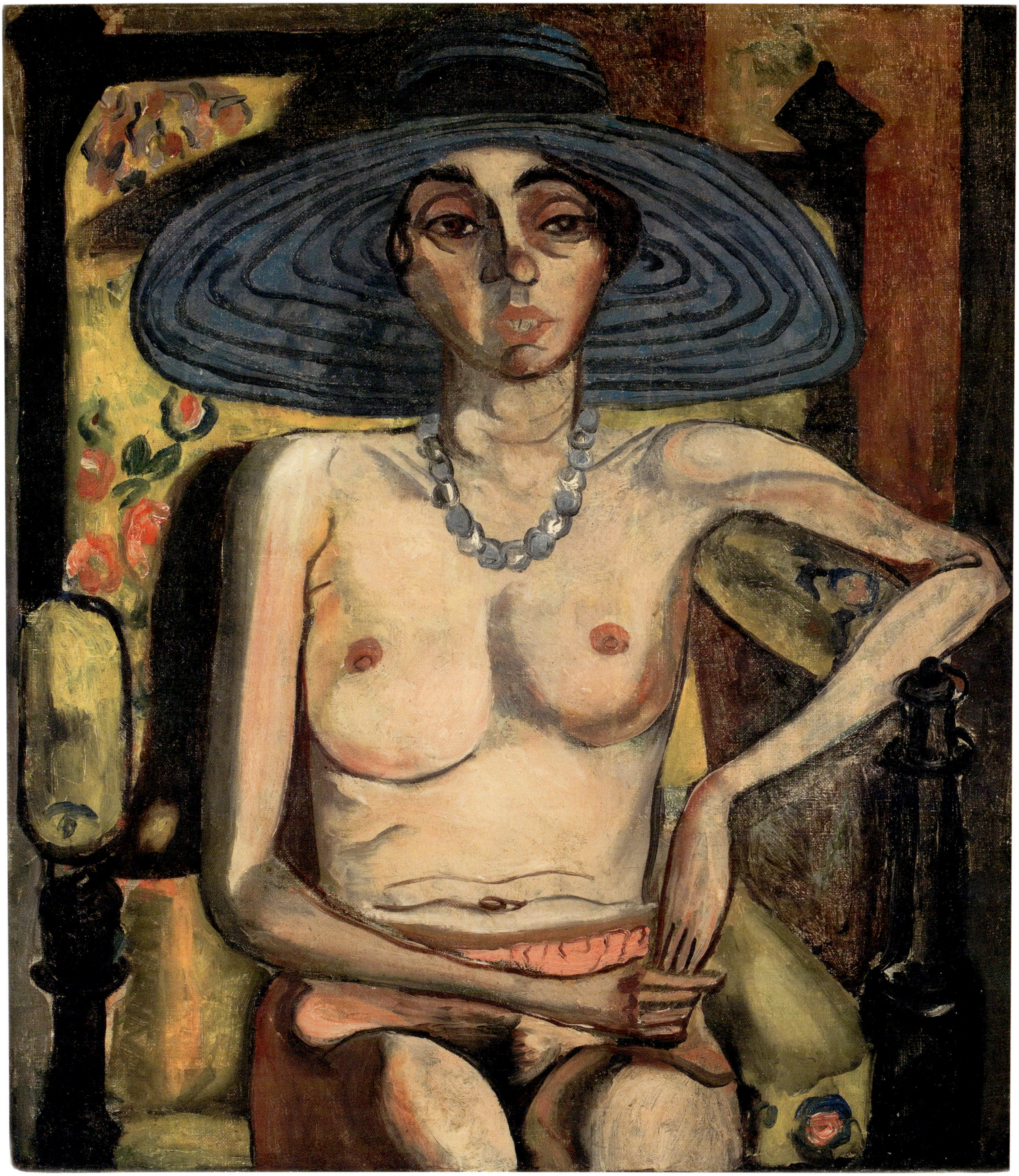

Kat. 5

Ethel Ashton, 1930

Öl auf Leinwand, 61 x 55,9 cm
Tate, London

Ethel Ashton (1896–1975) war eine aufstrebende Künstlerin, die sich allerdings darauf beschränken musste, in Philadelphia auszustellen, wo sie als Bibliothekarin an der Pennsylvania Academy of the Fine Arts arbeitete. Sie hatte ihr Studium an der Philadelphia School of Design for Women ein Jahr vor Neel begonnen und begegnete Neel und Myers im Graphic Sketch Club, wo sonntags freie Kurse im Modellzeichnen stattfanden. Neel stieß erstmals 1925 für kurze Zeit zur Ateliergemeinschaft von Ashton und Myers im Washington Square. Ashton hatte bereits 1924 ein Porträt von Neel gemalt. Neels Porträt von Ashton, das in der zweiten Phase ihrer Ateliergemeinschaft entstand, war für Ashton wenig schmeichelhaft. Da Ashton, Neel und Myers kein Geld hatten, um Modelle zu bezahlen, standen sie sich gegenseitig Modell, aber nur Neels Aktbilder zeichneten sich durch eine gewisse Originalität aus. Die Nüchternheit von Neels Ansatz legt eine Vertrautheit mit Vertretern der Neuen Sachlichkeit nahe und greift den Werken einiger anderer Künstler voraus, darunter die britischen Maler Stanley Spencer und Lucian Freud. Nur die relativ farbenfrohe abstrakt gemusterte Bettdecke mildert die Intensität des Gemäldes und seiner beklemmenden Perspektive ein wenig ab. Fotos von Ashton zeigen, dass Neel ihre Kopfform und Körperfülle recht wirklichkeitsnah porträtiert hat.

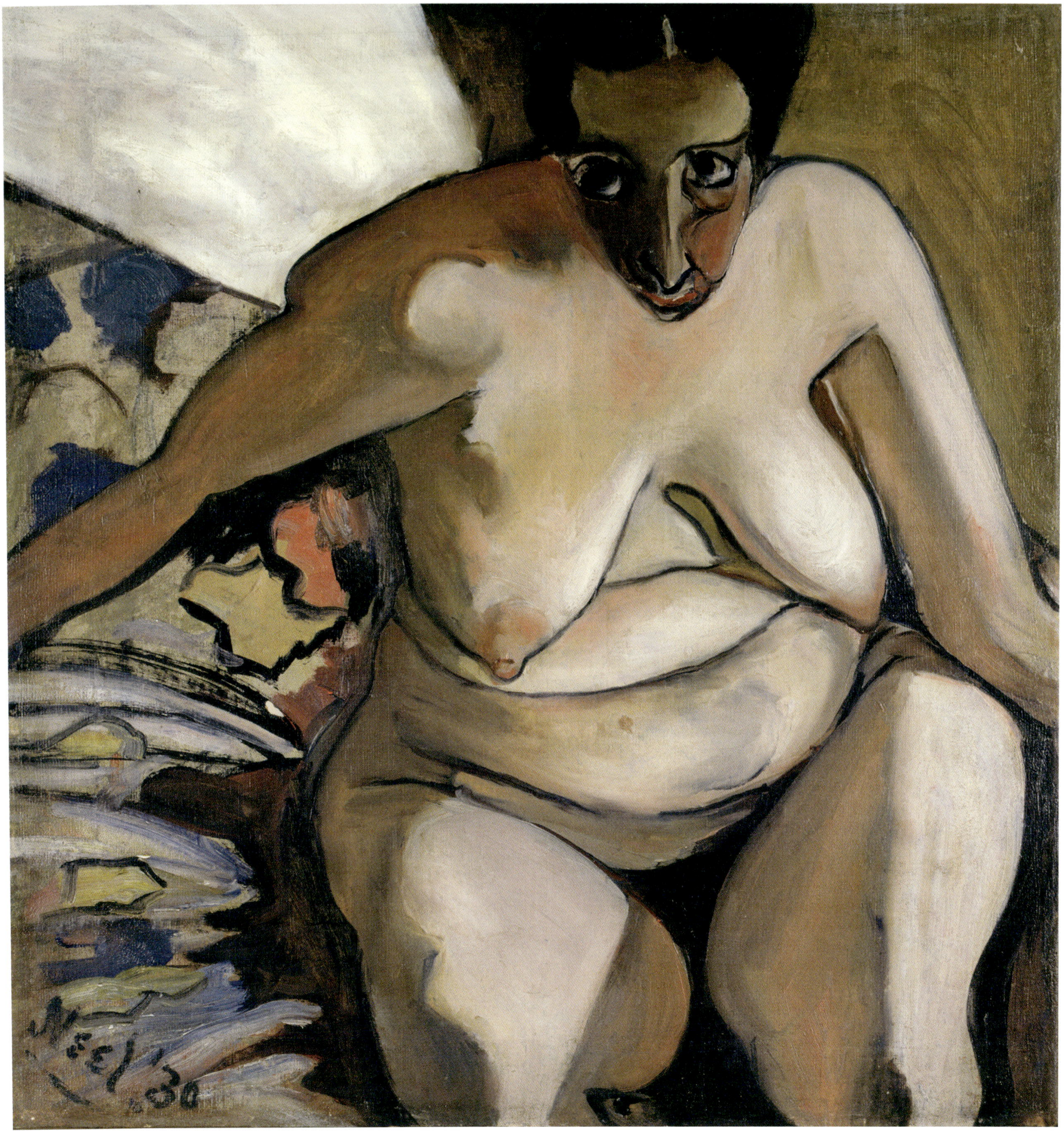

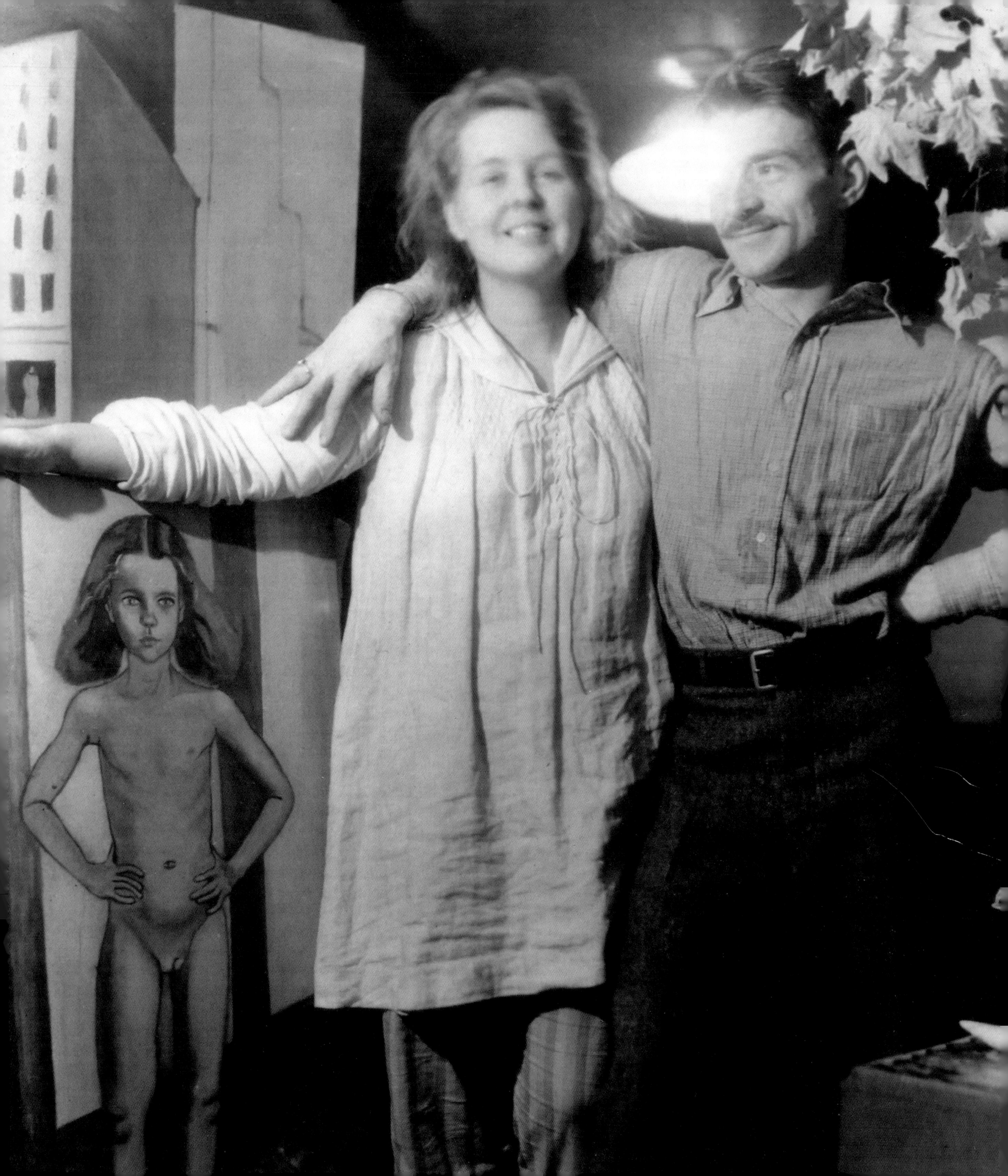

Greenwich Village

Nach ihrer Entlassung aus der Klinik begegnete Neel Kenneth Doolittle. Anfang 1932 zog sie mit ihm nach Greenwich Village, in eine Wohnung in einem alten Fuhrwerkhaus in der Cornelia Street, Hausnummer 33½. Es lag etwas zurückgesetzt von der Straße, zwischen Bleecker Street und West 4th Street. Damals galt Greenwich Village als Zentrum der Bohème, viele Schriftsteller, Künstler, Fotografen und Intellektuelle lebten dort. Das Cherry Lane Theatre war sehr bekannt. Ein Jahr bevor Neel hierher zog, ging aus dem von Gertrude Vanderbilt Whitney gegründeten Whitney Studio Club das Whitney Museum of American Art an der West 8th Street hervor, drei Blöcke von der Cornelia Street entfernt. Bei den Wohngebäuden der Gegend handelte es sich um ein- bis zweigeschossige Häuser im viktorianischen Stil und heruntergekommene Reihenhäuser, aus denen Wohnungen für Künstler entstanden. Die Bevölkerung war vorwiegend weiß, dennoch herrschte hier eine relativ große ethnische Vielfalt. Greenwich Village war zudem für Nonkonformismus und Radikalismus bekannt. Neel porträtierte viele der Künstler und Schriftsteller, die sie hier kennenlernte, malte jedoch auch Stadtlandschaften, inspiriert vom Blick aus ihrem Fenster. Damals, in den Jahren der Großen Depression, erlebte sie extreme Armut, Elend, Streiks und Protestmärsche, was sie in Zeichnungen, Aquarellen und Gemälden verarbeitete.

Doolittle war ein Marihuana rauchender Matrose mit fotografischen Ambitionen, was in Greenwich Village nichts Besonderes war. Doolittle war außerdem Kommunist. Phoebe Hoban zufolge lernte Neel durch ihn viele Hafenarbeiter und weitere Mitglieder der Partei kennen.[1] Doolittle blieb für den Rest seines Lebens Aktivist und kämpfte sogar als Freiwilliger im Spanischen Bürgerkrieg. Im Village begegnete Neel außerdem den Soyer Brüdern, die lebenslange Kollegen und Freunde werden sollten. Neel nahm damals an einigen Gruppenausstellungen teil, doch ihre Arbeiten wurden kaum wahrgenommen.

Neels Beziehung mit Doolittle nahm ein plötzliches Ende, als er herausfand, dass sie eine Affäre mit John Rothschild hatte. Aus Wut zerstörte er viele ihrer Aquarelle und Gemälde, darunter *Isabetta*. Neel zog schließlich auf Rothschilds Kosten in ein Hotel um. »Als ich die Cornelia Street verließ, ließ ich auch ein Leben zurück«, erzählte sie Jonathan Brand 1969.[2] Im September 1935 wurde sie in das Works Progress Administration (WPA) Förderprogramm für Künstler aufgenommen und konnte sich dadurch die Anmietung eines Apartments in Chelsea, 347½ West 17th Street, leisten. Auch Chelsea war ein kulturelles Viertel mit vielen Theatern. Als WPA-Künstlerin malte Neel viele urbane Landschaften, eines ihrer Motive war die Hochbahn 9th Avenue El an der Kreuzung von Hudson Street und 9th Avenue, nur einige Blöcke von ihrer Wohnung entfernt. Ihre Zeit in Chelsea ging zu Ende, als sie den Musiker und Sänger José Santiago Negrón traf und mit ihm nach Spanish Harlem zog.

‹ Alice Neel und Kenneth Doolittle in ihrem Apartment an der 33 ½ Cornelia Street mit der ersten Version von *Isabetta* (1934), dahinter *Synthesis of New York, The Great Depression* (1933), 1934

Anmerkungen

1 Phoebe Hoban, *Alice Neel. The Art of Not Sitting Pretty*, New York 2010, S. 88.

2 Jonathan Brand, »Fire and Alice«, unveröffentlichtes Interview, 1969.

Kat. 6

Martin Jay, 1932

Öl auf Leinwand, 64,1 x 51,4 cm
Estate of Alice Neel

Das Porträt *Martin Jay*, das einige Zeit nach Neels Entlassung aus der Klinik und ihrem Umzug mit Kenneth Doolittle nach Greenwich Village entstand, markiert einen neuen künstlerischen Ansatz. Abgesehen von *Rhoda Myers with Blue Hat* (1930, Kat. 4) ist es eines der ersten Gemälde, auf denen Neel das Modell in Frontalansicht anstatt im Dreiviertel- oder Halbprofil darstellt. Der konfrontative Aspekt der Pose wird durch Jays intensiven Blick verstärkt; der Zugang zu seinem Innersten bleibt verwehrt. Jay starrt die Künstlerin nieder, den Mund verschlossen. Der einfarbige Hintergrund löst die gemusterten Requisiten in Neels Aktbildern der 1930er Jahre ab und unterstreicht die nüchterne Direktheit des Gemäldes. Über Martin Jay ist nichts weiter bekannt.

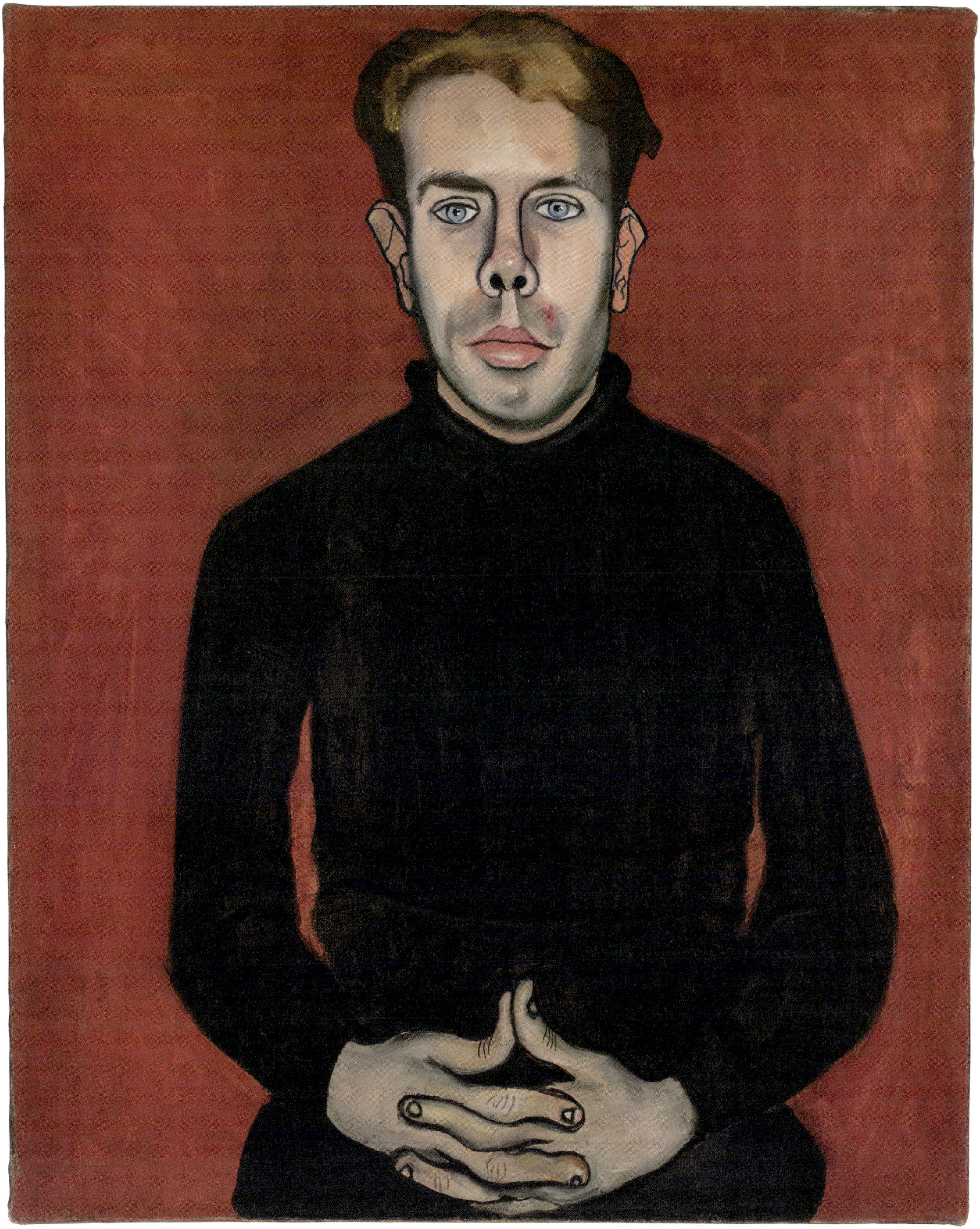

Kat. 7

Symbols (Doll and Apple), 1932

Öl auf Leinwand, 62,2 x 71,1 cm
Museum of Fine Arts, Boston, Schenkung
von Barbara Lee, 2015.3330

Symbols (Doll and Apple) zählt zu den augenscheinlich allegorischsten Gemälden Neels und ist zugleich eines ihrer rätselhaftesten Werke. Es entstand einige Zeit nach ihrer Entlassung aus der Klinik, in die sie aufgrund mehrerer Selbstmordversuche eingewiesen worden war, und zeigt das Kind als Puppe. Dieses Sujet wurde zeitgleich von Hans Bellmer in Berlin aufgenommen, der die Puppe allerdings als Zusammensetzung von Fragmenten präsentierte. Das Kind auf Neels Gemälde sieht krank und unternährt aus; zugleich wird seine Schamgegend durch einen Apfel verdeckt. Die Äpfel könnten Bezug auf den Mythos von Adam und Eva nehmen. Indem sie die Frucht vom Baum der Erkenntnis essen, entwickelte die Menschheit eine sündige Neigung. Die Vagina verdeckend wird der Apfel zur Frucht der Gebärmutter, dem Symbol von Sex und Fortpflanzung. Die grünen Äpfel und der große orangefarbene Handschuh spielen möglicherweise auf Giorgio de Chiricos *Song of Love* (1914) an, wo Objekte auf ähnlich inkongruente Weise miteinander kombiniert werden. Ungeachtet der Referenzen zu lateinamerikanischen Andachtsbildern deutet das Gemälde darauf hin, dass Neel sich für den europäischen Surrealismus interessierte.

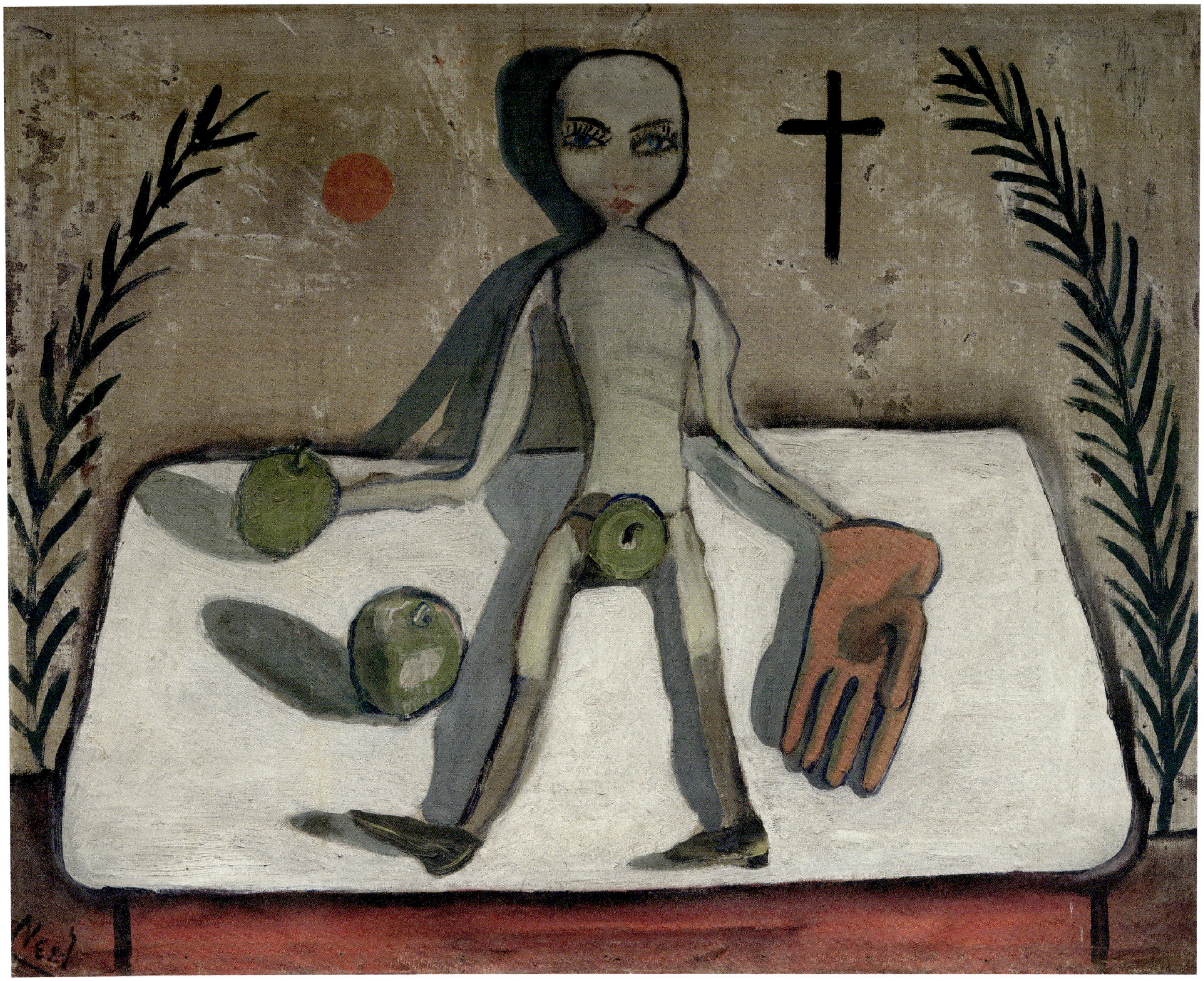

Kat. 8

Joe Gould, 1933

Öl auf Leinwand, 99,2 x 79,1 cm
Estate of Alice Neel

Joe Gould (1889–1957) war ein vermutlich autistischer Exzentriker, der in Greenwich Village lebte. Nachdem er sein Studium an der Harvard University zeitweise unterbrochen hatte, erwarb er 1916 seinen Abschluss in Anthropologie. Einige Zeit später wurde er ins Manhattan State Hospital for the Insane, eine Klinik für Geisteskranke, eingewiesen. Nach seiner Entlassung wurde er von Malcolm Cowley mit regelmäßigen Kritiken für die *New Republic* beauftragt, wodurch er mit vielen modernen Autoren in Kontakt kam. Gould erzählte immer, dass er an einer »Oral History of New York« arbeitete, stellte sie aber nie fertig. Ein Kapitel wurde jedoch 1923 in der Zeitschrift *Broom: An International Magazine of the Arts* veröffentlicht. Neel stellt Gould als grinsenden Trottel dar und karikiert seinen Hang zum Exhibitionismus. Das Gemälde lässt vermuten, dass es Gould erregte, für Neel zu posieren, oder dass sexuelle Handlungen stattfanden, zumal Goulds Penis auf der rechten Bildseite geschwollen dargestellt wird. Die Darstellung von Gould in drei verschiedenen Posen und Zuständen auf einem einzigen Bild spielt wohl auf die Vergänglichkeit an, ist aber auch eine ironische Variation des Sujets der drei Grazien. Neels Verwendung von Zinnoberrot und die teilweise abgeschabte Bildoberfläche werfen die Möglichkeit dabei an, dass sie dabei an die oftmals unzüchtige, pompejanische Wandmalerei, gedacht hat.

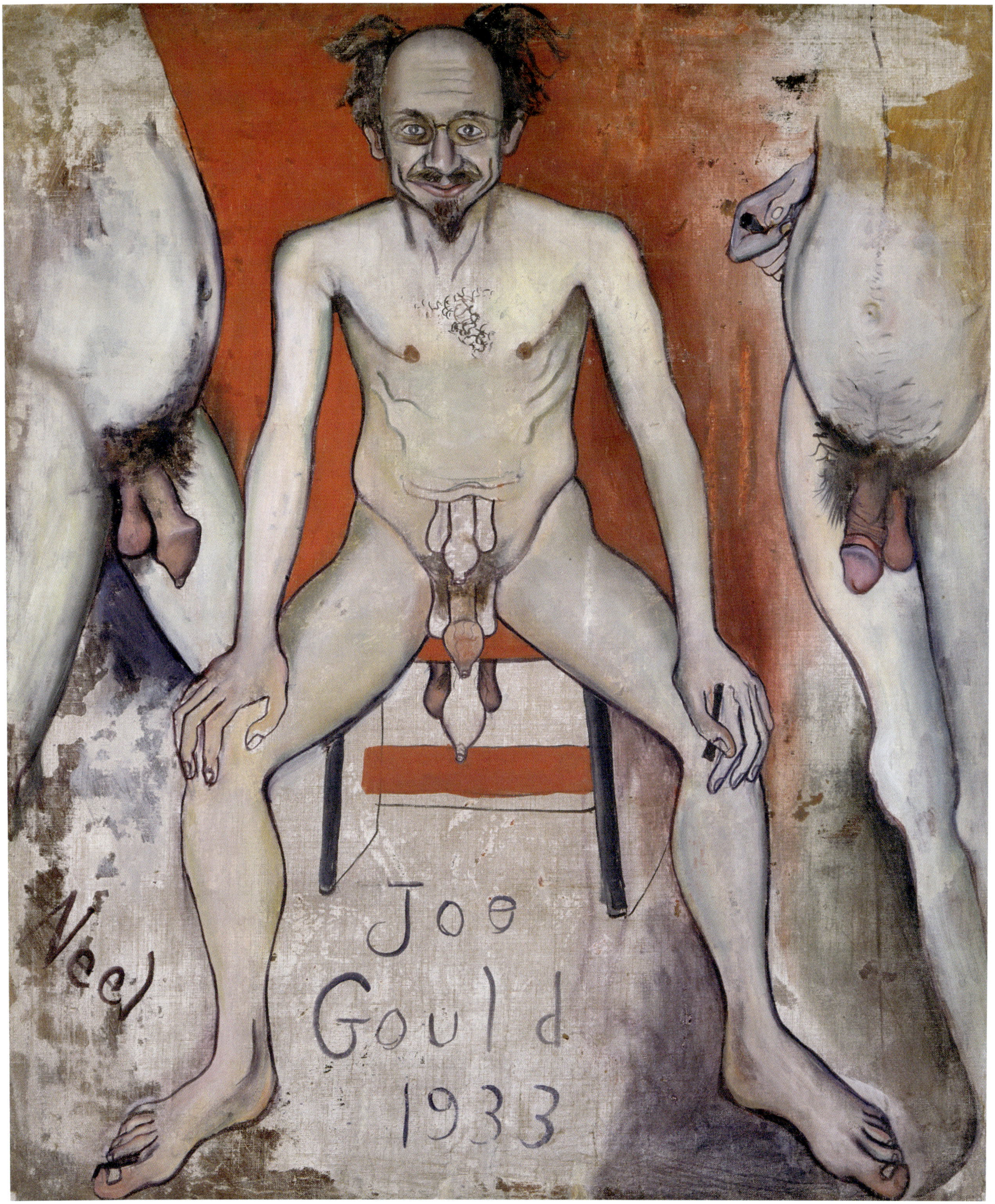
Neel
Joe
Gould
1933

Kat. 9

Nadya and Nona, 1933

Öl auf Leinwand, 66 x 90,2 cm
Foundation for Woman Artists, Antwerpen

Nadya Olyanova (1900-1991), das Modell für *Degenerate Madonna* (1930, Kat. 3), liegt mit einer anderen Frau namens Nona (über die nichts weiter bekannt ist) auf einem Bett. Neel greift die Tradition des weiblichen Doppelakts auf, wie sie etwa bei Gustav Courbets *Le Sommeil* (1886) vorkommt, nimmt der Zweisamkeit der Frauen und der Begegnung zwischen Modellen und Betrachter jedoch jegliche Erotik. Nadya wendet ihren Schambereich dem Betrachter zwar zu, doch es wirkt in keiner Weise einladend. Ihr düstere Miene und Nonas eisiger Blick verweigern jeglichen Kontakt. Nadya wurde von Neel bereits 1929 auf einem Aquarell mit dem Titel *La Fleur du Mal (Nadya)* porträtiert, in Anspielung an Baudelaires 1857 erschienenen Gedichtzyklus. Auch *Nadya und Nona* verströmt Baudelaire'schen *ennui*; der Mond ist bleich, dekadente Mattigkeit beherrscht die Szene. Baudelaires Gedicht »J'aime le souvenir de ces époques nues« (Den entschwundenen, nackten Zeiten bin ich so hold) illustriert die Atmosphäre in Neels Gemälde wohl am besten. Darin sinniert Baudelaire auf ironische Weise darüber nach, wie sehr sich die Wahrnehmung von Nacktheit im Vergleich zur Antike verändert hat:

»Will in unseren Tagen ein Dichter bewundernd schauen
Ursprüngliche Schönheit, da wo Männer und Frauen
In Nacktheit sich zeigen, da fühlt er die Freude entfliehen,
Da fühlt er den eisigen Frost seine Seele durchziehen
Vor dem düsteren Bild dieser Hässlichkeit,
Vor der Missgeburt, die nach Kleidern schreit!
O armselig Zerrbild, für Masken geschaffen!
Ihr mageren Rümpfe, ihr feisten, ihr schlaffen,
Die der Nützlichkeit Gott unerbittlich und fest
Schon als Kinder in eherne Windeln gepresst!
Ihr Frau'n, die ihr bleich seid wie wächserne Kerzen,
Die Wollust nagt euch am Leib und am Herzen,
Jungfraun, durch ererbte Sünden entweiht,
Ihr schleppt schon der Mutterschaft Hässlichkeit!«

Vor Veröffentlichung seiner gesammelten Gedichte kündigte Baudelaire mehrfach an, dass er den Band *Les Lesbiennes* (die Lesben) nennen würde. Für Baudelaire war Lesbianismus in mancher Hinsicht eine Repräsentation der Moderne. Letztendlich galten nur drei Gedichte aus *Les Fleurs du mal* diesem Thema. Olyanova war sicherlich nicht lesbisch, weshalb das Bild eine Inszenierung ist. Neel gab diesem Gemälde den recht trivialen Spitznamen »Zwei kleine Nutten« (»Two Little Tarts«). Da es lange als obszön galt, fand seine Ausstellungspremiere erst 1974 im Rahmen von Neels Retrospektive im Whitney Museum statt.

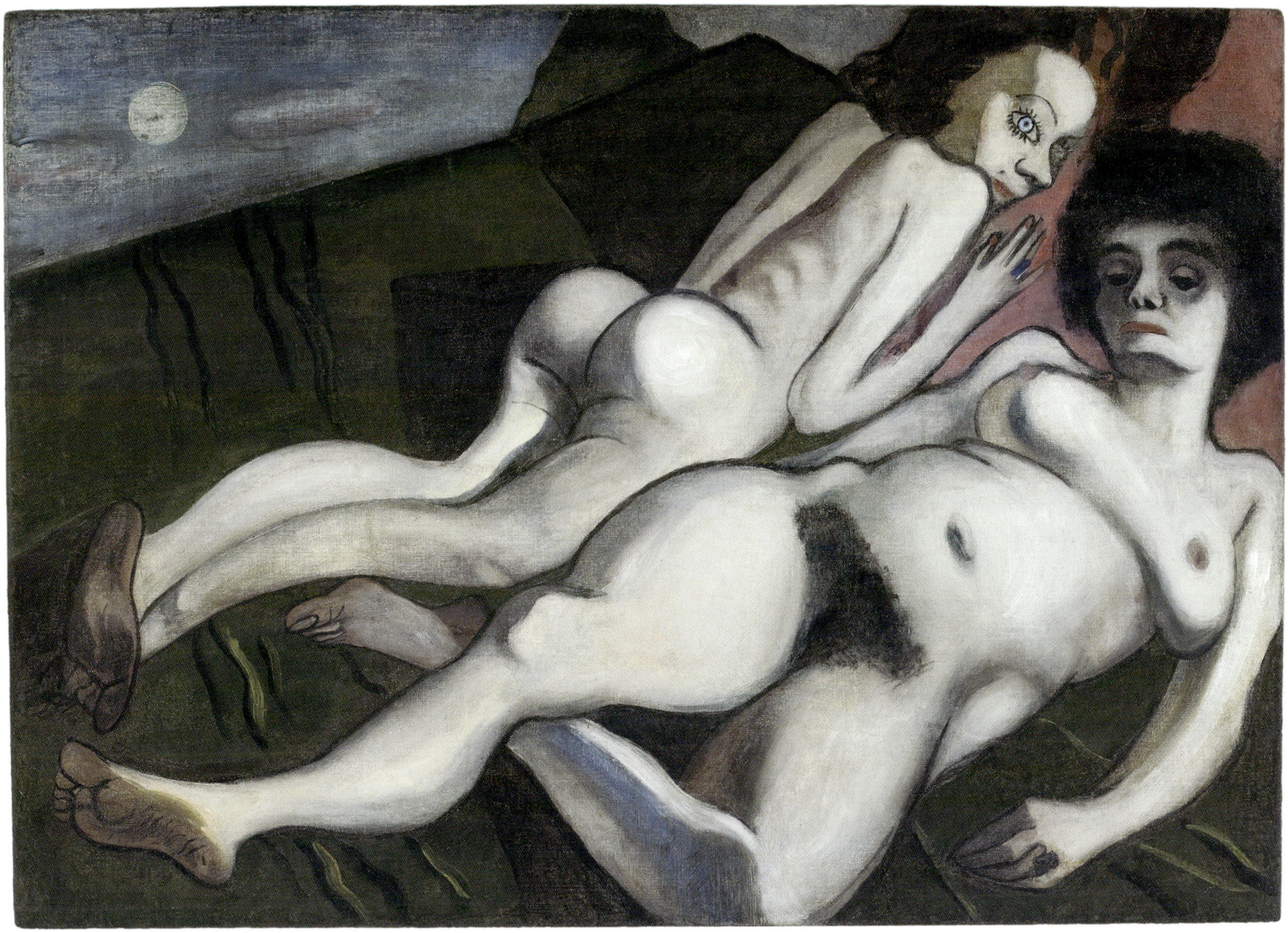

Kat. 10

Isabetta, 1934, neu gemalt 1935

Öl auf Leinwand, 109,2 x 66 cm
Privatsammlung

Neels zweite, 1928 geborene Tochter Isabetta lebte seit 1930 bei ihrem Vater auf Kuba. Neel porträtierte Isabetta, als sie 1934 bei ihr in New Jersey zu Besuch war. Neels Eltern kamen ebenfalls, vermutlich zur Aufsicht und Unterstützung, aber zweifellos auch, um endlich einmal Zeit mit der Enkelin zu verbringen. Das Gemälde zeugt von der ambivalenten Beziehung zwischen Mutter und Kind. Isabetta nimmt eine konfrontative Pose ein, doch ihre Nacktheit impliziert Intimität und Vertrauen. Die Pose erinnert an Cézannes Gemälde *Le Grand Bagneur* (ca. 1885), das 1934 in Philadelphia ausgestellt wurde und sich inzwischen im Besitz des Museum of Modern Art, New York, befindet. In *Drei Abhandlungen zur Sexualtheorie* (1905) schrieb Freud: »Das kleine Kind ist vor allem schamlos und zeigt in gewissen frühen Jahren ein unzweideutiges Vergnügen an der Entblößung seines Körpers mit besonderer Hervorhebung der Geschlechtsteile.« Vermutlich wurde Isabetta, damals viereinhalb Jahre alt, von Neel gar nicht aufgefordert, sich auszuziehen, um für das Bild zu posieren, sondern lief an einem heißen Sommertag einfach nackt herum. Kenneth Doolittle zerstörte die erste Version dieses Bildes, doch es war Neel so wichtig, dass sie es sofort noch einmal malte. Als sie es später verkaufte, fertigte sie eine weitere Kopie davon an. Die südafrikanische Künstlerin Marlene Dumas gab an, dass ihr eigenes Gemälde *The Painter* (1994), auf dem ebenfalls ein nacktes Mädchen zu sehen ist, von Neels *Andy Warhol* (1970, Kat. 51) beeinflusst wurde, doch es weist auch eine starke Ähnlichkeit zu *Isabetta* auf. Im Kontext der Geschichte der Kinderporträts ist Neels *Isabetta* radikal, unkonventionell und ikonoklastisch.

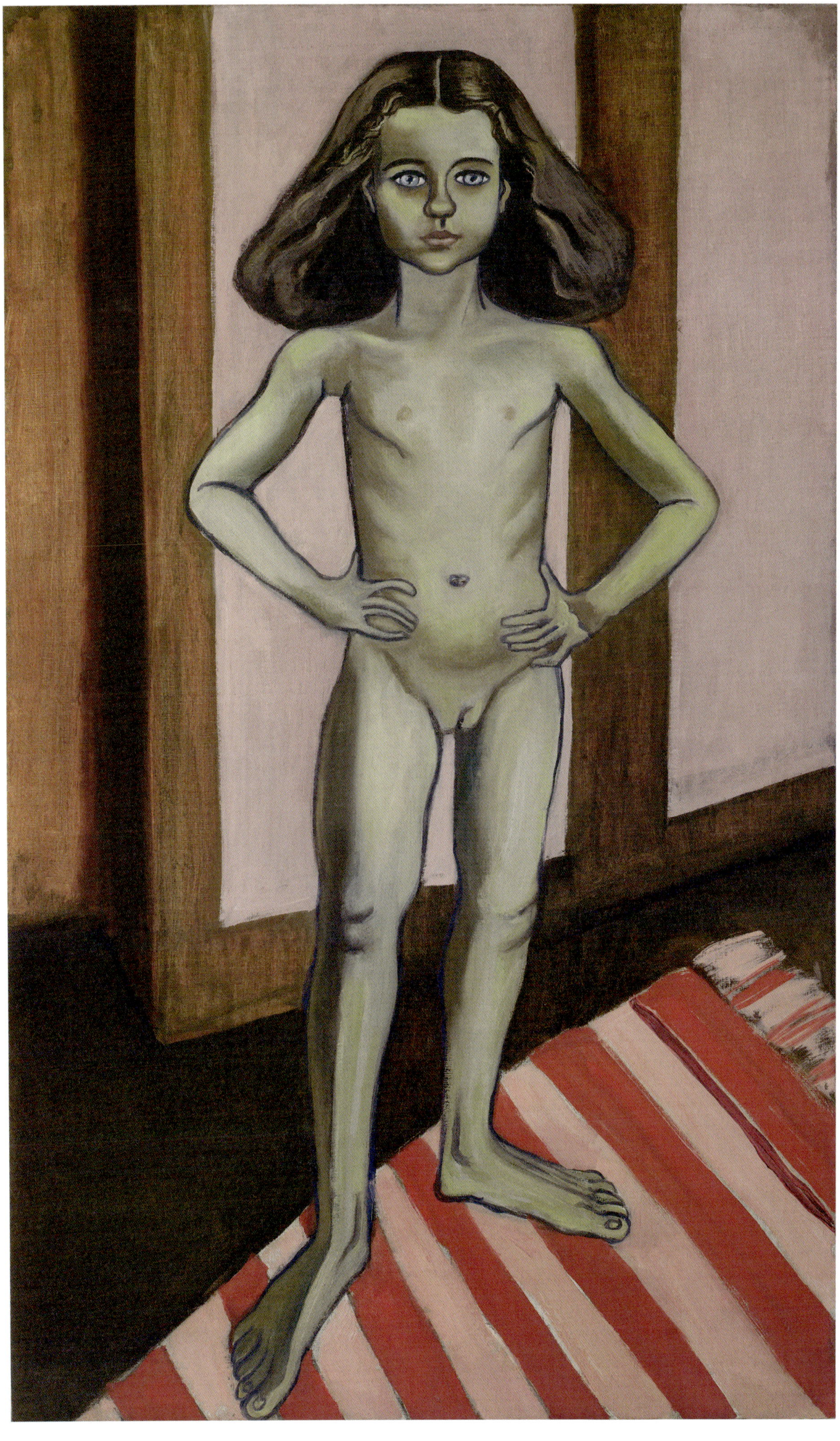

Kat. 11

Max White, 1935

Öl auf Leinwand, 91,4 x 66 cm
Smithsonian American Art Museum,
Washington D.C., Museumsankauf, 1989.14

Max White war das Pseudonym des Schriftstellers Charles William White, geboren 1906. Zu seinen Romanen, die oft im Künstlermilieu spielen, zählen *Anna Becker* (1937), *Tiger Tiger* (1940) mit einem erfundenen Maler namens John Martin als Protagonist und *In the Blazing Light* (1945), ein historischer Roman über Goya, einen Künstler, den Neel besonders bewunderte. Gertrude Stein war ein Fan von White. Neel porträtierte ihn 1935, 1939 und 1961. Abgesehen von Familienangehörigen, Partnern und den frühen Aktbildern von Nadya und Rhoda hat Neel keine andere Person so häufig gemalt. In diesem ersten Porträt stellt sie White als proletarischen Intellektuellen dar. Sein Gesichtsausdruck erinnert an Rodtschenkos Fotografien des Dichters Wladimir Majakowski, wobei unklar ist, ob Neel diese kannte; White hat jedoch einen ähnlichen durchdringenden Blick. Zudem ließ Neel sich bei Whites Darstellung vermutlich von Olmekenskulpturen inspirieren, die sie im Metropolitan Museum gesehen hatte. Überhaupt finden sich bei diesem Gemälde viele Anklänge an die Bildhauerei. Die sinnlich geformten roten Lippen bilden einen kontrastreichen Schwerpunkt in der farblich ansonsten eher dezenten Komposition.

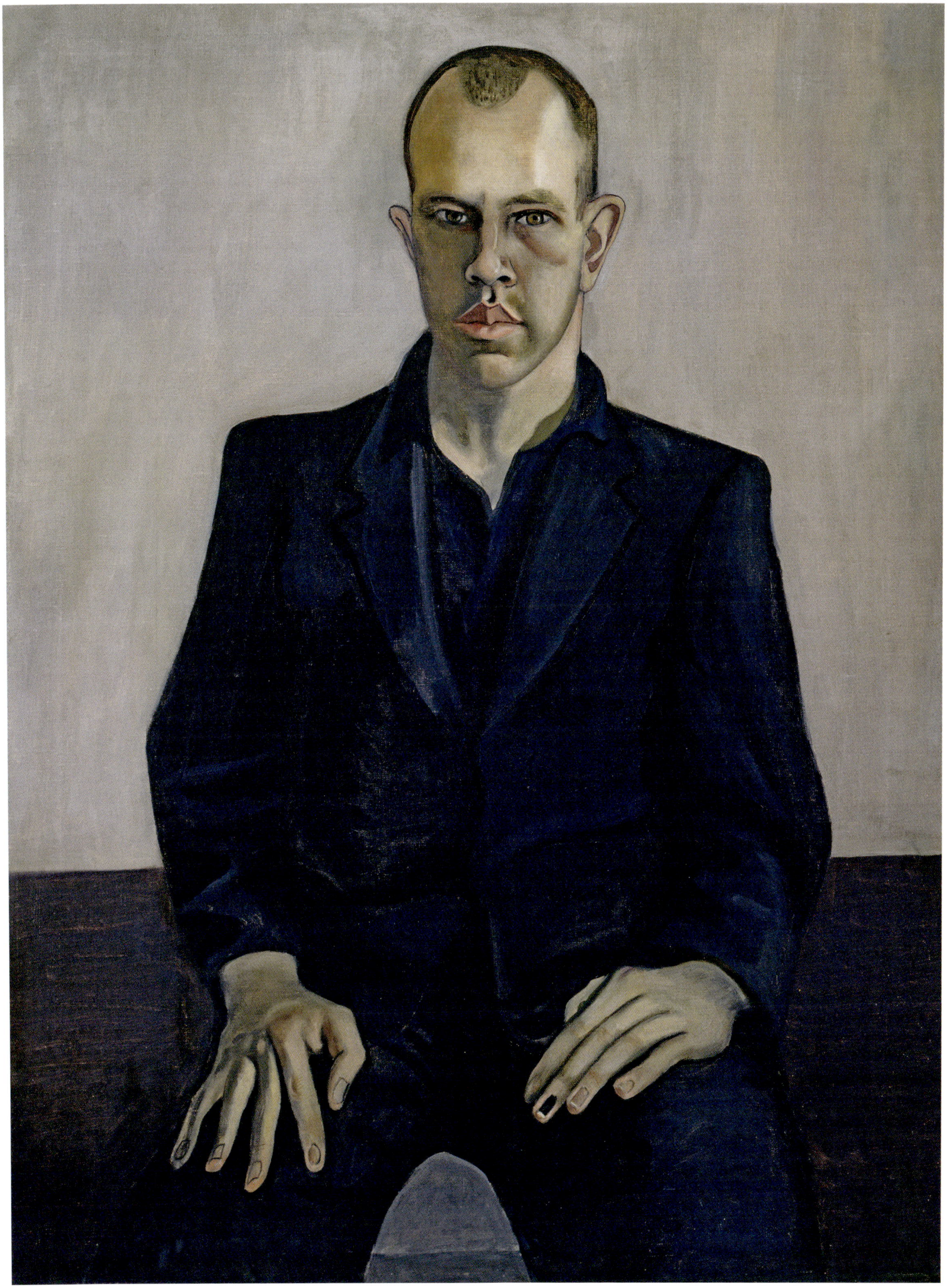

Kat. 12

Kenneth Fearing, 1935

Öl auf Leinwand, 76,5 x 66 cm
Museum of Modern Art (MoMA), New York.
Schenkung von Hartley S. Neel und Richard
Neel, 28.1988

Kenneth Fearing (1902–1961) zählte in den 1930er Jahren zu den führenden Dichtern seiner Generation. Er gehörte der Linken an; seine Werke wurden in den kommunistischen Zeitschriften *Masses & Mainstream* und *New Masses* sowie im *New Yorker* veröffentlicht. 1934 unterstützte er die Gründung der *Partisan Review*, die als kulturelles und politisches Magazin mit kommunistischer Ausprägung startete. Fearing war ein Verfechter der proletarischen Literatur. Als Neel 1935 dieses Porträt malte, hatte Fearings Frau Rachel Meltzer gerade ihren Sohn, Bruce, zur Welt gebracht. Das Bild des Jungen liegt vor dem Dichter auf dem Tisch. Neel berichtete, dass Fearing sie jede Woche in Greenwich Village besuchte. Sie sagte auch, dass sie mit ihren Gemälden das Material für Fearings Gedichte lieferte. Thema seiner Gedichte war die gewaltgeladene Atmosphäre und Sprache der Stadt in den Jahren der Depression.

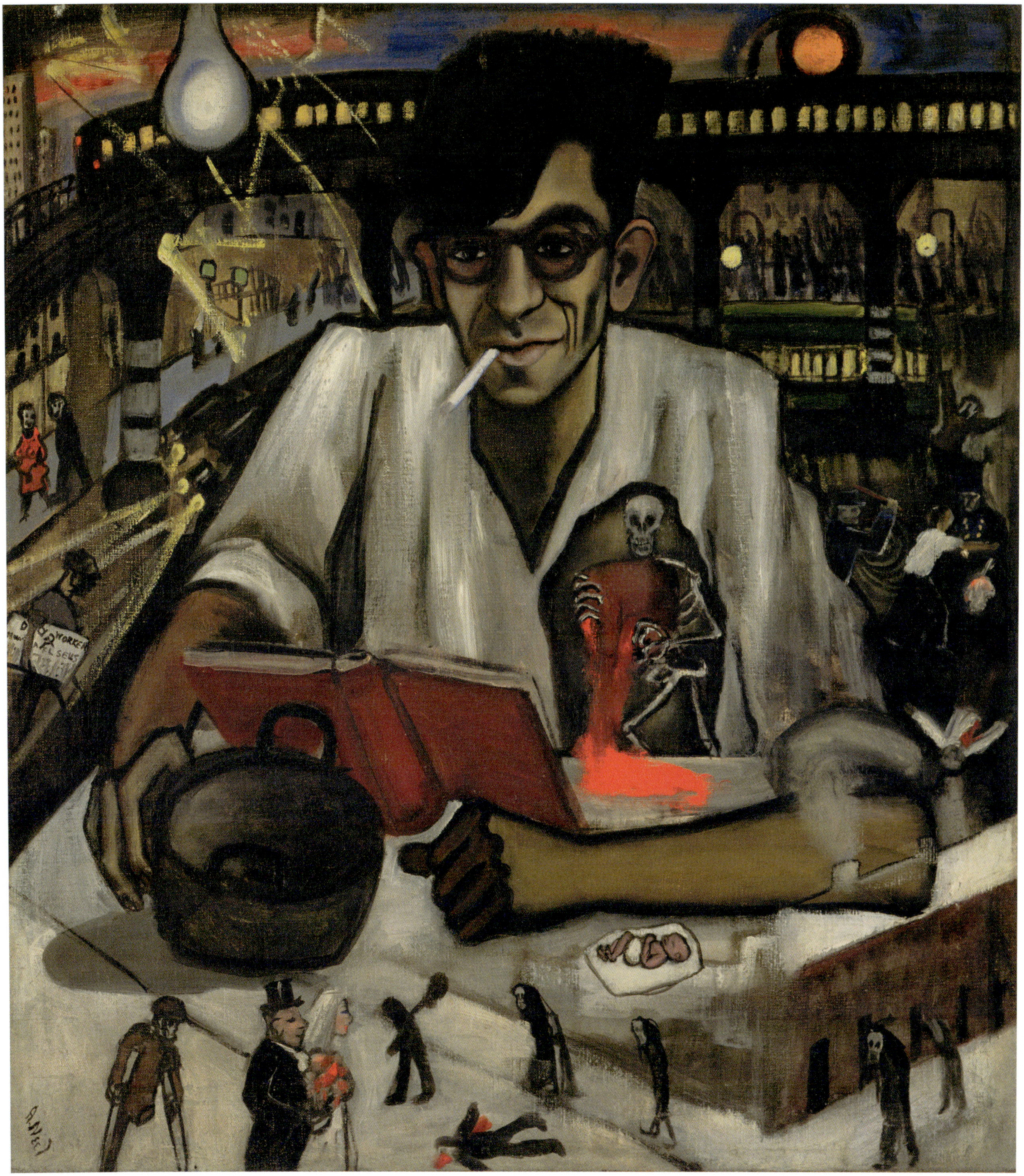

Kat. 13

Ninth Avenue El, 1935

Öl auf Leinwand, 61 x 76,2 cm
Cheim & Read, New York

Neel porträtierte die Hochbahn 9th Avenue El an der Kreuzung Hudson Street und 14th Street. Damals wurde das Hochbahnnetz zunehmend von der U-Bahn verdrängt und als dieses Gemälde entstand, war die Interborough Rapid Transit Company, der das Hochbahnnetz gehörte, gerade in Konkurs gegangen. Der Betrieb der 9th Avenue El, die 1868 als erste Hochbahn begann, wurde 1940 schließlich eingestellt. Neels Gemälde, das vermutlich in ihrer Zeit als WPA-Künstlerin entstand, ist ein pseudo-naives Werk, weist jedoch mit seinen vielen Fluchtpunkten eine hohe räumliche Komplexität auf. Das Bild zeigt keine Autos, nur die Hochbahn und einen Bus, und die Menschen wirken erschöpft und abgemagert – die proletarische Vision einer Stadt, der die Wirtschaftskrise jeden privaten Luxus und Wohlstand genommen hat. Zugleich vermittelt das Gemälde eine gewisse Nostalgie, präsentiert es doch eine Technologie, deren Tage gezählt waren. Zudem liegt wohl ein persönlicher Bezug vor, da Neel die Hochbahn vermutlich selbst benutzte, als sie an der Upper West Side wohnte. Die Figuren auf dem Gemälde erinnern an die Werke von James Ensor.

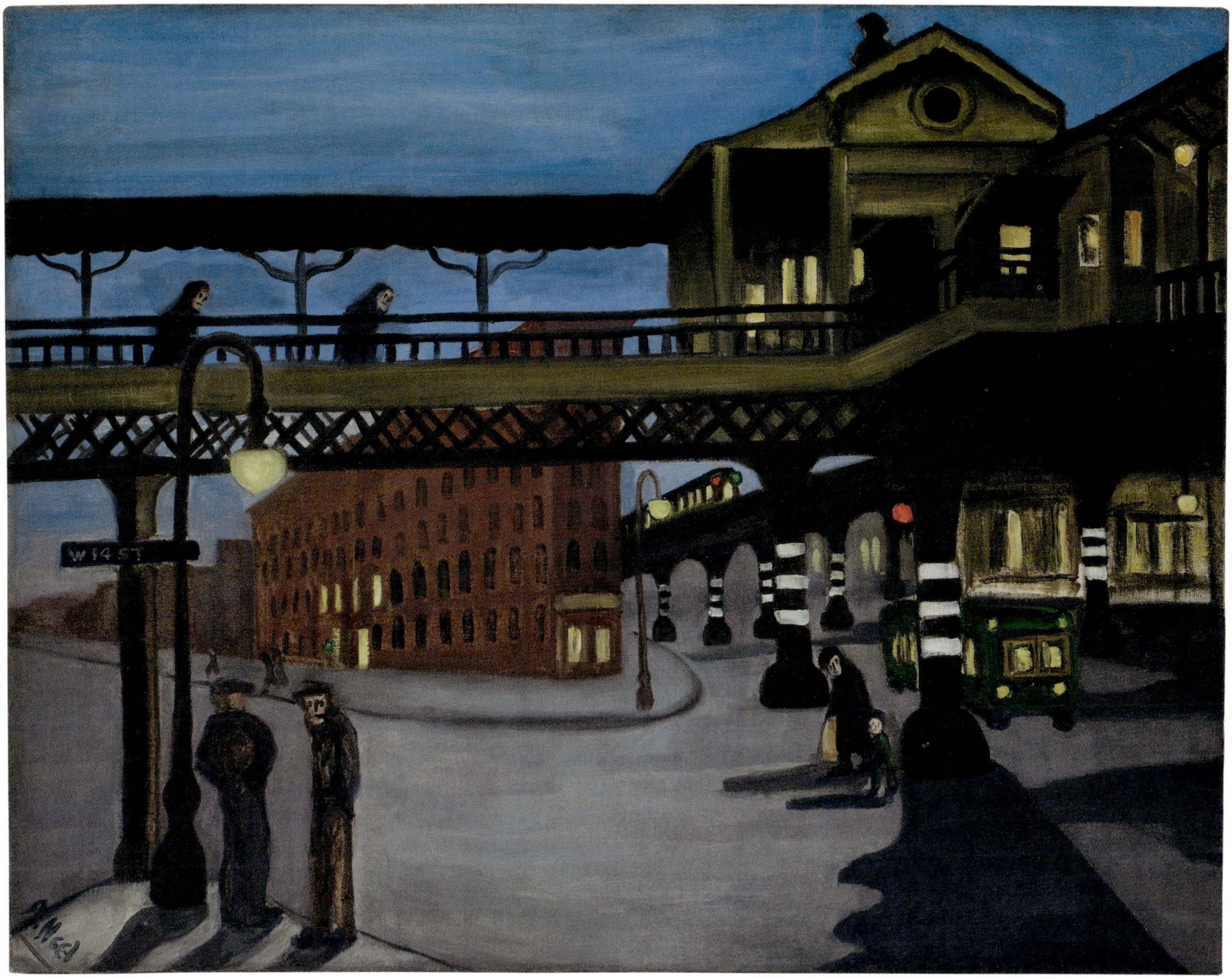
W 14 ST

Kat. 14

Gerhard Yensch, ca. 1935

Öl auf Leinwand, 81,3 x 54,3 cm
Estate of Alice Neel

Neel porträtierte Gerhard Yensch frontal, wie auch schon Max White. Yensch, dessen Vorname Gerhard auf deutsche Wurzeln hindeutet, trägt einen formellen Nadelstreifenanzug und sitzt reserviert mit ausdrucksloser Miene da. Das Gemälde erinnert an den Stil einiger deutscher Künstler jener Zeit; mit seiner frontalen Komposition ähnelt es Porträts von Otto Dix und Max Beckmann. Es gibt keinen Hinweis auf Yenschs Berufstätigkeit, doch Neel betont seine Eleganz durch die Kleidung, die feingliedrigen Hände und den Edelsteinring. Möglicherweise beschäftigte Neel sich damals eingehend mit der manieristischen Porträtmalerei von El Greco oder Bronzino.

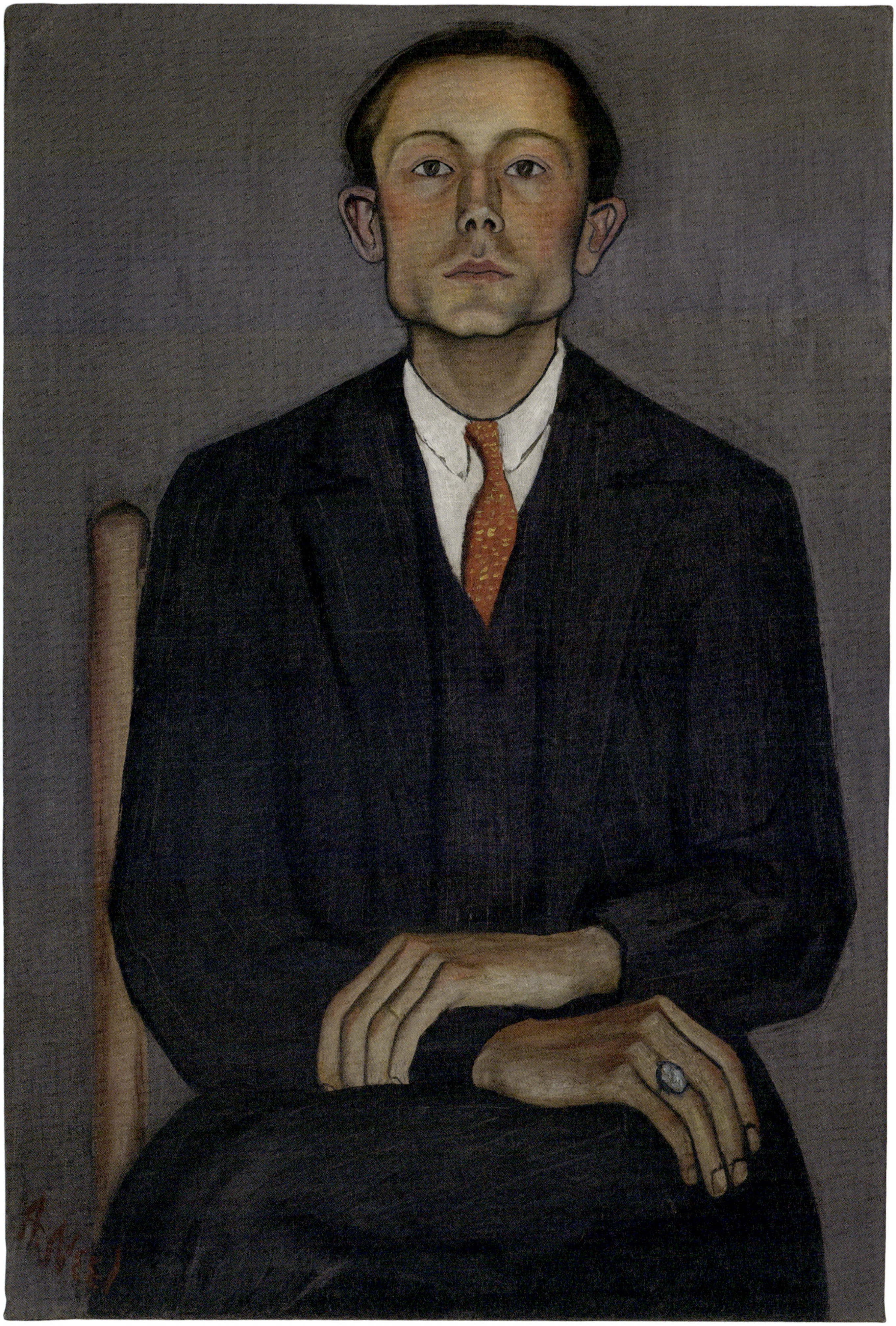

Kat. 15

Mother and Child, ca. 1936

Öl auf Leinwand, 61 x 55,9 cm
Collection Victoria and Warren Miro

Wie inzwischen bekannt ist, handelt es sich bei den Porträtierten um José Santiago Negróns erste Frau Molly (geborene Smith) und ihre Tochter Sheila. Sheila wurde 1935 geboren. Neel hatte bereits 1930 eine Reihe von Mutter-Kind-Gemälden angefertigt, griff das Motiv nun also wieder auf. Das Porträt wirkt sehr melancholisch; vielleicht ahnte Molly bereits, dass Negrón sich inzwischen Neel zugewandt hatte. Das Muster, Mutter und Kind zu verlassen, sollte er später wiederholen, als Neel 1939 den gemeinsamen Sohn Richard zur Welt brachte. Die Komposition erinnert an Renaissance-Werke der Madonna mit Kind und bedient sich der Tradition, beide Modelle in der Frontalsicht abzubilden, ohne sie miteinander kommunizieren zu lassen. Zugleich ist eine starke Ähnlichkeit mit der Behandlung dieses Sujets durch Künstler der Neuen Sachlichkeit zu erkennen. Das schlichte Farbschema basiert auf den Komplementärfarben Rot und Grün; ansonsten herrschen, mit Ausnahme einiger Flecken Blau, neutrale Töne vor. *Pentimenti* deuten darauf hin, dass Neel einige Änderungen am rechten Arm, an der rechten Schulter und am Haar der Mutter vornahm.

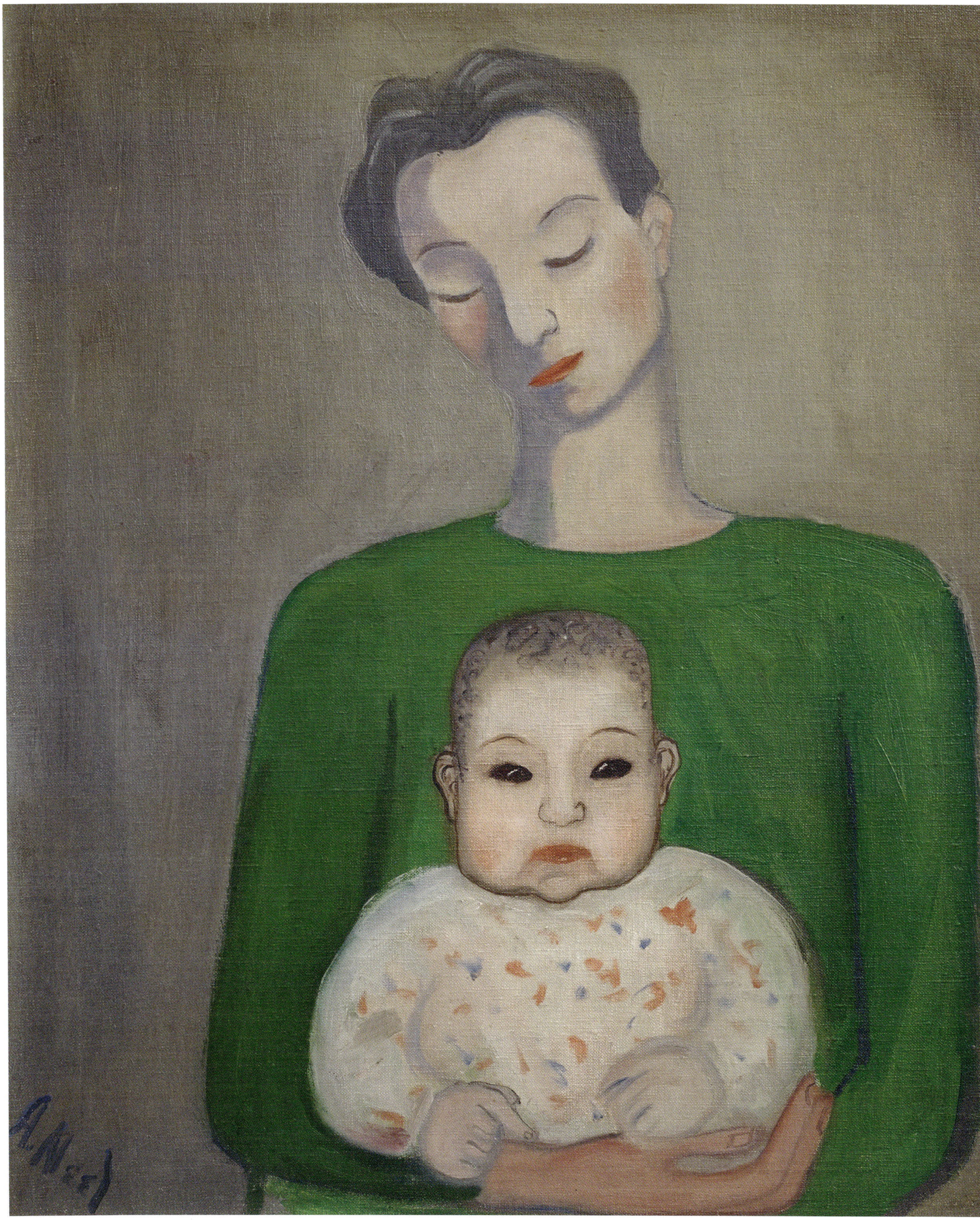

Kat. 16

José, 1936

Öl auf Leinwand, 58,4 x 46 cm
Estate of Alice Neel

José Santiago Negrón (1910–1992) war ein Musiker und Nachtclubsänger, den Neel Ende 1935 kennenlernte, kurz nachdem ihre Beziehung zu Kenneth Doolittle in die Brüche gegangen war. Negrón war verheiratet und hatte eine Tochter namens Sheila, verließ seine Familie jedoch, um mit Neel zusammenzuleben. Für Neel, die noch immer darunter litt, dass ihr Mann Carlos Enríquez sie verlassen hatte (auch wenn sie nicht geschieden waren), war Negrón eine Art Ersatz. Hier zeigt sie Negrón, der einen gestreiften Pyjama trägt, von einer verträumten, romantischen Seite. Die Pose ist fast die Spiegelversion einer Zeichnung desselben Jahres, in der Negrón sich ebenfalls im Dreiviertelprofil auf den Ellenbogen stützt, allerdings andere Kleidung trägt. Neel dokumentierte ihre vierjährige Beziehung mit Negrón in einer Reihe von Gemälden und Zeichnungen; so porträtierte sie ihn auch singend mit seiner Gitarre. Hier verzichtete sie auf die Frontalkomposition, um ein sanfteres und subtileres Porträt zu kreieren.

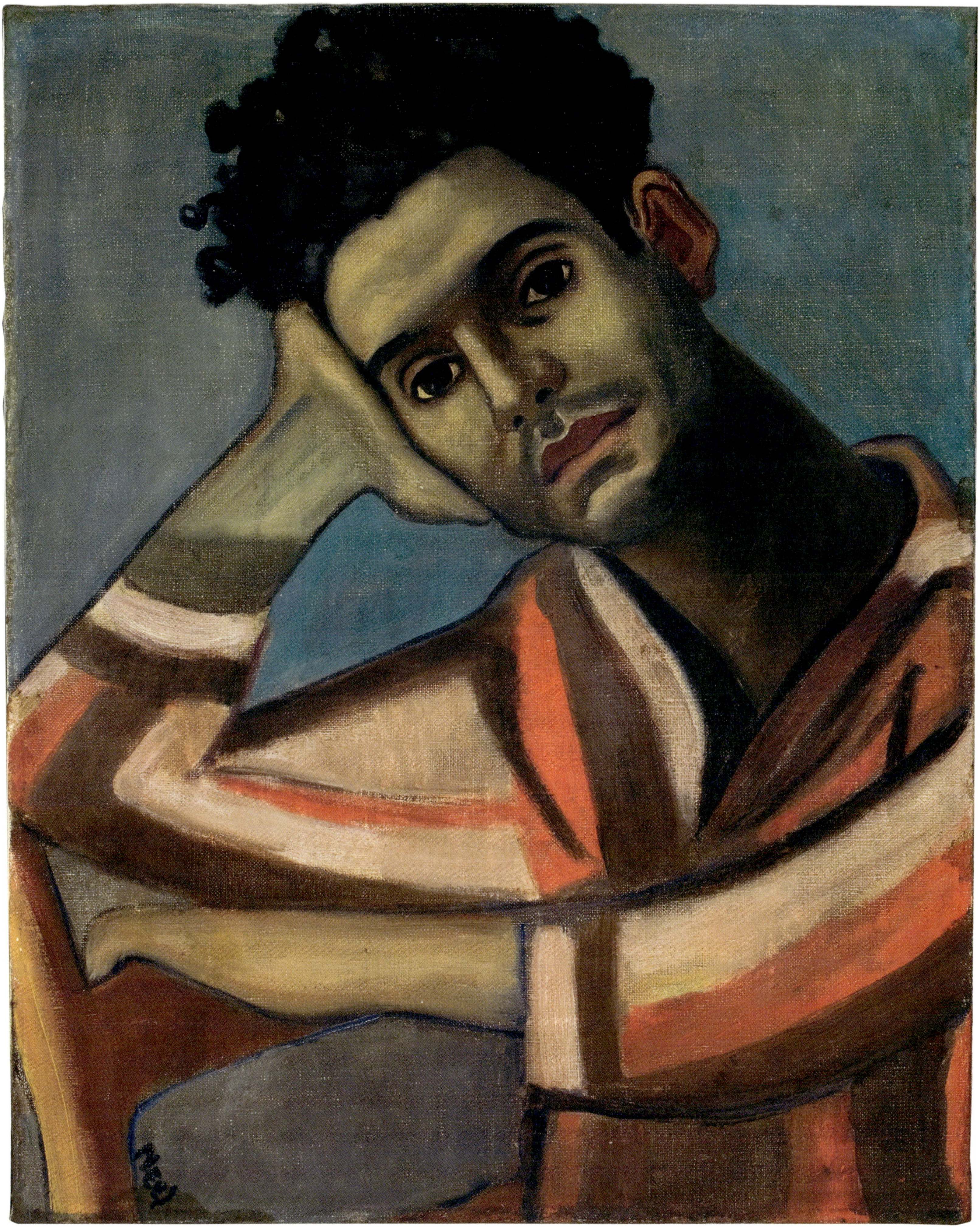

Kat. 17

José, 1936

Öl auf Leinwand, 71,1 x 64 cm
Estate of Alice Neel

Neel stellt ihren neuen Liebhaber José Santiago Negrón stilisiert wie einen Azteken- oder Maya-Gott dar, mit kantigen Gesichtszügen, tiefliegenden Augen und abstehendem Haar, das seinen Kopf wie eine Krone umrahmt. Seine Hände wirken flach, als seien sie aus Holz geschnitzt oder aus Stein gemeißelt. Im Gegensatz zum sanften, verträumten Pyjama-Bildnis von Negrón wirkt dieses Porträt hart und kraftvoll. Negrón war Sänger im La Casita in Greenwich Village. Schon kurz nachdem er Neel kennenlernte, zog er bei ihr ein (347½ West 17th Street). Einige Monate später hatte sie eine Fehlgeburt, woraufhin er wieder zu seiner Frau Molly ging. Neel war verzweifelt. In einem Gedicht schrieb sie: »Doch jetzt sehe ich dich in einem anderen Licht | Eine Ratte, die das sinkende Schiff verlässt.« José kehrte zu ihr zurück, und 1939 brachte Neel ihren gemeinsamen Sohn Richard zur Welt. Nur drei Monate später verließ José sie endgültig, um mit Ruth Lovett zusammenzuziehen, einer jungen Verkäuferin bei Lord and Taylor's, dem ersten Kaufhaus, das an der Fifth Avenue eröffnete.

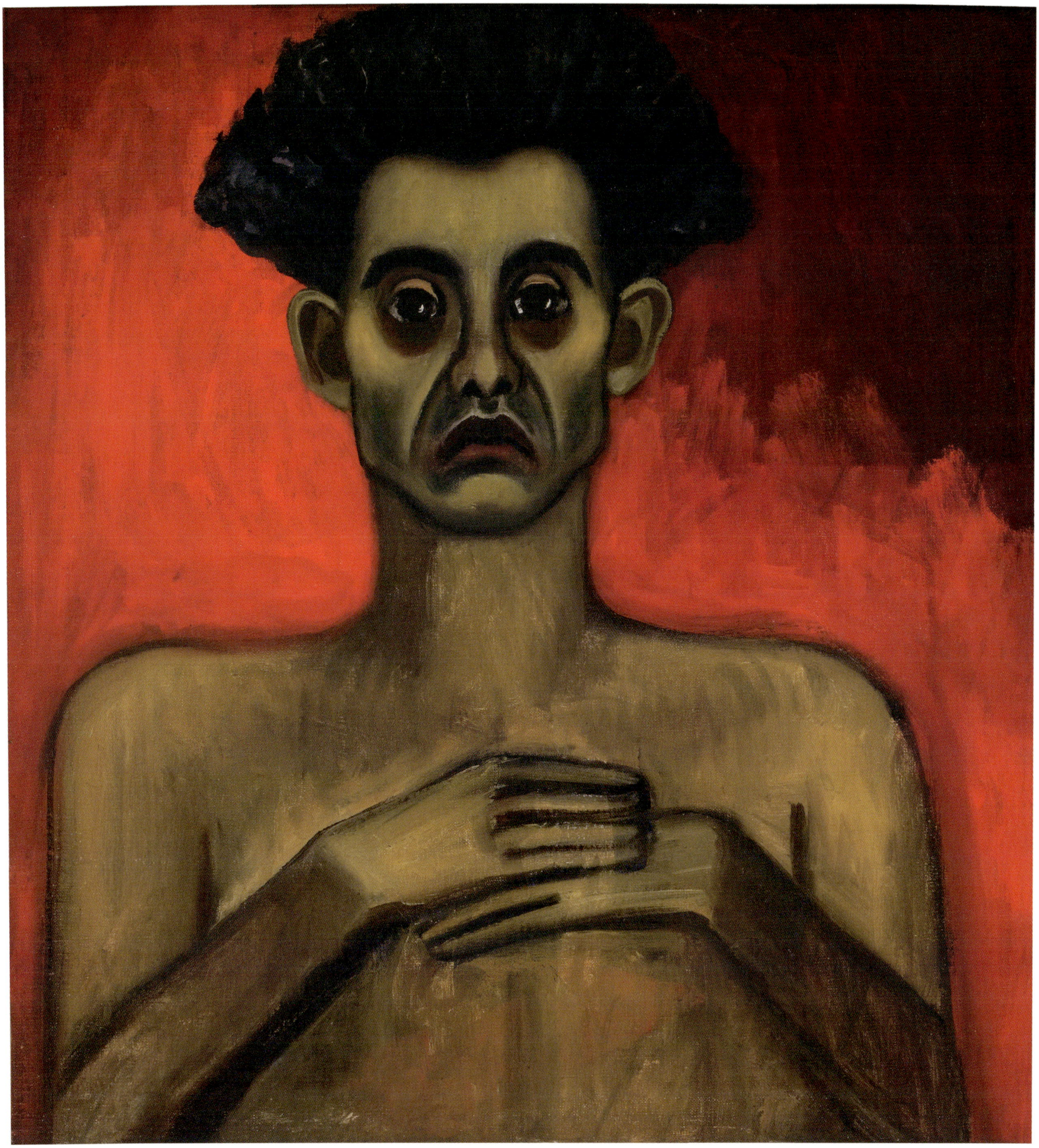

Kat. 18

Elenka, 1936

Öl auf Leinwand, 61 x 50,8 cm
Metropolitan Museum of Art, New York.
Schenkung von Richard Neel und Hartley S.
Neel, 1987.376

Der Name Elenka deutet darauf hin, dass die junge Frau, die Neel Modell saß, aus Russland oder Osteuropa stammte, doch es ist nichts über sie bekannt. Das in schimmernden Tönen gehaltene Gemälde zählt zu Neels ausdrucksstärksten. Neel erklärte, dass sie es mochte, »die Leinwand aufzuteilen«. Die Komposition fußt auf einer Reihe von vertikalen und horizontalen Passagen, wobei die diagonale Armlehne den Raum öffnet und die Konfrontation mit dem Betrachter auf diese Weise abmildert. Neel betont die Asymmetrie: Elenkas Augen sind auf unterschiedlicher Höhe, ihr rechtsseitiger Haaransatz ist hochgezogen und ihre rechte Schulter wird durch die Leinwandkante abgeschnitten. In diesem Gemälde bezog Neel stärker als je zuvor grundierte, unbemalte Leinwand in die Farbkomposition mit ein, ähnlich wie Cézanne und sogar Goya. Die Darstellung der weißen Bluse setzt sich farblich aus grundierter Leinwand, Rosa, Grau und Weiß sowie einigen kalligrafischen Linien in Schwarz zusammen. Insgesamt entsteht so das überzeugende Bild einer Bluse unter künstlicher Beleuchtung mit entsprechenden Schatten. Vor einem Fenster mit halb heruntergelassener Jalousie sitzt Elenka wie eine Göttin; die widerspenstigen Haarlocken erinnern an antike griechische und römische Skulpturen und spiegeln zugleich die Form von Elenkas Fingern. Neel hat die Schönheit ihres Modells zweifellos bewundert.

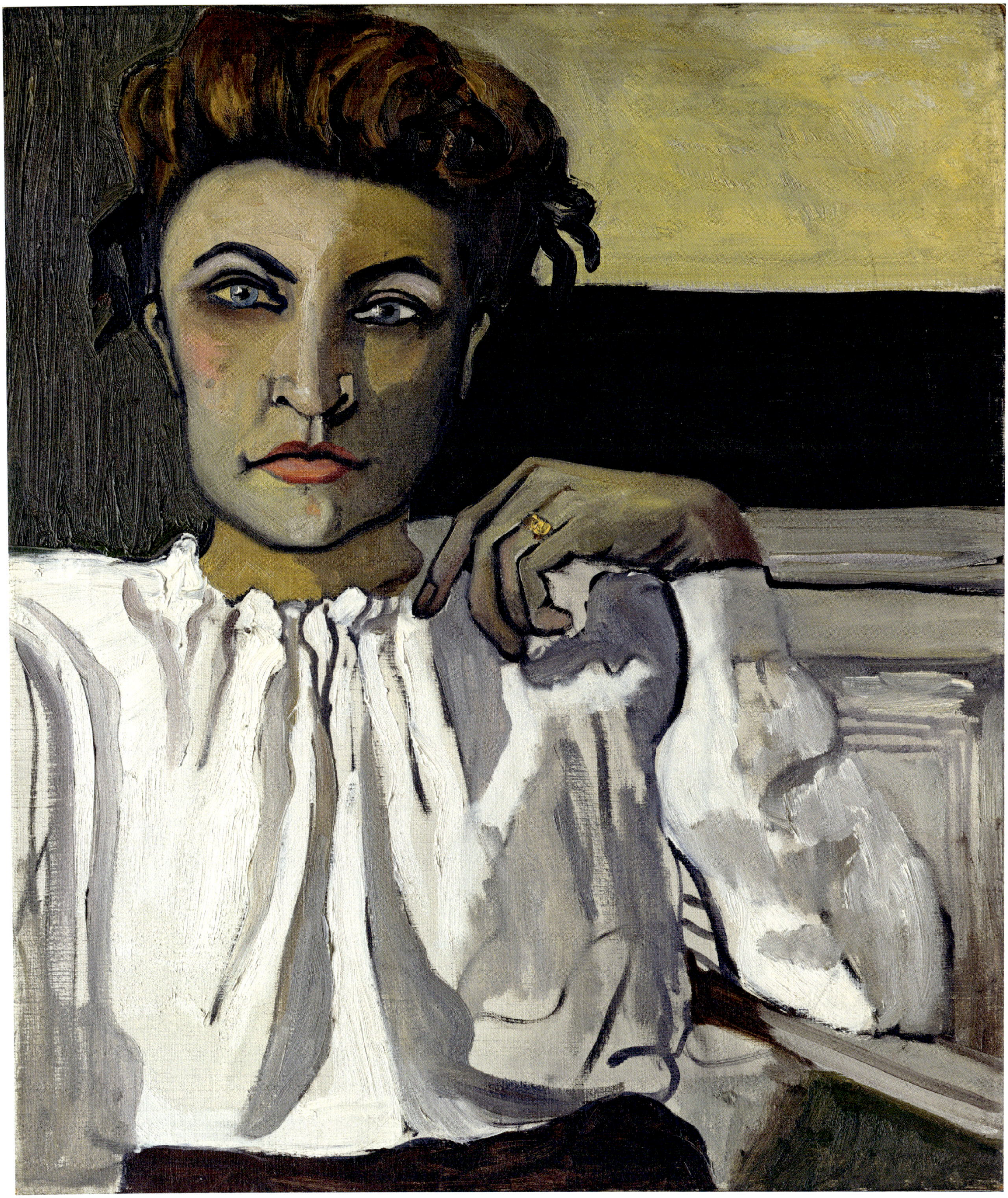

Kat. 19

Mr Greene, 1938

Öl auf Leinwand, 76,2 x 60,9 cm
Moderna Museet, Stockholm. Schenkung von Hartley und Richard Neel via The American Friends of the Moderna Museet Inc., 2009

Hartley Neel zufolge war Edward Pinkney Greene ein Intellektueller, der zu Neels Freundeskreis zählte. Als sie nach Spanish Harlem umgezogen war, besuchte er sie oft und las ihren beiden Söhnen Märchen der Gebrüder Grimm vor. Er selbst lebte vermutlich in Greenwich Village. Dieses Porträt gehört zu den Werken Neels, die besonders deutsch wirken, auch wenn ungewiss ist, wie vertraut sie mit den Gemälden von Otto Dix und anderen Künstlern der Neuen Sachlichkeit war. Vielleicht war sie auch von El Grecos Bildnis des Kardinals Don Fernando Niño de Guevara inspiriert, das 1929 Teil der Sammlung des Metropolitan Museum wurde. Der Kardinal, der eine Brille trägt, sitzt ähnlich wie Greene auf einem Stuhl, die linke Hand krallt sich um den Knauf der Armlehne, die rechte Hand hängt locker herunter. Wenn Neel Goyas Gemälde nicht im Metropolitan Museum gesehen hatte, dann auf jeden Fall 1935 in der Ausstellung spanischer Malerei *(Exhibition of Spanish Painting)* im Brooklyn Museum. Greenes feingliedrige, tentakelartige Finger irritieren; sie bilden einen Gegensatz zu seiner offen wirkenden Haltung mit der Zigarette in der Hand und den entspannt übereinandergeschlagenen Beinen. Die schlichte Form des Stuhls wird in diesem Gemälde weit mehr betont als in *Elenka*. Das Bild ist entweder eines der letzten, die Neel in Greenwich Village malte, oder eines der ersten, die sie in Spanish Harlem anfertigte. 1946 malte Neel ein Bild von Greenes Händen, das ihr grundsätzliches Interesse an Händen und insbesondere an denen von Greene belegt. In Aufsicht zeigt sie Greenes Hände, die rechte über der linken, auf einem gepunkteten Stoff, der auf seiner grauen Hose direkt über seinem Knie arrangiert ist.

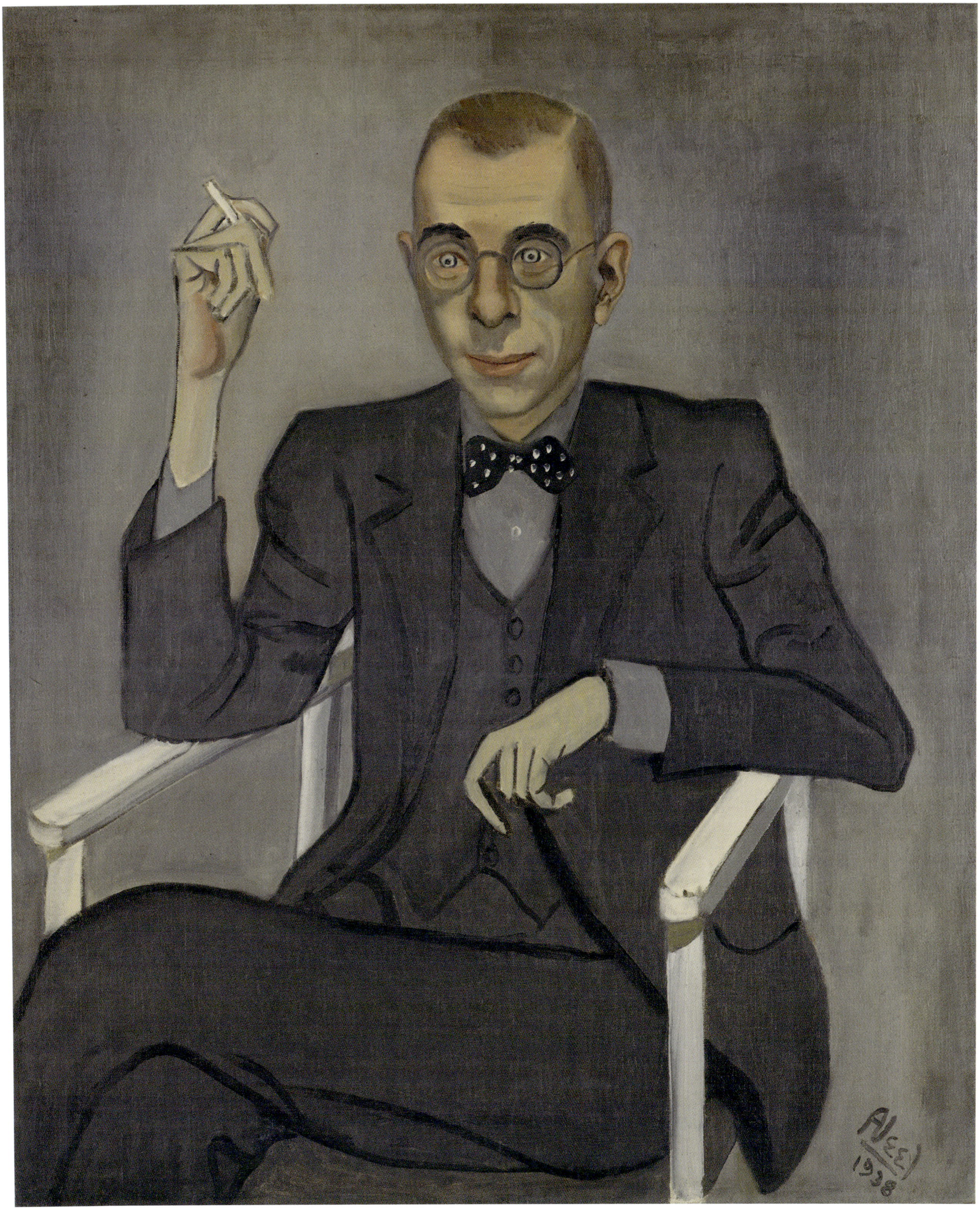
Neel
1938

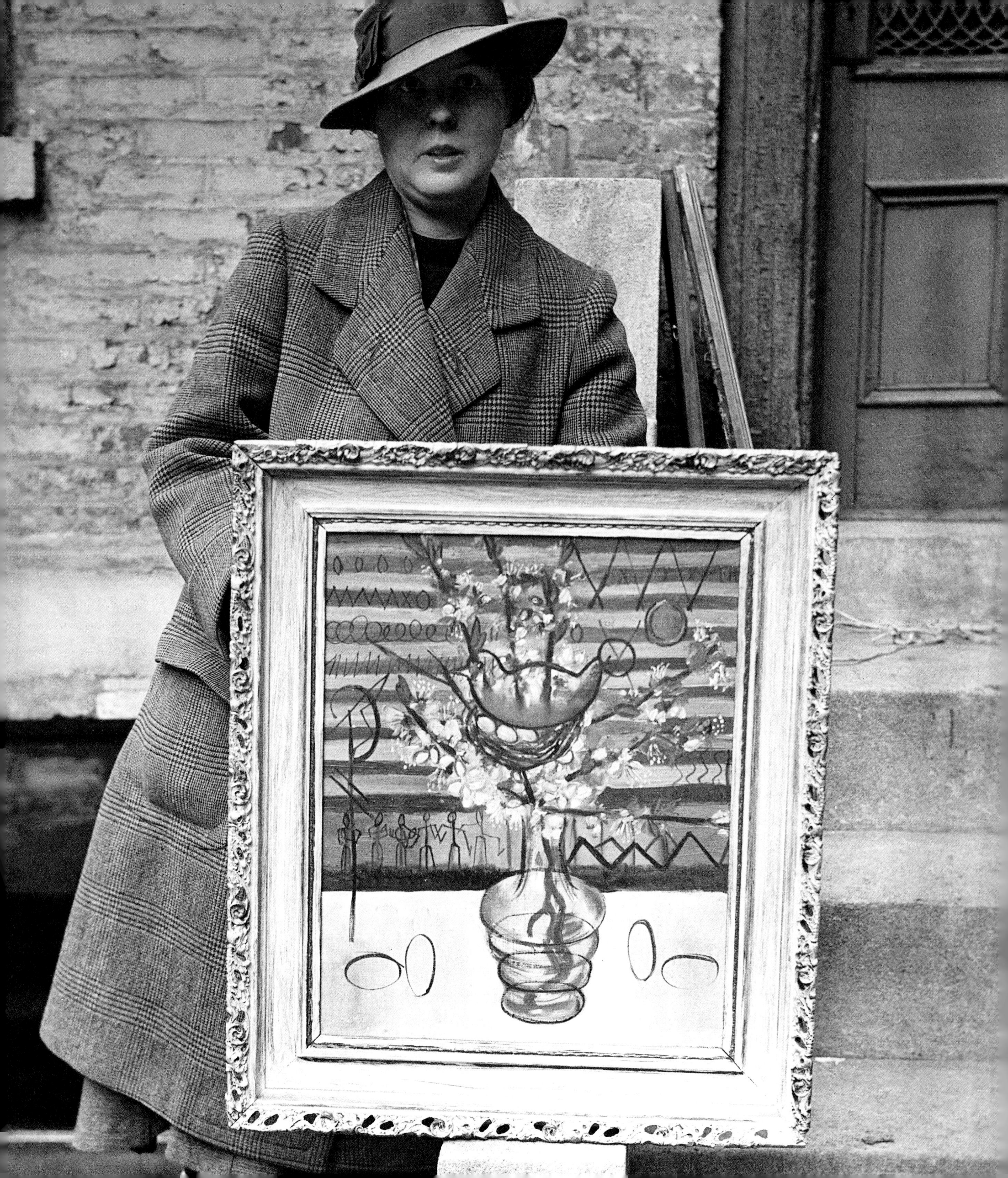

Spanish Harlem

Spanish Harlem, auch El Barrio genannt, heißt der östliche Teil von Harlem; er wird jedoch oft nicht als echter Teil von Harlem betrachtet. Nach dem Ersten Weltkrieg zogen viele Immigranten aus Lateinamerika und Puerto Ricaner hierher und verdrängten allmählich die Italiener, die nach der Vollendung der Einheit Italiens 1870 in das Viertel kamen. 1936 eröffnete hier ein Markt (La Marqueta) unter der Hochbahn zwischen 111th und 116th Street, und es gab auch einen Fischmarkt, den Neel malte. Das übrige Harlem wurde von Afro-Amerikanern dominiert. Kulturell hatte hier vom Ende des Ersten Weltkriegs bis Mitte der 1930er die Harlem-Renaissance ihre Blütezeit. Auch wenn Neel erst danach in das Viertel zog, begegnete sie mit Sicherheit Menschen, die durch die Harlem-Renaissance beeinflusst worden waren oder sogar an ihr teilhatten.

Neel zog aus Chelsea weg, als sie mit Richard hochschwanger war. Sie erzählte später gern, dass sie nach Spanish Harlem (8 East 107th Street) zog, um der Gekünsteltheit der Bohème den Rücken zu kehren, doch ein weiterer Grund dürfte gewesen sein, dass sie sich durch die Nähe zu Negróns Familie Unterstützung erhoffte. Durch den Umzug kam sie mit einer anderen Sorte von Menschen in Kontakt, darunter viele Immigrantenkinder, Bedürftige, schwarze Schriftsteller und Aktivisten sowie Sozialarbeiter – Menschen also, die in der Wirklichkeit lebten. Dies sollte ihre Arbeit stark beeinflussen. Hier brachte sie ihre beiden Söhne Richard und Hartley zur Welt, die in schwierigen Verhältnissen aufwachsen sollten.

1941 zog Neel erneut um (10 East 107th Street) und im darauffolgenden Jahr schließlich in eine im dritten Stock gelegene Wohnung in der Nähe des Central Parks (21 East 108th Street). Sie bestand aus lauter Durchgangszimmern, bot also kaum Rückzugsmöglichkeiten. Das Wohnzimmer, das ihr zugleich als Atelier diente, konnte nur durch das Kinderzimmer und Neels Schlafzimmer betreten werden. Wenn Neel abends Besuch hatte, störten die Besucher also zwangsläufig den Schlaf der Kinder. Neel wählte das Wohnzimmer als Atelier, weil es das größte Zimmer war und mit zwei Fenstern auch das hellste, wenngleich noch immer recht düster. Der Geruch der Ölfarben in den Schlafzimmern muss penetrant gewesen sein. Neels Schlafzimmer fungierte zudem als Verkaufsraum mit Regalen an einer Wand. Weiter hinten befanden sich ein offenes Spielzimmer mit Klavier und Fernseher, ein kleines Badezimmer und noch ein Schlafzimmer, ursprünglich ein begehbarer Schrank, das einige Monate von Neels Mutter bewohnt wurde, bis sie starb. Dieses Zimmer und das Bad waren die einzigen Räume mit Türen.

Neels Gefallen an Spanish Harlem war ein weiterer Ausdruck ihrer Liebe für die lateinamerikanische Kultur. Sie zog erst wieder von dort weg und auch nur deshalb, weil ihr Vermieter das Haus umbauen wollte.

‹ Alice Neel mit *Still Life*, ca. 1945

Kat. 20

T.B. Harlem, 1940

Öl auf Leinwand, 76,2 x 76,2 cm
National Museum of Women in the Arts,
Washington D.C. Schenkung von Wallace
und Wilhelmina Holladay, 1983.24

T.B. Harlem markiert Neels Rückkehr zum allegorischen Porträt. Negróns Bruder Carlos litt an Tuberkulose (TB), die in den ärmeren Vierteln New Yorks stark verbreitet war, so auch in Harlem. Vor der Entdeckung des Penicillins bestand die TB-Behandlung darin, durch Brechen der Rippen künstlich einen Lungenkollaps herbeizuführen. Der damals schon verfügbare BCG-Impfstoff fand erst nach dem Zweiten Weltkrieg breite Anwendung. Neel stellt Carlos als christlichen Märtyrer dar, zweifellos eine Bezugnahme auf die Werke von El Greco und Goya. Sie nahm sich Freiheiten mit seiner Anatomie, indem sie seinen Hals überstreckte, und beschrieb das Werk als »Kreuzigung«, womit sie zweifellos auf den an ein Kreuz erinnernden weißen Verband anspielte. Das Gemälde erinnert allerdings eher an Darstellungen der Kreuzabnahme Jesu. Mit der verschmutzt wirkenden Bettwäsche, der dunklen Wand und den düsteren Farben illustriert sie eindrucksvoll das Elend der armen Bevölkerung in der Phase des Hochkapitalismus. In einem Liebesgedicht an Harlem schrieb sie »All das Leid, all die Sorge | Auf ihren erschöpften Gesichtern« und » […] die große tiefe Vene | Menschlichen Gefühls, begraben | Unter deinen Feuerwehrwagen, | deiner Armut und deiner Liebe.« *T.B. Harlem* bringt ihre Gefühle über das Viertel zum Ausdruck. Neel blieb noch lange in Kontakt mit Negróns Familie nachdem er sie verlassen hatte.

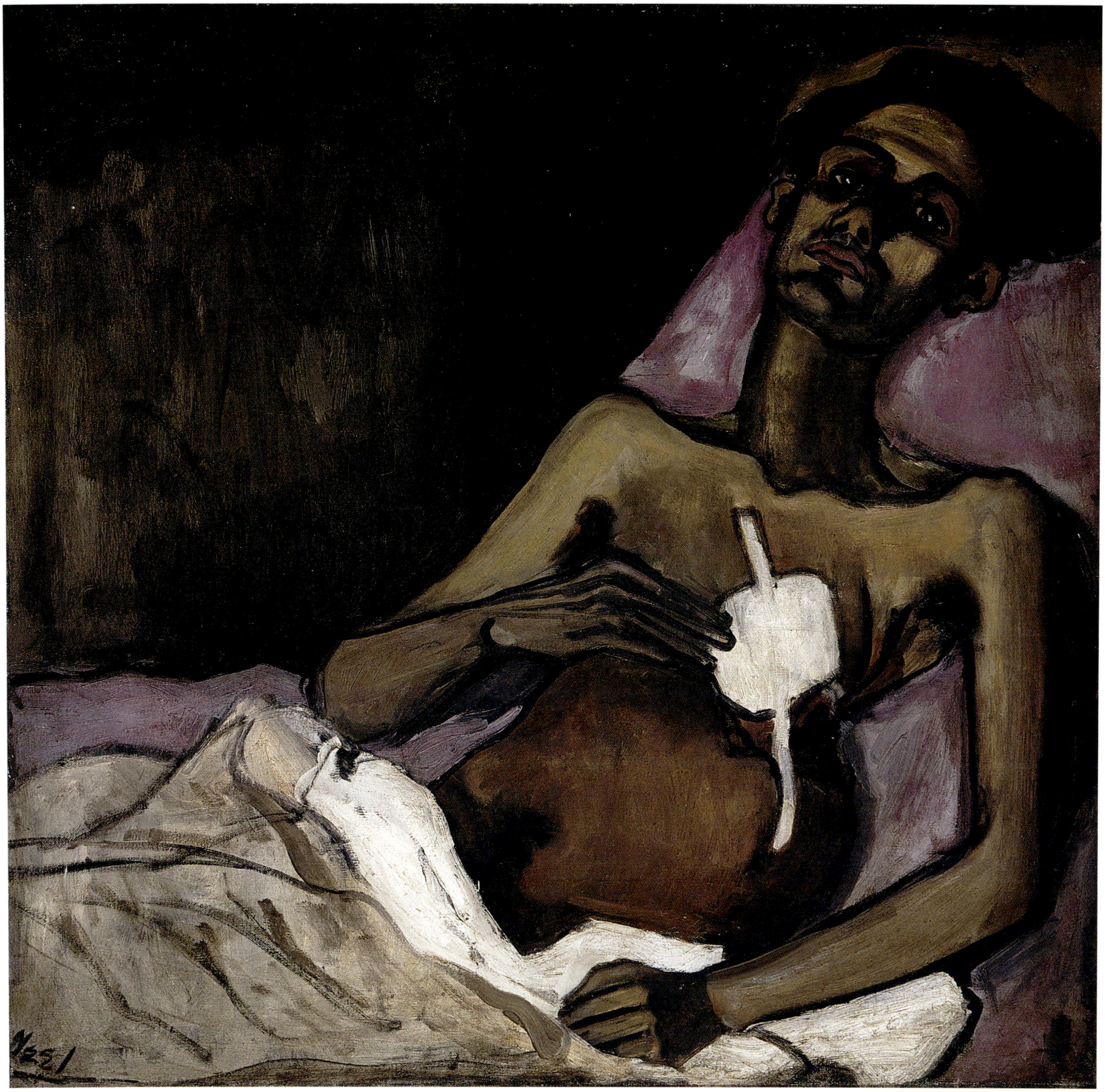

Kat. 21

Audrey McMahon, 1940

Öl auf Leinwand, 60,3 x 45,4 cm
Estate of Alice Neel

Audrey McMahon (1890–1981) war seit 1935 Direktorin der New Yorker Abteilung des Kunstprogramms der Works Progress Administration (WPA), einer Behörde, die während der Großen Depression Arbeitsbeschaffungsmaßnahmen durchführte. McMahon war ziemlich unbeliebt und ihre Ernennung zur Direktorin löste einen Massenprotest von Mitgliedern der Künstlergewerkschaft aus, der Neel angehörte. Das Kunstprogramm war eigentlich dazu gedacht, die Lebenssituation von Künstlern in den Jahren der Wirtschaftskrise zu verbessern. Neel nahm ab 1935 an dem Programm teil, doch ihre Zuwendungen wurden von McMahon kontinuierlich gekürzt, bis Neel im August 1939 aus dem Programm entlassen wurde. Zwei Monate später wurde sie erneut darin aufgenommen, im Februar 1941 wieder entlassen und einen Monat später nochmals aufgenommen, bis das Programm schließlich 1943 durch den Kongress endgültig beendet wurde. Neels auf Erinnerungen basierende, wenig schmeichelhafte Darstellung von McMahon illustriert, wie wenig sie von dieser Frau hielt. *Audrey McMahon* erinnert an Picassos Gemälde *La femme qui pleure*, das Ende 1939 im Rahmen der Ausstellung *Picasso: Forty Years of his Art* im Museum of Modern Art gezeigt wurde; vermutlich ließ sich Neel durch Picassos Ansatz, Dora Maar zu porträtieren, inspirieren. Beide Werke wirken wie das Psychogramm einer Person und einer Epoche.

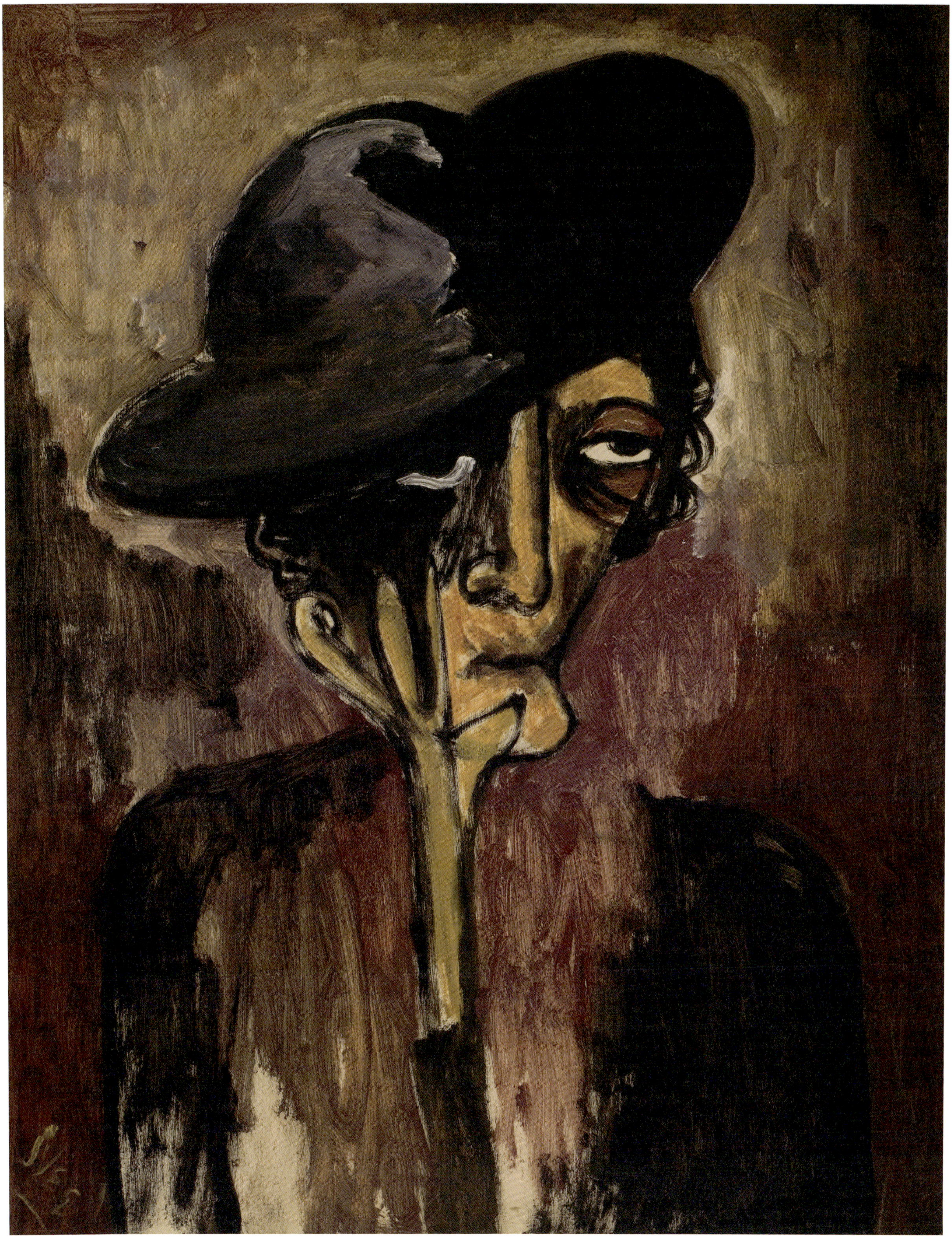

Kat. 22

The Spanish Family, 1943

Öl auf Leinwand, 86,4 x 71,1 cm
Estate of Alice Neel

The Spanish Family ist Neels Porträt von Margarita, der Frau von Negróns Bruder Carlos, und ihren drei Kindern. Carlos, den sie in *T. B. Harlem* porträtierte, ist abwesend. Carlos und Margarita lebten in der Nachbarschaft und Neel blieb auch nach ihrer Trennung von Negrón mit ihnen in Kontakt. Die Familie sitzt vor einem gusseisernen Geländer; das Bild wirkt fast wie ein Schnappschuss. Schulter und Arm der Tochter, die ebenfalls Margarita hieß, berühren eine Seite der Leinwand; der Sohn Carlos, der nach seinem Vater benannt wurde, wird durch die andere Leinwandkante abgeschnitten. Der Blick der Tochter scheint abgelenkt, doch Carlos Jr. sieht die Malerin direkt an. Auch die Mutter blickt geradeaus, wirkt jedoch etwas abwesend, während der kleine Tommy, den sie auf ihrem Schoss hält, versucht, sich ihrem Griff zu entwinden. Die melancholische Atmosphäre des Bildes lässt erahnen, wie schwierig das Leben in Harlem war. Die Mutter streckt die Hand aus, fast so, als bettele sie um Geld. Drei Werke anderer Maler, auf denen Geländer ebenfalls eine zentrale Rolle einnehmen, dürften Neel entweder als Reproduktionen oder sogar als Originale bekannt gewesen sein: Manets *Le balcon* (1868) und *Le Chemin de fer* (1872/73) sowie Goyas *Majas en el balcón* (ca. 1800–1810); eine Variante des Letztgenannten befindet sich seit 1929 im Metropolitan Museum. Die Geländer repräsentieren eine Grenze, ein Instrument zur Exklusion oder Trennung sozialer Klassen. Auf Neels Gemälde greifen die Schnörkel des Geländers die Bewegung der Haarlocke vor der rechten Schulter der Mutter auf. Die Geländer auf den Bildern von Goya und Manet sind weniger reich verziert. Der Faltenwurf der Windel deutet an, dass es sich bei dem Baby um ein Mädchen handelt. Neel muss jedoch gewusst haben, dass es ein Junge ist; vielleicht wollte sie eine Art Fiktion erzeugen. In diesem Falle wäre *The Spanish Family* nicht bloß das Porträt einer befreundeten Familie, sondern ein allgemeineres Statement über das entbehrungsreiche, von Armut geprägte Leben von Einwanderern in New York, wie der unspezifische Titel bereits impliziert.

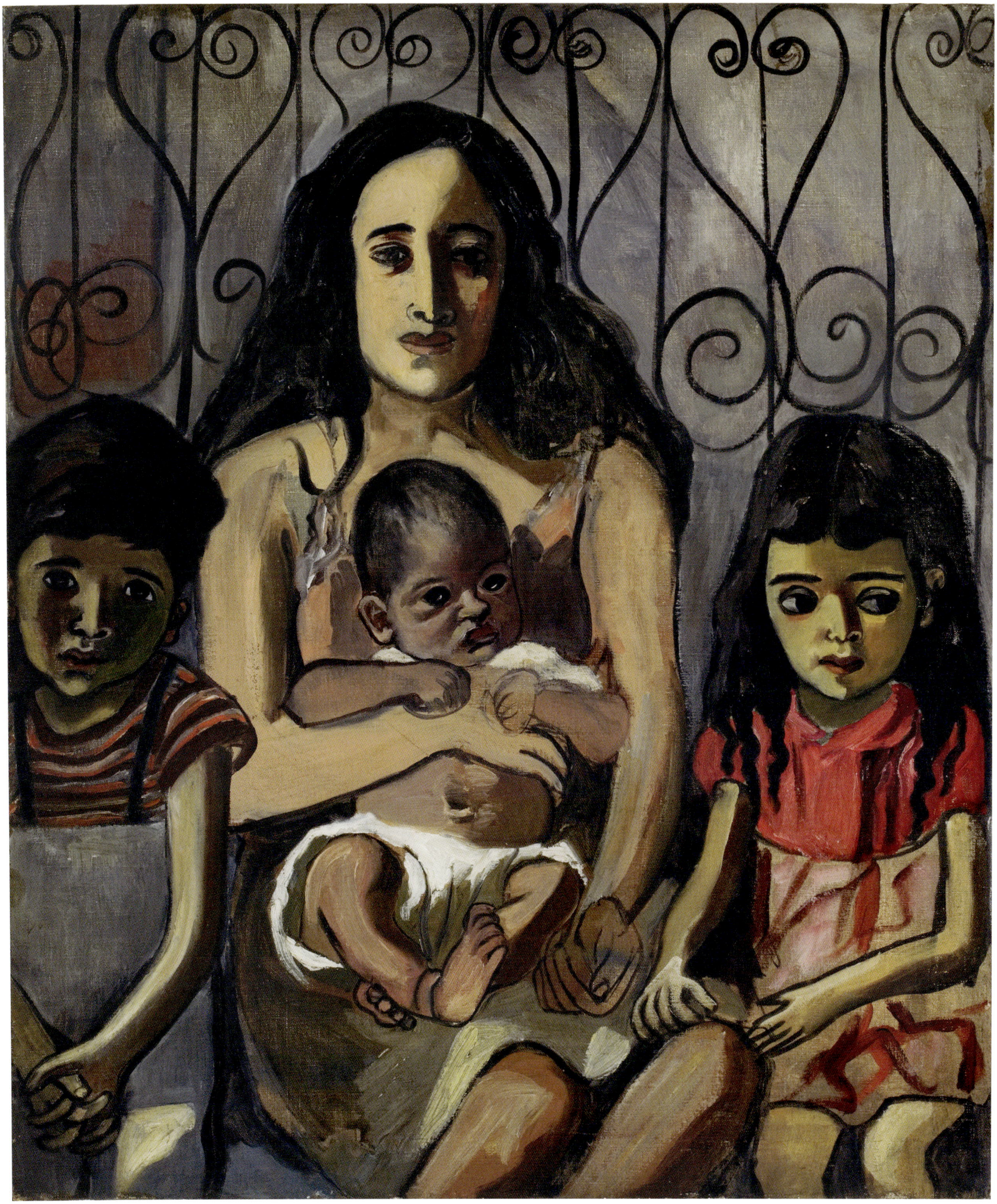

Kat. 23

Hartley on the Rocking Horse, 1943

Öl auf Leinwand, 76,4 x 86,4 cm
Estate of Alice Neel

Das Porträt ihres jüngeren Sohnes Hartley (*1941) liefert Aufschluss darüber, wie Neel ihre Situation als berufstätige Mutter bewältigte. Indem sie ihren Sohn malte, konnte sie sich mit ihm beschäftigen und gleichzeitig ihrer Arbeit nachgehen. Das Schaukelpferd, ein Straßenfundstück, stand normalerweise im Spielzimmer, aber für dieses Bild holte Neel es ins Wohnzimmer-Atelier, wo bessere Lichtverhältnisse herrschten. Ungewöhnlich ist, dass im Vordergrund das porträtierte Kind erscheint und im Hintergrund zugleich ein Selbstporträt Neels im Spiegel zu sehen ist; vermutlich eine Referenz auf *Las Meninas* (1656) von Diego Velázquez. In seinem Gemälde stellt der Künstler sich selbst frontal dar, während das spanische Königspaar, dessen Porträt er gerade anfertigt, im Hintergrund als Spiegelbild erscheint. In Neels Gemälde hingegen erscheint die Künstlerin als Spiegelbild im Hintergrund. Neel steht vor den beiden Fenstern ihres Wohnzimmer-Ateliers, während sie Hartley malt, der sich zwischen ihr und ihrem Schlafzimmer befindet, das hinten rechts ein kleines Fenster hat. Ein Vorhang trennt den tiefen Raum auf der linken Seite und den reduzierten Raum auf der rechten Seite; der räumliche Kontrast erinnert an Tizians *Venere di Urbino* (1538). Neel ließ sich anscheinend bei einigen ihrer Werke von den Alten Meistern inspirieren.

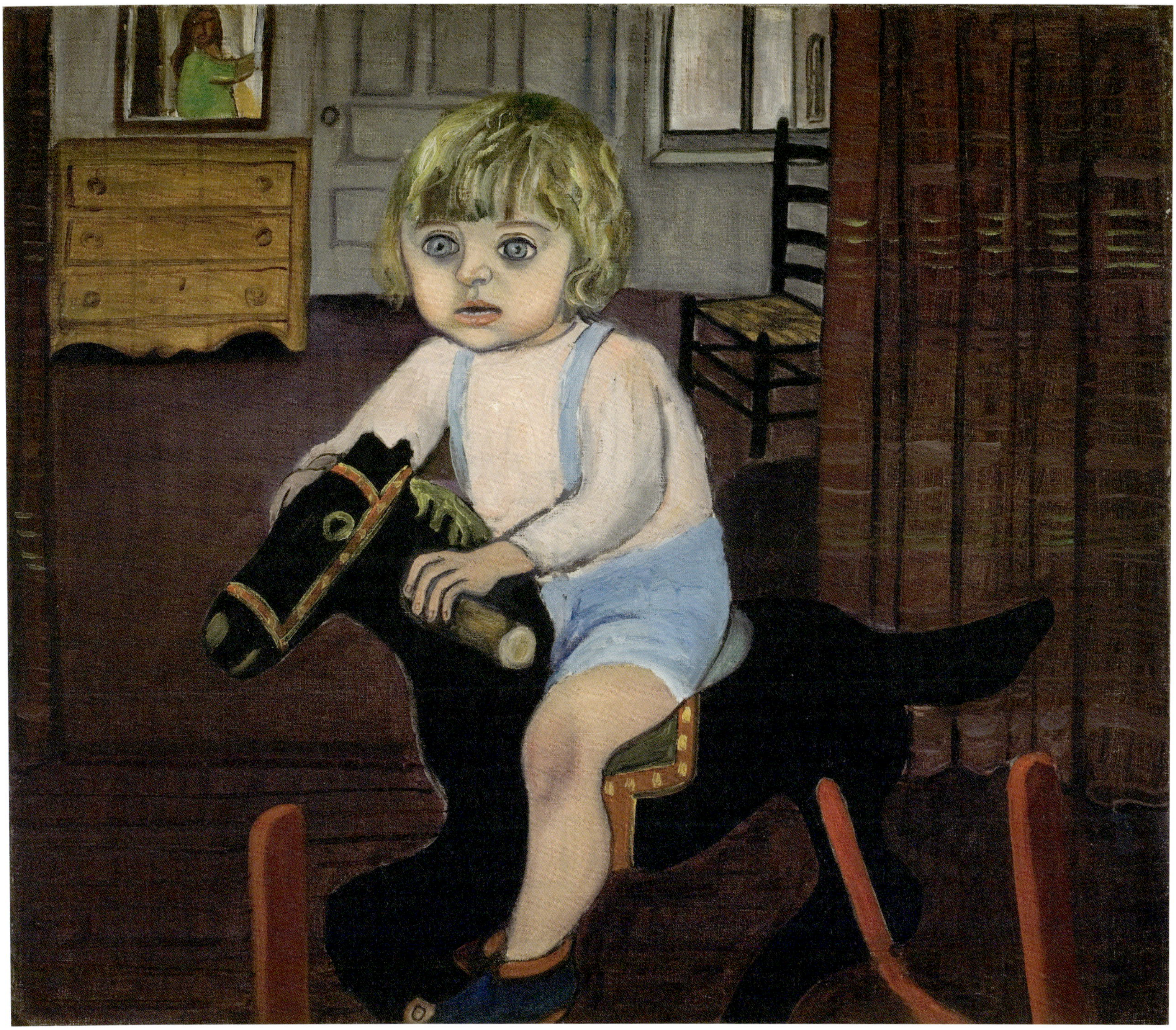

Kat. 24

Sam, Snow (How Like the Winter), 1945

Öl auf Leinwand, 76 x 61 cm
Privatsammlung

Sam Brody (1907–1987), Hartleys Vater und Neels Lebenspartner, wurde als Samuel Brodetsky in Whitechapel, London, geboren; seine Eltern waren russische Juden. 1912 zog die Familie nach Paris, doch aus Furcht vor dem starken Antisemitismus in Frankreich emigrierte sie 1920 nach New York. 1927 beschloss Brody, Filmregisseur zu werden. Im selben Jahr heiratete er Claire Gebiner, mit der er zwei Kinder hatte, Julian und Mady. Nach einem kurzen Studienaufenthalt an der Pariser Sorbonne kehrte Brody 1929 nach New York zurück und ließ sich in der Bronx nieder. Er war als Filmkritiker für die kommunistische Tageszeitung *Daily Worker* tätig und 1931 einer der Mitbegründer der Workers Film and Photo League (WFPL), für die er theoretische Schriften verfasste. Später arbeitete er als Fotograf, insbesondere für die WPA. Bei einem WPA-Treffen im Januar 1940 machte er Neels Bekanntschaft. Dieses Gemälde zeigt ihn sitzend bei der Lektüre einer Zeitung mit der Aufschrift »VIC«, vermutlich eine Referenz an den Sieg der Alliierten in Europa, der am 8. Mai 1945 verkündet wurde. In ihren Werken griff Neel selten auf die Profilansicht zurück, aber hier unterstrich sie damit Brodys aristokratische Gesichtszüge, ähnlich wie bei Frank O'Hara, als er 1960 erstmals Modell für sie saß (Kat. 35). Der im Titel erwähnte Schnee spielt auf die weiße Staubschicht auf Brodys schwarzem Haar, Kragen und Ärmel an. Brody war mit Hartley, der an Asthma litt, für einige Zeit nach Los Angeles gereist, was bei Neel Erinnerungen an ihre Trennung von Isabetta weckte. Der Untertitel des Gemäldes, »How Like the Winter« (Zum schaurig öden Winter), ist der ersten Zeile des 97. Sonetts von Shakespeare entlehnt. Neel wählte es offenbar aus, um ihre Gefühle darzustellen:

»Wie ward zum schaurig öden Winter mir
Die Trennungszeit von Dir, mein Glück und Leben!
Welch dunkle Tage liegen hinter mir,
Welch ein Dezemberfrost hat mich umgeben!«

Im Hintergrund sind diverse schemenhafte Gebilde erkennbar, darunter eine Frauengestalt – möglicherweise Neel selbst – und ein Vogelwesen, vermutlich eine Anspielung auf die Sonettzeile »Und wo Du fehlst, schweigt selbst der Vögel Sang«. Der Hintergrund, der wie eine Projektion von Neels verzweifelter Unruhe wirkt, kontrastiert mit Brodys abgeklärter Ruhe.

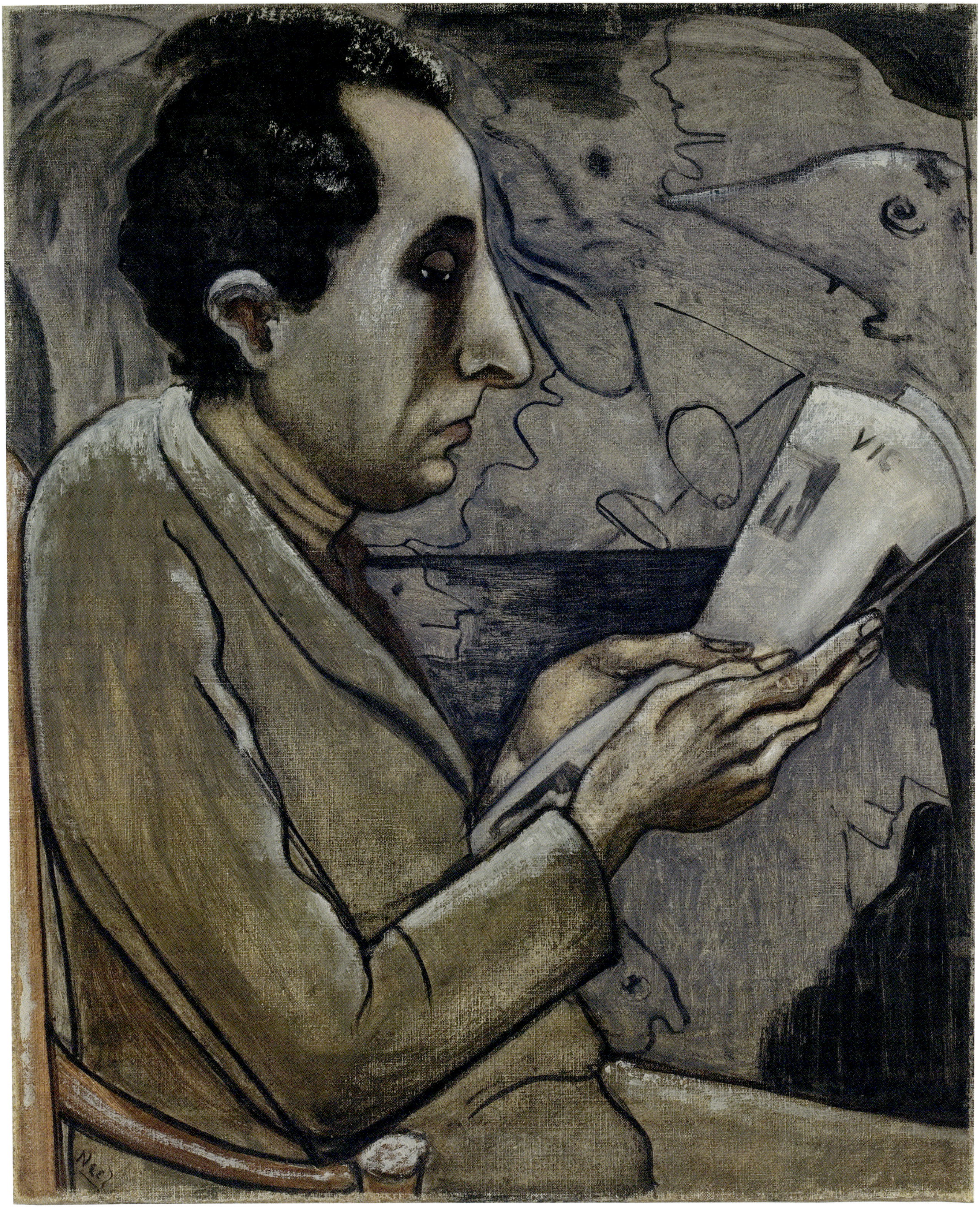

Kat. 25

Richard at Age Five, 1945

Öl auf Leinwand, 66,2 cm x 35,9 cm
Estate of Alice Neel

Neels älterer Sohn Richard (bei seiner Geburt 1939 Neel Neel genannt, sein Vater war José Negrón) sitzt der Malerin auf einem Holzstuhl direkt gegenüber. Richard war zu diesem Zeitpunkt fast blind, und Neel stellt seine Augen sehr dunkel mit schwach glänzenden Reflektionen dar, die auf einen letzten Rest Sehkraft hindeuten. Er hat einen Arm um die Rückenlehne geschlungen, als wolle er verhindern, vom Stuhl zu rutschen. Das Gemälde baut auf einer starken Diagonale auf, die von Richards linker Hand bis zum Ellenbogen reicht, der von der Bildkante abgeschnitten wird. Die Intensität seines Blicks und sein furchtloser Gesichtsausdruck erinnern an *Isabetta* (1935, Kat. 10). Neels Porträts ihrer eigenen Kinder haben nichts von der Sentimentalität der Werke einer Mary Cassat oder Berthe Morisot, sondern sind durchgängig konfrontativ. Sie lassen erahnen, wie langweilig das Modellsitzen sein kann und wie schwer es ist, sich auf das Halten einer Pose zu konzentrieren. Doch sie zeugen auch von der engen Beziehung zwischen Mutter und Kind.

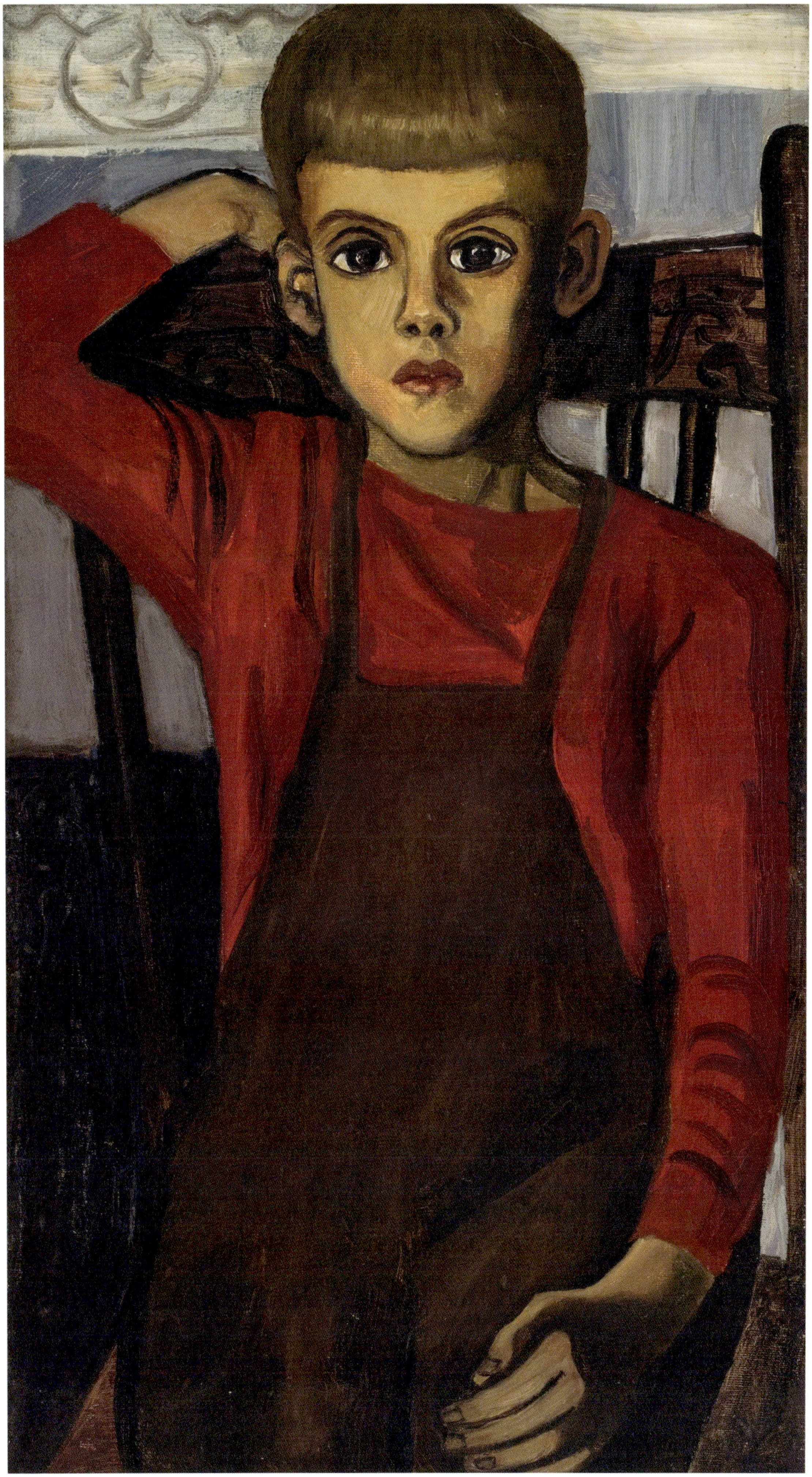

Kat. 26

Dead Father, 1946

Öl auf Leinwand, 50,2 x 71,4 cm
Estate of Alice Neel

George Washington Neel (1864–1946) war Angestellter bei der Eisenbahngesellschaft Pennsylvania Railroad. Er war ein stiller Mann, in der Familie hatte eher seine Frau Alice das Sagen. Abgesehen von einem Aquarell mit ihrer Familie hielt Neel ihren Vater zu dessen Lebzeiten auf keinem ihrer Bilder fest, anders als ihre Mutter. Erst als sie ihn nach seinem Tod im Sarg aufgebahrt sah, entschloss sie sich, ihren Vater zu porträtieren. Vielleicht hatte sein blasses Wesen sie zuvor davon abgehalten. *Toter Vater* scheint auf lateinamerikanische Totenporträts ebenso Bezug zu nehmen wie auf Erinnerungs-Bilder kommunistischer Koryphäen von Käthe Kollwitz. Neels Gemälde beeindruckt mit der sanften Darstellung eines Mannes, der seinen Frieden gefunden hat. Neel schuf es aus dem Gedächtnis, am Tag nach der Beerdigung ihres Vaters. »Er war ein guter und freundlicher Mensch, und er sah so würdevoll aus«, erzählte sie Patricia Hills. »Ich war sehr gerührt, und eigentlich hatte ich gar nicht vor, ihn so zu malen. Aber das Bild prägte sich tief in mir ein.«[1] Der Tod war in Neels Leben ein ständiger Begleiter. Ihre Mutter hatte bereits einen Sohn namens Hartley durch Diphterie verloren, bevor Neel zur Welt kam, und Neels erste Tochter starb ebenfalls an dieser Krankheit.

Anmerkung

1 Patricia Hills, *Alice Neel*, New York 1983, S. 81.

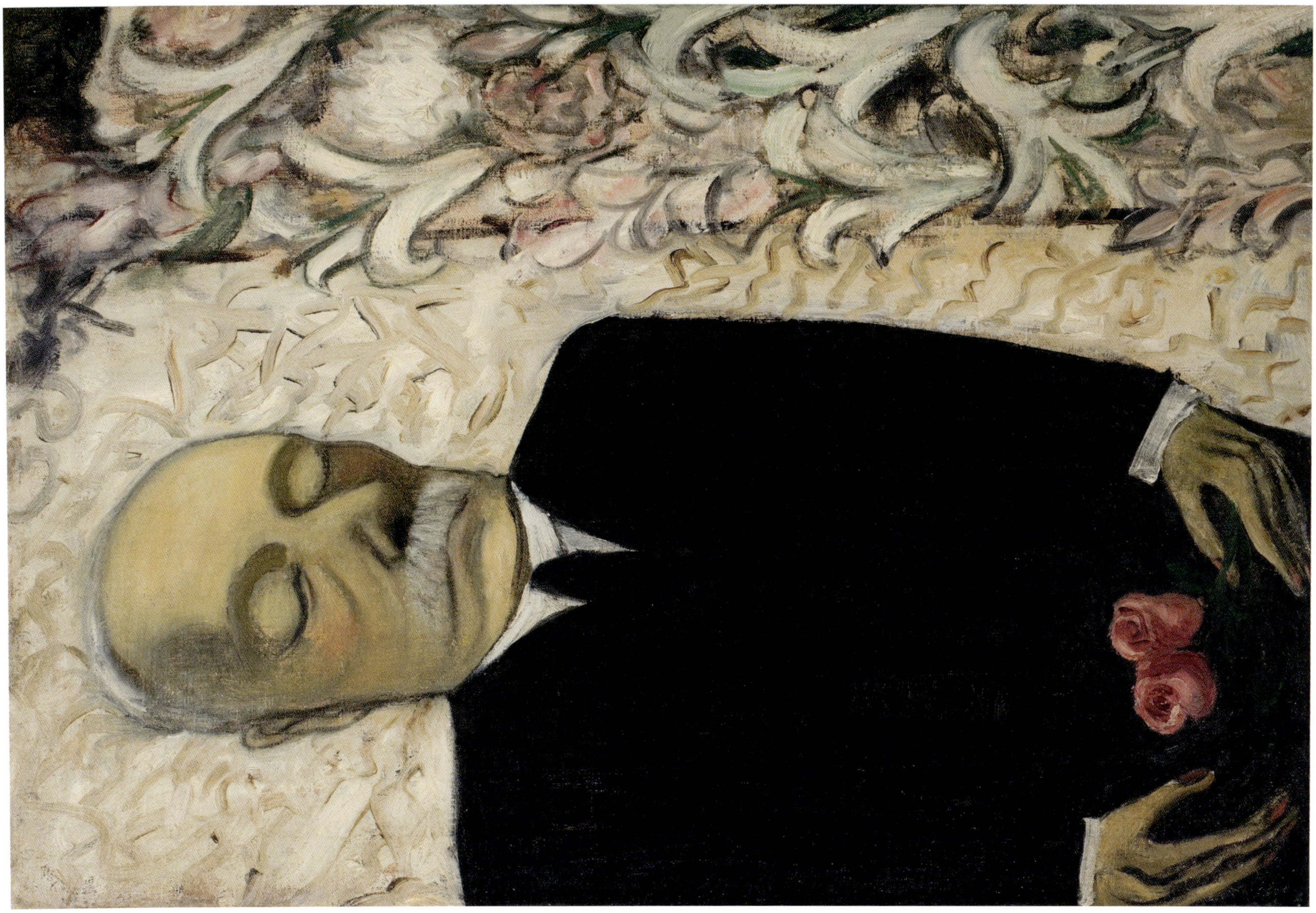

Kat. 27

Fire Escape, 1948

Öl auf Leinwand, 86,7 cm x 63,7 cm
Estate of Alice Neel

Fire Escape zählt zu einer kleinen Gruppe von Gemälden, auf denen Neel Ausblicke festhielt, die sich von den Fenstern ihrer jeweiligen Wohnung boten. Das Bild zeigt Wäsche, die zwischen den Häusern aufgehängt ist; einige Kleidungsstücke scheinen wegflattern zu wollen. Die Häuser sind so hoch, dass nur ein kleines Dreieck mit blauem Himmel zu sehen ist, was Neels Gefühl des Eingeschlossenseins zeigt. Das Bild deutet an, dass Neel sich für Architekturfotografien von New York interessierte, bei denen Gebäude häufig in spitzem Winkel aufgenommen wurden. Neel betont die Schatten im unteren Bildbereich, wobei die Form des Schattens, der sich links unten um das Fenster legt, sehr ungewöhnlich aussieht; vielleicht wird er von einer unregelmäßigen Dachlinie geworfen. Neel malte das Bild von ihrer Küche aus, die der hinterste Raum ihrer aus Durchgangszimmern bestehenden Wohnung war, also gewissermaßen eine Sackgasse.

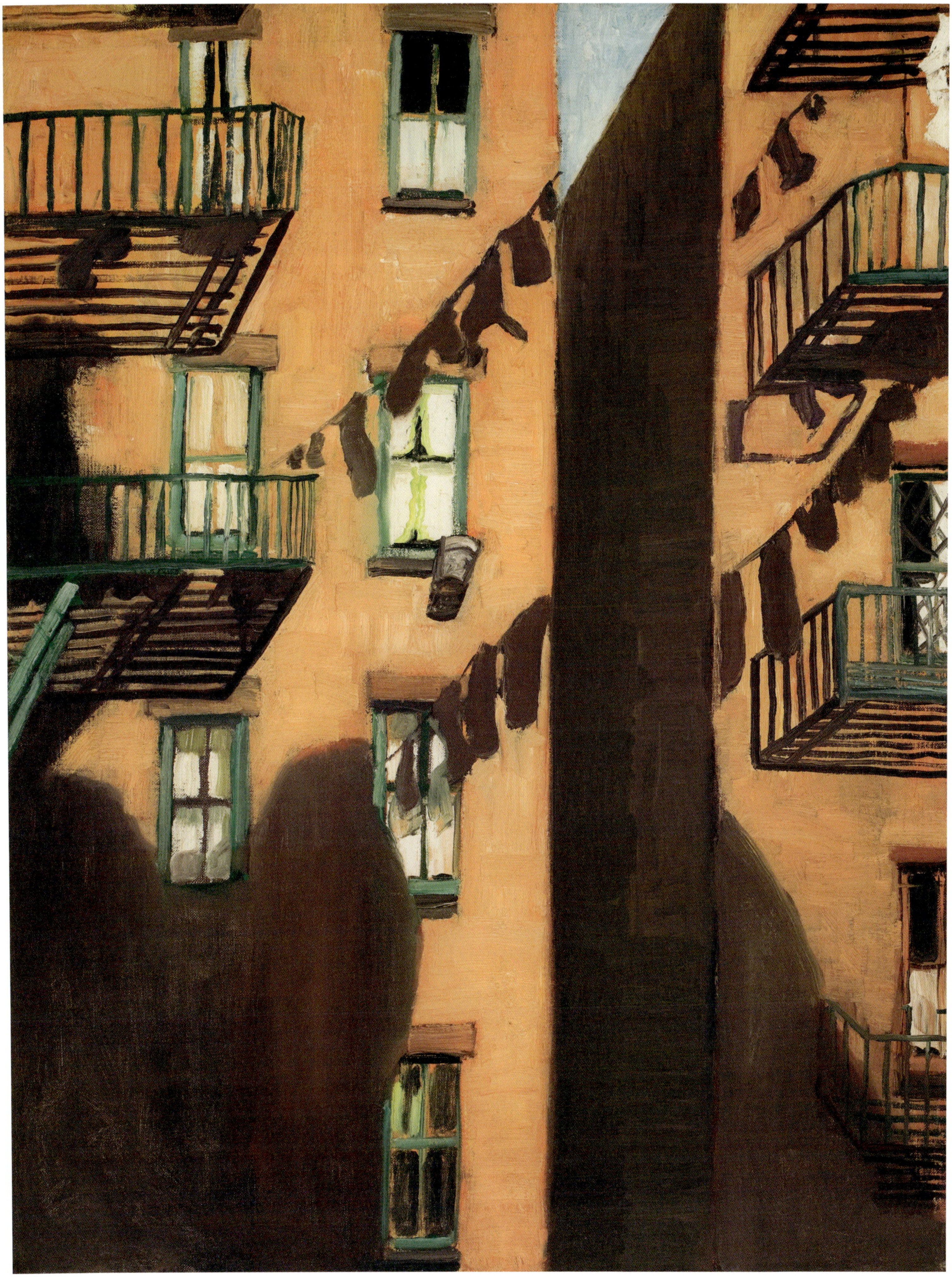

Kat. 28

Art Shields, 1951

Öl auf Leinwand, 81,3 x 55,9 cm
Privatsammlung

Art (Thomas Arthur) Shields wurde 1888 als Sohn eines Priesters der Moravian Church auf Barbados geboren. Mit der Oktoberrevolution wurde er zum Befürworter Sowjetrusslands, woran er trotz Stalins Gräueltaten festhalten sollte. 1918 trat er in die US-Armee ein, allerdings nicht, um in Europa zu kämpfen, sondern um Widerstand gegen den Krieg zu organisieren. Während seiner Tätigkeit als Maschinist in den Docks von Seattle trat er auch als politischer Aktivist in Erscheinung. 1920 zog er nach New York, wo er sich für Nicola Sacco und Bartolemeo Vanzetti einsetzte, die der anarchistischen Arbeiterbewegung angehörten und in einem Schauprozess, der der Schwächung der Linken diente, wegen angeblichen Raubmordes zum Tode verurteilt und später hingerichtet wurden. Später arbeitete Shields als Gewerkschaftsjournalist und ab 1924 für den *Daily Worker*, die Tageszeitung der Kommunistischen Partei der USA. 1939 kämpfte er im Spanischen Bürgerkrieg für die Republikaner und geriet in nationalistische Gefangenschaft. Nach seiner Rückholung in die USA arbeitete er zunächst erneut für den *Daily Worker* und dann für die von 1948 bis 1963 erscheinende marxistische Monatszeitschrift *Masses & Mainstream*, für die Neels Freund Phillip Bonosky ebenfalls schrieb. Da Neel damals gelegentlich als Illustratorin für diese Zeitschrift tätig war, lernte sie Shields entweder dort oder über Bonosky kennen (den sie ebenfalls porträtierte). Shields schrieb später eine zweibändige Autobiografie: *My Shaping-Up Years* und *On the Battle Lines 1919–1939*. Neel stellt Shields im Dreiviertelprofil mit einem Gesichtsausdruck dar, der an das Foto eines heroischen Sowjetpioniers denken lässt. Das schlicht konstruierte Porträt erinnert auch an einige van Gogh-Gemälde. Neels Werk entstand 1951; im gleichen Jahr schenkte Sam A. Levison dem Metropolitan Museum van Goghs *L'Arlésienne* (1888). 1935/36 gab es eine van Gogh-Retrospektive im Museum of Modern Art; 1949/50 eine weitere im Metropolitan Museum. Viele Mitglieder der Kommunistischen Partei bewunderten van Gogh als beispielhaften humanistischen Künstler. Shields Todestag ist nicht bekannt; angeblich war er seinen Neunzigern, als er starb.[1]

Anmerkung

1 Mehr Informationen über Shields finden sich in dem Beitrag »Art Shield: Labor's Great Reporter« von Tim Wheeler im Onlinemagazin *People's World* (18. Mai 2007), auf dem dieser Eintrag teilweise basiert. Letzter Zugriff am 27. Februar 2016, http://www.peoplesworld.org/art-shields-labor-s-great-reporter/.

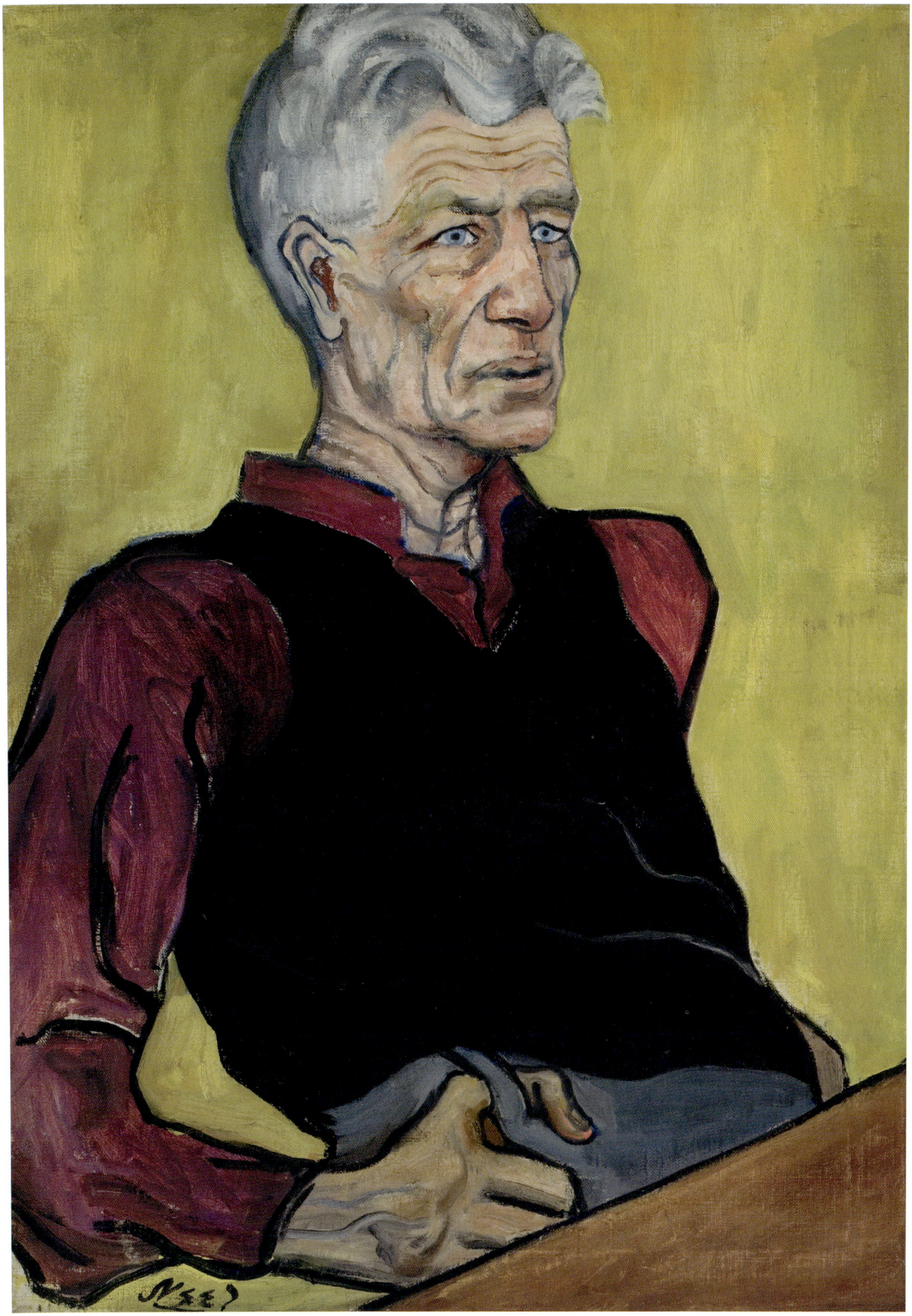

Kat. 29

Last Sickness, 1953

Öl auf Leinwand, 76,2 x 55,9 cm
Philadelphia Museum of Art, Erwerb zum 125-jährigen Jubiläum durch Schenkung von Hartley S. Neel und Richard Neel, 2003

Im Gegensatz zu ihrem Vater, den sie zu seinen Lebzeiten nie malte, porträtierte Neel ihre Mutter, Alice Concross Hartley, mindestens vier Mal. *Last Sickness* bildet den Schlusspunkt der Reihe. Neels Mutter gab in der Familie den Ton an, und Neels Psychiater äußerte einmal die Vermutung, dass Neels Interesse für Porträts darauf beruhte, dass sie die Reaktionen ihrer Mutter immer genau beobachten musste, um deren Gefühle einschätzen zu können. Im März 1953 zog Neels Mutter, der es gesundheitlich immer schlechter ging, zu Neel nach Spanish Harlem. Neel musste nun also nicht nur für ihre beiden Kinder, sondern auch für ihre sieche Mutter sorgen. Wie schon bei ihren Kindern bestand ein effizienter Weg, ihre Mutter im Auge zu behalten, darin, sie Modell sitzen zu lassen. Das Gemälde ähnelt Mary Cassatts Porträt ihrer Mutter, was aber vermutlich nicht in Neels Absicht lag, da sie Cassatts Arbeiten nicht mochte. Sie ließ sich wohl eher von August Sanders Fotografien älterer Frauen inspirieren. Neel konfrontiert den Betrachter schonungslos mit der Gebrechlichkeit ihrer Mutter und bringt deren Krankheit und Alter auch durch die Art des Farbauftrags auf der Leinwand zum Ausdruck. Der mit dünnen Pinselstrichen dargestellte Morgenmantel wirkt abgewetzt, das schüttere weißgraue Haar wird teilweise durch ungrundierte Leinwand dargestellt. Bordüre und Gürtel des Morgenmantels wirken fast wie ein Sicherheitsgurt für die auf einem Lehnstuhl sitzende Mutter. Es bleibt unklar, ob das leuchtende Gelb der Zitronen im Hintergrund lediglich einen frischen Farbakzent setzt oder auf das herbe Naturell von Neels Mutter anspielt.

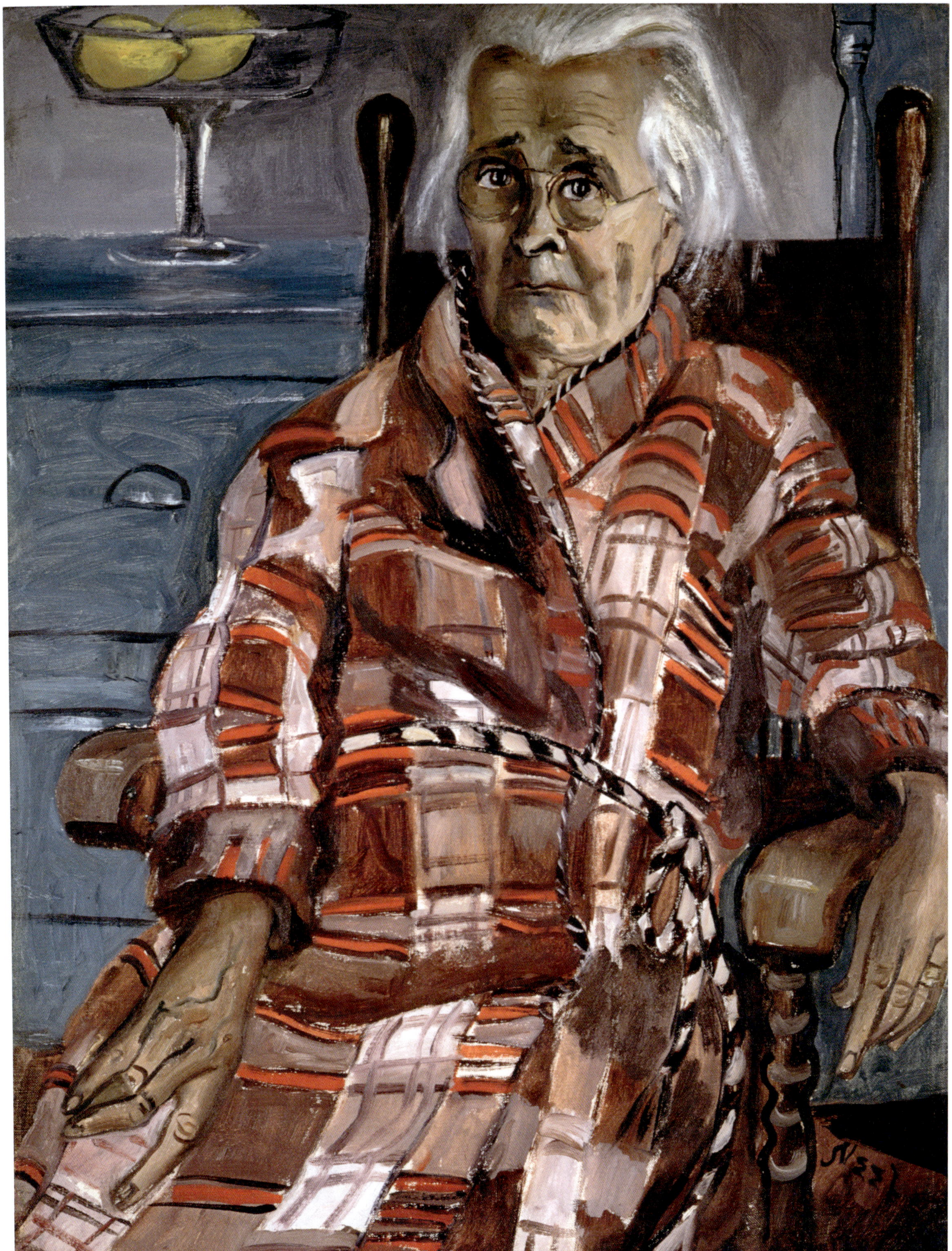

Kat. 30

Rita and Hubert, 1954

Öl auf Leinwand, 86,4 x 101,6 cm
Defares Collection

Neel porträtierte Hubert Satterfield einmal solo und einmal mit seiner Freundin Rita. Abgesehen davon, dass er kommunistischer Schriftsteller und sein Bruder Boxer war, ist kaum etwas über ihn bekannt. 1954 herrschte in den USA noch immer ein starker Rassismus, vor allem in den Südstaaten. Segregation und Diskriminierung waren an der Tagesordnung. 1955 führte die Weigerung von Rosa Parks, einen für Weißen reservierten Sitzplatz im Bus zu räumen, zu einem Busboykott. Die offizielle Rassentrennung an US-Schulen war schon 1954 aufgehoben worden, doch erst drei Jahre später wagten erstmals neun schwarze Schülerinnen und Schüler den Besuch einer bis dahin nur Weißen vorbehaltenen Schule in Little Rock, Arkansas. Das Porträtieren eines Afroamerikaners mit seiner weißen oder hispanischen Freundin stellte 1954 also eine sehr deutliche Solidaritätsbekundung für die schwarze Bevölkerung und deren Rechte dar. Für Neel jedoch war dieses Statement ganz selbstverständlich, zumal sie Anhängerin der Kommunistischen Partei war, die sich schon seit langem für die Bürgerrechte von Afroamerikanern engagierte. Auf Neels Gemälde ist Rita im Vergleich zu Hubert viel klarer erkennbar; vermutlich eine Anspielung auf Ralph Ellisons Roman *Der unsichtbare Mann*. Der Roman, der 1952 erschien und 1953 den National Book Award erhielt, beschäftigte sich mit der gesellschaftlichen Unsichtbarkeit der Schwarzen, der erstarkenden schwarzen Bürgerrechtsbewegung und der Beziehung zwischen schwarzer Identität und Marxismus. Hubert sitzt im Schatten, Rita im Licht: eine unmissverständliche Botschaft, die nicht nur Neels eigene politische Überzeugung, sondern auch die politische Realität in den USA wiederspiegelte.

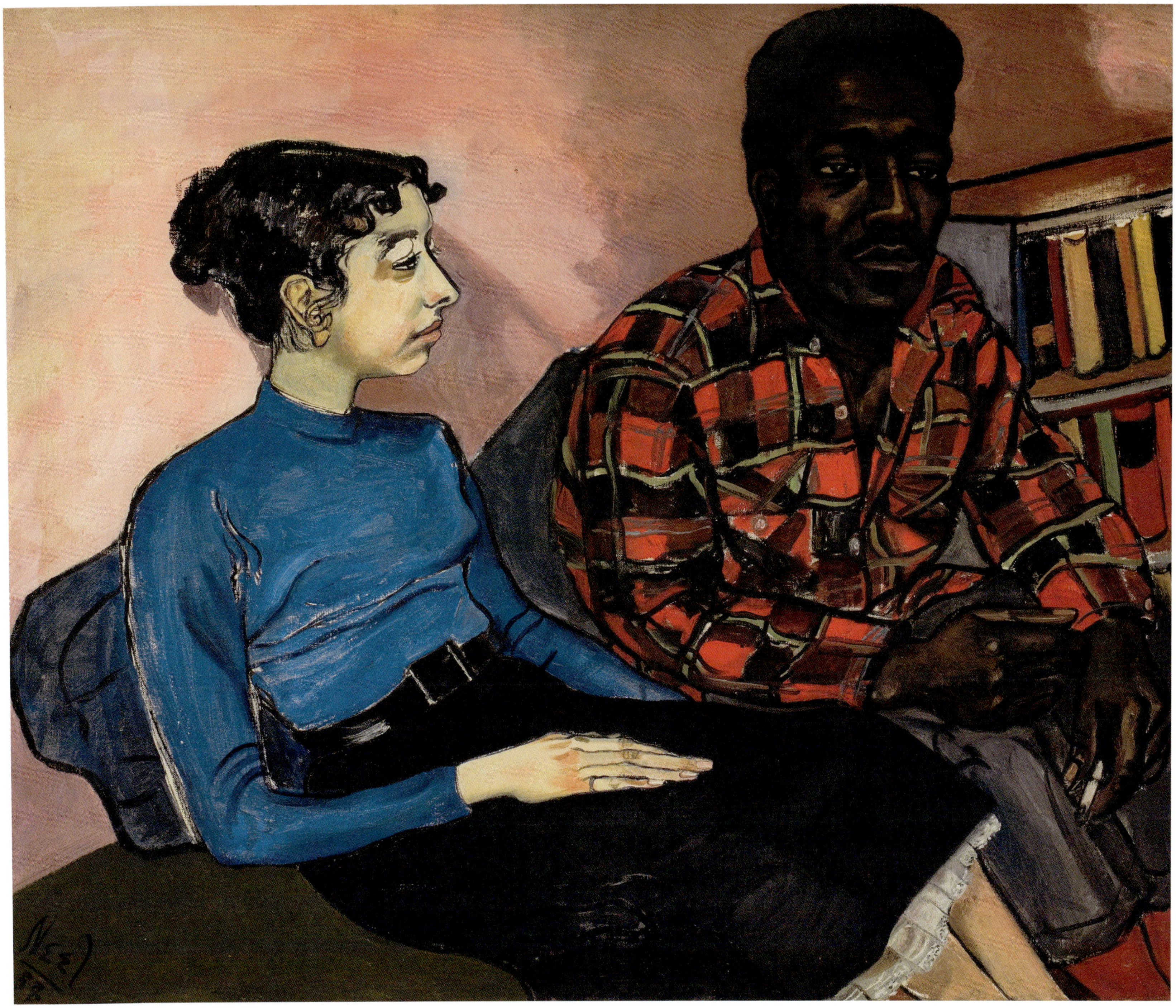

Kat. 31

Sam, 1958

Öl auf Leinwand, 81,3 x 56,2 cm
Estate of Alice Neel

1958 waren beide Söhne Neels im Internat bzw. auf dem College, so dass Neel mehr Zeit zum Malen hatte. Es war jedoch auch das Jahr, in dem ihre Beziehung mit Sam Brody endete, auch wenn sie einander lebenslang freundschaftlich verbunden blieben. Brody heiratete Sondra Herrera und bekam mit ihr im Juni 1958 einen Sohn namens David. David saß Neel später Modell, wie auch schon die beiden anderen Kinder Brodys, Julian und Mady. Vielleicht wollte Neel sich durch das Porträtieren seiner Kinder einen größeren Anteil an seinem Leben sichern. *Sam* zeigt den müde, fast schon traurig wirkenden Brody mit missmutiger Miene und verschränkten Armen, als wolle er Neels Röntgenblick abwehren und sich von seiner früheren Geliebten distanzieren. Es ist das letzte Porträt, das Neel von Brody malte. Zugleich zeigt es, dass ihre Malerei eine neue Richtung genommen hatte, etwa durch das Einbinden von Markierungen bei der Hintergrundgestaltung, wie es die zeitgenössischen Vertreter des Abstrakten Expressionismus taten, und durch die Betonung der Faktizität der Farbe.

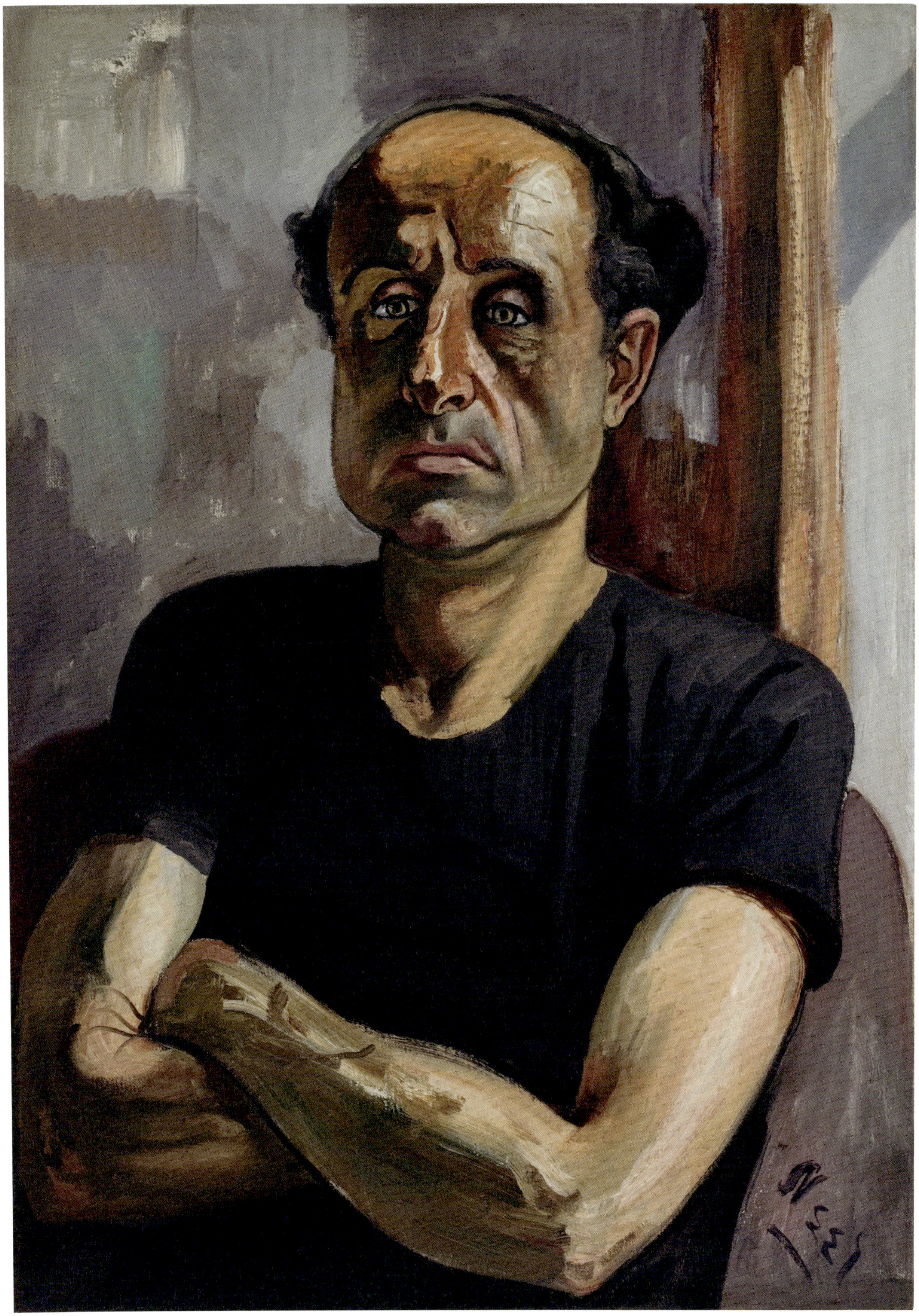

Kat. 32

Night, 1959

Öl auf Leinwand, 81,6 x 46,4 cm
Estate of Alice Neel

Der nächtliche Blick aus dem Fenster auf eine hell erleuchtete Nachbarwohnung lässt an Sehnsucht und Einsamkeit denken. Das Gemälde, das in dem Zimmer entstand, wo Neels Mutter ihr letztes Lebensjahr verbrachte, vermittelt auch ein Gefühl von Verlust und von schwindendem Leben, das den näher rückenden Schatten weicht. Im unteren Teil des hell erleuchteten Nachbarfensters ist eine Person erkennbar, sie ist nah und dennoch unerreichbar. Der malerische Ansatz des Werks verrät den Einfluss von Clyfford Still, wobei Neel Abstraktion erzählerisch einsetzt und die radikale Verwendung von Farbe nie ihre Sinnhaftigkeit verliert. Sujet des düsteren Gemäldes sind die Dämonen der Nacht. Möglicherweise diente Goyas Werk *Plaga en el Hospital*, das er 1800 als 54-jähriger vollendete, als Inspiration für Neels Gemälde. Im Hintergrund dieser düsteren Todesszene sind zwei hell leuchtende Fenster zu sehen. Wie die Fenster in Neels Gemälde präsentieren sie die hell strahlende Außenwelt als Kontrast zur Schwärze des inneren (körperlichen oder in Neels Fall seelischen) Leids. Goya zählte zu den Künstlern, die Neel am meisten bewunderte.

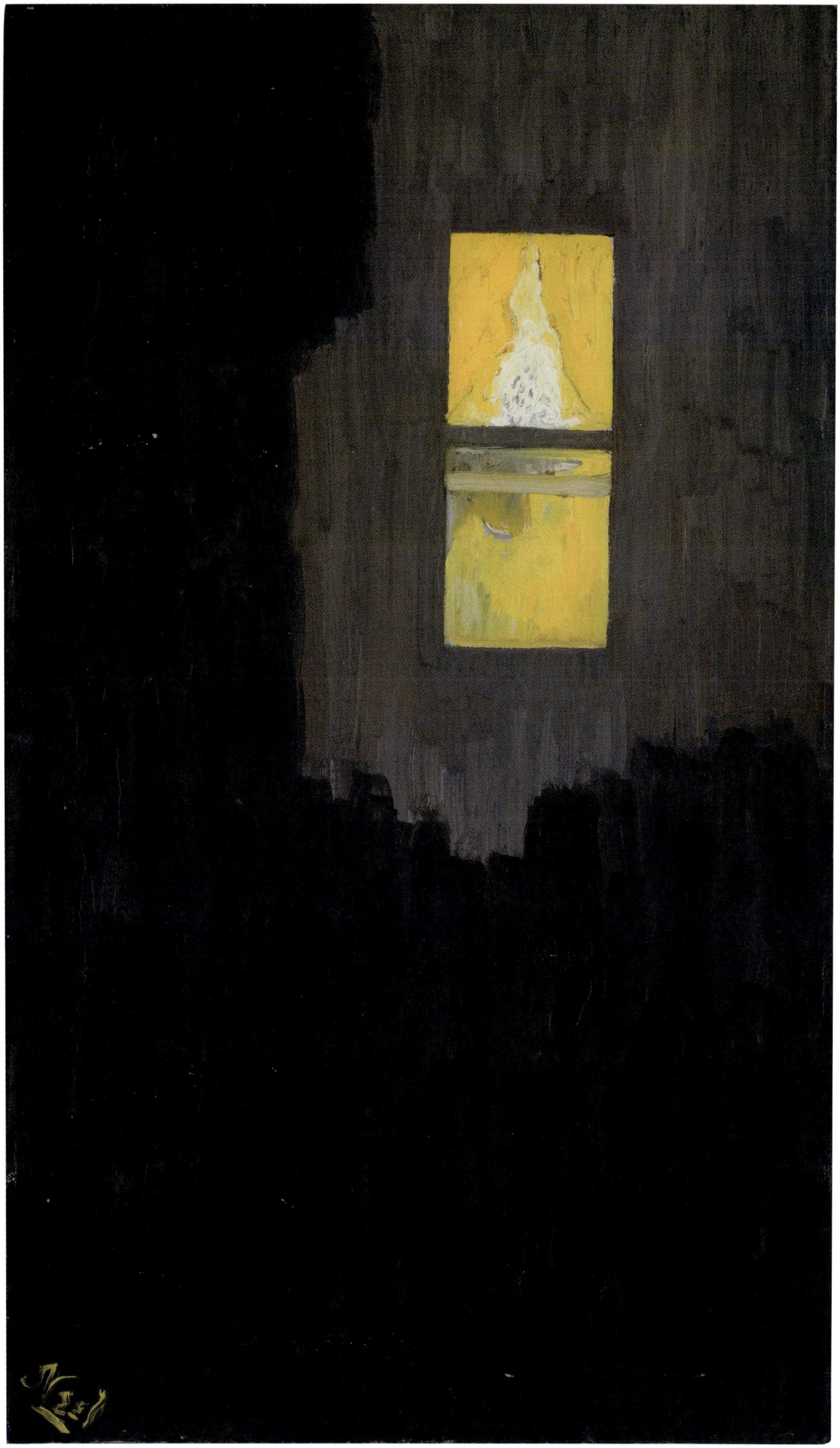

Kat. 33

Georgie Arce, 1959

Öl auf Leinwand, 91,4 x 63,5 cm
Estate of Alice Neel

Neel kannte den aus Puerto Rico stammenden Arce seit seiner Kindheit und porträtierte ihn mehrmals als Heranwachsenden. Er machte Karriere als Trickbetrüger und wurde 1974 wegen zweifachen Mordes und Mordkomplott zu einer Freiheitsstrafe von fünfundzwanzig Jahren verurteilt, die er im Auburn Gefängnis im Staat New York verbüßte. Er ging erfolglos in Berufung, und auch seine anschließenden Haftprüfungsanträge wurden abgelehnt, zuletzt 1989. Arce hatte offensichtlich Freude daran, Neel Modell zu sitzen. Auf einem ihrer Bilder spielt er den harten Kerl mit Messer in der Hand, auf einem anderen mimt er den Herumtreiber. Neel bereitete diese Maskerade anscheinend genauso viel Spaß wie ihm. *Georgie Arce*, vermutlich ihr letztes Porträt von ihm, zeigt ihn als Halbstarken von seiner nachdenklichen Seite. Der diffus gestaltete Hintergrund könnte eine Metapher für Labilität sein oder vielleicht auch für die unheilschwangere Zukunft, die sich hinter Arce zusammenbraut. Arce, der schimmernden Ringschmuck an den Fingern trägt, scheint sich seines Charmes gewiss, doch seine gekrümmte Haltung deutet darauf hin, dass sich hinter der Coolness eine gewisse Unsicherheit verbirgt. Neel hatte eine Schwäche für Menschen aus Lateinamerika; sie erinnerten sie an Carlos, ihre erste Liebe.

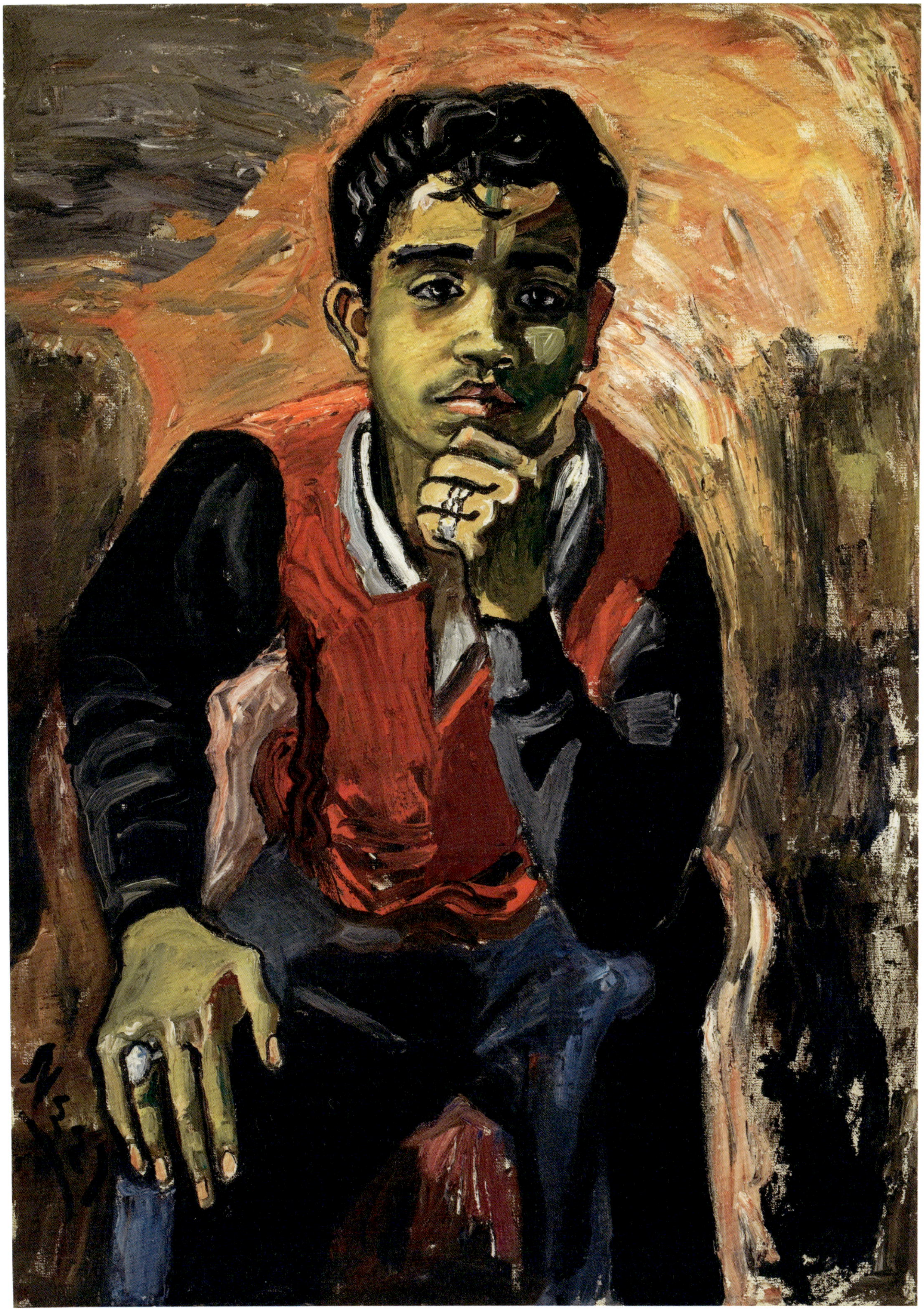

Kat. 34

Alvin Simon, 1959

Öl auf Leinwand, 97,2 x 46 cm
Privatsammlung

In dem Jahr nach der Entstehung dieses Porträts schloss sich der Journalist und Fotograf Alvin Simon zwei Gruppen an, die 1960 gegründet wurden und später fusionierten: der Organization for Young Men und On Guard for Freedom, einer afroamerikanischen Literaturinitiative. 1962 stieß er zu Umbra, einem Kollektiv junger schwarzer Autoren, dem auch einige weiße Mitglieder angehörten. Später wurde er Mitbegründer und Mitherausgeber der Zeitschrift *American Dialog*, die James Smethurst zufolge »eigentlich keine ›schwarze Zeitschrift‹ war, sich aber im Vergleich zu *Masses & Mainstream* weitaus konsequenter mit den neuen schwarzen kulturellen Radikalen auseinandersetzte, insbesondere mit Autoren, bildenden Künstlern und Free Jazz-Musikern«.[1] Außerdem war Simon für die kommunistische Tageszeitung *Daily Worker* und das kommunistische Jugendmagazin *New Horizons for Youth* tätig. Als einer von zahlreichen Afroamerikanern, die damals mit der Linken sympathisierten, nicht zuletzt weil sie starke Unterstützung durch die Kommunistische Partei erfuhren, gehörte Simon zudem der Künstler- und Autorenszene der Lower East Side an. Wie Neel ihn kennenlernte, ist allerdings nicht bekannt. Auf ihrem Porträt sitzt er an einem Beistelltisch, als sei er Gast in einem Café, doch tatsächlich malte sie ihn in ihrer Wohnung in Spanish Harlem. Beistelltische wurden häufig von kubistischen Malern als Requisit eingesetzt, insbesondere von Georges Braque.

Anmerkung

1 James Smethurst, *The Black Arts Movement. Literary Nationalism in the 1960s and 1970s*, Chapel Hill und London, 2005, S. 140.

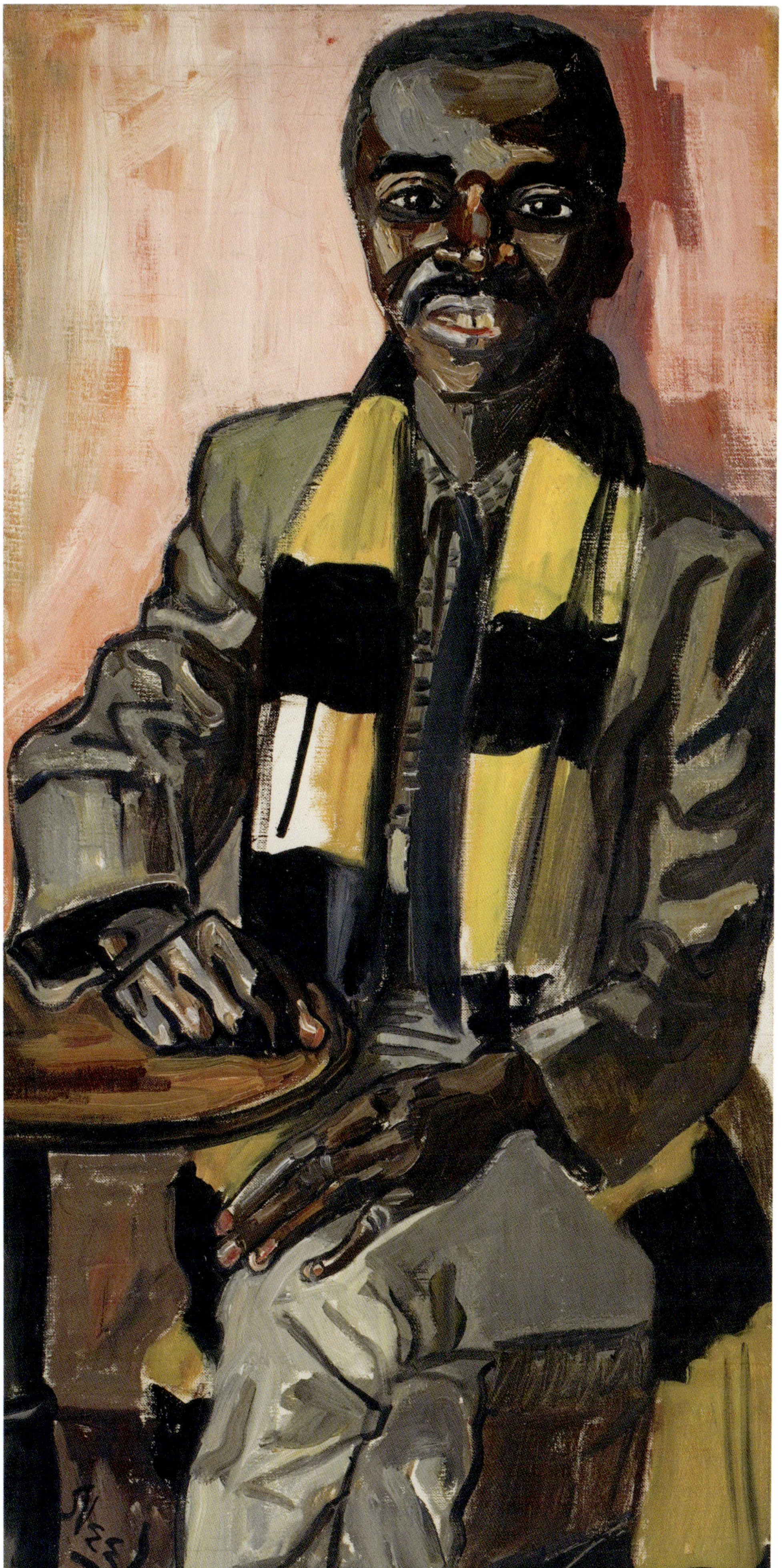

Kat. 35

Frank O'Hara, No. 2, 1960

Öl auf Leinwand, 96,5 x 61,1 cm
Estate of Alice Neel

Neel fertigte zwei Porträts des Dichters und Kurators Frank O'Hara (1926–1966) an. Das erste, das ihn im Profil zeigt, lässt an die gelassene Überlegenheit eines römischen Herrschers denken. Auf dem zweiten, das ihn frontal präsentiert, wirkt er dagegen nervös, mit Zähnen »wie Grabsteine«, wie Neel es formulierte; der leuchtende Flieder des ersten Porträts ist verblüht. Das erste Porträt entstand in vier Sitzungen, das zweite in nur einer einzigen. O'Hara war ein einflussreicher und mächtiger Kurator am Museum of Modern Art, wo er unter anderem als großer Bewunderer von Jackson Pollock in Erscheinung trat; 1959 richtete er die große Pollock-Werkschau auf der documenta in Kassel aus, davor suchte er die Werke für die 1958 in Europa gezeigte Pollock-Retrospektive aus. Neel berichtete, dass sie O'Hara kurz nach der Ausstellung *New Spanish Painting and Sculpture* malte, die er 1960 im MoMA organisierte. O'Hara muss also im Herbst oder Winter 1960 für sie Modell gesessen haben. Neel lernte O'Hara im Club kennen. Ihr Psychiater schlug ihr vor, O'Hara zu malen, um sich so in der Kunstwelt bekannter zu machen. O'Hara interessierte sich für gegenständliche Kunst ebenso wie für den Abstrakten Expressionismus, vor allem für die Werke von Larry Rivers. Neel nahm er jedoch nicht unter seine Fittiche. In der von ihm, William Lieberman und Dorothy Miller kuratierten Ausstellung *Recent Painting USA: The Figure* erschien keines ihrer Werke. Die Gedichte von O'Hara zeichneten sich durch eine gewisse Flüchtigkeit aus; er brachte sie meist schnell und formlos zu Papier. Häufig enthielten sie Alltagsbeobachtungen. In gewisser Weise waren sie ein literarisches Äquivalent zu Neels Gemälden, denn O'Hara war ein Dichter des modernen Lebens. Er beschrieb, was er sah und was er dachte.

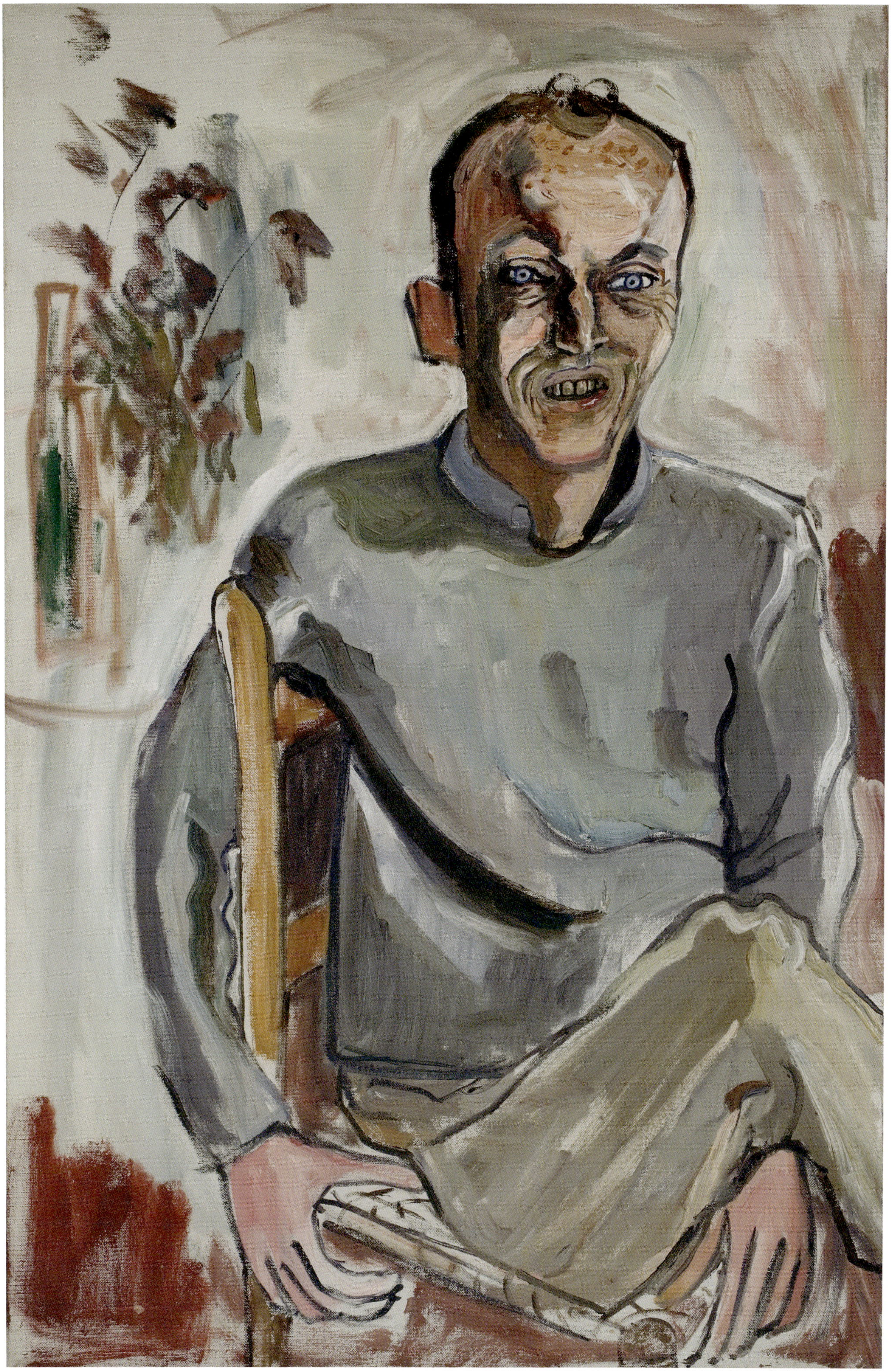

Kat. 36

Randall in Extremis, 1960

Öl auf Leinwand, 91,4 x 71,1 cm
Estate of Alice Neel

Über Randall Bailey ist kaum etwas bekannt, abgesehen davon, dass er aus Texas stammte, als Wachmann im Metropolitan Museum of Art arbeitete und Maler war. Vermutlich begegnete Neel ihm bei einem ihrer zahlreichen Museumsbesuche. Sie malte zwei Porträts von ihm. Auf dem ersten trägt er eine Baskenmütze und wirkt relativ ruhig, hat jedoch einen intensiven Blick und die Faust geballt. Auf dem zweiten, das hier zu sehen ist, wirkt er dagegen äußerst erregt und angespannt. Neel sagte dazu Folgendes: »Lesen Sie die aktuellen Statistiken, dann wissen Sie, welcher Geisteszustand herrscht. Warum sollte man das nicht zeigen? Er war die personifizierte Verdrängung! Schauen Sie sich die fletschenden Zähne an! Er war wirklich in einer extremen Verfassung. Aber so etwas kann auch wieder vergehen. Deshalb wollte ich ihn malen. Und ich weiß, wie er sich fühlt. Ich verdränge auch viel. Deshalb hat er mich so interessiert.«[1] Neel identifizierte sich oft mit ihren Modellen oder versetzte sich in sie hinein, und ihre Porträts waren das Ergebnis von Übertragungsvorgängen. 1981 erklärte Neel bei einem Vortrag: »Ich finde, dass man versuchen sollte, unter die Oberfläche zu gelangen. Ich finde, dass man versuchen sollte, nicht nur das Äußere, sondern auch möglichst viel vom Inneren abzubilden. Das zeichnet jedenfalls meine Bilder immer aus. Vielleicht wirken sie manchmal ein wenig extrem.«[2] Insofern ist *Randall in Extremis* eng mit *Frank O'Hara, No. 2* verwandt, weil Neel nicht nur die öffentliche Person des Porträtierten erfassen wollte, sondern auch das, was dahintersteckt. Wie schon auf dem Porträt von O'Hara setzt Neel beim vorliegenden Bild nackte Leinwand für Lichteffekte und einen relativ dicken Farbauftrag mit ungestümen Pinselstrichen ein, um Baileys Angst zu verdeutlichen. Auch die weißen serpentinenartigen, frei schwebenden Pinselmarkierungen auf Baileys rechten Jackenärmel tragen zu dem starken Gefühl von Ruhelosigkeit bei, das von ihm ausströmte. In Bezug auf ihren eigenen Ansatz und den des russischen Malers Chaïm Soutine sagte Neel: »Ich bin eine fühlende Malerin und eine psychologische Malerin. Ich will ganz bewusst psychologisch sein und ich will fühlen. Ich will aber nicht, dass das Bild wegen meiner Gefühle auseinanderbricht. Ich liebe Soutine, aber es ist zu subjektiv, auch wenn ich es liebe. So könnte ich nie arbeiten [...]«[3]

Anmerkungen

1 Ted Berrigan, »The Portrait and Its Double«, in: *ARTnews*, Januar 1966, S. 32.

2 Estate of Alice Neel Archiv.

3 Interview am 12. September 1975, Estate of Alice Neel Archiv.

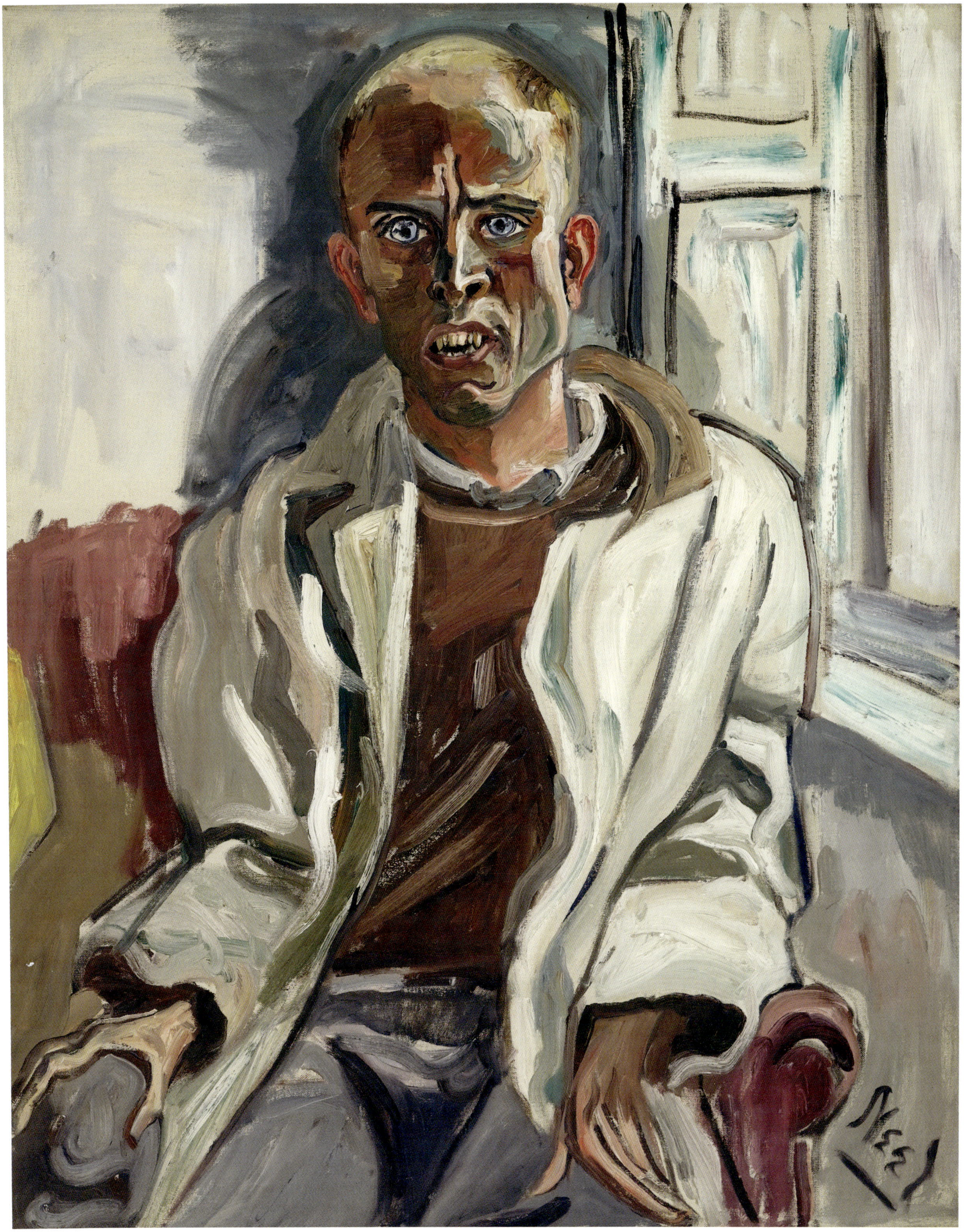

Kat. 37

Max White, 1961

Öl auf Leinwand, 101,9 x 71,6 cm
Collection Kim Manocherian

Als Neel dieses letzte Porträt von Max White malte, kannte sie ihn seit mehr als 25 Jahren. White ist sichtlich gealtert, seine Hände sind von Arthritis gezeichnet. Die Gesichtshälfte, die sich im Schatten befindet, ist mit vertikalen Pinselstrichen dargestellt, die ihr ein hölzernes, nahezu erstarrtes Aussehen verleihen. Die andere Gesichtshälfte im Lichtschein zeigt tiefe Falten und eine Schwellung unterhalb des Auges. Whites Miene strahlt noch immer Kraft aus, doch sein Körper wirkt geschrumpft und verwelkt. Er sitzt der Malerin nicht mehr frontal und aufrecht gegenüber, sondern stützt sich auf den Stuhl, als falle es ihm schwer, eine bequeme Position zu finden. Alles an diesem Porträt, von Whites Händen bis hin zum unruhigen Hintergrund, vermittelt die Beschwerlichkeit des Alterns. White war Schriftsteller; er verfasste Romane, Biografien und Kochbücher. Zudem war er mit Alice B. Toklas und Gertrude Stein bekannt (ihr widmete er sein 1949 erschienenes Buch *The Man Who Carved Women from Wood*). Seine Schriften befinden sich in der Bibliothek der Princeton University.

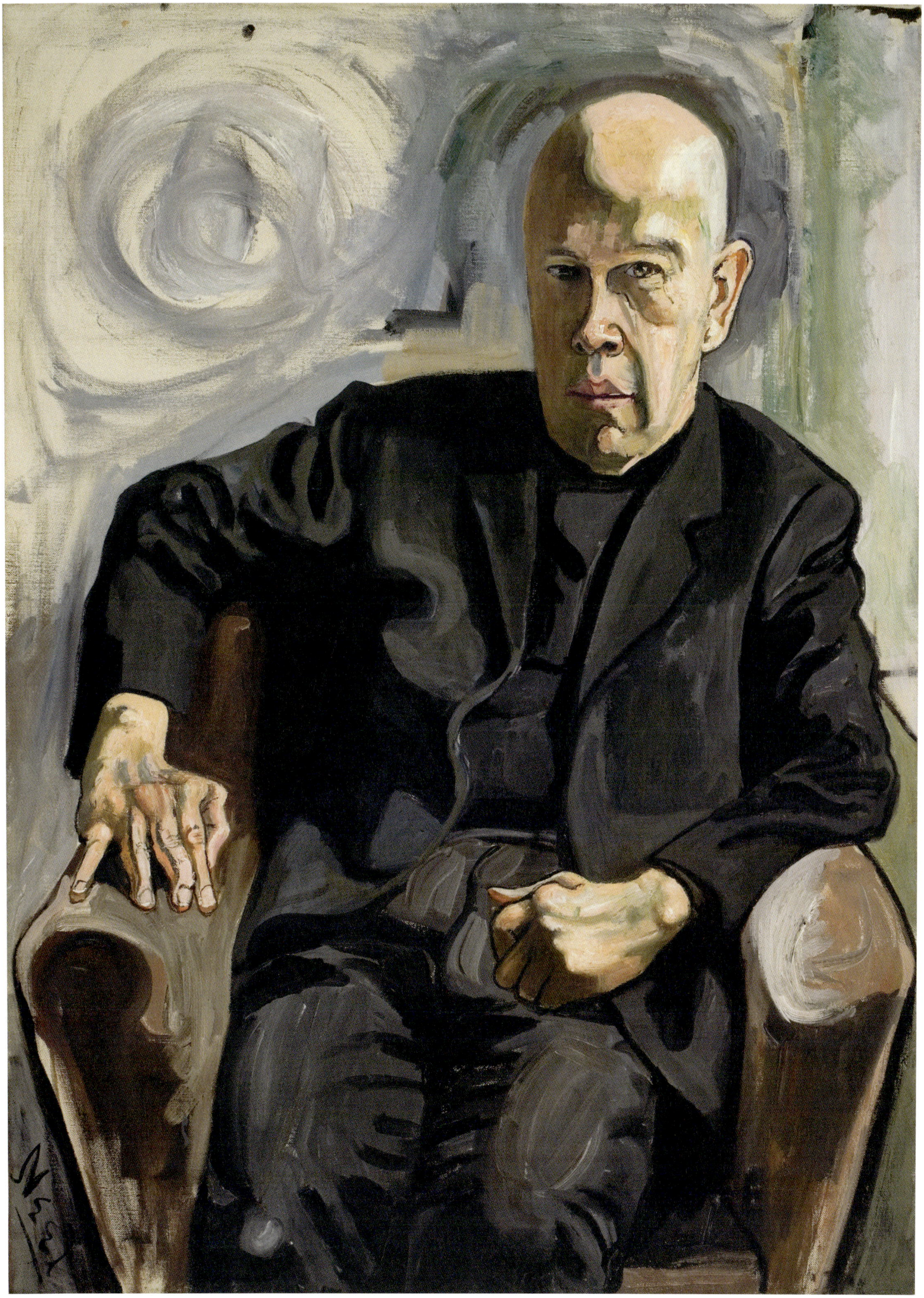

Kat. 38

Robert Smithson, 1962

Öl auf Leinwand, 101,6 x 61,6 cm
Locks Foundation, Philadelphia

Die Düsterheit dieses Gemäldes lässt darauf schließen, dass Neel es noch in ihrer Wohnung in Spanish Harlem anfertigte. Es zeigt Robert Smithson (1938–1973), den sie porträtierte, bevor er als Land Art-Künstler bekannt wurde. Damals konzentrierte er sich auf die Malerei, insbesondere auf die Darstellung des menschlichen Körpers, oft in Verbindung mit christlicher Ikonografie, und auf mythische Bilder, die einen starken Einfluss des schottischen Künstlers Alan Davie verraten, der seit 1956 in New York ausstellte. Dieser Aspekt von Smithsons Karriere gerät oft in Vergessenheit. 1961 hatte er eine Einzelausstellung mit Gemälden in der Galleria George Lester in Rom und 1962, als Neel ihn porträtierte, eine Ausstellung von Assemblagen in der New Yorker Richard Castellane Gallery. Nach einer Pause von der Malerei etablierte er sich 1964 als Künstler, der im Raum zwischen Architektur und Landschaft arbeitete, vor allem in der postindustriellen Landschaft. Vermutlich war er noch besser für seine theoretischen Schriften bekannt, zumal er nur wenige Projekte abschloss. Sein populärstes Projekt war *Spiral Jetty* (1970) am Großen Salzsee in Utah, welches inzwischen zu einer Pilgerstätte geworden ist. Neel erzählte, dass Smithson zu der Zeit, als er Modell für sie saß, auch ihre Ausstellungen besuchte. Sie porträtierte ihn als versonnenen jungen Künstler, der an Akne litt. Er bat sie wohl, die blutigen Narben auf seinen Wangen etwas zu kaschieren, da sie ihm peinlich waren. Ironischerweise war er bei seinen eigenen Gemälden weniger empfindlich. Da Neel für Smithsons Porträt eine kleine Leinwand verwendete, bat sie ihn, ein Bein auf das Knie des anderen zu legen, um einen Eindruck von seiner vollen Körpergröße zu vermitteln.

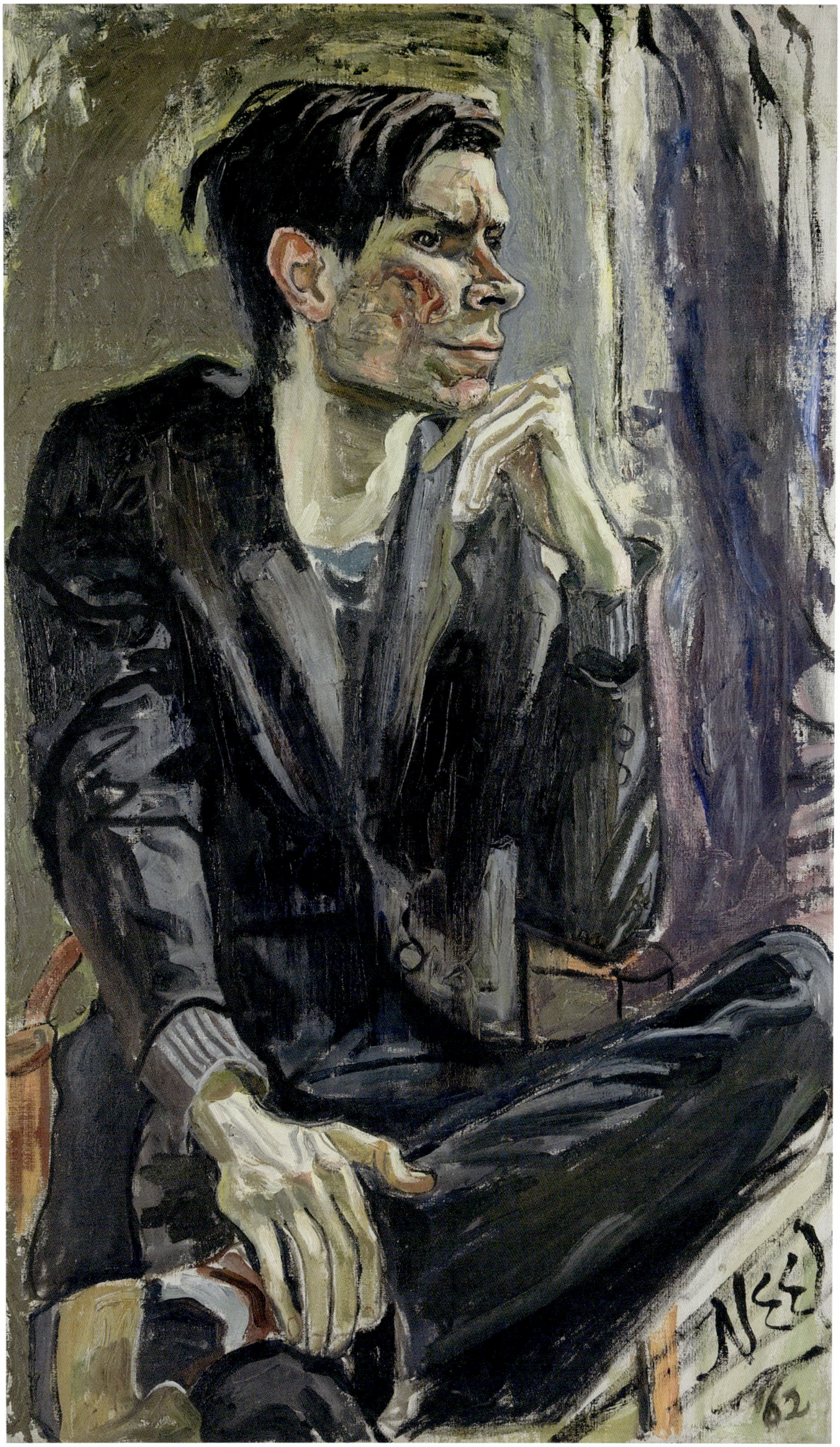
NEEL
62

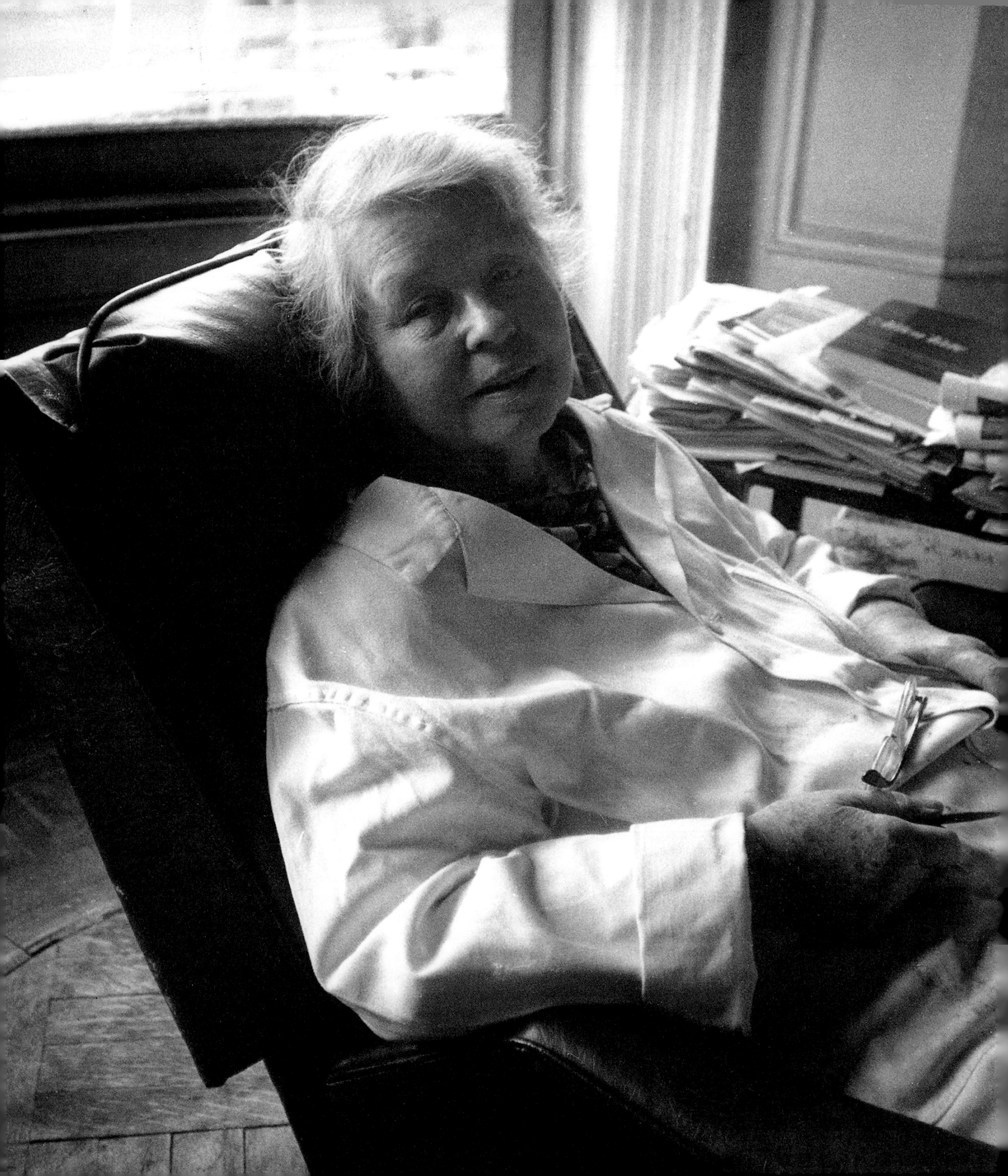

Die Upper West Side

Im September 1962 zog Neel an die Upper West Side, 300 West 107th Street, nahe der Kreuzung von Broadway und West End Avenue. Die Columbia University und die Cathedral of St. John the Divine befanden sich einige Blocks weiter nördlich, das neu eröffnete Lincoln Center weiter südlich. Der Broadway, auf den man von Neels Apartment aus blicken konnte, verlief mitten durch das Viertel, ebenso wie West End, Columbus und Amsterdam Avenue. Central Park West befand sich am östlichen, Riverside Drive am westlichen Rand. Neels Apartment lag auf der gleichen Höhe wie ihre Wohnung in Spanish Harlem, aber auf der anderen Seite des Parks am nördlichen Rand der Upper West Side.

Die Upper West Side gilt heute als jüdische Wohngegend, doch in den 1940er und 1950er Jahren zogen viele Afroamerikaner, Russen, Dominikaner, Puerto Ricaner, Haitianer und Ukrainer dorthin, gefolgt von Kubanern und anderen Lateinamerikanern in den 1950ern und 1960ern. Neel fühlte sich dort sofort zuhause. Da die Universität ganz in der Nähe lag, zogen zudem viele Akademiker und Studenten in die mehrgeschossigen Wohnblocks ein, die die Reihenhäuser ersetzten. Ab 1959 wurden im Rahmen einer Stadterneuerung zahlreiche heruntergekommene Gebäude abgerissen, um Platz für neuen Wohnraum und das Lincoln Centre zu schaffen. Das Viertel war bei Künstlern, Schriftstellern und jungen Familien sehr beliebt, nicht zuletzt auch wegen der niedrigen Mieten, und südlich der 86th Street gab es eine große Schwulengemeinde.

Neels Apartment verfügte über zwei große Wohnzimmer; das eine mit Blick auf West End Avenue und Broadway, das andere mit Blick auf West End Avenue und 107th Street. Verglichen mit ihrer Wohnung in Spanish Harlem war ihr neues Apartment sehr hell. Abgesehen von einer kurzen Phase in Elaine de Koonings Atelier arbeitete Neel wie auch schon zuvor für den Rest ihres Lebens zuhause.

Neels Umzug an die Upper West Side markierte den Eintritt in eine neue Welt. Ende 1962 veröffentlichte der Künstler und Kritiker Hubert Crehan einen ausführlichen Beitrag über Neel in *ARTnews*; das erste Feature über sie in einer Kunstzeitschrift. Die neue Glaubwürdigkeit, die sie dadurch erlangte, führte zweifellos zu einem wachsenden Interesse in der Kunstszene, von ihr porträtiert zu werden, und das wusste sie zu nutzen. Bei Vernissagen oder sonstigen Galeriebesuchen in der 57th Street lernte sie Künstler und Autoren kennen, die sie zu sich nach Hause einlud, um ihr Modell zu sitzen. Die Hochphase des Kommunismus war damals vorbei, vor allem nach dem Vertrag von Detroit von 1950, als die organisierten Arbeiter das Streikrecht aufgaben und im Gegenzug gewisse soziale und finanzielle Vorteile aushandelten sowie der Niederschlagung des Ungarischen Volksaufstands 1956. Auch wenn Neel weiterhin mit der Linken sympathisierte, begann sie, sich in anderen Kreisen zu bewegen. Die politischen Aktivisten wurden fallengelassen. Der Ton ihrer Gemälde änderte sich, denn sie wurden heller, leuchtender und weniger »vollendet«. Außerdem suchte sie sich Modelle aus anderen sozialen Gruppen: Künstler, Kunstkritiker, Kunsthistoriker, Handelsreisende und Kommilitonen ihrer Söhne, die an der Columbia University studierten. Nun, da ihre Söhne erwachsen waren, konnte Neel sich ganz auf ihren Durchbruch als Künstlerin konzentrieren. Ihre Bemühungen wurden schließlich von Erfolg gekrönt: 1974 widmete ihr das Whitney Museum of American Art eine Retrospektive. In Elitekreisen galt ihre Kunst allerdings als so unmodern, dass sich die Kuratoren für zeitgenössische Kunst, James Monte und Marcia Tucker, weigerten, diese Retrospektive zu organisieren. Dies übernahm schließlich Elke Solomon, Kuratorin für Grafik. Der gefeierte ehemalige Kurator des Guggenheim Museums Lawrence Alloway, der inzwischen als Kritiker für *The Nation* tätig war, fand das Ergebnis jedoch sehr enttäuschend.[1] Alloway, der mit der gegenständlichen Malerin Sylvia Sleigh verheiratet war, unterstützte Neel nach Kräften und war schockiert darüber, wie sie behandelt wurde. Der Katalog entpuppte sich als achtseitige Broschüre, die Ausstellung beschränkte sich auf die letzten zehn Jahre und auf Landschaften wurde ebenso verzichtet wie auf andere bedeutende Werke, etwa die Porträts von Frank O'Hara. Neels Retrospektive war nicht die erste Einzelausstellung einer Künstlerin im Whitney. Man hatte bereits Helen Frankenthaler (1965), Louise Nevelson (1967) und Georgia O'Keefe (1970) präsentiert, aber Ausstellungen, die das Oeuvre von Frauen in den Mittelpunkt stellten, waren noch immer selten. Obendrein wurde Neel nicht als Künstlerin der Moderne betrachtet, sondern als eine, die sich mit Frauenthemen beschäftigt.

Neel lebte und arbeitete für den Rest ihres Lebens in ihrem Apartment an der Upper West Side. Da sie trotz ihrer Ausstellungen in der Graham Gallery und der Robert Miller Gallery nur wenige Werke verkaufen konnte, lagerte sie ihre Arbeiten überall in ihrer Wohnung. Nun, da ihre Söhne ausgezogen waren, wurden die Gemälde zu ihrer Ersatzfamilie.

‹ Alice Neel in ihrem Apartment an der 300 West 107th Street, New York, ca. 1975. Fotografie von Sam Brody

Anmerkung

1 Lawrence Alloway, »Art«, in: *The Nation*, 9. März 1974.

Kat. 39

Ellie Poindexter, 1962

Öl auf Leinwand, 76,2 x 61 cm
Privatsammlung

Elinor Poindexter (1906–1994) wurde zwar in Montreal geboren, wuchs aber auf Staten Island auf. In den 1930er Jahren arbeitete sie in der Weyhe Gallery, bekam dann Kinder und war schließlich ab 1953 in der Charles Egan Gallery tätig, wo sie einigen Vertreter des Abstrakten Expressionismus begegnete. 1955 gründete sie die Poindexter Gallery in der 21 West 56th Street. Hier präsentierte sie neben Künstlern wie Richard Diebenkorn, Al Held, Jules Olitski, Willem de Kooning und Milton Resnick, der 1960 von Neel porträtiert wurde, einige Vertreter der gegenständlichen Kunst. Die Galerie existierte bis 1978. Neel lernte Poindexter durch den Kritiker Hubert Crehan kennen, dessen Bericht über Neel im Oktober 1962 in der *ARTnews* erschien. Da Poindexter sich vor allem für abstrakte Kunst interessierte, war es eher überraschend, dass sie für Neel Modell saß. Das erste, relativ konventionelle Porträt zeigt Poindexter in steifer Sitzhaltung in einem fliederfarbenen Kleid mit angesteckter roter Rose und schwarzweißem Hut vor einem abstrakten Hintergrund, eine Referenz auf ihre bevorzugte Kunstrichtung. Neel bereiteten die Sitzungen offensichtlich Unbehagen und Poindexter kaufte das Porträt nicht. Direkt nachdem Poindexter gegangen war, schuf Neel quasi als Befreiungsakt aus der Erinnerung spontan dieses zweite Porträt. Sie zeigt Poindexter als Frau mit maskulinen Gesichtszügen, riesigen Brüsten und Pelzschlange um den Hals. Hinter ihr ist das Verkehrsgetümmel auf dem Broadway zu erkennen. Möglicherweise parodierte Neel hier de Koonings *Woman*-Bilder; zumindest hätte das zu Poindexter gepasst, die de Koonings Kunst bewunderte und verkaufte. Dieses Bild ist eines der ersten, die Neel an der Upper West Side malte, wo sie seit September wohnte. Von nun an sollten ihre Gemälde viel heller sein, denn ihr neues Apartment (300 West 107th Street) war lichtdurchflutet, ganz im Gegensatz zu ihrer alten Wohnung in Spanish Harlem.

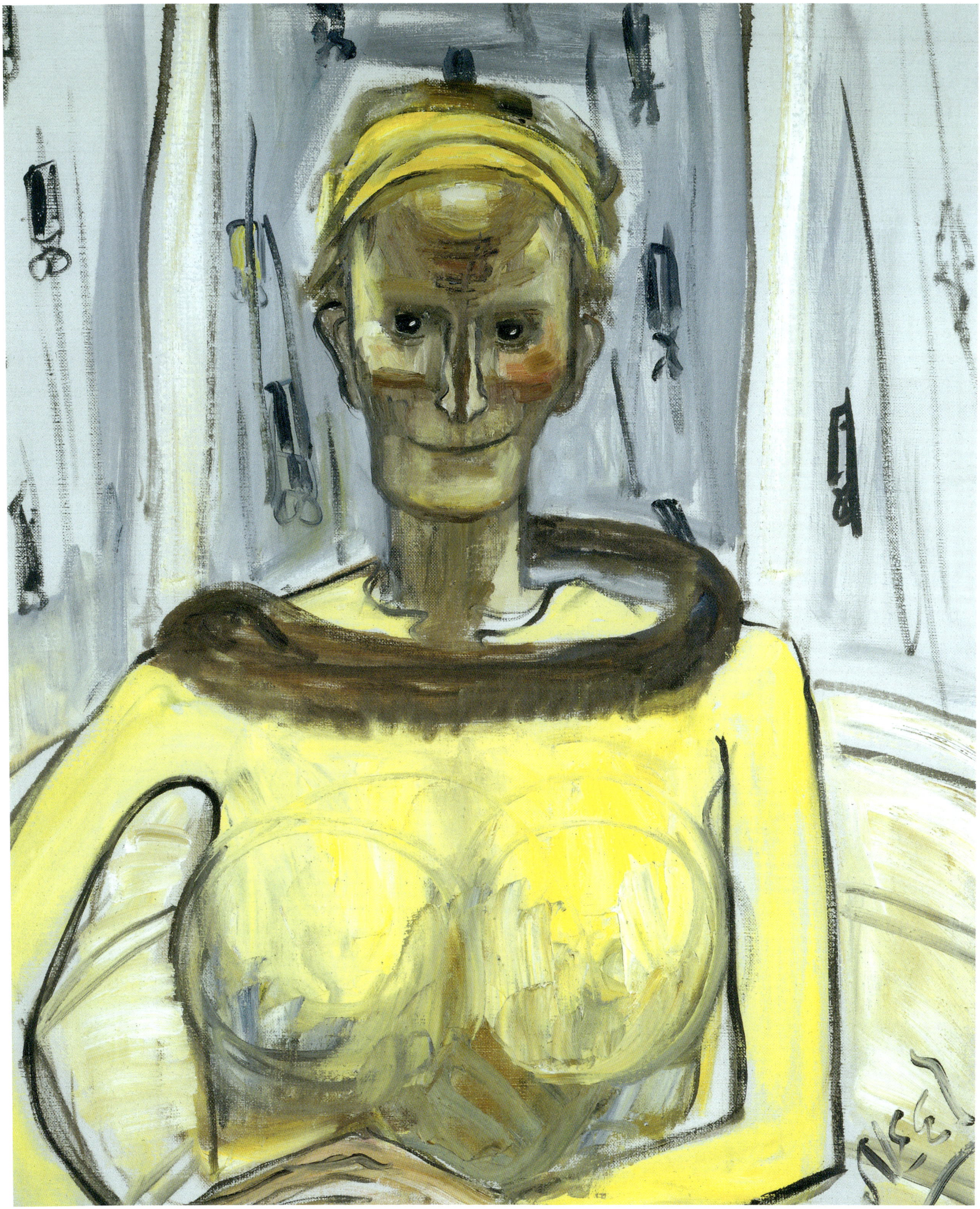

Kat. 40

Still Life, 1964

Öl auf Leinwand, 116,8 x 101,6 cm
Privatsammlung

Neels frühestes bekanntes Stillleben entstand 1926 in Havanna. Das Vanitas-Stillleben dient seit jeher als Mittel der künstlerischen Auseinandersetzung mit dem Begriff der Sterblichkeit; *vanitas* (lat.) bedeutet »Eitelkeit«, aber auch »Vergänglichkeit«. Im Laufe der Jahrhunderte wurden die Vanitas-Stillleben zunehmend morbider; Totenköpfe fanden darin ebenso Eingang wie welke Blumen, überreifes Obst oder Zeitmesser. Diese waren bekannt als *memento mori*. 1958 malte Neel ein Stillleben mit Totenkopf und stellte sich auf einer Zeichnung selbst als Totenkopf dar. Einige Aspekte dieser Tradition finden sich in ihrem *Still Life* von 1964 wieder. Die Porträtbüste von Neels verstorbener Mutter erinnert an das Schicksal, das uns alle irgendwann ereilen wird. Die an der Wand lehnende Palette könnte auf eine kreative Blockade Bezug nehmen, vielleicht aber auch auf eine Zukunft, die ohne die Malerin stattfinden wird. Wenn der Tod eintritt, breitet die Natur sich aus; die Pflanzen wuchern schon aus ihren Kübeln hinaus. Neben der Vergänglichkeit greift Neel jedoch auch das vertraute Thema des Eingesperrtseins auf. Die Feuerleiter bietet zwar einen Ausweg, doch dahinter wartet schon das nächste Gitter. Die Künstlerin ist in ihrem Inneren gefangen: Das Leben draußen findet ohne sie statt und sie kann nur durch das Fenster ihrer Wohnung einen Blick darauf werfen. Wenn Neel in ihrem Apartment Menschen malte, stellte sie ihre Wohnung immer aufgeräumt und spärlich möbliert dar, doch in Wirklichkeit herrschte dort eine große Unordnung; die Zimmer waren mit Gemälden und Objekten vollgestopft. Das Porträtieren von Menschen bot Neel die Möglichkeit, ihrer eigenen schwierigen Lebenssituation zu entfliehen; das Malen von Stillleben konfrontierte sie wieder mit ihrer Realität.

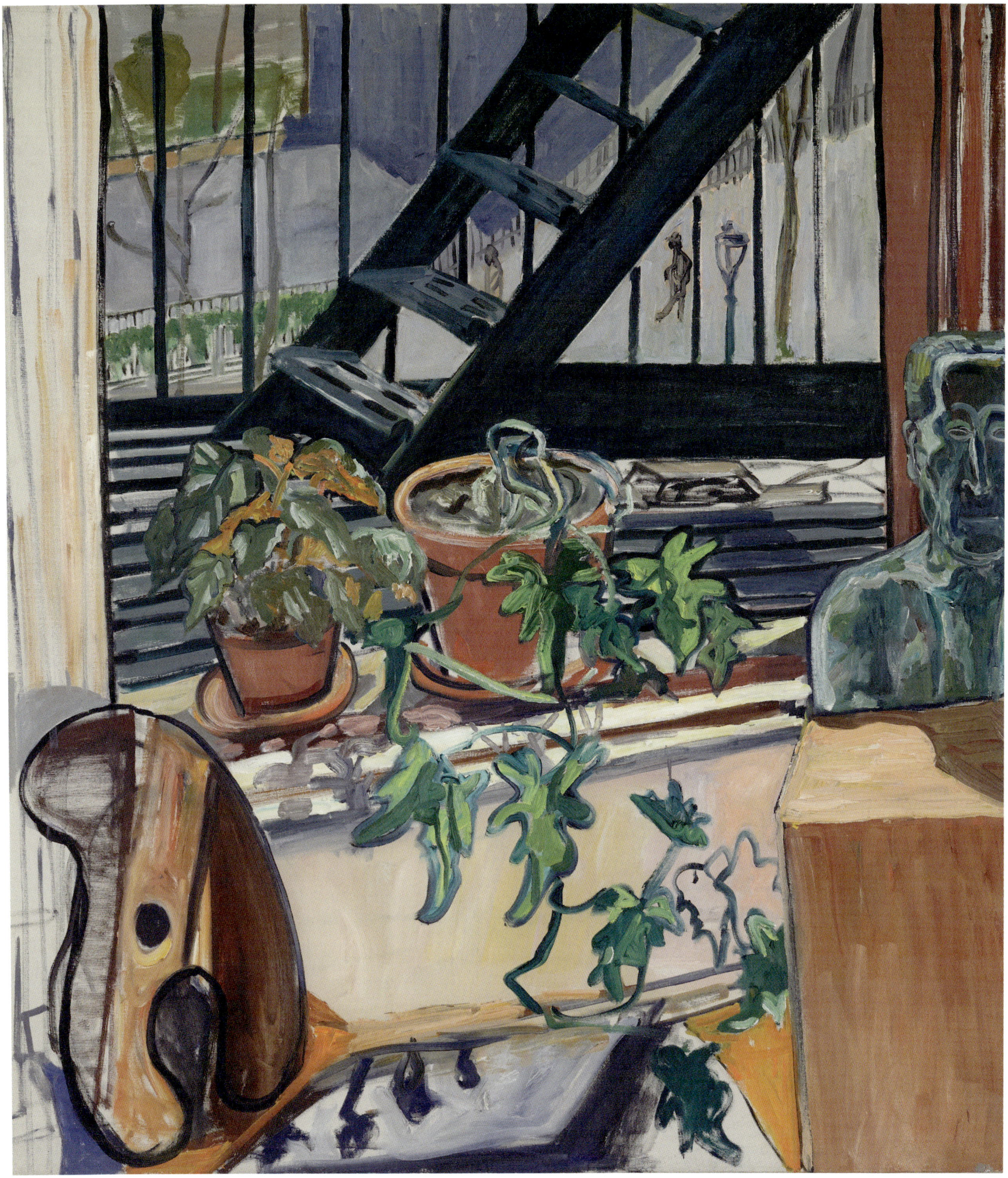

Kat. 41

Ruth Nude, 1964

Öl auf Leinwand, 102,2 x 121,9 cm
Estate of Alice Neel

Nach den frühen Aktbildern Anfang der 1930er nahm Neel das Motiv erst während des Krieges wieder auf. 1943 schuf sie einen recht konventionellen tizianesken Akt von Sue Seely, die vor einem wolkigen Himmel auf einer rotsamtenen Bettdecke liegt; die Aggressivität der frühen Aktbilder ist verschwunden. 1947 jedoch setzt sie der Sanftheit von *Sue Seely, Nude* die unverblümte Direktheit von *Pat Ladew* entgegen: Ladew liegt da, neben ihr eine Katze, den Kopf auf den Ellenbogen gestützt, ein Bein angewinkelt, und präsentiert dem Betrachter ihren Körper in seiner ganzen Nacktheit. Ladew war von dem Porträt entsetzt und bat Neel, es mit Unterwäsche zu ergänzen. Doch selbst das stellte sie nicht zufrieden und sie gab Neel das Gemälde wieder zurück, woraufhin Neel die Ergänzung sofort wieder entfernte. Die Katze nimmt offensichtlich auf Manets *Olympia* (1863, erstmals ausgestellt 1865) Bezug; Ladew war allerdings keine Kurtisane, sondern eine Malerkollegin Neels und Katzenliebhaberin. *Ruth Nude* führt die Zurschaustellung der weiblichen Geschlechtsorgane noch einen Schritt weiter. Eingebettet in einen unbestimmten Raum – vielleicht eine Landschaft oder, da sich hinter der Porträtierten ein Schatten befindet, ein Zimmer mit Ausblick – sitzt Ruth mit gespreizten Beinen da. Ihre klaffende Vagina springt dem Betrachter sofort ins Auge. Das provokante Porträt ist zugleich die feministische Eroberung eines traditionell maskulinen Territoriums: Neel erhebt Anspruch auf eine Darstellung des weiblichen Körpers, die frei von jeder Erotisierung und Idealisierung ist.

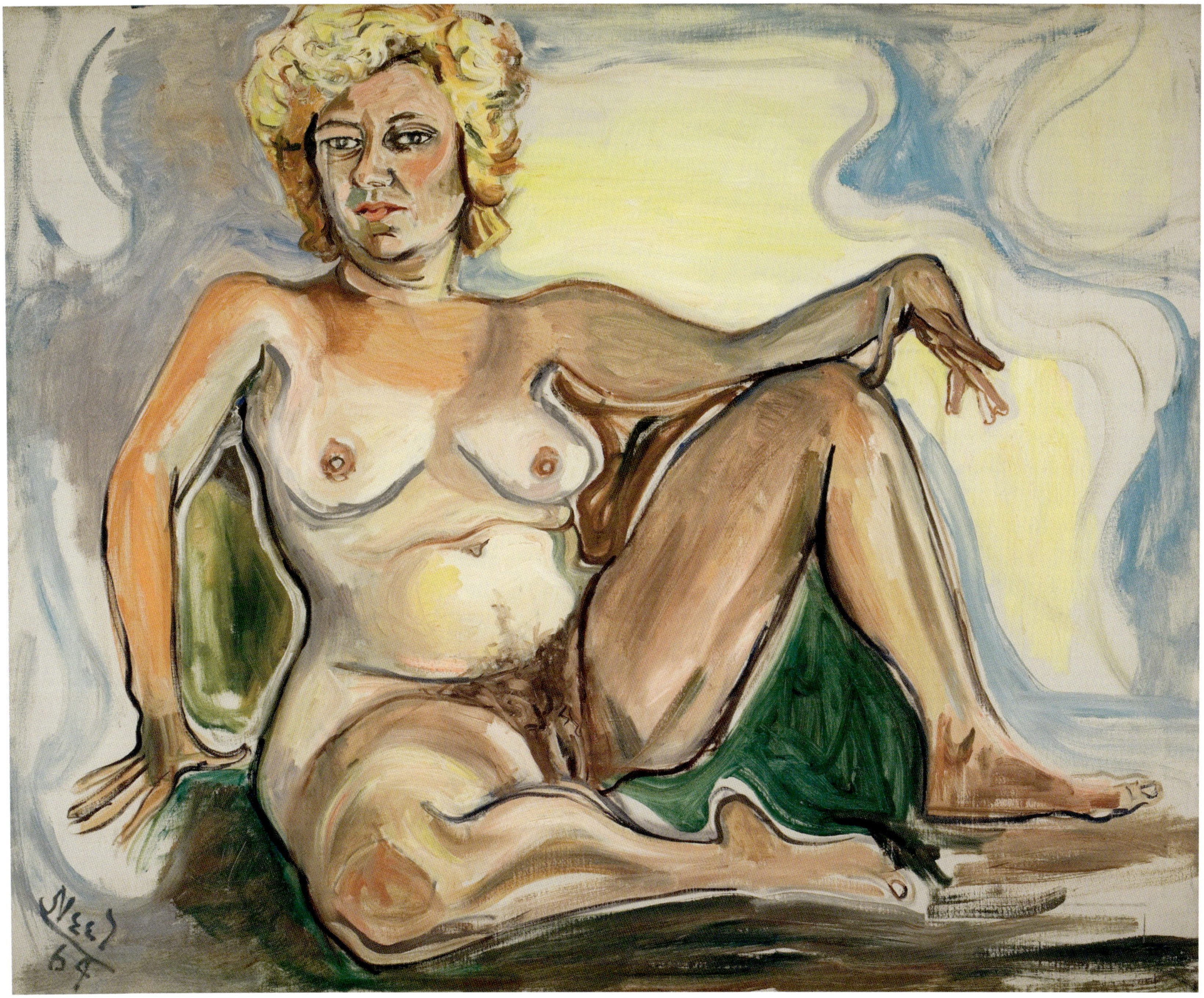
Neel
64

Kat. 42

Thanksgiving, 1965

Öl auf Leinwand, 76,2 x 61 cm
Privatsammlung

In Amerika ist Thanksgiving ein wichtiger Feiertag, an dem die ganze Familie zusammenkommt. Ursprünglich ein Erntedankfest, das in der englischen protestantischen Tradition verwurzelt ist, hat Thanksgiving sich in den USA zu einem staatlichen Feiertag entwickelt, der am vierten Donnerstag im November begangen wird (und in Kanada am zweiten Montag im Oktober). Traditionell wird zu diesem Fest ein Truthahn verspeist, aber Neel erzählte Patricia Hills, dass auf diesem Bild ein Masthahn zu sehen ist: »Ich habe *Hähnchen in der Spüle* gemalt, weil Hartley zu Besuch war und ich mich glücklich fühlte. Es gab aber keinen Truthahn, sondern Masthahn. Ich habe das Bild *Thanksgiving* genannt, aber dieser Titel ist satirisch, denn alle feiern, nur der Truthahn nicht, und dieser Vogel sieht ziemlich elend aus.«[1] Das Gemälde wirkt trostlos, und ähnlich wie das 1966 entstandene Porträt *Hartley* (Kat. 43) deutet es darauf hin, dass der Tod für Neel auf dem Höhepunkt des Vietnamkriegs ein zentrales Thema war, das auch viele andere amerikanische Familien stark beschäftigte. Der Vogel ist nicht mehr als ein Klumpen Fleisch, er erinnert an die Figuren von Francis Bacon, die den Schrecken der Nachkriegszeit zum Ausdruck bringen.

Anmerkung

1 Patricia Hills, *Alice Neel*, New York 1983, S. 169.

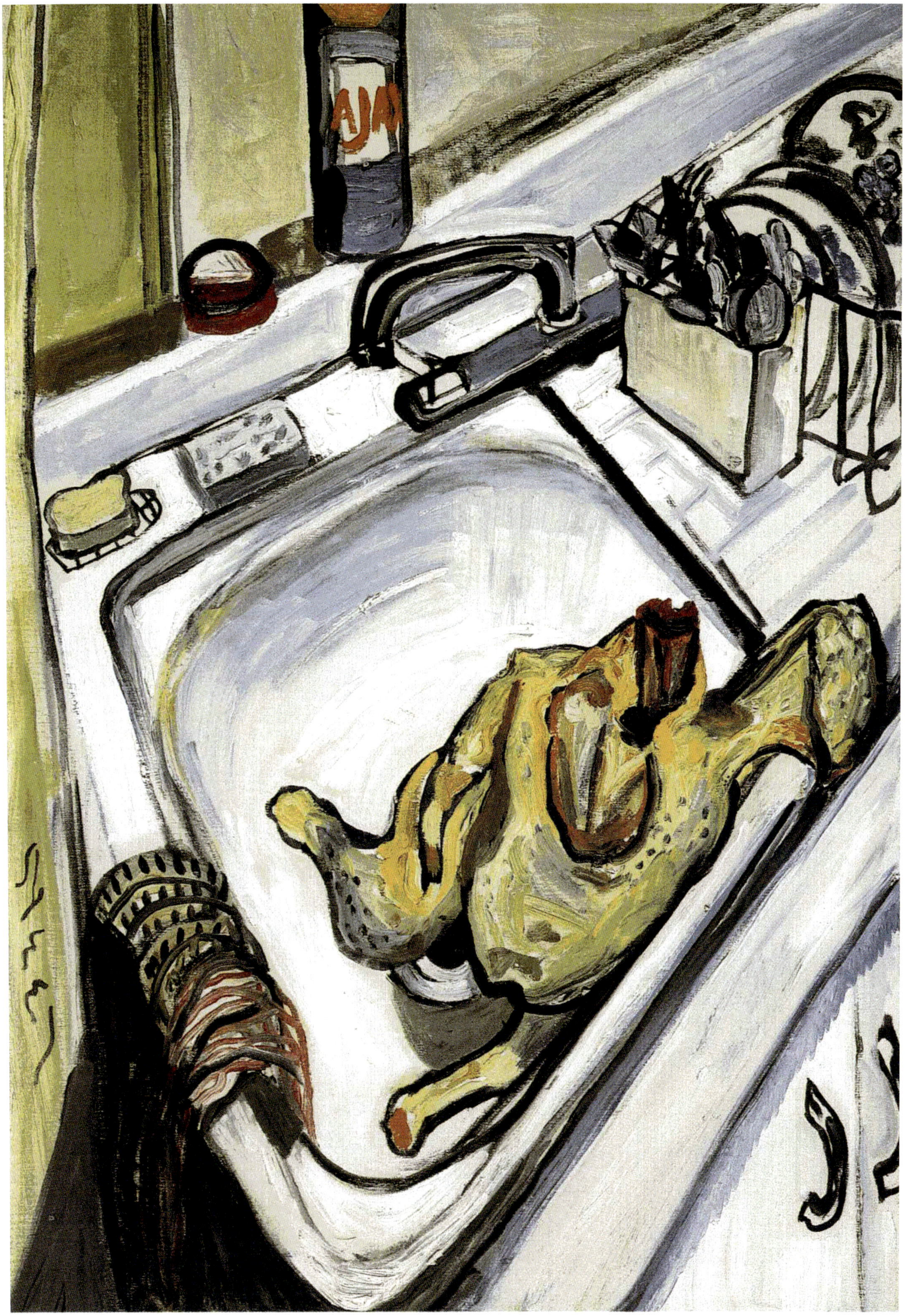

Kat. 43

Hartley, 1966

Öl auf Leinwand, 127 x 91,5 cm
National Gallery of Art, Washington D.C.
Schenkung von Arthur M. Bullowa, zu Ehren des 50-jährigen Jubiläums der National Gallery of Art, 1991.143.2

Neel porträtierte Hartley, als er nach seinem ersten Studienjahr an der Tufts University zurück nach Hause kam. Er sitzt auf einem roten Stuhl und wirkt bedrückt. Während viele seiner Altersgenossen einberufen werden, um in Vietnam zu kämpfen, muss er im Rahmen seines Medizinstudiums Leichen sezieren. Neel bringt seine Verunsicherung und Niedergeschlagenheit auf diesem Porträt zum Ausdruck. Er hat die Hände hinter dem Kopf verschränkt, als wolle er am liebsten passiv bleiben. Hartleys Krise ist die Krise von jedermann. *Hartley* zählt zu Neels »unvollendeten« Gemälden. Große Bereiche der Leinwand blieben unbemalt, so dass Gesicht, Arme und T-Shirt in den Fokus rücken. Dies nähert sich der Art und Weise an, wie das menschliche Sehvermögen funktioniert: Objekte am Rande des Sehfelds erscheinen nicht scharf, sondern verschwommen. Indem Neel das Bild nicht »vollendet«, holt sie den Betrachter zudem in das Werk. Sie lädt ihn ein, an der Erschaffung teilzuhaben, wodurch sie den kreativen Prozess in Gang hält. Neel muss 1965 mit der Arbeit an dem Gemälde begonnen haben, da es auf einer am 4. Januar 1966 eröffneten Ausstellung in der New Yorker Graham Gallery gezeigt wurde.

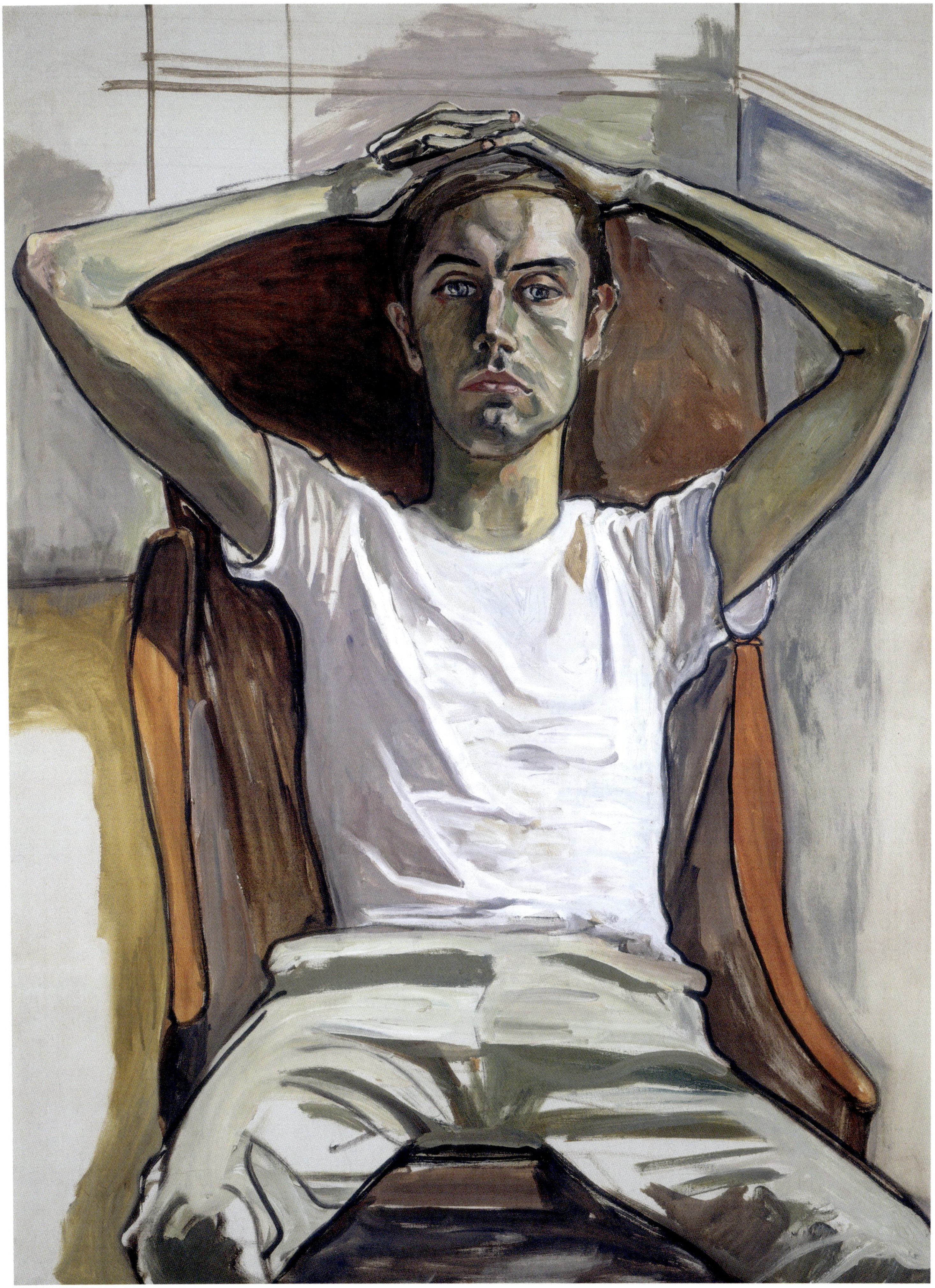

Kat. 44

Henry Geldzahler, 1967

Öl auf Leinwand, 127 x 86 cm
Metropolitan Museum of Art, New York.
Anonyme Schenkung, 1981, 1981.407

Henry Geldzahler (1935–1994) wurde in Antwerpen als Kind jüdischer Eltern geboren, die 1940 nach New York emigrierte. Nach seinem Studium in Yale und Harvard wurde er für das Metropolitan Museum tätig, zunächst als Kurator für amerikanische Kunst und ab 1967 als Kurator für die Kunst des 20. Jahrhunderts. Als Neel ihn porträtierte, war er gerade dabei, die Ausstellung *New York Painting and Sculpture: 1940–1970* vorzubereiten, die zu seinen bekanntesten zählen sollte. Mit dieser Ausstellung bewegte sich das Museum erstmals in den Bereich der zeitgenössischen Kunst und schuf eigens dafür eine neue Abteilung. Geldzahler war sehr gut vernetzt und mit vielen Künstlern der Schwulenszene bekannt, darunter Jasper Johns, Larry Rivers, Andy Warhol und David Hockney. Später wurde er von New Yorks Oberbürgermeister Ed Koch, den Neel auch porträtierte, zum Beauftragten für kulturelle Angelegenheiten ernannt. Die Entstehung von Neels Porträt *Henry Geldzahler* im Jahr 1967 ist vermutlich auf ihre Bemühungen zurückzuführen, in seine Ausstellung mitaufgenommen zu werden. Geldzahler nahm sie allerdings nie ernst; seine Haltung ihr gegenüber war herablassend, vermutlich weil sie eine Frau war. So schrieb er 1991 in einem kurzen Essay: »Ihre Porträts von Freunden und Familienangehörigen hatten eine hausgemachte, gestrickte Qualität, die uns an primitive Malerei erinnerte, aber sie waren immer bissig und zeugten von einer guten Beobachtungsgabe; man wusste, hier waren scharfe Intelligenz und viel psychologisches Feingefühl am Werk.«[1] In diesem Porträt, vermutlich das erste von einer Person aus Andy Warhols Entourage, hält Neel Geldzahlers Unbehagen fest: Seine rechte Hand umklammert die Rückenlehne und sein Körper scheint sich so weit wie möglich in den Stuhl hineinzupressen, während seine linke Hand verkrampft gegen die Hüfte drückt. Der große Edelsteinring auf seinem kleinen Finger war ein offenes Bekenntnis zu seiner Homosexualität. Im Juli 1984, nur wenige Monate vor ihrem Tod, gab Neel Geldzahler eines ihrer letzten Interviews.

Anmerkung

1 Henry Geldzahler, »Alice Neel«, in: *Alice Neel in Spanish Harlem*, Katalog von Henry Geldzahler, Ausst.-Kat. Dia Center for the Arts, Bridgehampton, NY 1991, S. 4.

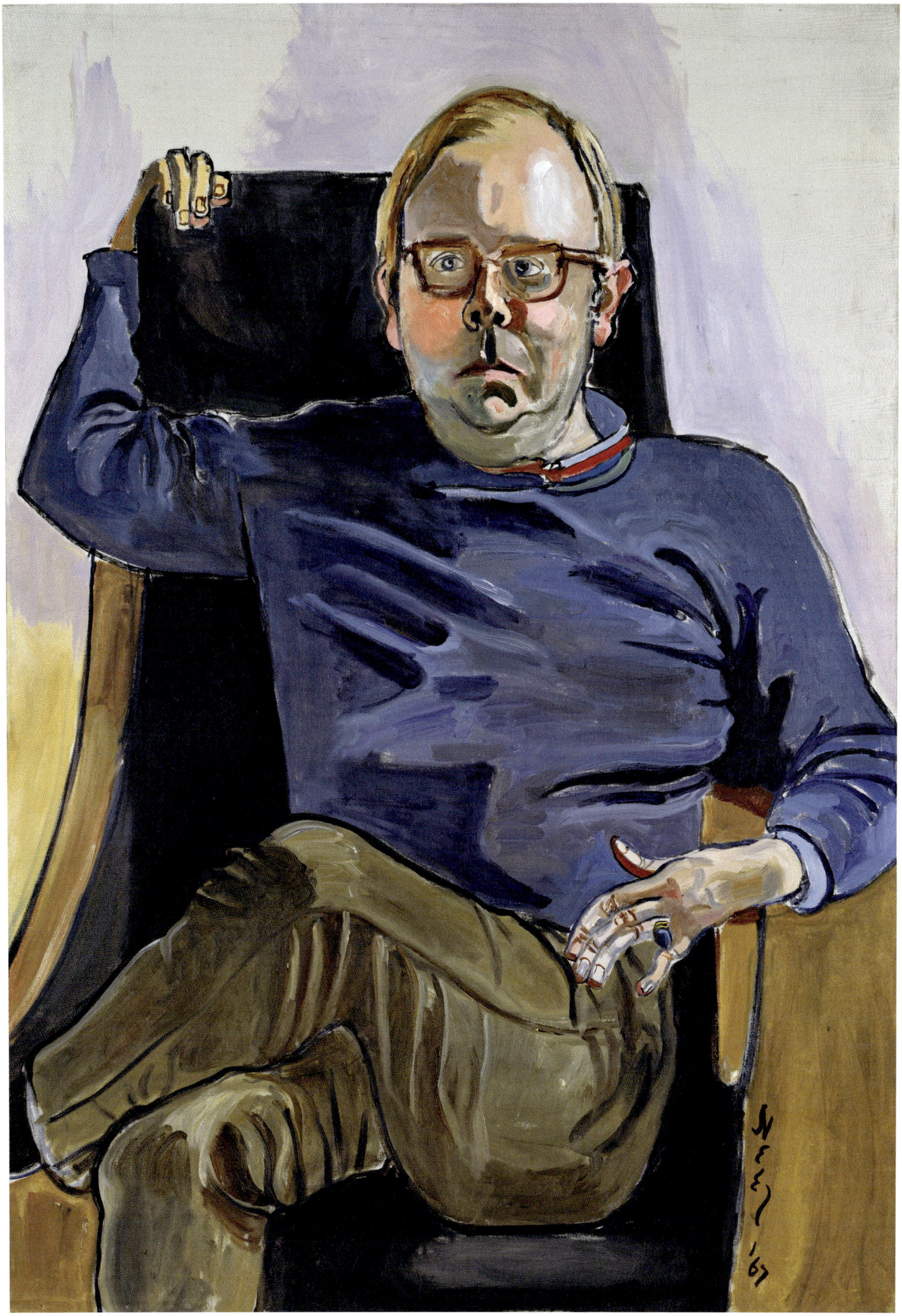
NEEL
'67

Kat. 45

Joey Skaggs, 1967

Öl auf Leinwand, 203,5 x 91,1 cm
Privatsammlung

Als Neel Skaggs (*1945) porträtierte, hatte er schon einige Male als Multimediakünstler von sich reden gemacht, der die Herstellung von Objekten mit Performances verband. Seine erste dokumentierte Arbeit war eine Kreuzigungsskulptur, die er am Ostersonntag 1966 im Tompkins Hill Park in Manhattans Lower East Side errichtete. Die Polizei befahl ihm allerdings, sie wieder zu entfernten. 1967 schleifte er die Skulptur durch die Straßen von New York, um sie in der Ausstellung *Angry Artists: Artists Against the War in Vietnam* an der New York University zu präsentieren, wo sie schließlich in viele Teile zerbrochen wurde. Er fügte die Teile dann wieder zusammen und stellte die Skulptur am Ostersonntag 1968 abermals auf, diesmal im Central Park. Als Neel ihn kennenlernte, stellte er gerade abstrakte Landschaftsbilder aus. 2010 schrieb Skaggs darüber, wie er Neel in einer Galerie in der 57th Street begegnete und wie es war, für sie Modell zu sitzen: »Sie fragte mich, ob ich für sie posieren würde, sie wollte ein richtig großes Bild malen, ein Meter achtzig groß, ein Ganzkörperporträt. Als ich mich einverstanden erklärte, bat sie mich, Leinwand und Spannrahmen zu besorgen. Das Geld dafür hat sie mir übrigens nie zurückgegeben, aber ich dachte, okay, sie ist eine kleine alte Lady … So begann meine Freundschaft mit Alice Neel.«[1] Ganz offensichtlich wollte Neel Skaggs Größe unterstreichen, indem sie eines ihrer größten Gemälde schuf, wobei das Format nicht zu breit sein durfte. Die Attraktivität ihrer männlichen Modelle fand durchaus Eingang in ihre Werke, Skaggs porträtierte sie mit typisch maskulinen Attributen. Sein Hemd erinnert an die Flower-Power-Bewegung, die aus Protest gegen den Vietnamkrieg entstand.

Anmerkung

1 Joey Skaggs, *Alice Neel Remembered*, 9. Juli 2010, letzter Zugriff am 26. Februar 2016, http://artoftheprank.com/2010/07/09/alice-neel-remembered/.

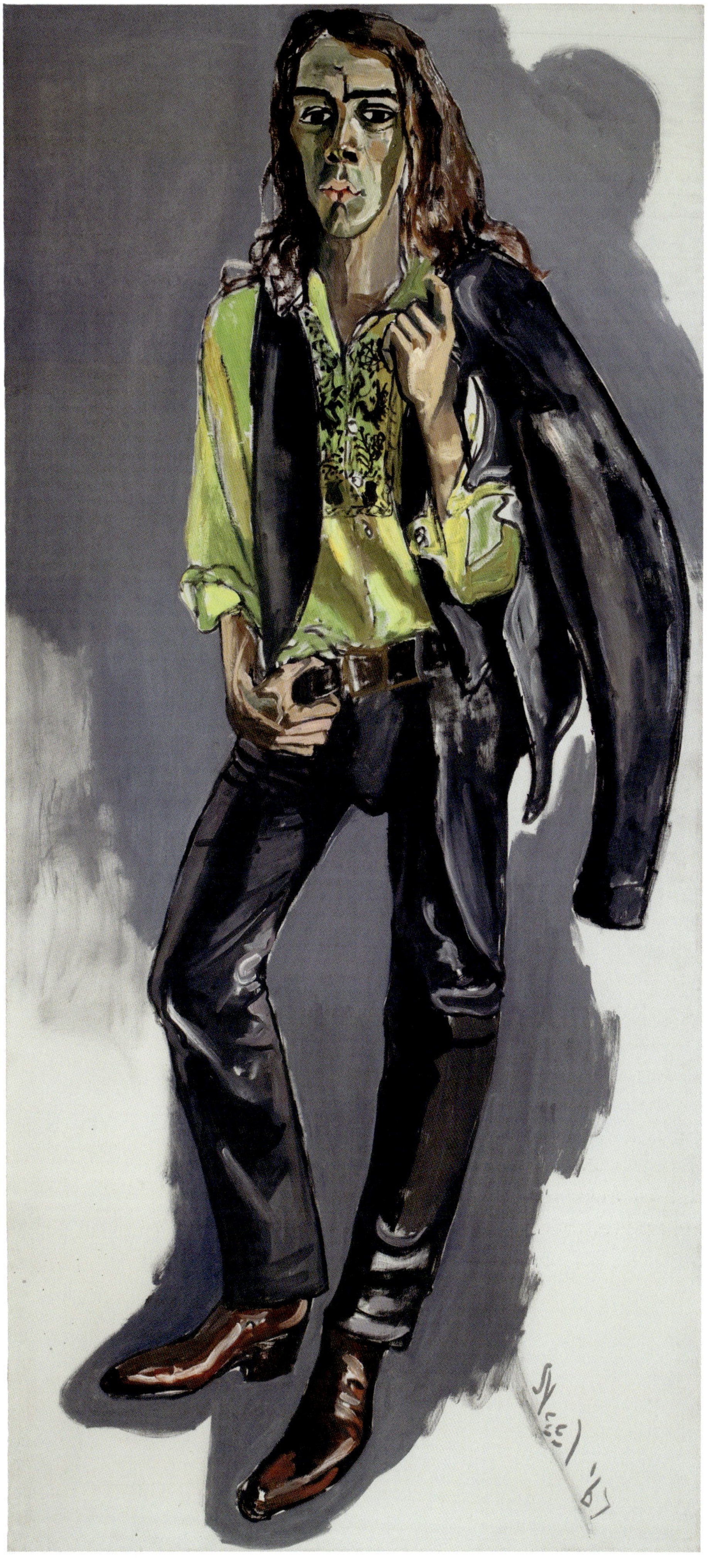

Kat. 46

Mother and Child (Nancy and Olivia), 1967

Öl auf Leinwand, 99,7 x 91,4 cm
Collection Diane and David Goldsmith

Neels Enkelin Olivia (die Kinder ihrer Tochter Isabetta lernte sie nie kennen) wurde im Entstehungsjahr dieses Porträts geboren. Olivia ist die erste Tochter von Neels Sohn Richard und dessen Frau Nancy. Nancy hatte Schwierigkeiten, Olivia auf ihrem Schoss zu halten. Nancy Neel schrieb: »Das [Bild] von Olivia und mir entstand in Spring Lake [New Jersey]. Olivia war damals etwa drei Monate alt und hatte einen großen Bewegungsdrang, sie konnte nicht lange stillsitzen. Alice sagte dauernd: ›Halt das Kind still.‹ Das gelang mir nicht besonders gut, aber das Bild wurde trotzdem fertig. Aber natürlich interpretieren die Leute es so, dass ich eine ängstliche Mutter war. Olivia war mein erstes Kind, und ich hatte keine Ahnung von Babys. Ich dachte immer, mein unbehaglicher Blick auf dem Porträt hing damit zusammen, dass ich versuchte, Olivia still zu halten, aber was Alice letztendlich zum Ausdruck brachte, war meine Unsicherheit.«[1] Ihre Enkelkinder boten sich Neel als neue Modelle an, die sie nicht nur in einer formellen Sitzung, sondern auch beim Spielen beobachten konnte. Von nun an porträtierte sie ihre Angehörigen immer öfter, vor allem, wenn sie New York verließ, um den Sommer mit Richards Familie in ihrem Haus in Spring Lake zu verbringen. Wenn sie die Kinder anderer Menschen malte, war sie von ihrer elterlichen Verantwortung befreit und konnte die Kinder im Gegensatz zu ihren eigenen distanzierter betrachten. Ihre Mutter-Kind-Gemälde wurden zu Ikonen des Feminismus, denn im Gegensatz zu anderen, konventionelleren Künstlerinnen und Künstlern zeigte sie eine »authentischere« Seite der Mutterschaft. In Neels Welt der Mütter gab es keine Nannys, die die stressigen Aufgaben der Kindererziehung übernahmen. Sie zeigte die Mutterschaft so, wie sie wirklich ist. Edvard Munch griff diesem Ansatz voraus, als er 1889 in einem Notizbuch schrieb: »Man sollte keine Interieurs mit lesenden Männern und strickenden Frauen mehr malen. Es müssen lebende Wesen sein, die atmen und fühlen und lieben und leiden.«[2] Neel muss die Munch-Ausstellung 1950 im Museum of Modern Art gesehen haben zu dem Frederick Deknatel den Katalog verfasste und darin Munchs Kommentar zitierte.

Anmerkungen

1 Zitat aus Edith Newhall, »Neel Life Stories«, in: *New York Magazine*. Letzter Zugriff am 26. Februar 2016 http://nymag.com/nymetro/arts/features/3409/.

2 Zitiert in Frederick B. Deknatel, *Edvard Munch*, Ausst.-Kat. Museum of Modern Art New York, Institute of Contemporary Art Boston, New York 1950, S. 18.

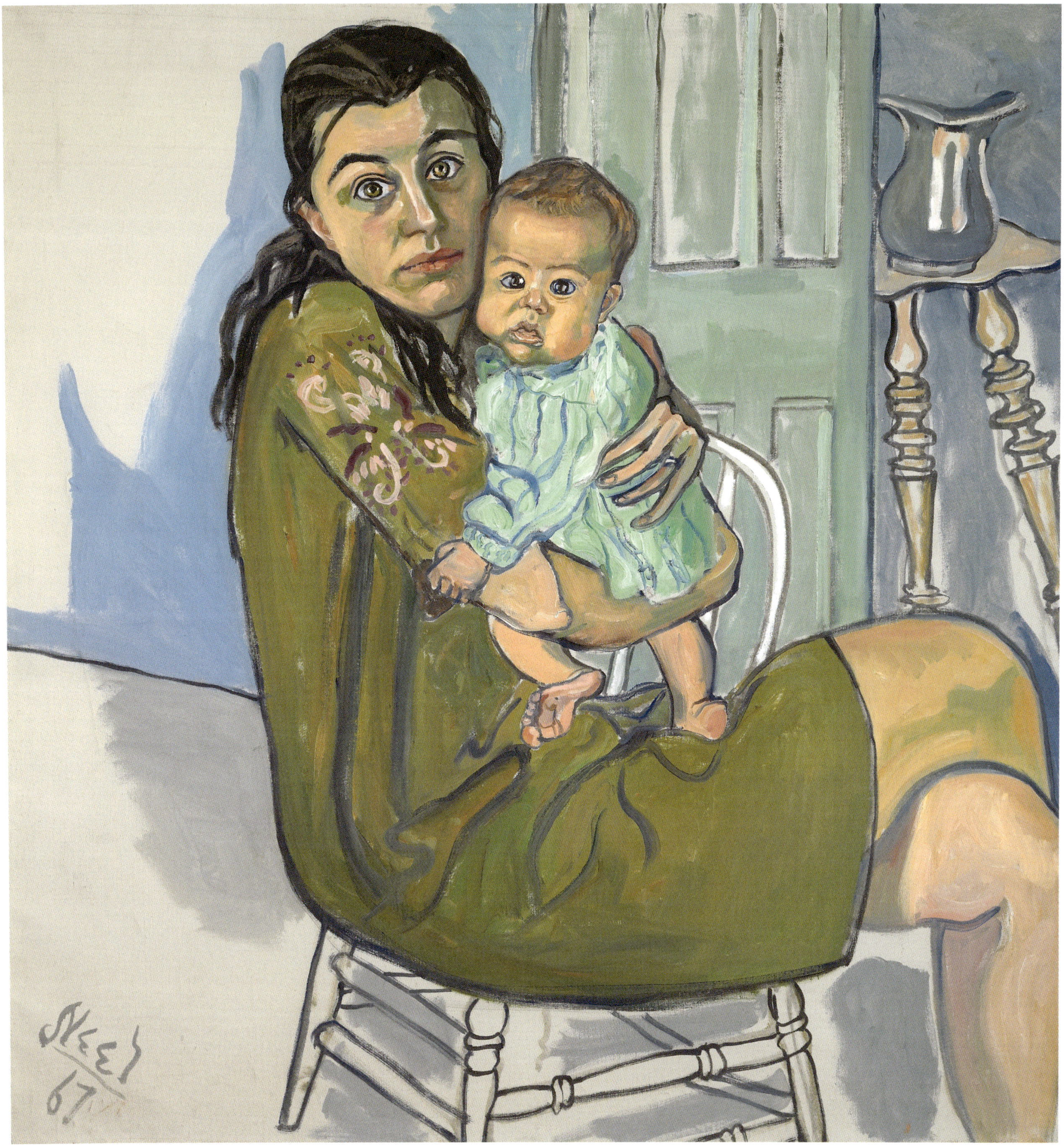
NEEL
67

Kat. 47

Pregnant Julie and Algis, 1967

Öl auf Leinwand, 107,6 x 161,9 cm
Estate of Alice Neel

Daniel Algis Alkaitis studierte Chemie an der Dartmouth University, als Hartley Neel ihn kennenlernte, doch entstand dieses Porträt während Algis' Doktorat in Berkeley, Kalifornien. Neel hielt sich wegen ihrer Ausstellung in den Maxwell Galleries in San Francisco auf. Sie malte mindestens drei Bilder von Algis, darunter dieses Porträt mit seiner schwangeren Frau Julie Hall, die ihr mehrmals Modell saß. Neel erzählte, dass sie eigentlich nur vorhatte, die nackte Julie zu porträtieren, aber irgendwann kam Algis dazu und legte sich neben sie. Was sie besonders inspirierte war, wie der Kopf von Algis hinter Julies Kopf erschien, woraufhin sie spontan ihre Komposition änderte. Neel hatte früher schon schwangere Frauen porträtiert, aber in den 1960er und 1970er Jahren wandte sie sich diesem Motiv wieder verstärkt zu. Schwangerschaft war ein Thema, das von männlichen Künstlern vermieden wurde. Wie schon bei ihren Mutter-Kind-Porträts stellte Neel schwangere Frauen authentisch, menschlich und ohne Idealisierung dar. Algis, der den Arm um seine Frau gelegt hat, erscheint als Beschützer und zugleich als Besitzer, während Julie die Künstlerin ein wenig argwöhnisch ansieht. Zugleich untergräbt Neel Algis' Rolle wieder, indem sie seinen Oberkörper und seine Beine optisch verkürzt. Die Kombination von nackter Frau und bekleidetem Mann erinnert an die Kontroverse in Bezug auf Manets *Déjeuner sur l'herbe*, das 1863 im *Salon des refusés* in Paris gezeigt wurde.

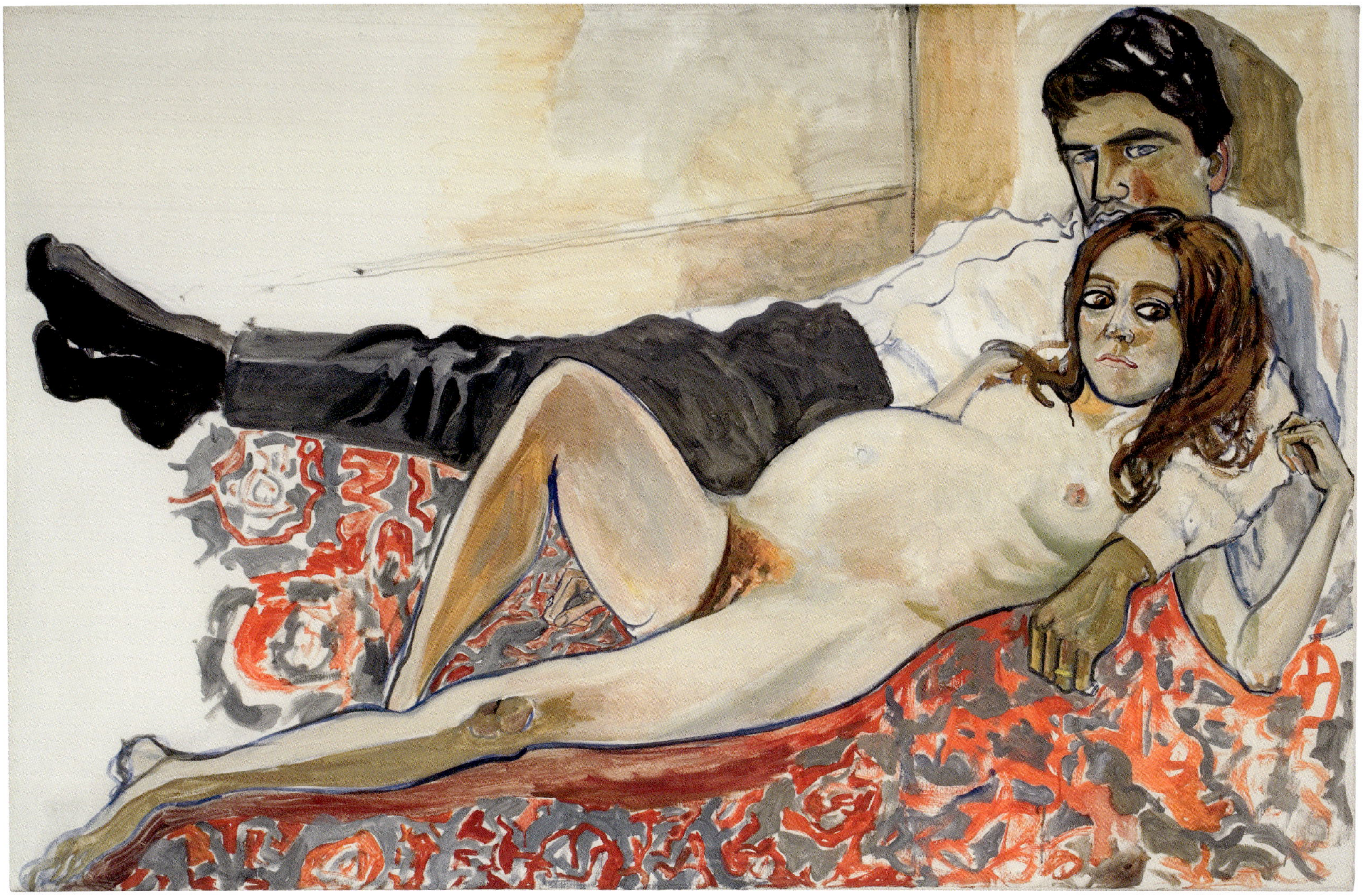

Kat. 48

The Family (Algis, Julie and Bailey), 1968

Öl auf Leinwand, 152,1 x 87 cm
Charlotte Feng Ford Collection

Dieses Bild gehört zu einer der wenigen Serien, die Neel gemalt hat. Nachdem sie die schwangere Julie Hall zusammen mit ihrem Mann Algis gemalt hatte, porträtiert sie das Paar nun mit deren Baby Bailey. Während sie Algis im vorhergehenden Bild noch im Hintergrund zeigte, stellt sie ihn diesmal direkt in den Vordergrund. Stolz hält er seinen Sohn. Seine Frau Julie, die nun hinter ihm steht, wirkt im Vergleich zu ihm fast winzig und eher wie seine Tochter. Algis' Größe in diesem Bild könnte darauf hindeuten, dass Neel seine Statur im vorherigen Porträt möglicherweise aus pragmatischen Gründen verkleinerte, damit er hineinpasste. Das Bild muss Neel in Teilen aus dem Gedächtnis gemalt haben, denn es dürfte sehr schwierig für Algis gewesen sein, seine Pose mit dem Baby über einen längeren Zeitraum zu halten. Vermutlich hat Neel es zudem auf die Schnelle gemalt. Große Bereiche der Leinwand blieben unbemalt, doch Neel gelang es trotzdem, genug festzuhalten, damit das Gemälde als Ganzes überzeugt.

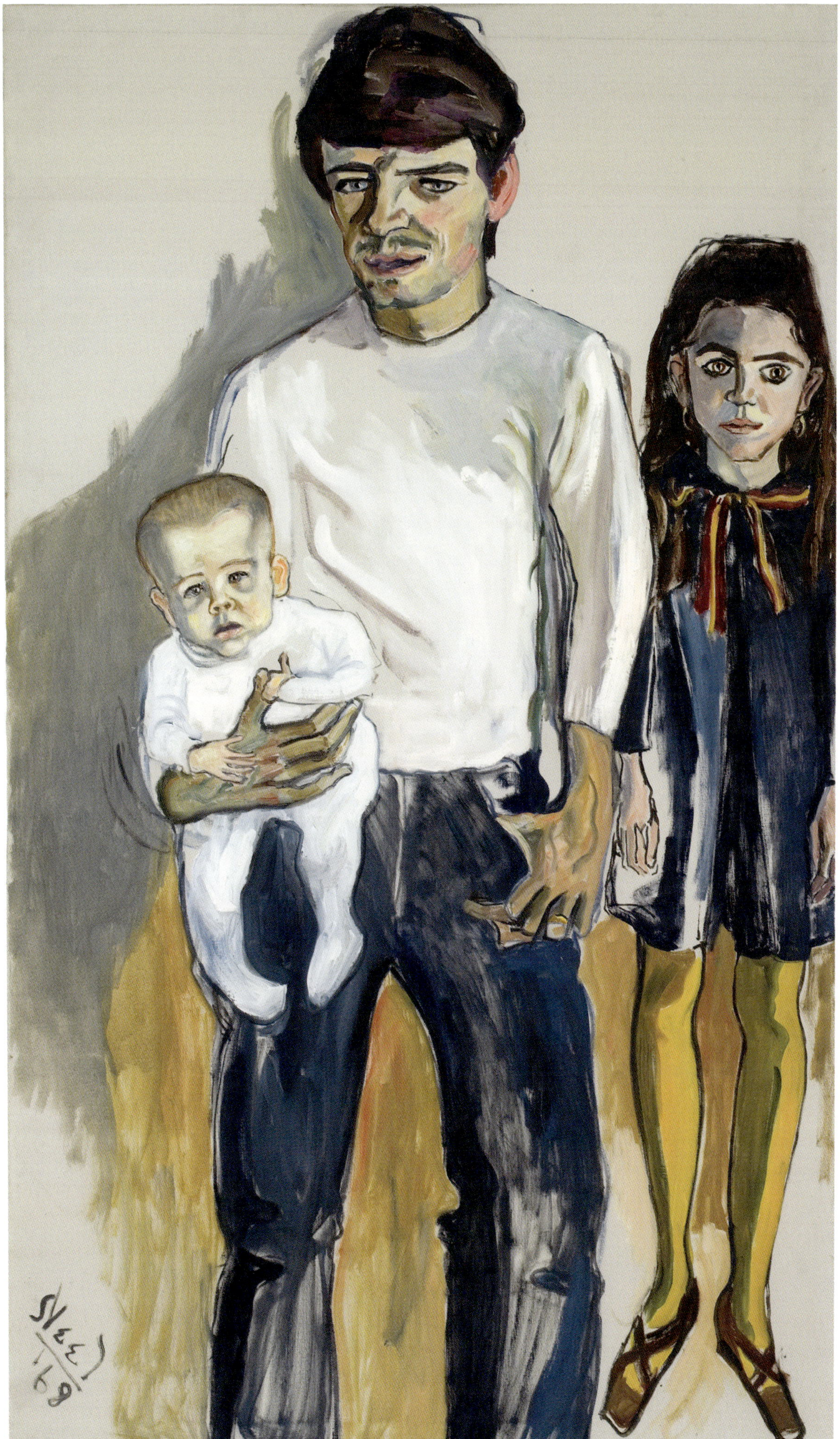
NEEL
'68

Kat. 49

Gerard Malanga, 1969

Öl auf Leinwand, 152,4 x 101,6 cm
Locks Foundation, Philadelphia

Der Dichter, Fotograf und Regisseur Gerard Joseph Malanga wurde 1943 als Sohn italienischer Einwanderer geboren. 1962 begann er für Andy Warhol zu arbeiten, zunächst in einer verlassenen Feuerwache. Später zog er mit ihm in das alte Fabrikgebäude in der East 47th Street um, das als Silver Factory legendär werden sollte. Malanga assistierte Warhol bei seinen Siebdrucken und Filmen, worin er auch als Darsteller zu sehen ist. Zudem entwickelte Malanga die Choreografie zu Velvet Undergrounds Musik für Warhols Multimediapräsentation *The Exploding Plastic Inevitable* (1966/67). Er war zudem der erste Chefredakteur der von Warhol und John Wilcock 1969 gegründeten Zeitschrift *Interview*. Als Fotograf machte er sich später mit zahlreichen Künstlerporträts einen Namen. Als er für Neel posierte, stand er kurz davor, die Factory zu verlassen und die Arbeit bei *Interview* aufzunehmen. Malanga berichtete, dass er Neel 1962 erstmals auf einer Literaturparty der Underground-Regisseure Willard Maas und Marie Menken begegnete. Neels Porträt entstand in drei Sitzungen von jeweils etwa zweistündiger Dauer. Als Malanga das Ergebnis sah, war er ziemlich verblüfft.[1] Sein rechter Arm hängt lässig über einer früheren, noch sichtbaren Skizzierung desselbigen, was an Darstellungen von Lakshmi denken lässt, der mehrarmigen hinduistischen Göttin des Wohlstands, während seine eingemeißelten Gesichtszüge und das lockige Haar an eine römische Statue erinnern.

Anmerkung

1 Vgl. »Undergoing Scrutiny: Sitting for Alice Neel«, in: *Alice Neel*, hrsg. von *Ann Temkin*, Ausst.-Kat. Harry N. Abrams in Zusammenarbeit mit Philadelphia Museum of Art, New York 2000, S. 68.

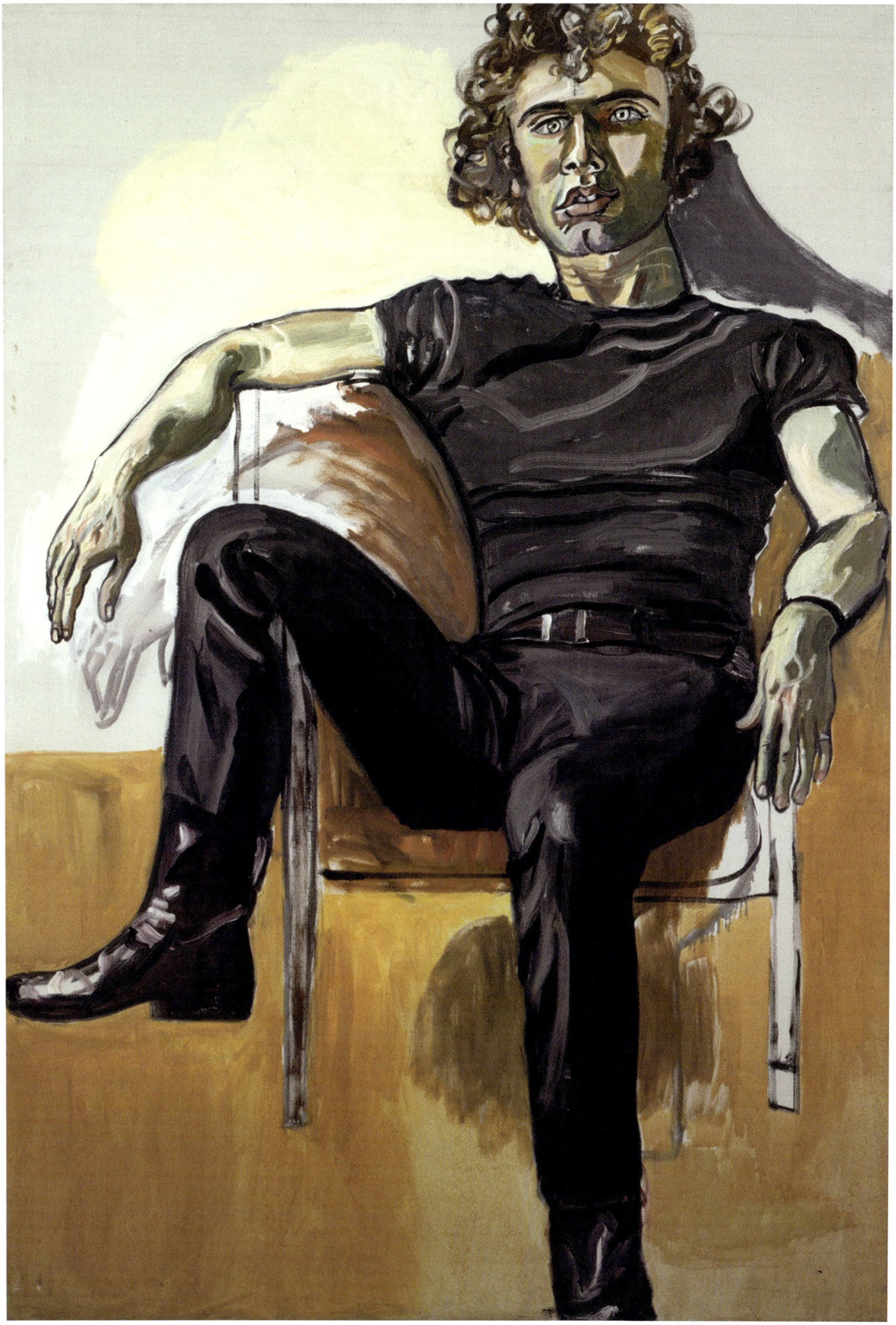

Kat. 50

Still Life Spring Lake, 1969

Öl auf Leinwand, 75,6 x 101,6 cm
Estate of Alice Neel

1935 kaufte Neel ein kleines Haus in Spring Lake, New Jersey, konnte aber 1959 ein größeres kaufen. Dieses Stillleben entstand dort. Es zeichnet sich durch seine ungewöhnliche Tiefenwirkung und komplexe räumliche Konstruktion mit verschiedenen Fluchtpunkten aus. Das auf dem Tisch liegende Obst und Gemüse – darunter eine Birne, eine Tomate und Zwiebeln – deuten auf einen bescheidenen Lebensstil hin, was durch das leere Tongefäß noch betont wird. Die Möblierung ist spartanisch, der Kühlschrank unmodern. Das Stillleben erinnert an die Arbeiten von Jean-Baptiste-Siméon Chardin und Paul Cézanne, die Meister dieses Genres waren. Wie Cézanne untersucht Neel die Objekte von verschiedenen Blickwinkeln aus. Dabei zeichnen sich ihre Stillleben durch eine ganz eigene Schlichtheit und Reinheit aus. Sie veranschaulichen ein Leben, das auf Extravaganz verzichtet und von pragmatischer Bescheidenheit geprägt ist.

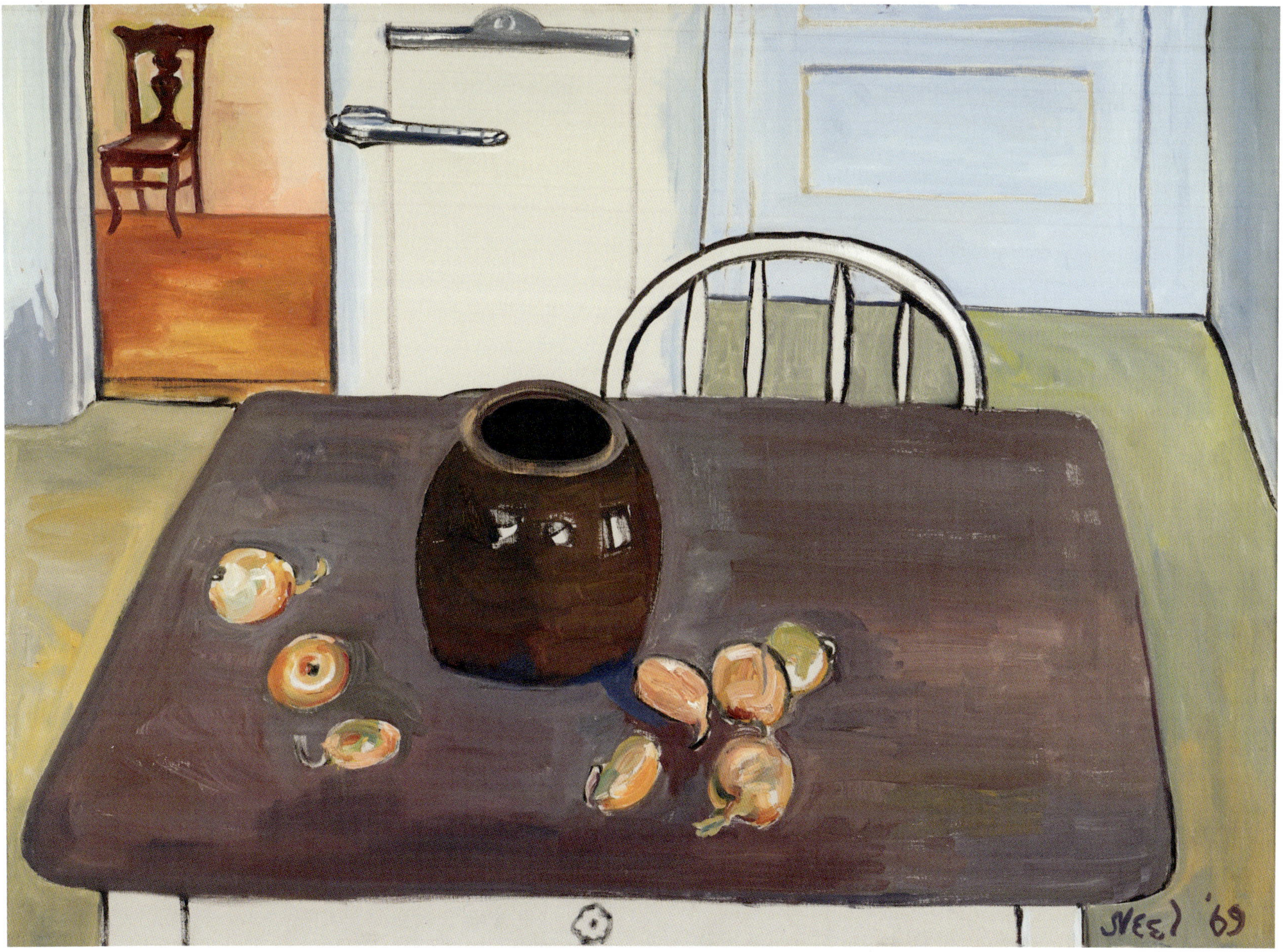
NEEL '69

Kat. 51

Andy Warhol, 1970

Öl und Acryl auf Leinwand, 152,4 x 101,6 cm
Whitney Museum of American Art, New York.
Schenkung von Timothy Collins, 80.52

(Ausgestellt in der Fondation Vincent van Gogh Arles und den Deichtorhallen Hamburg)

Andy Warhol (1928–1987) war zweifellos der berühmteste Künstler seiner Zeit und einer der bedeutendsten Vertreter der Pop Art. Er arbeitete bereits sehr erfolgreich als Werbegrafiker, bevor er 1962 mit seiner ersten Einzelausstellung als Künstler in der Ferus Gallery in Los Angeles und bald auch in New York für Furore sorgte. Seine Siebdrucke von Suppendosen oder Colaflaschen schlugen wie Bomben in der Kunstszene ein, ebenso wie die »Desaster«-Serie, die Serie mit elektrischen Stühlen und seine dreidimensionalen Brillo-Boxen. Warhol, der sich gern mit einer Entourage von Assistenten und Anhängern umgab, betätigte sich auch als Regisseur und definierte damit den Künstlerfilm neu. Seine Darstellerinnen und Darsteller, darunter Nico, Ultra Violet und Jackie Curtis (1970, Kat. 52 und 1972, Kat. 57), nannte er ironisch »Superstars«. Warhol machte auch Filme, die das Genre der Künstlerfilms neu definierten. Seine legendären Celebrity-Porträts basierten auf Fotoaufnahmen von Prominenten, die er in großformatige bunte Siebdrucke transformierte. Am 3. Juni 1968 wurde er von der radikal-feministischen Schriftstellerin Valerie Solanas, die öfter zu Gast in seiner Factory war, niedergeschossen und lebensgefährlich verletzt. Solanas hatte zuvor vergebens die Zurückgabe eines Manuskripts gefordert, das Warhol anscheinend verlegt und vielleicht nicht gelesen hatte. Warhol wäre fast gestorben und überlebte nur dank einer mehrstündigen Operation. 1981 erzählte Neel bei einem Vortrag[1], dass sie Warhol 1963 in der Castelli Gallery, 4 East 77th Street, begegnet sei; ihr Porträt von Richard als Student (Abb. 41) habe damals neben einer Warhol-*Jackie* im Museum of Modern Art gehangen (Belege dafür wurden bisher allerdings nicht gefunden). Möglicherweise hatte Warhol ihre Ausstellung in der Graham Gallery gesehen. Neel gab an, dass Warhol sie damals schon gefragt habe, ob sie ihn porträtieren könne, aber sie sei zu beschäftigt gewesen. Nach seinem Attentat habe er sie erneut angerufen, und so sei es doch noch dazu gekommen. Neel porträtierte ihn zwei Jahre nach dem Attentat mit nacktem Oberkörper, der von Operationsnarben bedeckt ist. Die Muskeln sind erschlafft und die Brust hängt ein wenig, was ihm ein androgynes Aussehen verleiht. Warhols Augen sind geschlossen. Er entzieht sich Neels Blick. Der blaue Schatten hinter ihm erscheint wie ein Flügel. Neel stellt Warhol als modernen Märtyrer dar.
Die südafrikanische, in den Niederlanden lebende Künstlerin Marlene Dumas hat berichtet, dass Neels Warhol-Porträt ihr eigenes Werk *The Painter* (1994) beeinflusst hat.

Anmerkung

1 Estate of Alice Neel Archiv.

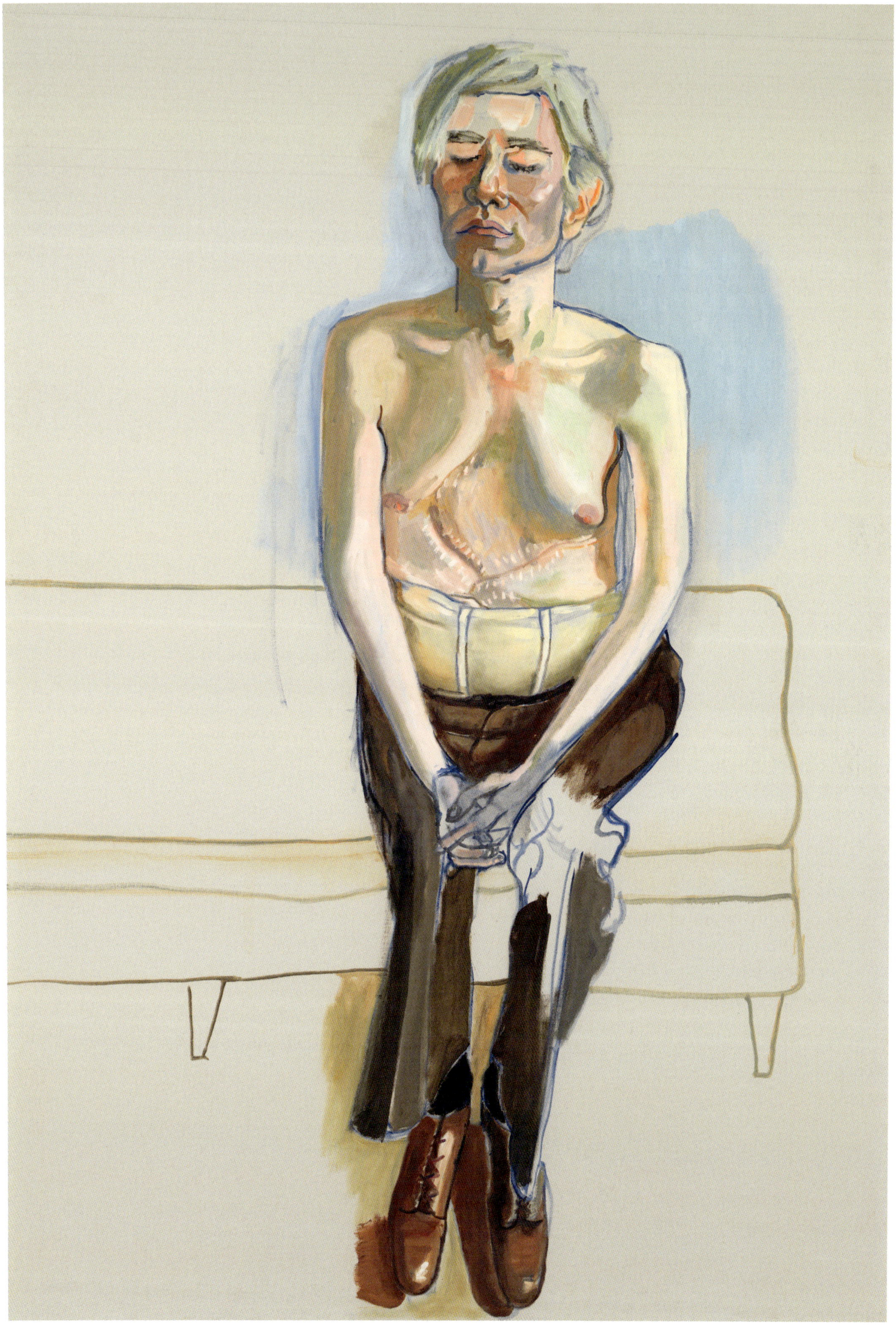

Kat. 52
Jackie Curtis and Ritta Redd, 1970

Öl auf Leinwand, 152,4 x 106,4 cm
Cleveland Museum of Art, Leonard C. Hanna, Jr.
Fund, 2009.345

Jackie Curtis (1947–1985), der zu Warhols »Superstars« zählte und hier rechts in Frauenkleidung zu sehen ist, war Bühnenautor, Schauspieler, Sänger und Theaterregisseur. Sein eigentlicher Name lautete John Curtis Holder Jr. Curtis trat als Mann und als Frau auf und entwickelte als Frau einen ganz neuartigen Look. Einen Mix aus Trash und Glamour mit Lippenstift, leuchtend rotem Haar und zerrissener Kleidung. Lou Reed widmete Curtis eine Strophe in seinem Song »Walk on the Wild Side« auf seinem 1972er Hit-Album *Transformer*:

»Jackie is just speeding away
Thought she was James Dean for a day
Then I guess she had to crash
Valium would have helped that bash«

Ritta Redd war kein »Superstar«, jedoch mit Curtis zusammen und trat mit ihm auch in einigen Filmen auf. Neel fängt den Kontrast zwischen Curtis' glamourösem und Redds eher unelegantem Äußeren ein. Redds quergestreifter Pulli, der an ein Streifenbild von Frank Stella erinnert, wirkt geradezu ordinär neben Curtis' längsgestreifter, halbtransparenter Bluse. Auch die unterschiedlichen Schuhe betonen die Gegensätzlichkeit der beiden Charaktere. Neel interessierte sich immer sehr für Kleidung, weil sie darin einen Index des Zeitgenössischen sah, ähnlich wie Charles Baudelaire es in seinem Aufsatz »Le Peintre de la vie moderne« (1863) formulierte. In Baudelaires Aufsatz waren Make-up und modische Kleidung ein wichtiges Thema; Baudelaire sah darin eine Verbesserung der Natur und fand, dass Make-up die Natur nicht imitieren, sondern übertreffen sollte. Es ist aber nicht nur eine Form der Verschönerung, sondern auch eine Verkleidung. 1929 erklärte die Psychoanalystin Joan Riviere, Weiblichkeit sei eine Maskerade, um die männlichen Aspekte der Frau zu verbergen. In der zweiten Welle der Frauenbewegung gilt Make-up als eine Form der Entmachtung, aber bei Curtis trifft das Gegenteil zu. Er nutzt die Maskerade, um seine Männlichkeit zu verbergen und sich als Frau Geltung zu verschaffen. Er hat bereits ein Kunstwerk kreiert, nämlich sein Gesicht. In diesem Sinne ist Neels Porträt das Gemälde eines Gemäldes. Indem er Make-up auflegt, eine bestimmte Pose und Gesichtsausdruck einnimmt, wird Curtis selbst zum Künstler. Er gestaltet also das Bild, das Neel von ihm malt. Neel porträtierte das homosexuelle Paar ein Jahr nach den Stonewall-Unruhen. Das Stonewall Inn war eine schwul-lesbische Bar in Greenwich Village, in der häufig Razzien stattfanden. Als Polizeibeamte am 19. Juni 1969 schon wieder eine Razzia durchführten, wurden sie von den Stammgästen dort eingeschlossen, was zu einem dreitägigen Aufstand führte. Der wachsende Widerstand der Schwulen- und Lesbenbewegung zog letztendlich bedeutende Gesetzesreformen nach sich. Indem Neel damals Porträts von Schwulen und Lesben malte und diese Bilder auch öffentlich ausstellte, bekundete sie sehr klar ihre solidarische Haltung.

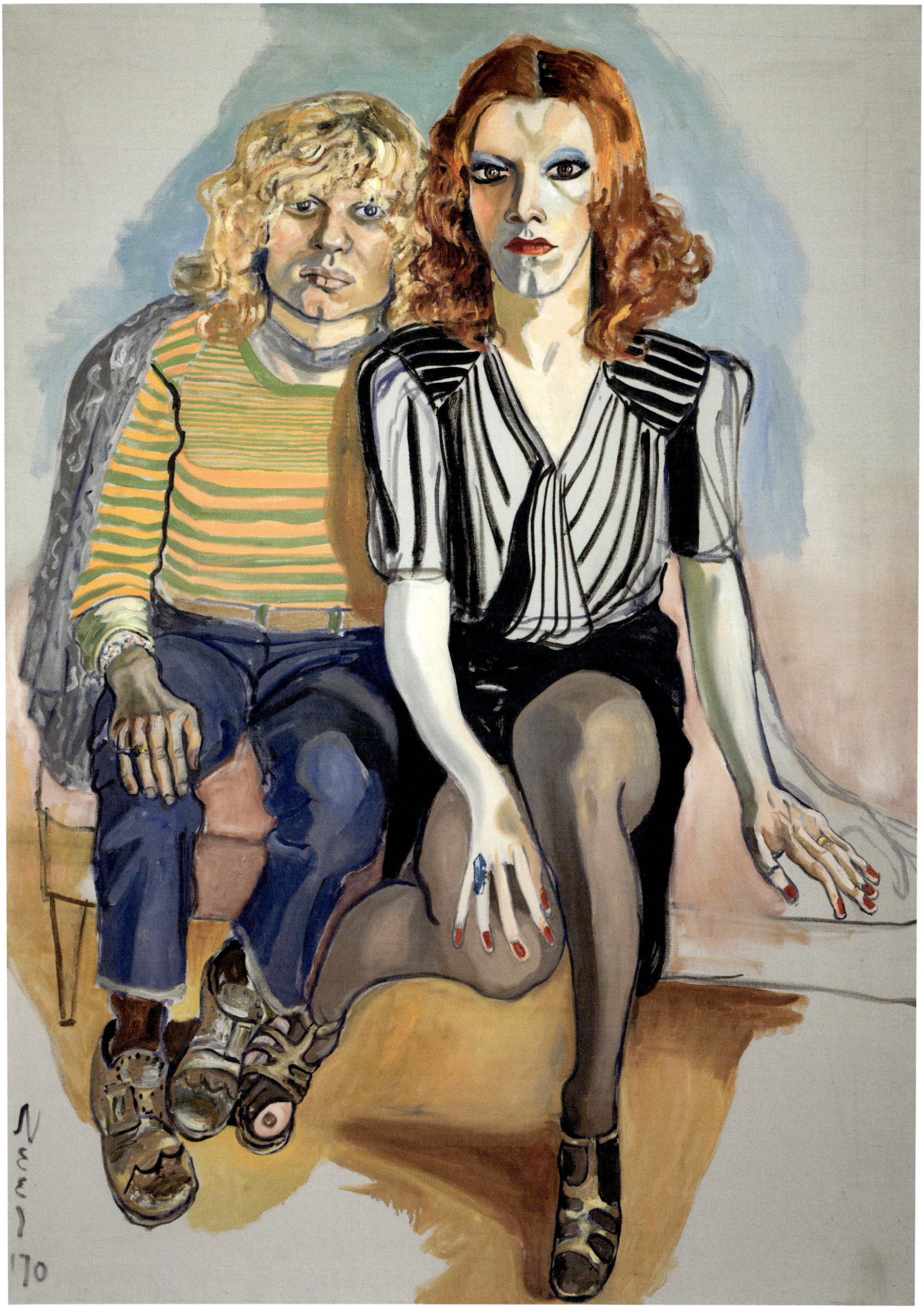
NEEL
'70

Kat. 53

The Family (John Gruen, Jane Wilson and Julia), 1970

Öl auf Leinwand, 153 x 147,3 cm
Museum of Fine Arts, Houston. Erwerb mit Mitteln des Caroline Wiess Law Accessions Endowment Fund

John Gruen (*1926) ist ein Fotograf, der früher regelmäßig Kritiken über Tanz, Musik und Kunst für die *New York Herald Tribune*, *Vogue*, *ARTnews* und *New York Times* schrieb. Seine Frau Jane Wilson (*1924) ist Malerin und seine Tochter Julia (*1958) Leiterin der Keith Haring Foundation. Als Neel die Familie porträtierte, besuchte Julia noch The School of American Ballet. 1966 hatte Gruen in der *New York Herald Tribune* eine Besprechung über Neels Ausstellung in der New Yorker Graham Gallery veröffentlicht. 1972 sollten seine Memoiren über die New Yorker Kunstwelt *(The Party's Over Now)* erscheinen. *The Family* gehört zu Neels größten Gemälden und fand als erstes ihrer Werke Eingang in eine Whitney Biennial. Indem Neel drei verschiedene Gesichtsausdrücke einfängt, die frontal auf sie gerichtet sind, vermittelt sie drei verschiedene Haltungen in Bezug auf das Porträtiertwerden. Gruen scheint mit den Gedanken ganz woanders zu sein. Wilson dagegen blickt distanziert, als sei sie nicht an Neels Geschichten interessiert oder ihr gegenüber misstrauisch. Julia wirkt schüchtern und scheint sich ein wenig unbehaglich zu fühlen. Ihre Pose erinnert an das junge Mädchen in Edvard Munchs Gemälde *Pubertet* (1895), das Neel 1969 in Oslo gesehen hatte. Gruen und Wilson erzählten Phoebe Hoban später, dass sie die Erfahrung, von Neel gemalt zu werden, überaus interessant fanden und sich auf jede Sitzung freuten.[1] Filmaufnahmen von Neel bei ihrer Arbeit zeigen, dass sie das Porträt damit begann, die Figuren in Blau zu skizzieren, bis sie bemerkte, dass alle drei Familienmitglieder Lackschuhe trugen. Davon war sie so fasziniert, dass sie sich fortan auf die Schuhe konzentrierte. Der Gegensatz zwischen der Uniformität der Schuhe bei *The Family* und der Verschiedenartigkeit der Schuhe bei *Jackie Curtis and Ritta Redd* (1970, Kat. 52) ist bemerkenswert. Neel hatte gehofft, dass Gruen das Gemälde kaufen würde, aber er lehnte dies wegen Geld- und Platzmangel ab.

Anmerkung

1 Phoebe Hoban, *Alice Neel. The Art of Not Sitting Pretty*, New York 2010, S. 272 f.

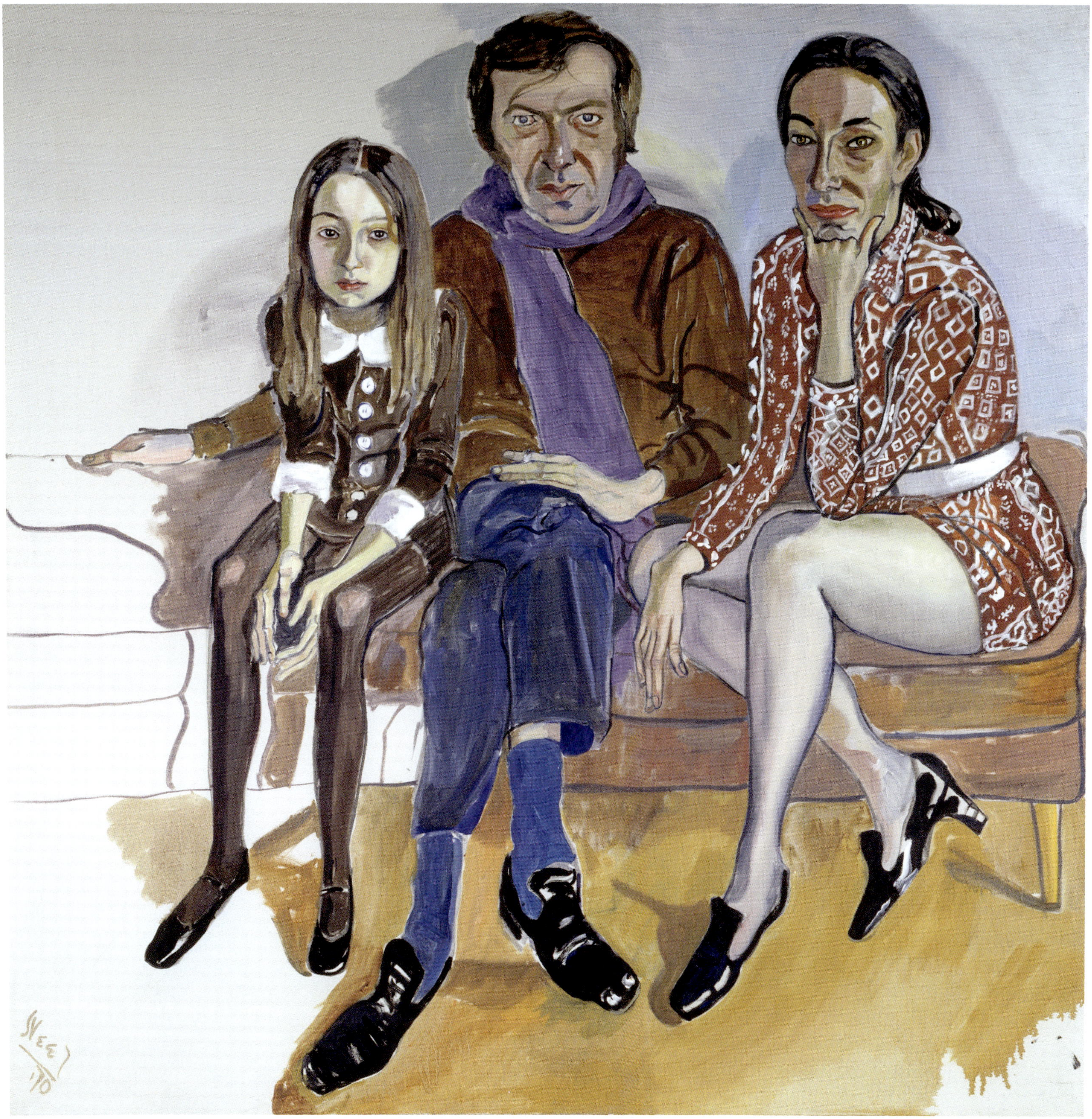

Kat. 54

Loneliness, 1970

Öl auf Leinwand, 203,2 x 96,5 cm
National Gallery of Art, Washington D.C.
Schenkung von Arthur M. Bullowa,
zu Ehren des 50-jährigen Jubiläums
der National Gallery of Art

Im August 1970 heiratete Neels Sohn Hartley Virginia (Ginny) Taylor. Obwohl er schon seit 1963 nicht mehr bei Neel lebte, markierte seine Heirat für sie das Ende ihres gemeinsamen Lebens. Der leere Stuhl, auf dem ihr Sohn noch gesessen hatte, als sie ihn 1966 porträtierte (Kat. 43), repräsentiert nun ihr Gefühl des Verlustes und nimmt zugleich klaren Bezug auf van Goghs Bilder *Le fauteuil de Gauguin* und *La Chaise de Vincent*, die er 1888 als Tribut an seine kurzzeitige Zusammenarbeit mit Gauguin malte. Der Stuhl ist jedoch nicht nur eine Personifizierung von Neels Trauer, sondern auch ein Symbol für Hartleys Abwesenheit. Die schwarze Jalousie ist halb heruntergezogen, wie eine Fahne auf Halbmast. Neels Kinder brachten Freude in ihr Leben, ebenso wie die Menschen, die in ihre Wohnung kamen, um von ihr porträtiert zu werden. Wie einige von ihren Stillleben vermittelt auch *Loneliness*, wie Neel sich ohne diese zwischenmenschlichen Kontakte gefühlt haben muss. Gefangen in ihrer Wohnung, die ihr nur den Blick auf eine unpersönliche Hausfassade mit leeren Fenstern bietet, findet Neel sich nun allein mit einem banalen Möbelstück, das für sie zum Synonym für Traurigkeit geworden ist.

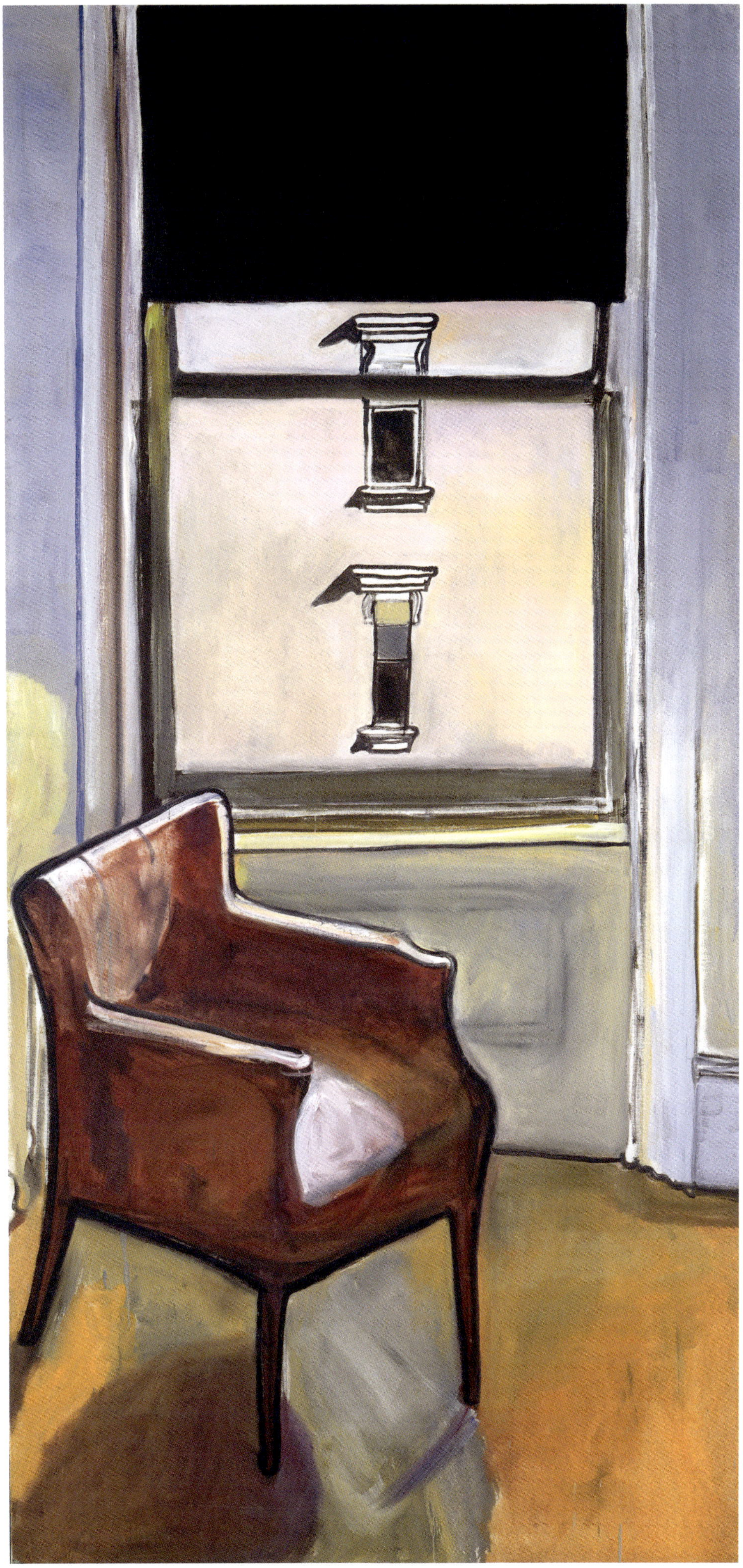

Kat. 55

Pregnant Woman, 1971

Öl auf Leinwand, 101,9 x 153 cm
Estate of Alice Neel

Als die schwangere Nancy nackt auf dem Sofa für Neel posierte, wusste sie noch nicht, dass sie Zwillinge erwartete. Ungewöhnlich ist, dass Neel das Porträt nicht nach Nancy benannte, sondern es entindividualisierte und Nancys Schwangerschaft somit als allgemeine weibliche Erfahrung darstellte. Neel scheint andeuten zu wollen, dass Nancy damals nicht so sehr durch ihre Persönlichkeit, sondern vielmehr durch die Schwangerschaft definiert wurde. Nancy ist ganz in sich versunken; sie legt den Arm über ihren Kopf, als wolle sie den Blick ihres Mannes Richard abwehren, dessen Kopf auf einem Gemälde hinter ihr zu sehen ist. Die Tatsache, dass er nicht körperlich, sondern nur bildlich anwesend ist, deutet an, dass sie in diesem Zustand allein war. Da Nancy an einer Schwangerschaftsintoxikation litt, müssen die letzten Wochen vor der Geburt für sie sehr anstrengend gewesen sein. Die grüne Tönung ihrer Haut deutet ihr seelisches und körperliches Unwohlsein an; diesen Farbton hatte Neel bereits 1966 in *Hartley* eingesetzt (Kat. 43), um die seelische Anspannung ihres Sohnes zum Ausdruck zu bringen. Eine Woche später brachte Nancy Alexandra und Antonia zur Welt, drei Wochen vor dem errechneten Termin. Feministinnen behandelten das Thema Schwangerschaft damals kaum, stattdessen standen Überlegungen zu Stärke, Menstruation, Gewalt oder männlichen Haltungen in Bezug auf den weiblichen Körper im Fokus. Schwangerschaft wurde als monströs anmutende Deformation des Körpers und Unterdrückung der Frau begriffen, die so an ein Zuhause und die Erziehung der Kinder gebunden wurde. Neel jedoch zeigte, dass Schwangerschaft ein natürlicher Daseinszustand ist und beleuchtete dabei nicht nur die körperliche, sondern auch die damit einhergehende seelische Verfassung.

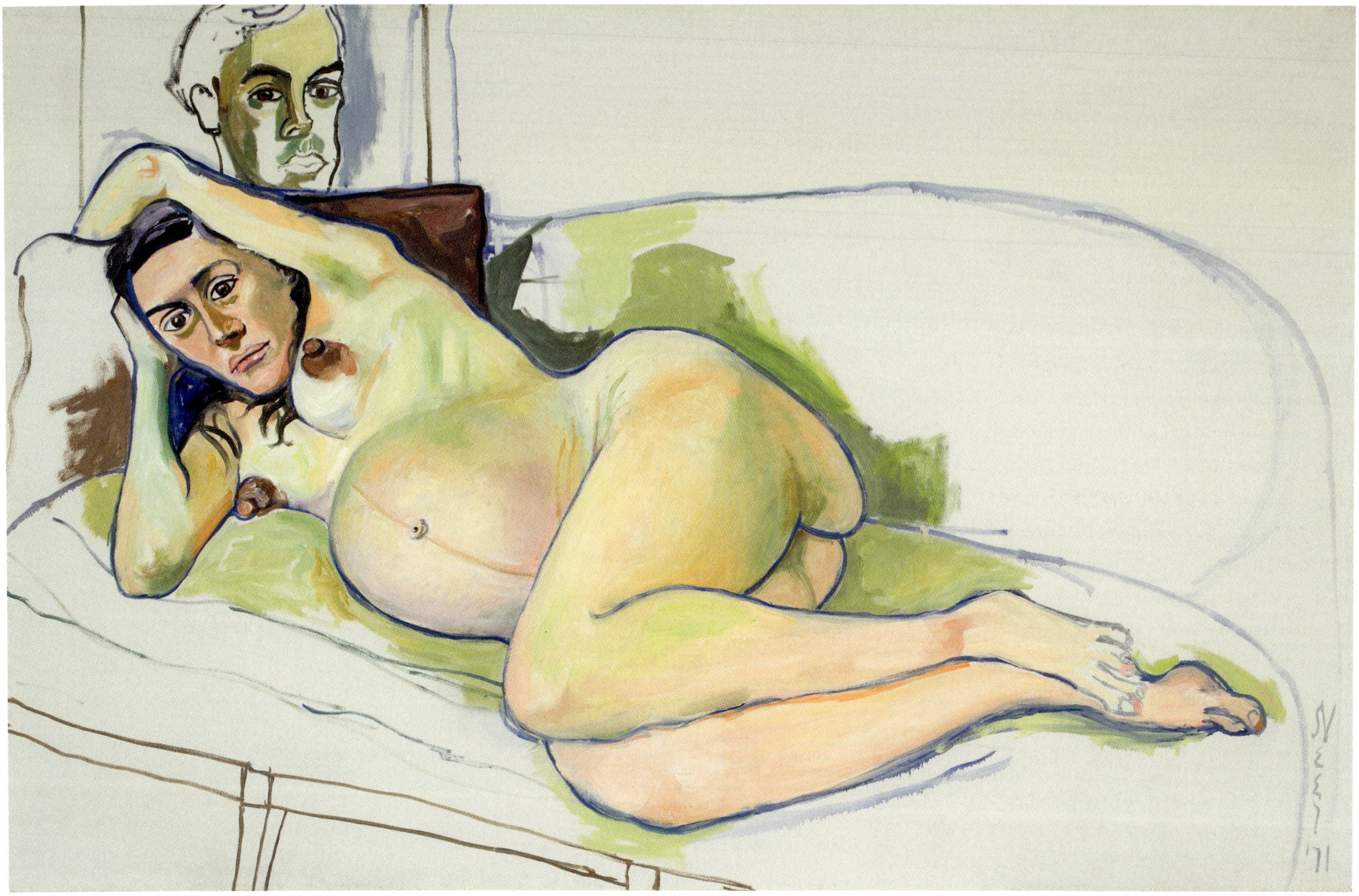

Kat. 56

Nancy and the Twins (5 Months), 1971

Öl auf Leinwand, 112,1 x 152,7 cm
Estate of Alice Neel

Fünf Monate nach der Geburt der Zwillinge Alexandra und Antonia entstand dieses Porträt. Nancy und ihre beiden Töchter liegen auf einem Bett in Neels Haus in Spring Lake. Nancy erinnert mit ihrer Pose an die Skulptur einer mexikanischen Göttin, beispielsweise Chak Mo'ol; sie hat ein wachsames Auge auf ihre Zwillinge, die vor ihr auf dem Bauch liegen und sich auf die Malerin zuzubewegen scheinen. Neel nahm sich Freiheiten mit der Darstellung von Formen, sie streckte das Bett im Hintergrund des Bildes und verlängerte Nancys rechten Arm, so dass die Schulter fast ausgekugelt erscheint. Wenn Neel Kinder porträtierte, machte sie oft komische Geräusche, um ihre Aufmerksamkeit zu erregen. Die Art und Weise, wie die Zwillinge den Kopf heben, lässt vermuten, dass Neel einen solchen Moment einfing. Da Kinder schnell unruhig werden, entstand dieses Porträt vermutlich nur teilweise in Anwesenheit der Modelle; Neel muss viel aus dem Gedächtnis gemalt haben.

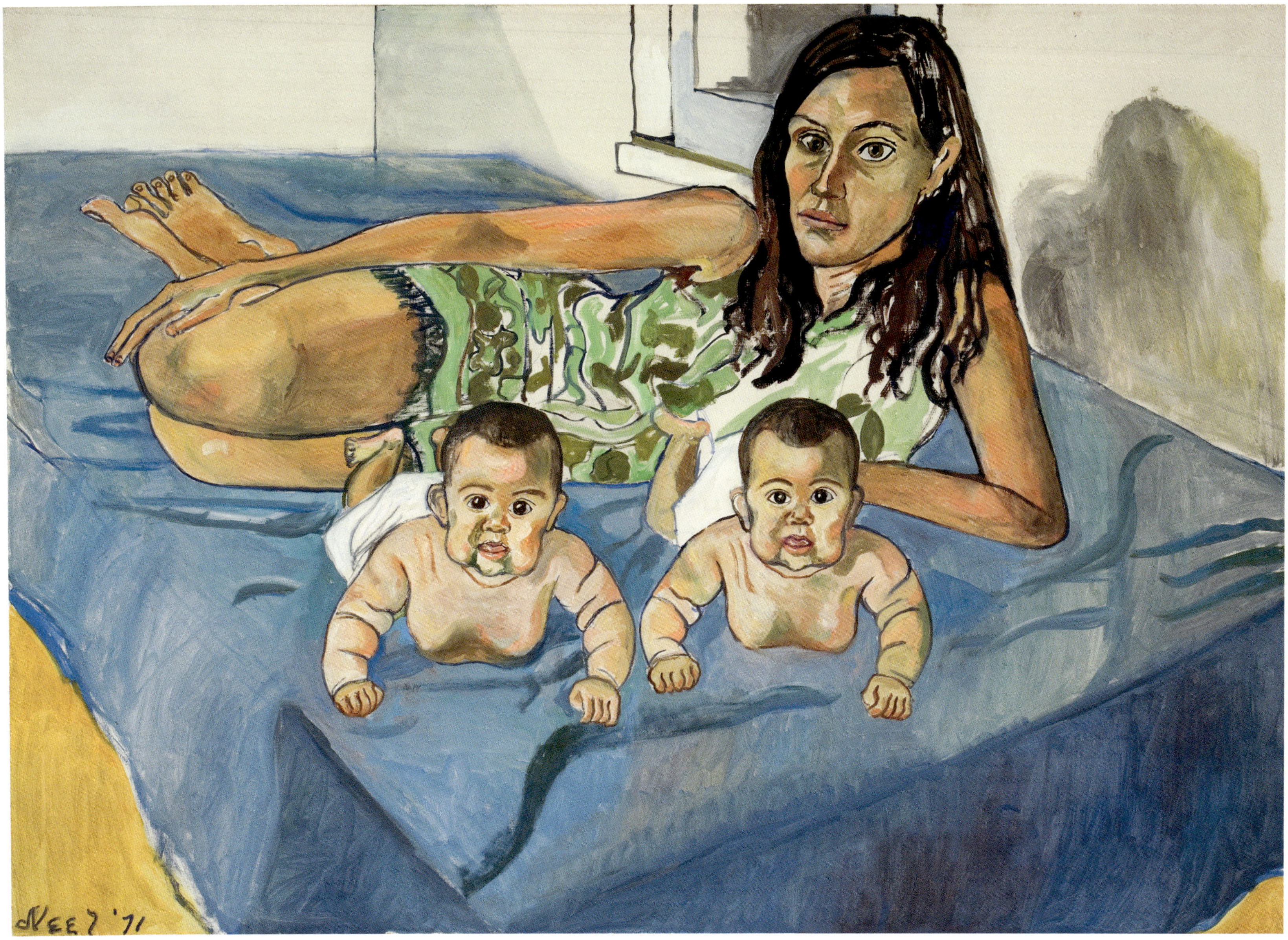
NEEL '71

Kat. 57

Jackie Curtis as a Boy, 1972

Öl auf Leinwand, 111,8 x 76,2 cm
Collection John Cheim

Zwei Jahre nach Entstehung des ersten Porträts von Curtis malte Neel ihn ein weiteres Mal (Kat. 52), diesmal in Männerkleidung und ohne weibliche Maske. Er spielt nun keine Rolle mehr und wirkt ein wenig unsicher. Curtis trat abwechselnd als Mann und Frau auf, verschmolz also die Geschlechter. Lou Reed deutete dies in seinem Song *Walk on the Wild Side* mit der Zeile »thought she was James Dean for a day« an. Die Baconesk verzerrte Nase scheint das phallische Motiv des Hemdes vorwegzunehmen, welches sich vom Hals bis zum Bauch hinunterschlängelt und an eine eher schwach ausgeprägte Sexualität denken lässt. Die von Neel verwendeten kühlen Blau- und warmen Rottöne verwandeln Curtis in eine Art Märtyrer im Stile eines Piero della Francesca.

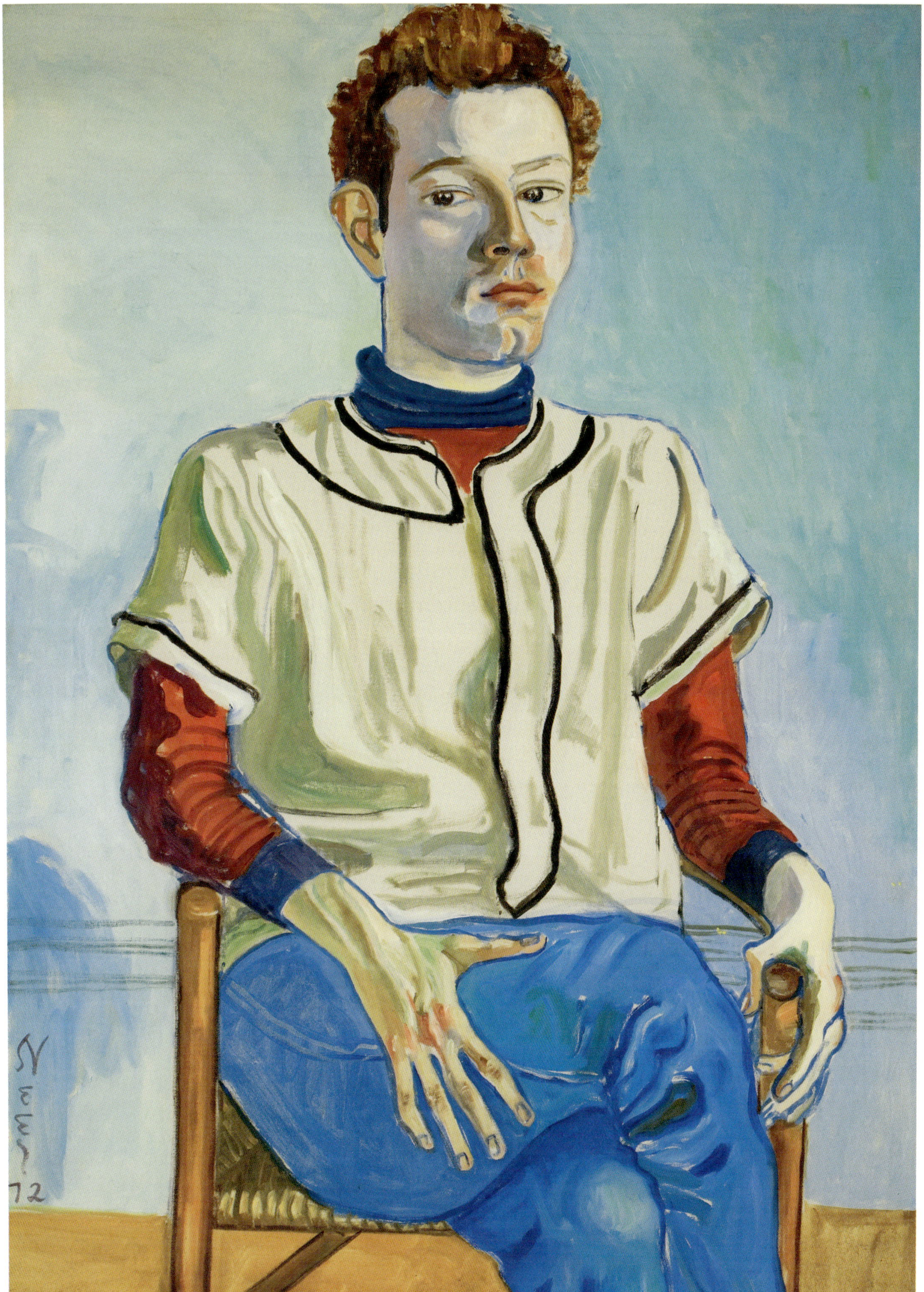
Neel
72

Kat. 58

Benny and Mary Ellen Andrews, 1972

Öl auf Leinwand, 152,2 x 127 cm
Museum of Modern Art (MoMA), New York,
Schenkung von Agnes Gund, Blanchette Hooker Rockefeller Fund, Arnold A. Saltzman Fund und Larry Aldrich Foundation Fund (durch Tausch), 27.1988

Benny Andrews (1930–2006) war ein afroamerikanischer Künstler, der als eines von zehn Kindern in Georgia zur Zeit der Rassentrennung geboren wurde; seine Eltern waren Baumwollpflücker. 1957 heiratete er Mary Ellen Smith. Das Paar ließ sich jedoch 1976, vier Jahre nach Entstehung dieses Porträts, wieder scheiden. Andrews kannte Neel seit den frühen Sechzigern und hatte zwei Mal gemeinsam mit ihr ausgestellt. 1969 gründete er die Black Emergency Cultural Coalition, eine Organisation, die gegen die Ausstellung *Harlem on My Mind* im Metropolitan Museum protestierte. Nur vier weiße Künstlerinnen und Künstler schlossen sich dieser Initiative an, darunter Neel. Der Protest richtete sich dagegen, dass keine Afroamerikaner/innen in die Organisation der Ausstellung miteinbezogen worden waren und keine Werke von Mitgliedern der lebendigen Kunstszene Harlems gezeigt wurden. In einem Interview beschrieb Andrews die Sitzungen mit Neel:

»Wenn du als Maler einem anderen Maler bei der Arbeit zuschaust, bist du immer fasziniert, weil das Ganze sozusagen wie ein Kartenspiel abläuft, das du noch gar nicht kennst. Nehmen wir zum Beispiel die Palette des Kollegen: Sie sieht völlig anders aus als deine eigene, du kämst damit überhaupt nicht klar. Ich könnte bis heute schwören, dass Alice höchstens drei Grautöne auf ihrer Palette hatte, nur ein paar kleine, schmutzige Farbkleckse. Und sie redete ununterbrochen. Sie saß da in ihrem Morgenmantel, wühlte mit dem Pinsel in ihren paar Farbklecksen herum und erzählte alles Mögliche dabei, zum Beispiel wie sexy sie war. Sie sagte dann sowas wie: ›Ich sehe nur wie eine Oma aus; in Wahrheit bin ich sehr sexy.‹ So ging das die ganze Zeit. Sie verführte dich, lullte dich regelrecht ein. Und auf meinem Porträt kann man das auch sehen. Ich hänge wie hypnotisiert auf diesem Stuhl. Und sie malte die ganze Zeit mit ihren paar Drecksklecksen an dem Bild herum, Pantoffeln an den Füßen, und erzählte ihre Sex-Geschichten, eine nach der anderen … und oft kam dann: ›Schau dir mal meine alten Fotos an, ich war wirklich eine schöne Frau!‹«[1]

Andrews sehr entspannte Pose auf diesem Porträt dokumentiert, wie verführerisch Neels Einlullmethode war. Seine Frau dagegen sitzt mit zusammengepressten Knien aufrecht da; sie ließ sich anscheinend nicht von Neels Geschichten beeindrucken.

Anmerkung

1 «Undergoing Scrutiny: Sitting for Alice Neel«, in: *Alice Neel*, hrsg. von *Ann Temkin*, Ausst.-Kat. Harry N. Abrams in Zusammenarbeit mit Philadelphia Museum of Art, New York 2000, S. 73.

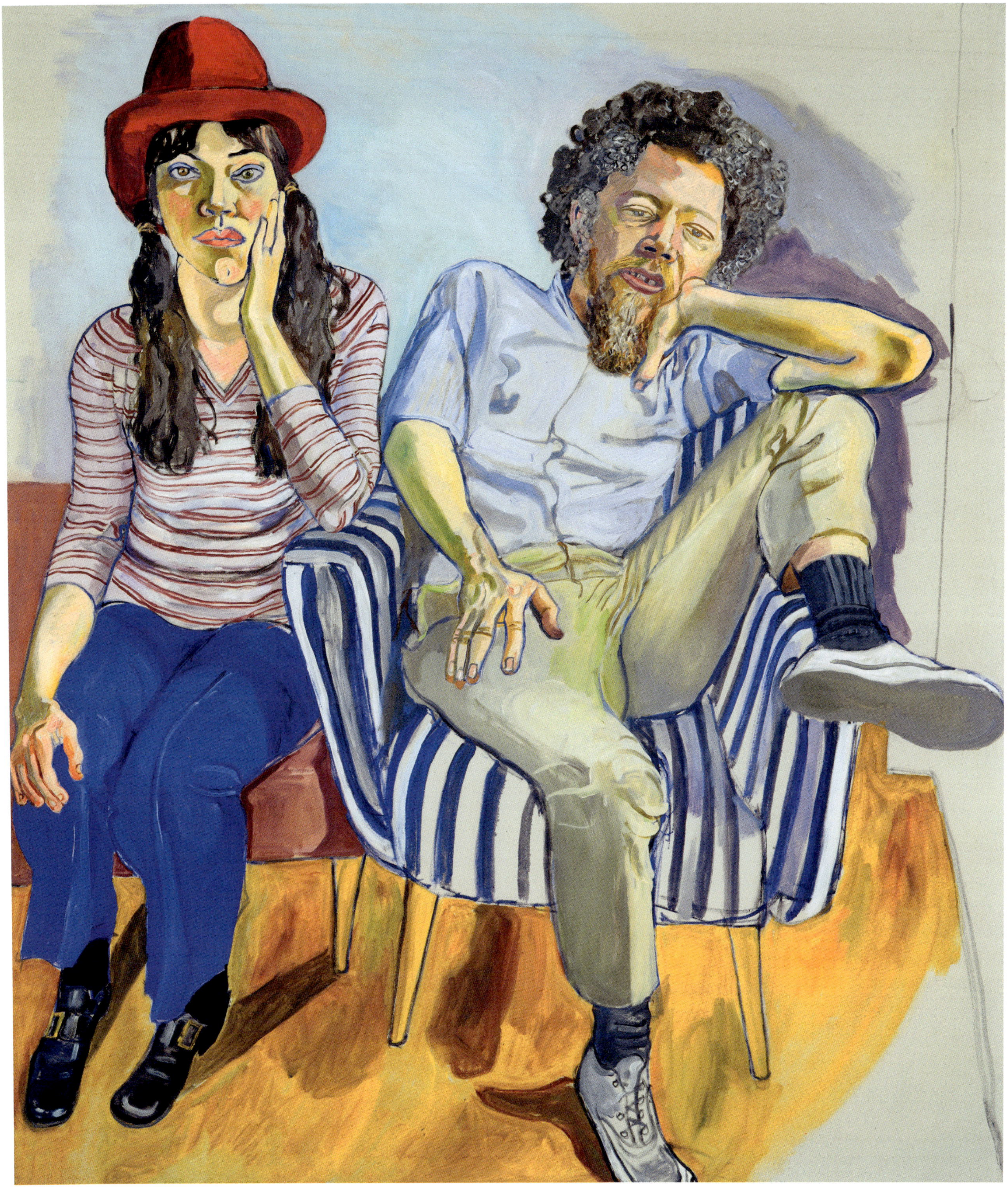

Kat. 59

John Perreault, 1972

Öl auf Leinwand, 96,5 x 162,2 cm
Whitney Museum of American Art, New York.
Anonyme Schenkung, 76.26

John Perreault war nach *Joe Gould* (1933, Kat. 8) Neels zweites männliches Aktporträt mit einer Figur in Öl. Als es entstand, war Perreault (1937–2015) als leitender Kunstkritiker für die *Village Voice* tätig, doch er trat auch als Maler, Dichter und Kurator in Erscheinung. Später leitete er das Kunstressort der *Soho News*. Perreault kontaktierte Neel, weil er *Joe Gould* für eine Ausstellung über männliche Aktporträts an der New Yorker School of Visual Arts ausleihen wollte. Neel fragte ihn, wer noch an der Ausstellung teilnahm. Als sie erfuhr, dass ansonsten nur aktuelle Arbeiten dabei sein würden, erklärte sie sich einverstanden, *Joe Gould* unter der Bedingung auszuleihen, dass sie zuvor ein Aktporträt von Perrault anfertigte, das ebenfalls in der Ausstellung gezeigt werden sollte. Perraults Porträt erforderte 17 Sitzungen, eine ungewöhnlich lange Zeit. Seine Genitalien, die sie groß und schlaff darstellte, malte sie erst ganz zum Schluss. Perrault ist dem Betrachter zugewandt, seine Pose erinnert an Goyas *La maja desnuda* (1797–1800) und Manets *Olympia* (1863). Sein Blick wirkt genauso gleichgültig wie sein Geschlechtsteil. Die Porträts von Perreault und Curtis, zwei homosexuellen Männern, entstanden zu einer Zeit, als Homosexualität und die öffentliche Zurschaustellung homosexuellen Verhaltens noch strafbar waren. 1973 kam die American Psychiatric Association zwar überein, dass Homosexualität keine Geisteskrankheit ist. Erst seit 2003 ist in den USA der einvernehmliche Sex zwischen Erwachsenen gleichen Geschlechts nicht mehr strafbar. Neel machte bei der Auswahl ihrer Modelle keinen Unterschied zwischen Hetero- und Homosexuellen. Anders als manche Künstler der Neuen Sachlichkeit unternahm sie auch keine Versuche, Homosexuelle zu karikieren. Sie akzeptierte sie einfach so, wie sie waren.

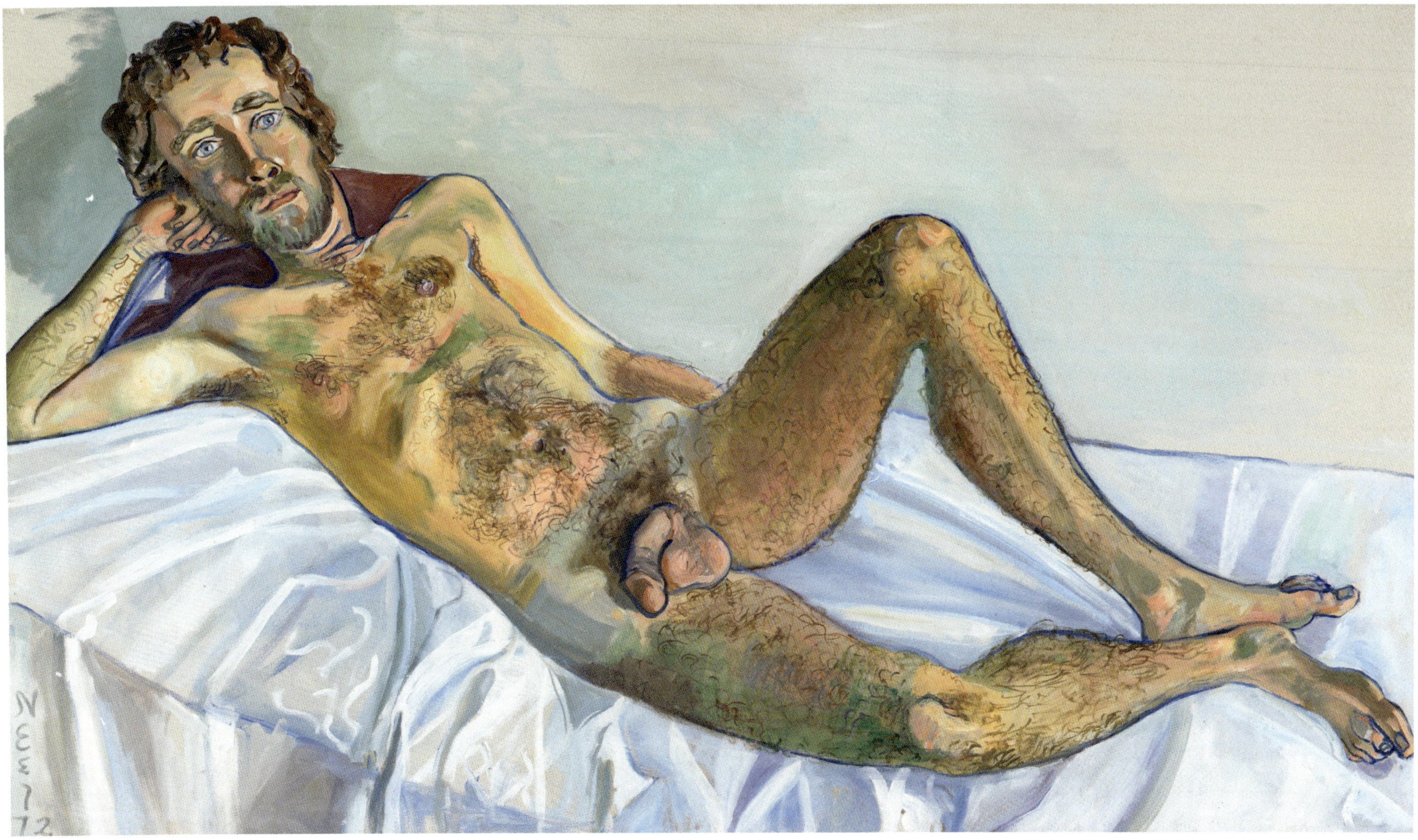

Kat. 60

Carmen and Judy, 1972

Öl auf Leinwand, 101,6 cm x 76,2 cm
Oklahoma City Museum of Art,
Westheimer Family Collection

Carmen Gordon, eine gebürtige Haitianerin, arbeitete als Putzfrau für Neel und als Babysitterin für deren Schwiegertochter Nancy. Judy war Carmens kranke Tochter. Das Gemälde zeigt Judy – zu erschöpft um an Carmens Brust zu trinken – während ihre Mutter den Betrachter mit stiller Würde und Traurigkeit anschaut. Einige Monate nach Fertigstellung des Bildes starb Judy am plötzlichen Kindstod. Als Neel noch in Spanish Harlem wohnte, hatte sie bereits mehrmals Immigrantenmütter mit ihren Babys porträtiert. Nach ihrem Umzug an die Upper West Side stand sie jedoch seltener mit Einwanderern in Kontakt. Dieses Porträt ist ein rares Beispiel für die Wiederaufnahme eines früheren Motivs. Judys schwacher Zustand und Carmens milchschwere Brust erinnern an das Mutter-Kind-Drama, das schon in *Degenerate Madonna* (1930, Kat. 3) zum Ausdruck kam. Die Darstellung des Babygeschlechts lässt zudem an die Windelfalten in *The Spanish Family* (1943, Kat. 22) denken. *Carmen and Judy* ähnelt dem Bildnis einer Madonna mit Kind, die den Tod ihres Babys vorausahnt.

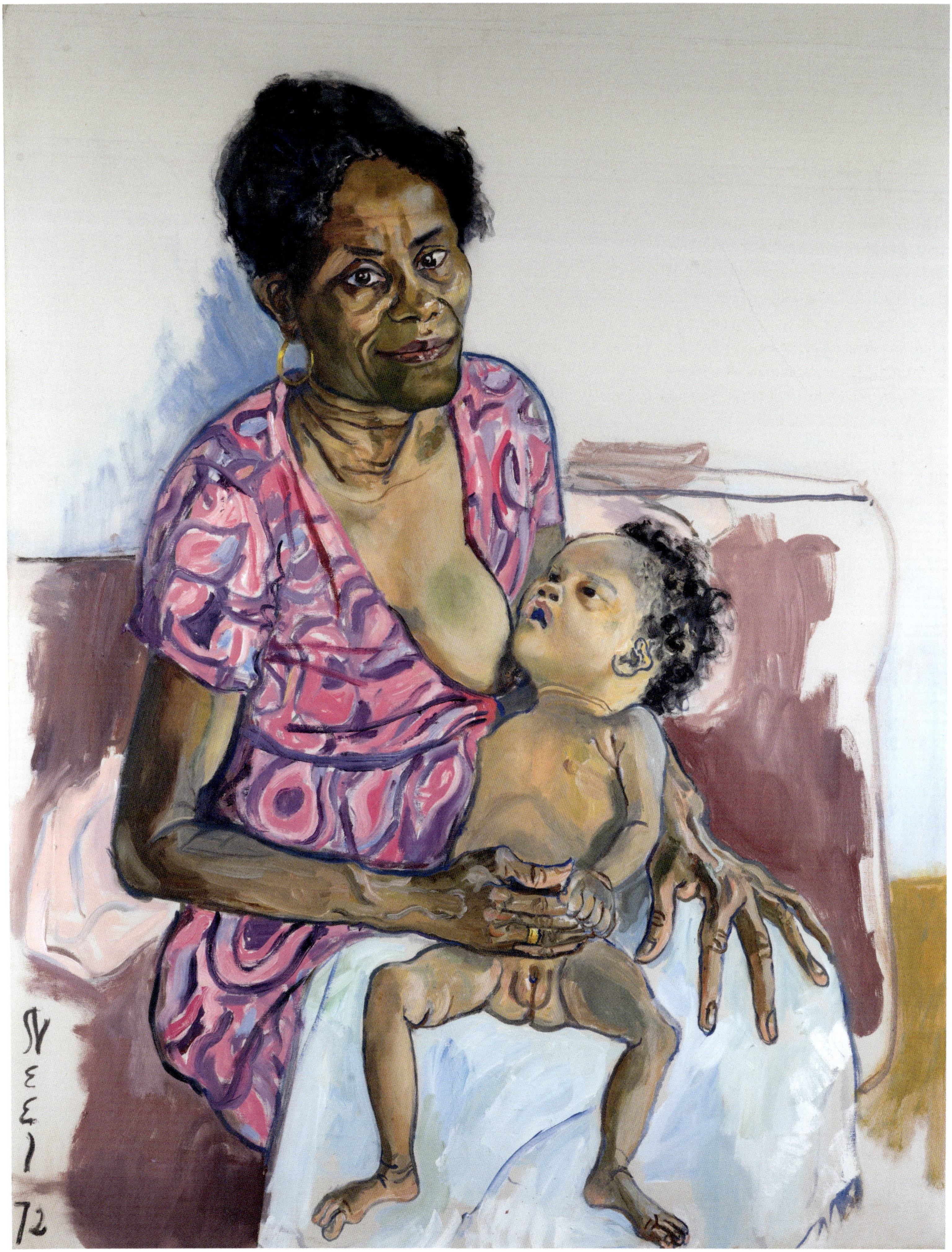

Kat. 61

The Soyer Brothers, 1973

Öl auf Leinwand, 152,2 x 117,3 cm
Whitney Museum of American Art, New York.
Erwerb mit Mitteln von Arthur M. Bullowa, Sydney Duffy, Stewart R. Mott und Edward Rosenthal, 74.77

Neel kannte Raphael (1899–1987) und Moses Soyer (1899–1974) seit den 1930er Jahren als Künstlerkollegen der Linken. Die Zwillingsbrüder waren 1912 mit ihren Eltern aus Russland emigriert und traten später als Vertreter der sozialrealistischen Malerei in Erscheinung. Moses studierte bei Robert Henri und George Bellows, Raphael bei Guy Pène du Bois. Beide wurden durch die Ashcan School beeinflusst, und schufen bemerkenswerte Porträts, manchmal sogar von denselben Personen wie Neel, zum Beispiel Allen Ginsberg (der von Raphael gemalt wurde). Neel porträtierte die Zwillingsbrüder nur ein einziges Mal, als beide schon über 70 Jahre alt waren. Sie baten Neel darum, weil sie das Gefühl hatten, dass ihnen nicht mehr viel Zeit blieb. In Moses' Fall täuschten sie sich tatsächlich nicht, er starb im Jahr darauf. 1981 erklärte Neel bei einem Vortrag[1], das die Soyer Brüder an der Paget-Krankheit litten, die zu Knochenvergrößerungen oder -missbildungen führen kann. Raphael, links zu sehen, trägt einen Schuh mit einem besonders dicken Absatz, Moses hat einen deutlich größeren Kopf. Neel war nur ein Jahr jünger als die Soyer Brüder. So wurde das Porträt zu einer Reflexion ihres eigenen Alterungsprozesses. Neel erzählte auch, dass sie sich überflüssig fühlte, als die beiden auf der »Couch« saßen und sich auf Russisch über Kunst unterhielten. Normalerweise begann Neel ihre Gemälde mit einer Zeichnung, die sie allerdings nicht immer vervollständigte, bevor sie mit dem Farbauftrag begann. In diesem Fall tat sie es jedoch. Die Farben setzte sie eher Seite an Seite, statt sie zu vermischen; so hatte sie es sich in den frühen 1960er Jahren angewöhnt. Schon Baudelaire hatte in seiner Besprechung des Pariser Salons 1859 angemerkt, dass Farben, die nicht vermischt, sondern nebeneinander gesetzt werden, sich aus der Entfernung betrachtet trotzdem vermischen und so ihre Energie und Frische behalten; dies wurde später von Cézanne und den Impressionisten veranschaulicht. Neel begriff die Kraft der Farbe und deren Potenzial zur Autonomie (siehe beispielsweise *Hartley* (1966, Kat. 43), *Andy Warhol* (1970, Kat. 51) und *Meyer Schapiro* (1983, Kat. 71).

Anmerkung

1 Estate of Alice Neel Archiv.

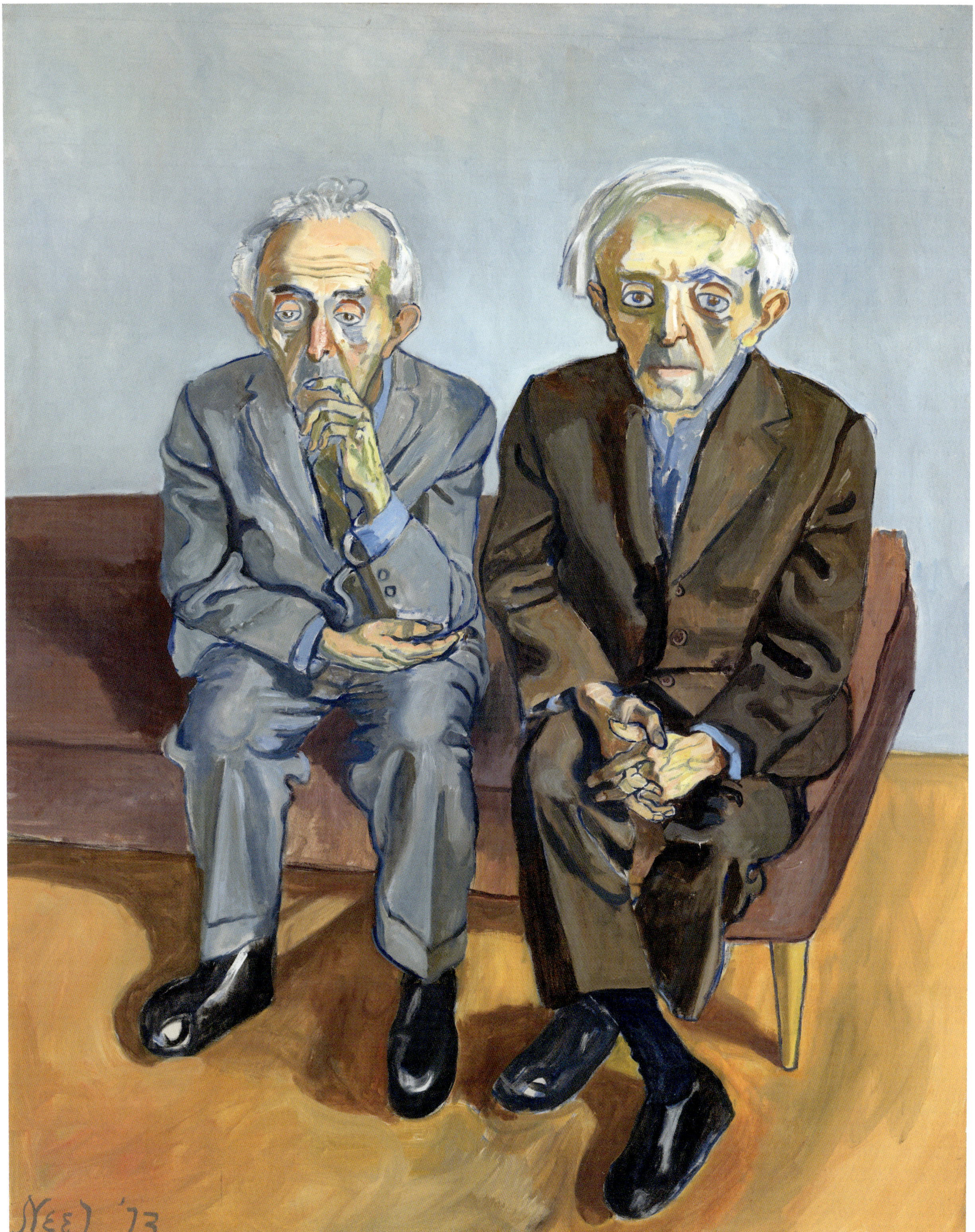
NEEL '73

Kat. 62

Ginny and Elizabeth, 1975

Öl auf Leinwand, 106,7 cm x 76,2 cm
Estate of Alice Neel

Ginny und Hartley Neel bekamen im Januar 1975 eine Tochter namens Elizabeth. Wie schon bei Nancy und Olivia war Neel sehr daran gelegen, mehrere Porträts der Mutter mit ihrer ersten Tochter zu malen. Hier sitzt Ginny auf einem Stuhl und hält Elizabeth schräg in ihrer Armbeuge. Diese Schräge wird von der Kommode hinter ihr gespiegelt; darauf steht ein Krug, der aussieht, als drohe er jeden Moment herunterzufallen. Wie jede frischgebackene Mutter erlebte Ginny gerade, wie ihre bisherige Welt durch die Geburt ihres ersten Kindes auf den Kopf gestellt wurde. Sie trägt eine Latzhose, die ursprüngliche Arbeiterkluft wurde in den 1970ern zur Modekleidung der Mittelschicht. Ginny wirkt etwas erschöpft; Elizabeth dagegen scheint ganz fasziniert davon zu sein, so aufmerksam beobachtet zu werden. Durch Beobachten lernen Kinder, die Gefühle ihrer Eltern zu deuten. Wie Neel einmal erzählte, ging ihr Interesse daran, Menschen zu malen, auf ihr Bedürfnis zurück, an der Miene ihrer Mutter abzulesen, ob etwas ihre Zustimmung fand oder nicht. Zu beobachten und beobachtet zu werden ist fundamental für die Entwicklung eines Kindes und ebenso für Neels Arbeit. Neel malte nur selten Objekte im Hintergrund, aber schon in *Mother and Child (Nancy and Olivia)* (Kat. 46) findet sich eine Vase, die fast vom Beistelltisch fällt. Für Neel war Mutterschaft eindeutig eine destabilisierende Erfahrung, und für Ginny und Nancy wohl ebenso. Neel porträtierte Ginny mit ihren Kindern seltener als Nancy mit ihrem Nachwuchs, was allerdings nur daran lag, dass Ginny und Hartley in Vermont lebten, Nancy und Richard dagegen in New York. Zudem besuchte Nancy Neel täglich, um ihr zu helfen. Familie war für Neel auch im Alter weiterhin ein zentrales Thema, das sie jedoch inzwischen eher nüchtern betrachtete.

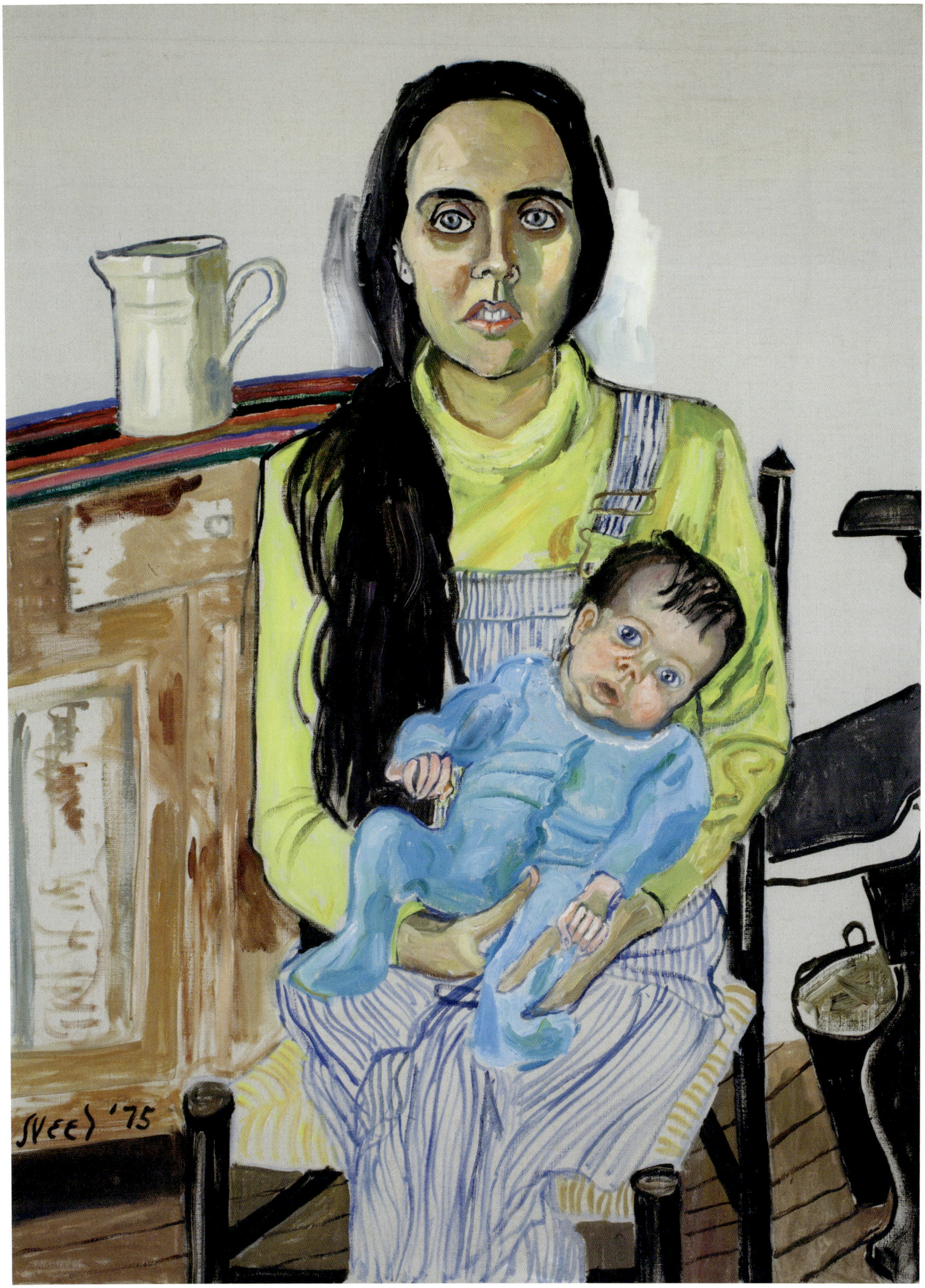
NEEL '75

Kat. 63

107th and Broadway, 1976

Öl auf Leinwand, 152,4 cm x 86,4 cm
Privatsammlung

Dies ist nicht die erste Fensteransicht, die Neel malte, aber eine der detailreichsten. Da Neel bevorzugt im Sitzen arbeitete, konnte sie vermutlich nicht bis zur Straße hinunter sehen. Vorherrschendes Motiv ist die weiße Hausfassade mit normalen und zugemauerten Fenstern. Farbakzente werden mit Werbetafeln in den Schaufenstern und dem [Coca-] Cola Schriftzug über der Markise gesetzt. Wie schon bei den anderen Ansichten, die Neel von den diversen Fenstern ihrer jeweiligen Wohnungen malte, bekommt der Betrachter den Eindruck, dass das Leben an Neel vorüberzieht; es findet ohne sie statt. Ihr Leben beschränkte sich auf das, was in ihrer Wohnung geschah, wenn sie Besuch bekam. Neel bestätigte, dass der Schatten das Eindringen des Todes symbolisiert. Die Sterblichkeit war ihren Gedanken nie fern. Auffällig ist Neels detaillierte Darstellung einiger architektonischen Elemente: Schornsteine und Dachgesims bilden einen interessanten Kontrast zu den abstrakter gestalteten Bereichen.

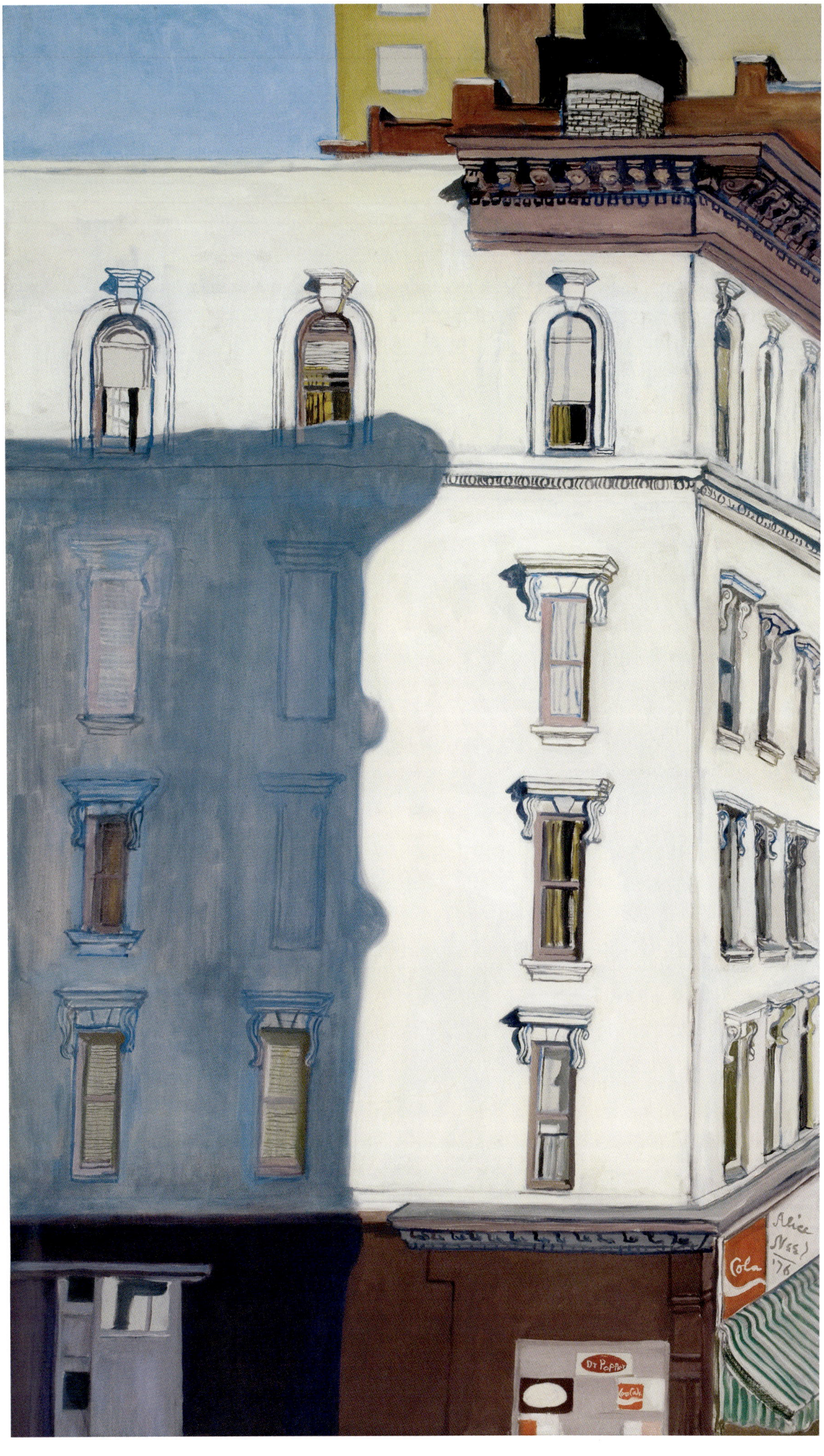
Alice Neel '76
Cola
Dr Pepper

Kat. 64

Sari Dienes, 1976

Öl auf Leinwand, 152,1 x 96,5 cm
Hirschhorn Museum and Sculpture Garden,
Smithsonian Institution, Washington D.C.,
Museumsankauf, 1976

Sari Dienes (1898–1992) war eine aus Ungarn emigrierte Künstlerin, die in zahlreichen Medien arbeitete. Ihre großformatigen, zwischen 1953 und 1955 entstandenen »Sidewalk Rubbings« gelten als Abkehr vom gestischen Ansatz der Bildkreation des Abstrakten Expressionismus zugunsten einer Aneignung der urbanen Umgebung, die von der Pop Art weiterentwickelt werden sollte. Ihre Arbeiten hatten Einfluss auf Robert Rauschenberg und Jasper Johns, der ihr zeitweise assistierte. Nach ihrer Heirat mit Paul Dienes 1922 floh sie aus Ungarn und kam über Zwischenstationen in Wien und Paris schließlich nach England, wo ihr Mann eine Stelle als Dozent für Mathematik am Birkbeck College antreten konnte. Ende der 1920er und Anfang der 1930er Jahre studierte Dienes in Paris bei Fernand Léger und Amédée Ozenfant. 1936 wurde sie stellvertretende Leiterin der Ozenfant Academy of Fine Art in London. Im September 1939 reiste sie für einen kurzen Aufenthalt nach New York, konnte aber wegen des Kriegsausbruchs nicht nach London zurückkehren und baute daraufhin für Ozenfant eine neue Akademie in New York auf, an der sie bis 1941 unterrichtete. Ihr Mann blieb derweil in England. Seine Versuche, nach Kriegsende eine Dozentenstelle in den USA zu finden, blieben erfolglos. Er starb 1952 in London. Sari Dienes war nicht nur mit Johns und Rauschenberg, sondern auch mit John Cage und Merce Cunningham befreundet, und in den 1960ern mit einigen Fluxus-Mitgliedern. Sie trat auch als Textildesignerin in Erscheinung. Als sie von Neel porträtiert wurde, war sie bereits 78 Jahre alt. Sie trägt ein exzentrisch aussehendes Gewand mit bunten Kreisen – möglicherweise ihr eigenes Textildesign – und psychedelisch gemusterte Zwei-Zehen-Socken. Dienes' Gesicht und Hände sind vom Alter gezeichnet, das krause Haar ist ein Mix aus Grau und gefärbtem Blond, der Hals ist faltig, die Haut der von Arthritis gezeichneten Hände stark geädert. Dennoch sieht Dienes glücklich und optimistisch aus. Sie wurde 94 Jahre alt. Neel sagte einmal zu Patricia Hills, dass das Altern an sich ein faszinierender Prozess sei, aber auch ein mühseliger Kampf.[1] Dienes gehört zu einer ganzen Reihe von bedeutenden Künstlerinnen und Kunsthistorikerinnen, die von Neel porträtiert wurden, darunter Isabel Bishop, Faith Ringgold, Louise Lieber, Marisol, Linda Nochlin, Ellen Johnson und Ann Sutherland Harris. Louise Bourgeois wollte nicht von Neel gemalt werden.

Anmerkung

1 Patricia Hills, *Alice Neel*, New York 1983, S. 144.

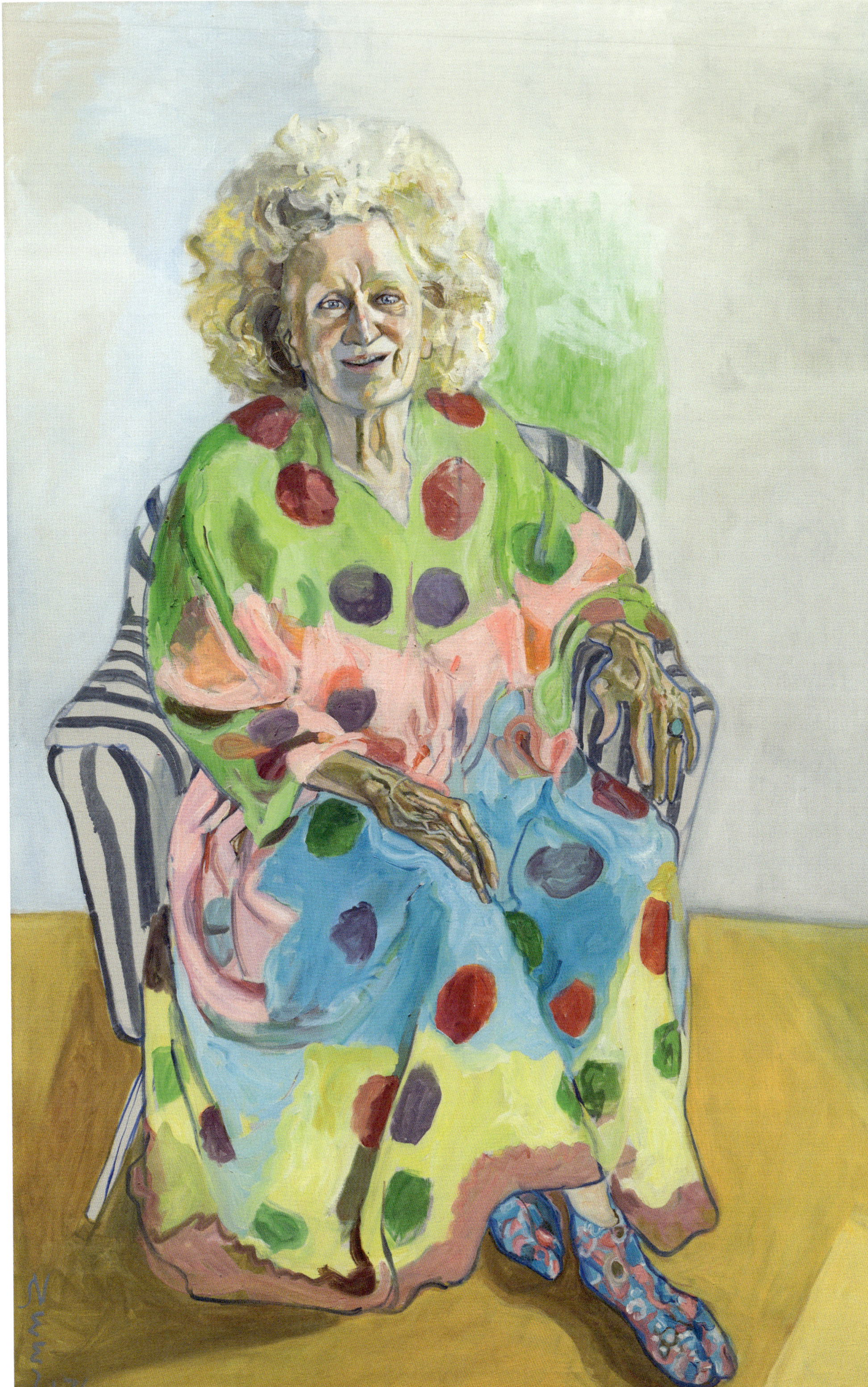
NEEL '76

Kat. 65

Margaret Evans Pregnant, 1978

Öl auf Leinwand, 146,7 x 96,5 cm
Institute of Contemporary Art, Boston

Margaret Evans, die Frau des Malers John Evans, erwartete Zwillinge, als sie von Neel porträtiert wurde. Neel bat sie zunächst, sich auf verschiedene Stühle zu setzen und platzierte Evans schließlich auf einem kleinen, niedrigen Sessel. Der Kontrast zwischen dem voluminösen Leib der Schwangeren und dem vergleichsweise kleinen und schmalen Sessel wirkt grotesk. Evans sieht aus, als hätte sie das Gefühl, gleich zu bersten. Sie scheint sich am Sessel festhalten zu müssen, um nicht die Balance zu verlieren. Es gibt unterschiedliche Interpretationen in Bezug auf die Bedeutung des Spiegelbildes, auf dem Evans älter wirkt als sie tatsächlich ist. Einige deuten es als Vorwegnahme der anstrengenden Zeit nach Trennung, andere als Verschmelzung von Evans und Neel, also als Identifikation der Künstlerin mit ihrem Modell, zumal Neel sich beim Malen von Evans vermutlich auch selbst im Spiegel sah. Es bleibt ein Rätsel. Auf dem Gemälde ist es nicht erkennbar, aber es handelte sich tatsächlich um einen an der Ecke des Zimmers angebrachten, diagonal verlaufenden Klappspiegel. Neel nahm sich also Freiheiten mit der Darstellung des Spiegels. Zudem ist hinter Evans eine Verschiebung zwischen dem linken und rechten Wandbereich zu bemerken, was an die räumliche Verzerrung in Cézannes *Madame Cézanne au fauteuil jeune* (1888–1890) erinnert. In einem anderen Porträt, *Madame Cézanne en robe rouge* (1888–1890), das Neel als Teil der Sammlung des Metropolitan Museums bekannt gewesen sein dürfte, befindet sich über dem Kamin schräg hinter Hortense Cézanne ein ähnlich rätselhafter Spiegel, der an Neels Gemälde denken lässt. Vermutlich lag es nicht in Neels Absicht, diese Komposition nachzubilden, doch bei der Darstellung der Pose auf dem gelben Stuhl mag sie es unbewusst getan haben. Vier Kreise dominieren die Komposition: der Bauch der schwangeren Evans, ihr Kopf und ihre beiden Brustwarzen. Hals und Beine scheinen vom Zentrum wegzustreben, als wollten sie sich losmachen oder mehr Platz schaffen.

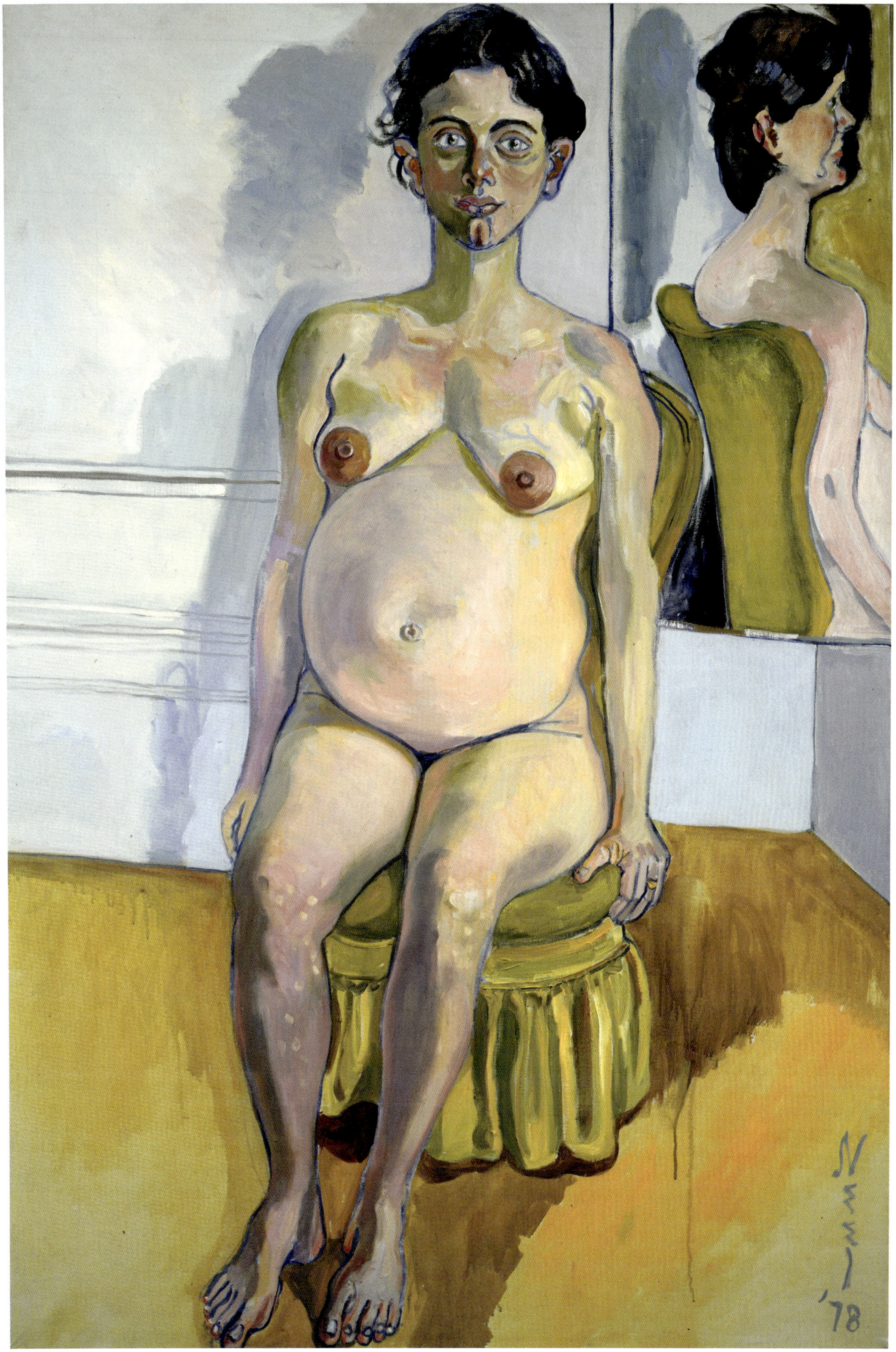
NEEL
'78

Kat. 66

Self-Portrait, 1980

Öl auf Leinwand, 135,3 x 101 cm
National Portrait Gallery, Smithsonian Institution, Washington D.C.
(Ausgestellt im Ateneum Art Museum, Helsinki und Gemeentemuseum Den Haag)

Neel begann dieses Gemälde, ihr erstes Selbstporträt, bereits 1975, ließ es dann aber wieder ruhen. Ursprünglich sollte es in ihrer Ausstellung *Alice Neel: The Woman and Her Work* im Georgia Museum of Art gezeigt werden. Richard Neel ermutigte sie 1980, es zu vollenden, damit sie an einer Ausstellung mit Selbstporträts in der New Yorker Harold Reed Gallery teilnehmen konnte. Neel interessierte sich generell kaum für Selbstporträts, dennoch finden sich in ihren Porträts anderer Menschen Elemente ihrer eigenen Persönlichkeit wieder. Manchmal wurde ihr bei der Darstellung ihrer Modelle Gnadenlosigkeit vorgeworfen, aber dieses Bild zeigt, dass sie sich selbst keineswegs aussparte. Es nimmt Lucian Freuds nacktes Selbstporträt mit Pinsel von 1993 vorweg, doch im Gegensatz zu Freud, der sich in der Pose des mythischen Helden inszeniert, sitzt Neel sehr bodenständig da. Ihre Beschreibung von sich selbst als Mutter Hubbard (siehe Kat. 58, *Benny and Mary Ellen Andrews*) könnte nicht zutreffender sein. Neels Körper ist von Alter, Mutterschaft und Esslust gezeichnet. Ihre Füße, die ihr seit vielen Jahren Probleme bereiteten, versteckt sie ebenso wenig wie ihren übrigen Körper. Die großmütterliche Brille und das weiße Haar vervollständigen das Bild einer Frau, die keine Angst hat, sich so zu zeigen, wie sie ist. Neel war Linkshänderin, doch da sie ihr Spiegelbild malte, hält sie den Pinsel in der rechten Hand. In den 1970er Jahren hatten viele Künstlerinnen ihren Körper vor einem feministischen Hintergrund thematisiert, was häufig mit einem bewussten Verzicht auf Erotisierung einherging. Neels schlichtes Selbstporträt illustriert nicht nur das Wesen der Weiblichkeit, sondern auch den Prozess des Alterns: Es zeigt, dass die Veränderungen, die der menschliche Körper im Laufe des Lebens durchmacht, ganz normal sind und nicht verschwiegen werden sollten. Indem sie ihr eigenes Altwerden akzeptiert und die Aufmerksamkeit auf die körperlichen Konsequenzen lenkt, positioniert sie sich neben Picasso, Pierre Bonnard und Lovis Corinth, die sich ebenfalls intensiv mit ihrer eigenen Sterblichkeit auseinandersetzten. Corinths *Selbstporträt mit Palette* (1924), das nach seinem Schlaganfall (1911) entstand, fand 1950 dank einer Schenkung von Curt Valentin Eingang in die Sammlung des Museum of Modern Art. Neels *Self-Portrait* und andere Werke haben zahlreiche Künstlerinnen beeinflusst, nicht zuletzt die Österreicherin Maria Lassnig.

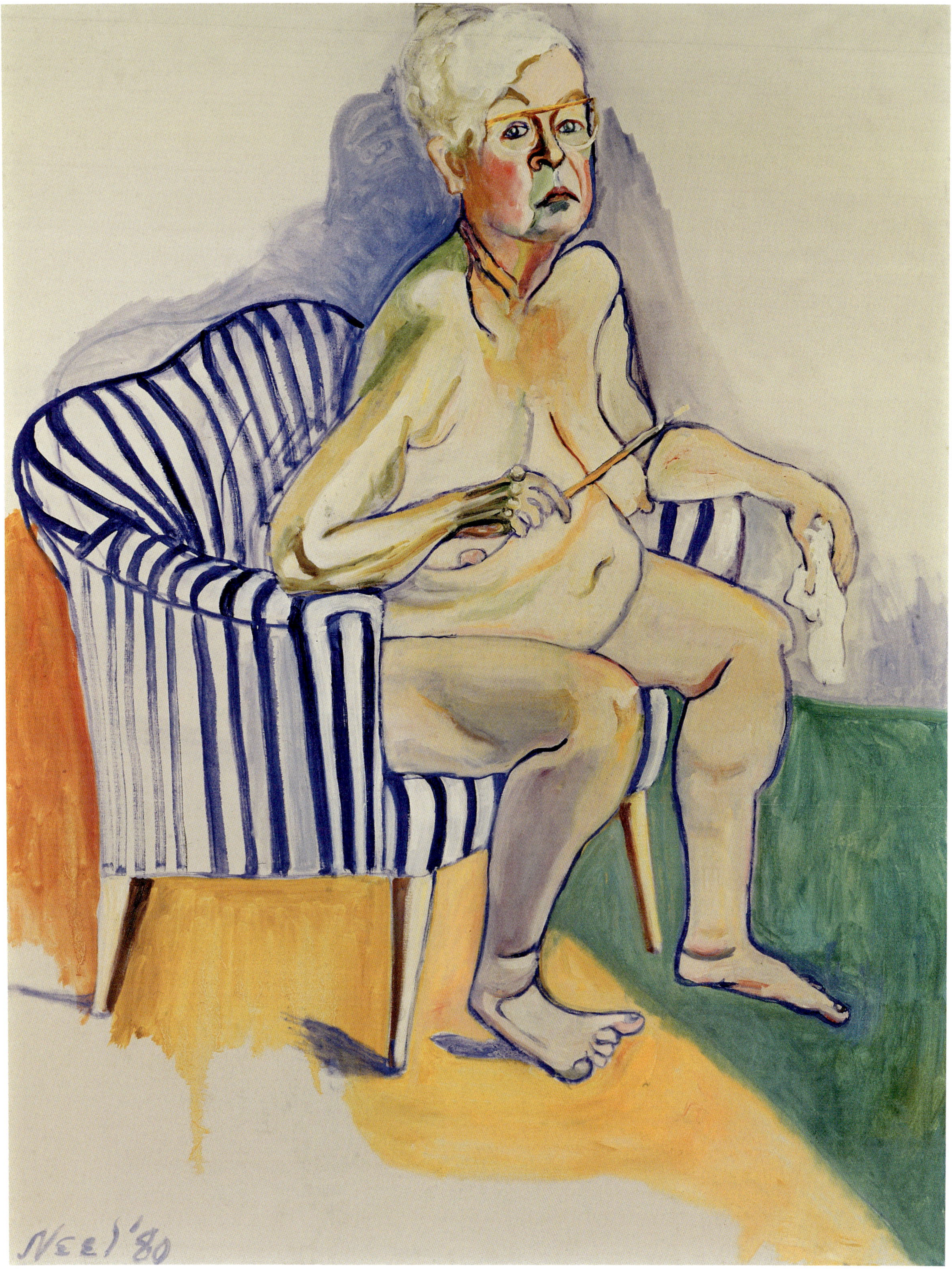
Neel '80

Kat. 67

Michel Auder, 1980

Öl auf Leinwand, 127 x 101,6 cm
Estate of Alice Neel

Michel Auder wurde 1945 im französischen Soissons geboren und begann seine künstlerische Laufbahn als Filmemacher bei der Gruppe Zanzibar, die der Nouvelle Vague angehörte. In den 1960er Jahren zog er nach New York, wo er sich eine der ersten tragbaren Videokameras besorgte. Auder wurde mit einer besonderen Art von Dokumentarfilmen bekannt, bei denen er ununterbrochen die Kamera laufen ließ, um seine direkte Umgebung und seine Begegnungen mit verschiedenen Menschen zu filmen. Zeitweise gehörte er Warhols Entourage an, mit der Warhol-Darstellerin Viva war er in erster Ehe verheiratet. Sein filmisches Wirken spiegelt den damaligen Zeitgeist und den Einfluss Warhols wieder, wurde jedoch auch von Jonas Mekas' Tagebuchfilmen inspiriert. Auder war vor allem ein visueller Chronist, dessen Memoiren im Stil eines Cinéma vérité mit der Zwanglosigkeit privater Super-8-Aufnahmen daherkamen und Einblicke in intime Situationen, spontane Gesten und bizarre Zufälle boten. Neel wurde von Auder mehrmals gefilmt; er begleitete sie unter anderem nach Bermuda, wo sie den Philanthrop und Mäzen Stewart Mott besuchte. Am bekanntesten ist jedoch Auders filmische Dokumentation von Neels Arbeit an *Margaret Evans Pregnant* (1978, Kat. 65). Neel tauschte die Rolle mit Auder und fertigte mehrere Zeichnungen sowie dieses Gemälde von ihm an. Wie es für Neels spätere Arbeiten typisch ist, wirkt dieses Gemälde unvollendet. Die Intensität von Audens Gesichtsausdruck wäre allerdings durch weiteren Farbauftrag im Hintergrund geschwächt worden, so jedoch wirkt das Bild frisch. Neel hat genau die richtige Balance erreicht, die es dem Betrachter ermöglicht, die fehlenden Informationen selbst hinzuzufügen. Der zurückhaltende Farbauftrag lässt erkennen, welche Bedeutung das Zeichnen in Neels Malprozess hatte. Auders Silhouette sieht fast wie eine Zeichnung aus, die Umrisse werden mit zarten Pinselstrichen definiert, ebenso wie bei der Kommode im Hintergrund oder bei Auders Knien. Die Tiefe des Raums ist im Vergleich zu anderen Gemälden Neels eher ungewöhnlich, rückt den im Vordergrund sitzenden Auder jedoch umso mehr in den Fokus. Auder berichtete, dass er damals an einem Ausschlag litt und deshalb drei oder vier Sitzungen erforderlich waren. Neel wollte, dass er das weiße Jackett anzog, das er auf dem Flohmarkt gekauft hatte. Er erinnerte sich, dass sie ihn anwies, sich auf einem bestimmten Stuhl zu setzen, weil dieser genau die Pose ermöglichte, die ihr vorschwebte: »Sie hatte ein festes Szenario im Kopf. Sie sah jeden, den sie malen wollte, an einem bestimmten Platz in ihrer Wohnung und es war ihr sehr wichtig, das auch umzusetzen. Bei jemand anderem hätte ich vielleicht gesagt, dass ich mich lieber auf einen anderen Stuhl setzen wollte. Aber bei ihr merkte ich sofort, dass das nicht ging. Als Malerin wusste sie ganz genau, was sie wollte.«[1]

Anmerkung

1 »Undergoing Scrutiny: Sitting for Alice Neel«, in: *Alice Neel*, hrsg. von *Ann Temkin*, Ausst.-Kat. Harry N. Abrams in Zusammenarbeit mit Philadelphia Museum of Art, New York 2000, S. 75.

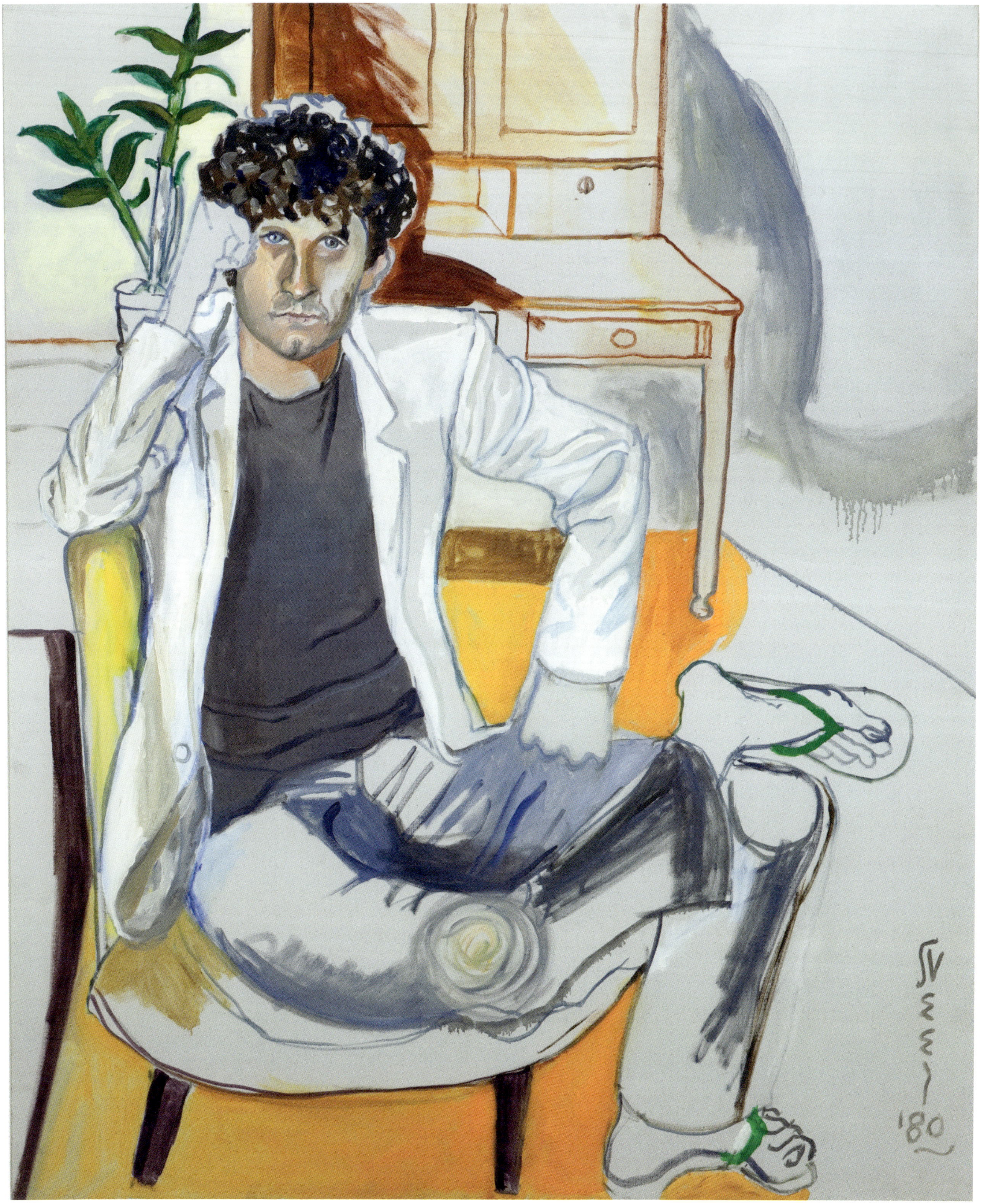

Kat. 68

Victoria and the Cat, 1980

Öl auf Leinwand, 101 x 65,4 cm
Honolulu Museum of Art, Nachlass Frederic Mueller, 1990, 6003.1

Victoria war eine von Neels Enkelinnen; die vierte Tochter von Richard und Nancy wurde 1974 geboren. Auf diesem Porträt ist sie sechs Jahre alt. Isabetta war 18 Monate älter, als Neel sie 1934 porträtierte. Victoria konnte die Pose mit der Katze sicher nicht lange halten, weshalb Neel das Bild größtenteils aus dem Gedächtnis gemalt haben muss. Wie *Isabetta* besticht auch *Victoria and the Cat* mit der authentisch wirkenden Darstellung des Kindes. Neel sieht die pummelige Unbeholfenheit des kleinen Mädchens und bringt sie ungefiltert auf die Leinwand. Vor dem kahlen weißen Hintergrund, der an zeitgenössische Fotografien von Richard Avedon erinnert, gibt es kein Entkommen vor Neels prüfendem Blick, nichts, was das Auge des Betrachters ablenken könnte, mit Ausnahme der Katze, deren buschiger Schwanz in eine abstrakte Farbenkaskade übergeht, die mit der Gegenständlichkeit des übrigen Bildes kontrastiert. Die Verletzlichkeit von Kindern, auch ihrer eigenen, war zeitlebens ein wiederkehrendes Thema für Neel. *Victoria and the Cat* legt ein weiteres bewegendes Zeugnis darüber ab.

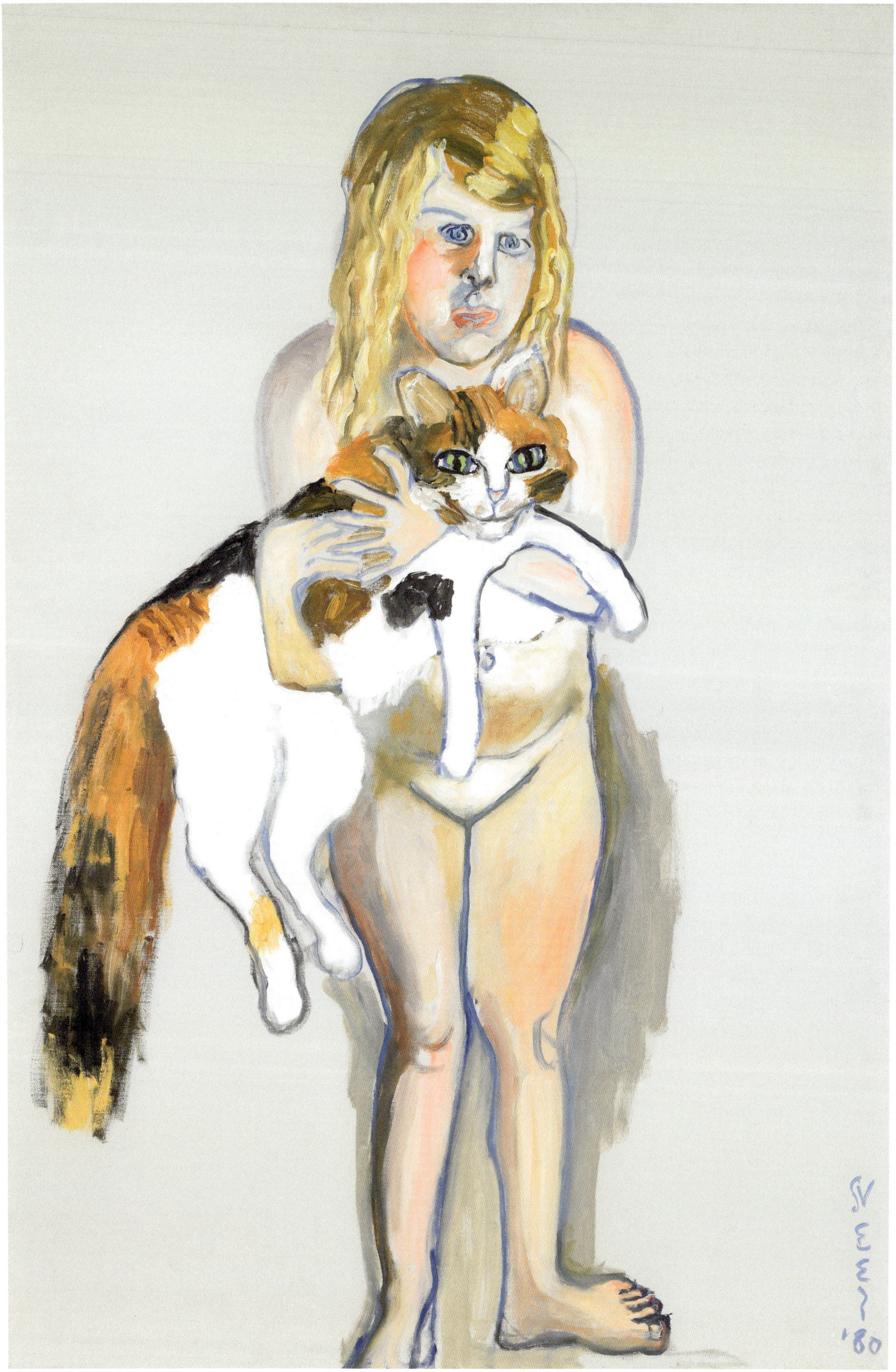
NEEL
'80

Kat. 69

Gus Hall, 1981

Öl auf Leinwand, 119,4 x 83,8 cm
Estate of Alice Neel

Gus Hall (1910–2000) war sein Leben lang Kommunist, der bei vier Präsidentschaftswahlen als deren Kandidat der Kommunistischen Partei antrat. Er wurde als Arvo Kustaa Hallberg geboren, seine Eltern waren aus Finnland emigriert und Mitbegründer der Kommunistischen Partei der USA. Als Neel Hall porträtierte, hatte er schon drei Mal für das Amt des Präsidenten kandidiert, seinen letzten Versuch sollte er 1984 unternehmen. Ab Mitte der 1950er Jahre verlor die CPUSA stark an Einfluss, doch Hall setzte sich als Generalsekretär unermüdlich für sie ein. Er unterstützte das Regime von Leonid Breschnew und trat häufig im sowjetischen Fernsehen auf. Nach dem Ende des Zweiten Weltkriegs hatte das Interesse der Intellektuellen am Kommunismus zwar wieder zugenommen, doch im Zuge der Hexenjagd durch McCarthy und das Komitee für unamerikanische Umtriebe, der Kritik Chrustschows am Personenkult um Stalin und der allgemeinen Verurteilung der Niederschlagung des Ungarischen Volksaufstands durch die Sowjetarmee wurde die CPUSA zunehmend von der Neuen Linken verdrängt. Halls grimmige Miene wird durch die Bärenfellmütze und die strahlend blauen Augen unterstrichen. Die Zeiten haben ihn überholt, doch er klammert sich stur an die Ruinen seines Traums. Nach der Auflösung der Sowjetunion 1991 sprach Hall sich vehement gegen *Glasnost* und *Perestroika* aus und blieb bis zu seinem Tod ein Hardliner. Der Schatten hinter ihm ist vielleicht der Tod, der ihm über die Schulter schaut. Dieses Gemälde ist ein weiteres beeindruckendes Beispiel dafür, wie Neel das Altern porträtierte. Vielleicht verspürte sie im Bewusstsein ihres eigenen nahenden Todes ein wachsendes Bedürfnis, ihre Altersgenossen zu beobachten und zu malen. Das Porträt von Hall repräsentiert zugleich ein Bekenntnis zu ihrem früheren politischen Engagement und die Abkehr davon. Die bei Halls Gesicht angewandte Impastotechnik erinnert an Munchs *Selvportrett ved vinduet* (1940), auf dem er seinen eigenen Tod zu ahnen scheint. Auch Neels Darstellung von Halls Mund ähnelt Munchs Selbstbildnis. Hall war dagegen, dass Neel sein Porträt 1981 auf ihrer (von Phillip Bonosky organisierten) Ausstellung in Moskau zeigt, weil er keinen Personenkult auslösen wollte.

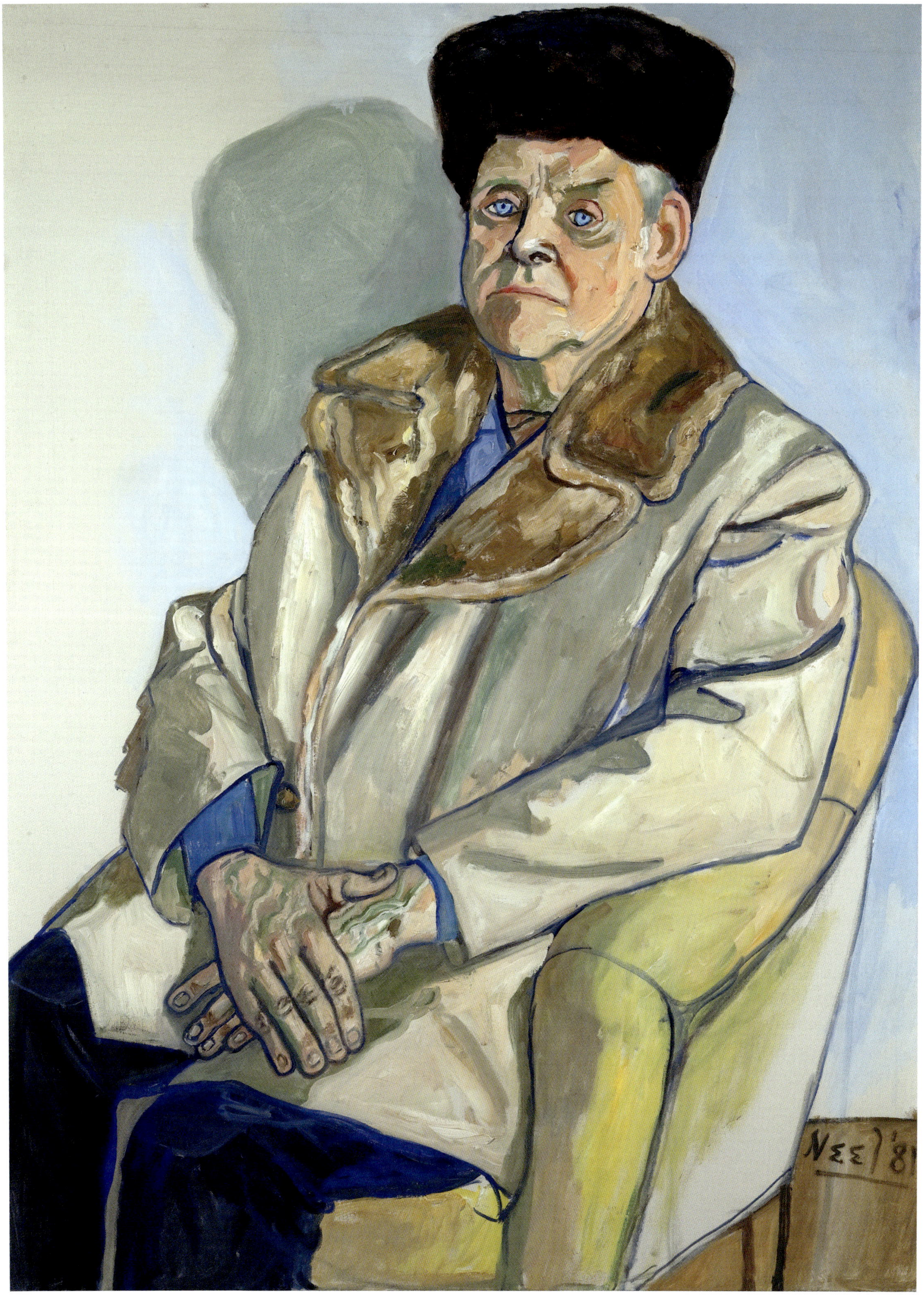

Kat. 70

Don Perlis and Jonathan, 1982

Öl auf Leinwand, 106,7 x 76,3 cm
Moderna Museet, Stockholm, erworben 2009

Don Perlis (*1941) ist ein gegenständlicher Maler, der sich auf Landschaften, figürliche Kompositionen, urbane Szenen und narrative Malerei konzentriert. Seine Werke waren erstmals 1970 in der Ausstellung *22 Realists* im Whitney Museum of American Art zu sehen. Im gleichen Jahr veranstaltete die Graham Gallery, in der Neel ihre Arbeiten zeigte, eine Einzelausstellung des Künstlers. Er hatte an der Art Students League studiert und unterrichtete am Fashion Institute of Technology, sein Atelier in befand sich Tribeca. Neel lernte ihn in der Graham Gallery kennen. Wie Neel nahm er in den 1970ern auch an den Treffen der Alliance of Figurative Artists teil, einer Gruppe, in der Neel sich stark engagierte. Ihr gehörten Künstler an, die sich durch die vorherrschenden Strömungen der abstrakten Kunst und Pop Art isoliert fühlten. Neel porträtierte Perlis zusammen mit seinem Sohn, der mit einer Zerebralparese geboren wurde. Auf dem Bild ist Dons Erschöpfung und Traurigkeit zu sehen, die auf Jonathans großäugige, kindliche Unschuld trifft. Neel hatte großes Mitgefühl für Menschen, die Schicksalsschläge bewältigen mussten. Mit der traditionellen Madonna-mit-Kind-Pose weist das Gemälde zudem auf das Engagement der Frauenbewegung hin, Vätern eine größere Rolle in der Erziehung ihrer Kinder zuzuweisen. Der nackte Hintergrund rückt Vater und Sohn in den Fokus und offenbart die von Neel vorgenommenen Änderungen am Umriss von Dons linker Schulter. Don füllt die Leinwand mit seiner massigen, düsteren Präsenz fast vollkommen aus, er stößt überall an den Rahmen, nur oben nicht: Das Vakuum über seinem Kopf scheint ihn regelrecht nach unten zu drücken. Die Farbe ist breit aufgetragen. Dons Gesicht besteht größtenteils aus horizontalen Pinselstrichen, die ihm einen leblosen, hölzernen Ausdruck verleihen, doch die dunklen Augenringe und die dunkle Furche an seiner Nase, die an eine klaffende Wunde erinnert, lassen seine Gefühle erahnen. Jonathan trägt einen weißen Pulli, der ihm ein zartes, engelsgleiches Aussehen verleiht und mit der dunkelroten Latzhose kontrastiert, die Sterblichkeit und Vergänglichkeit andeuten könnte.

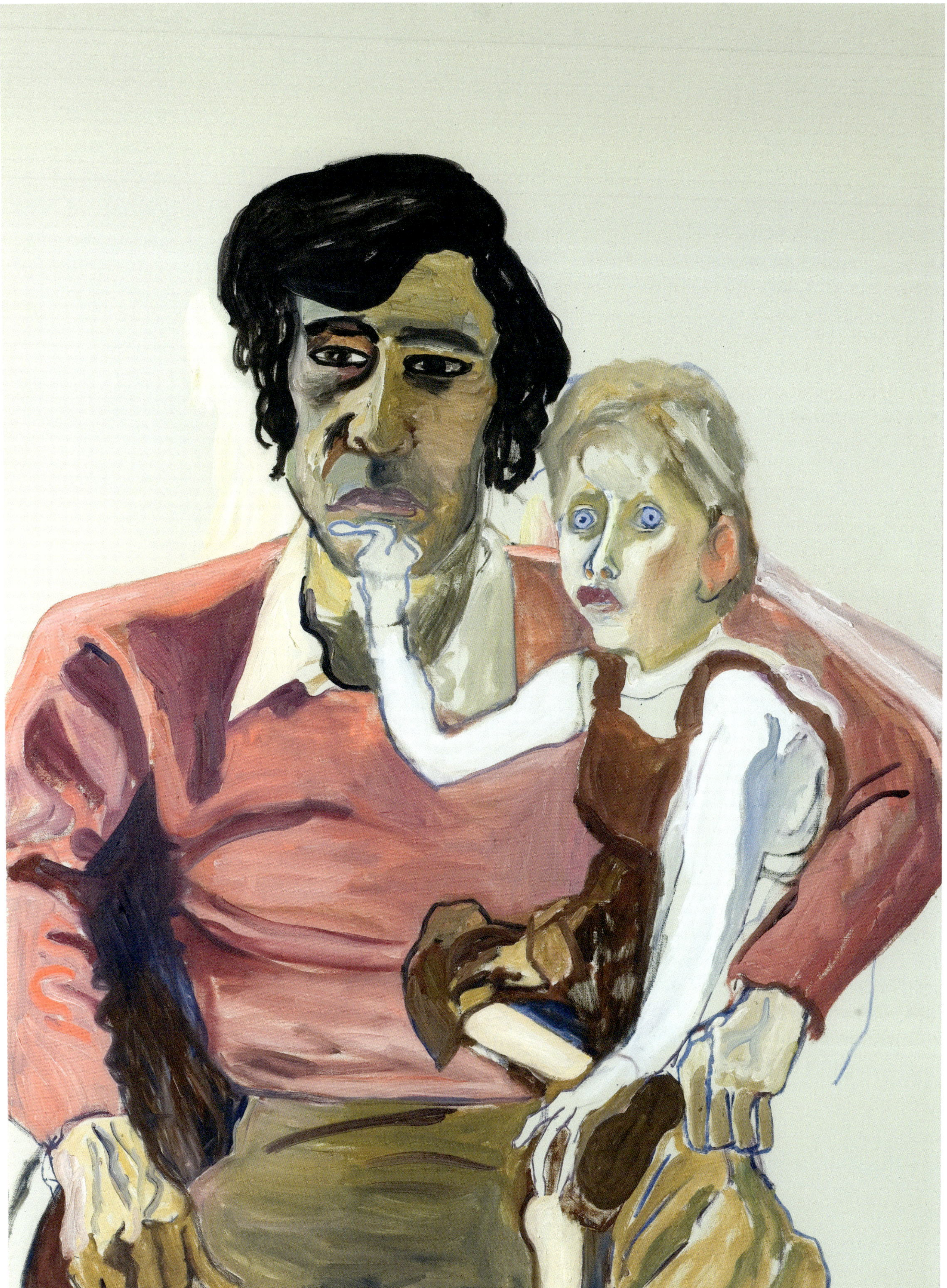

Kat. 71

Meyer Schapiro, 1983

Öl auf Leinwand, 106,7 x 81,7 cm
The Jewish Museum, New York. Erworben mit Mitteln des S. H. and Helen R. Scheuer Family Foundation Fund, 1995-111

Meyer Schapiro (1904–1996) zählte zu den einflussreichsten Kunstkritikern des 20. Jahrhunderts. Er lehrte viele Jahre an der Columbia University, wo Neels Söhne studierten, ganz in der Nähe der Wohnung, in der Neel seit 1962 lebte. Schapiro wurde als Sohn jüdischer Eltern in Litauen geboren. Sein Vater ging nach New York, als Schapiro zwei Jahre alt war, und holte die Familie 1907 zu sich, als er eine Anstellung als Dozent an einer Talmud-Hochschule (Jeschiwa) in der Lower East Side gefunden hatte. Als Kunstkritiker war Schapiro marxistisch orientiert. Er begann als Mediävist, wurde jedoch später Experte für christliche und moderne Kunst. Schapiro war ein Pionier der interdisziplinären Arbeit. Seine bahnbrechenden Arbeiten über Cézanne und van Gogh waren Neel mit Sicherheit bekannt. Seine Unterstützung des Abstrakten Expressionismus in den 1950er Jahren, die sich sogar auf Radiosendungen der BBC erstreckte, trug maßgeblich zum Bekanntwerden dieser Bewegung bei. Besonders einflussreich war sein Diskurs über Stil: So postulierte er, dass Stil nicht nur den Künstler, sondern auch dessen Epoche repräsentiert, und dass die Art und Weise, wie zeitgenössische Kritiker Stilanalysen betreiben, Rückschluss auf die Art und Weise gibt, wie sie durch ihre eigene Epoche beeinflusst wurden. Neel porträtierte Schapiro erstmals 1947, nachdem sie einen seiner beliebten Vorträge an der New School of Social Research besucht hatte, die viele Künstler des Abstrakten Expressionismus anlockten; damals malte sie ihn aus dem Gedächtnis. Bei dem vorliegenden Porträt, das mehr als 35 Jahre später entstand, saß er ihr jedoch Modell. Im Gegensatz zu ihrer ersten und etwas karikaturhaften Darstellung eines entrückten Dozenten zeigt sie ihn hier von seiner menschlichen, verletzlichen Seite mit verfärbten Zähnen, schütter werdendem grauen Haar, runzliger Stirn und leicht tränenden Augen. Schapiros Gesichtsausdruck ist dennoch sehr lebendig, es scheint sogar, als führte er während der Sitzung ein Gespräch mit Neel. Vielleicht erzählte er ihr von kunsthistorischen Thesen oder unterhielt sich mit ihr über gemeinsame Erinnerungen an die Linke. *Meyer Shapiro* ist das empathische Porträt eines von Neel verehrten Altersgenossen, eines Intellektuellen, dessen noch immer hellwacher Verstand sich weigert, in Rente zu gehen. Das Fenster hinter Schapiro gab Neel die von ihr gern genutzte Möglichkeit, die Leinwand aufzuteilen, und diesmal betonte sie die Geometrie sogar noch stärker als bei *Elenka* (1936 , Kat. 18). Sie verwandelte es in ein Raster, ein Zeichen der Moderne. Ungeachtet seiner marxistischen Orientierung war Schapiro ein entschiedener Befürworter der Moderne. Durch das Fenster scheint eine turneresk leuchtende Sonne, die Schapiros Kopf in einen Heiligenschein hüllt. Neel porträtiert Schapiro als weise, gottgleiche Figur.

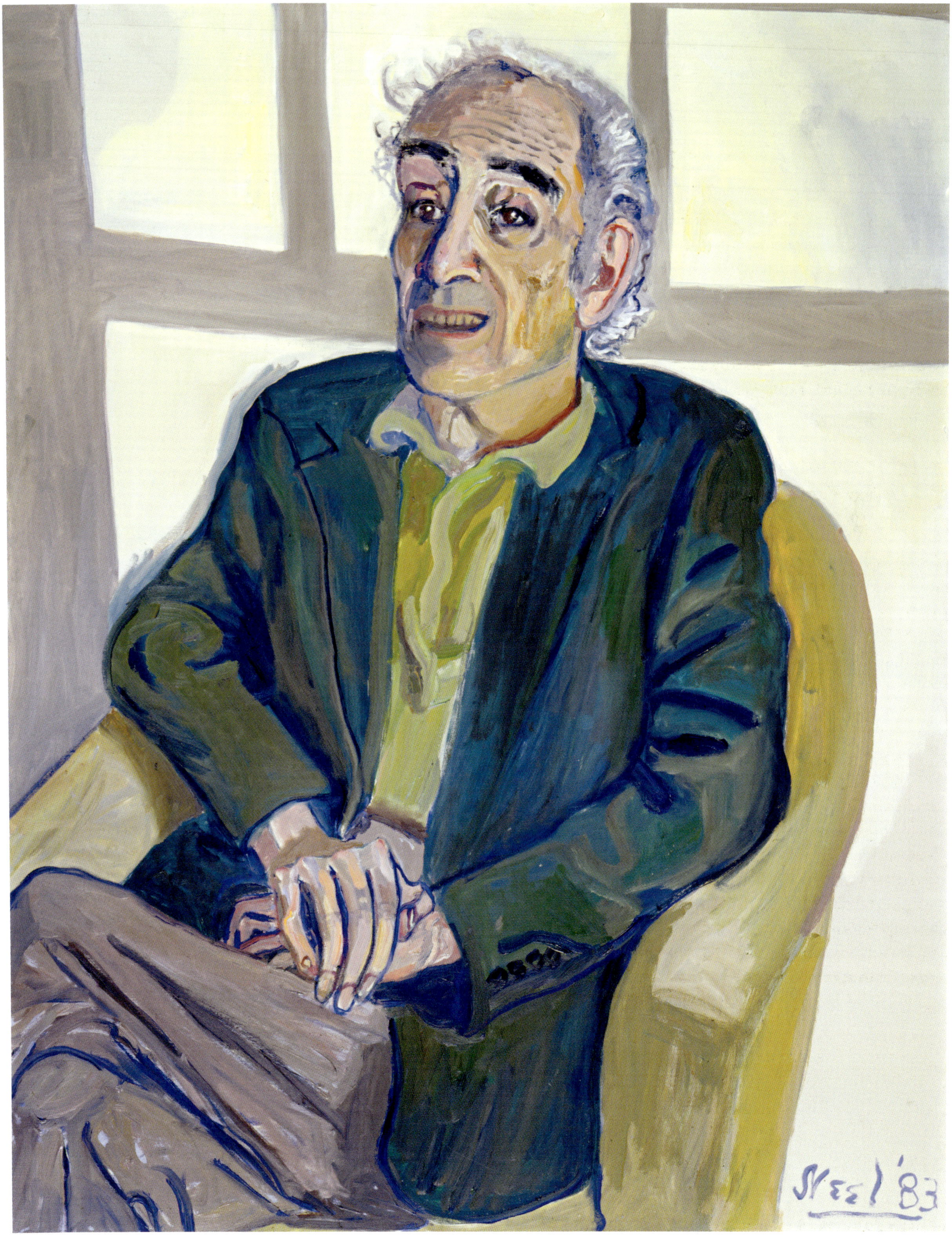
Neel '83

Kat. 72

Ginny, 1984

Öl auf Leinwand, 111,8 x 76,5 cm
Privatsammlung

Dieses Gemälde ist eines der letzten, die Neel vor ihrem Tod 1984 fertigstellte. Es entstand im Winter in Vermont und zeigt Ginny, die um ihre im Jahr zuvor verstorbene Mutter trauert. Als Neel dieses Bild malte, wusste sie, dass sie auch bald sterben würde, denn bei ihr war Krebs im Endstadium diagnostiziert worden. Neel wurde dabei also auch mit der Überlegung konfrontiert, wie ihre Familie wohl mit ihrem eigenen bevorstehenden Tod umgehen würde. Durch das Malen dieses Bildes setzte sie sich mit ihrer eigenen Sterblichkeit auseinander. Ginny sitzt leicht gebeugt da, ihr langes, ergrauendes Haar bedeckt ihre Schultern, ihr Gesicht drückt tiefe Trauer aus. Hinter ihr, im tiefen Raum, erstreckt sich eine schneebedeckte Landschaft. Ebenfalls zu sehen ist der Giebel der Scheune, die Neel in Vermont als Atelier diente, wenn sie bei Hartley und Ginny zu Besuch war; die Pyramidenform erinnert an eine große Nekropolis. Der Raum ist unbestimmt. Es ist kein Fensterrahmen sichtbar und so scheint Ginny, von Kälte umhüllt, auf ihrem Stuhl direkt im Schnee zu sitzen. Das Bild erinnert an eines der Fotos, die Alfred Stieglitz 1918 von Georgia O'Keeffe aufnahm, aber auch an späte Werke von Munch. Das Bild bringt zum Ausdruck, dass etwas zu Ende geht. Neel malte es in dem Bewusstsein, dass es ihr letztes Porträt von Ginny sein würde. Sie schuf danach zwar noch einige andere Werke, aber mit *Ginny* setzte sie gewissermaßen einen Schlusspunkt: Die subtile Kraft dieses Gemäldes fasst ihr gesamtes Leben und Schaffen als Künstlerin zusammen.

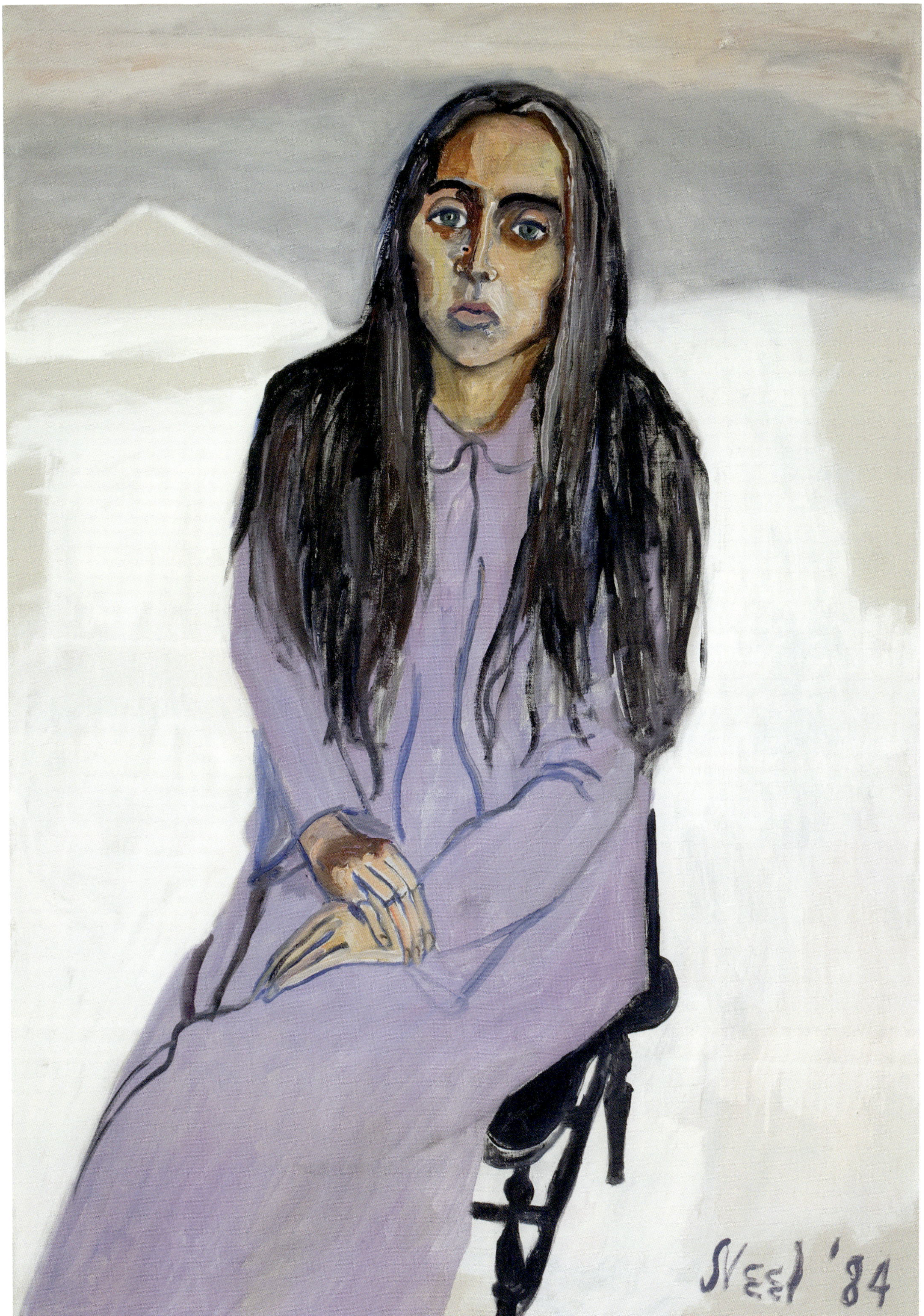
Neel '84

Chronologie zu Alice Neel

1900

28. Januar Alice Hartley Neel wird in Gladwyne, Pennsylvania (früher als Merion Square bekannt), als Kind von Alice Concross Hartley, Nachfahrin eines Unterzeichners der Unabhängigkeitserklärung, und George Washington Neel, Buchhalter in der Abteilung Tageslogistik der Pennsylvania Railroad, geboren. Über die Familie ihres Vaters heißt es mal, ihr habe eine Dampfschifffahrtsgesellschaft gehört, mal sie sei eine Familie von Opernsängern gewesen. Neel ist das vierte von fünf Kindern (Hartley, Albert, Lillian, Alice und George Washington Jr.), dessen ältestes im Alter von acht Jahren an Diphterie stirbt. Ungefähr drei Monate später zieht die Familie in die Nähe von Colwyn, einer kleinen Stadt in Darby Township außerhalb von Philadelphia.

1914–18

Neel besucht die Darby High School.

1918

28. Juni Macht ihren Abschluss an der Darby High School und belegt anschließend einen kaufmännischen Kurs, in dem sie Maschinenschreiben und Stenografieren lernt. Mit Abschluss des Kurses legt sie die Prüfung für den Staatsdienst ab.

1918–21

Arbeitet im Army Air Corps (Luftwaffe) als Sekretärin für Lieutenant Theodore Sizer, der später Kunsthistoriker an der Yale University wird. Sie nimmt Abendunterricht in Kunst an der School of Industrial Art, einer Abteilung des Pennsylvania (später Philadelphia) Museum and School of Industrial Art.

1921

1. November Schreibt sich in das Programm für bildende Kunst an der Philadelphia School of Design for Women (heute Moore College of Art & Design) ein, wird jedoch im Studienjahr 1922/23 für kurze Zeit als Studentin in Illustration geführt. Mit ihren Ersparnissen bezahlt sie die Gebühr für das erste Jahr, bekommt jedoch laut den Unterlagen der Schule während der nächsten drei Jahre (staatlich finanzierte) Senatsstipendien. Zu ihren Dozentinnen und Dozenten zählen Paula Balano, die Zeichnen und Anatomie lehrt und Glasgemälde gestaltet, Henry Snell, der Landschaftsmalerei unterrichtet, und Rae Sloan Bredin, ihre Lehrerin für Aktzeichnen und Porträt. Harriet Sartain ist Dekanin der Schule.

1923

Erhält in ihrer Porträtklasse den Francisca Naiade Balano Prize in Form einer ehrenvollen Erwähnung.

1924

Gewinnt erneut den Francisca Naiade Balano Prize in Form einer ehrenvollen Erwähnung.

Besucht die Chester Springs Sommerschule der Pennsylvania Academy of the Fine Arts, die eine Freilichtporträtklasse sowie Klassen in Landschaftszeichnung und -malerei bietet. Hier lernt sie den kubanischen Künstler Carlos Enríquez (1900–1957) kennen, der einer prominenten Familie in Havanna entstammt.

1925

Gewinnt den Kern Dodge Prize für das beste Gemälde im Aktmalkurs an der Philadelphia School of Design for Women.

Macht ihren Abschluss an der Philadelphia School of Design for Women.

1. Juni Heiratet Enríquez in Colwyn, Pennsylvania, doch hindern sie Ängste, mit ihm nach Havanna zu reisen. Enríquez übersiedelt schließlich nach Havanna, wo er eine Arbeit bei der Independent Coal Company aufnimmt und mit Eduardo Abela, Victor Manuel, Marcelo Pogolotti und Amelia Peláezan an seiner ersten Ausstellung, dem *Salón de Bellas Artes*, teilnimmt. Diese Gruppe junger Künstler führt später mit Enríquez die kubanische *Vanguardia*-Bewegung an.

1926

Enríquez kehrt im Februar nach Colwyn zurück, um Neel davon zu überzeugen, zu ihm nach Kuba zu kommen. Sie reist mit ihm nach Havanna.

In Kuba lebt das Paar zusammen mit Enríquez' Eltern in deren Haus in El Vedado; später ziehen die beiden in eine eigene Wohnung im Hafengebiet und mieten schließlich ein Haus im Stadtteil La Vibora. Neels Eltern kommen im Spätsommer zu Besuch.

Hat laut Neels nachträglichen Bemerkungen (Daten und Ort unbestätigt) ihre erste Einzelausstellung in Havanna.

26. Dezember Bringt eine Tochter, Santillana del Mar Enríquez, zur Welt.

1927

März–April Stellt zusammen mit Enríquez im *XII Salón de Bellas Artes* in Havanna aus.

7.–31. Mai Stellt zusammen mit Enríquez auf der von der *revista de avance* geförderten *Exposición de Arte Nuevo* in Havanna aus. Zwei von Carlos' Aktdarstellungen werden als »zu übersteigert« aus der Ausstellung entfernt.

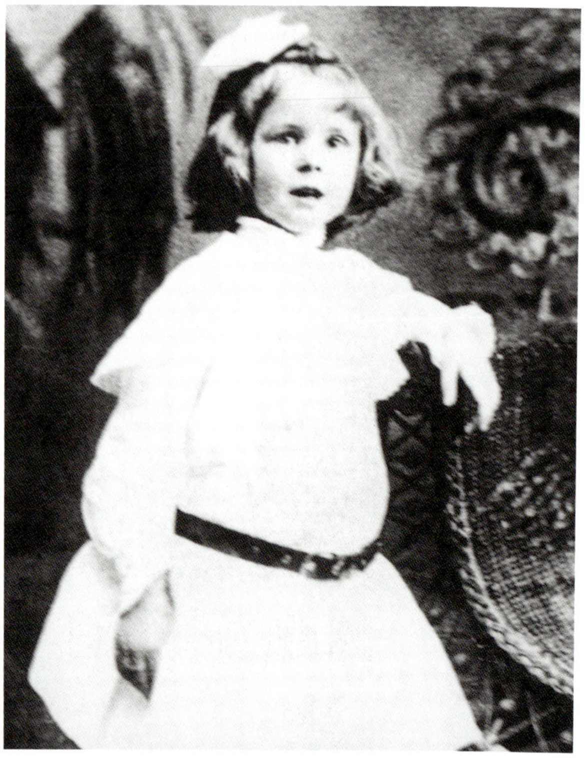

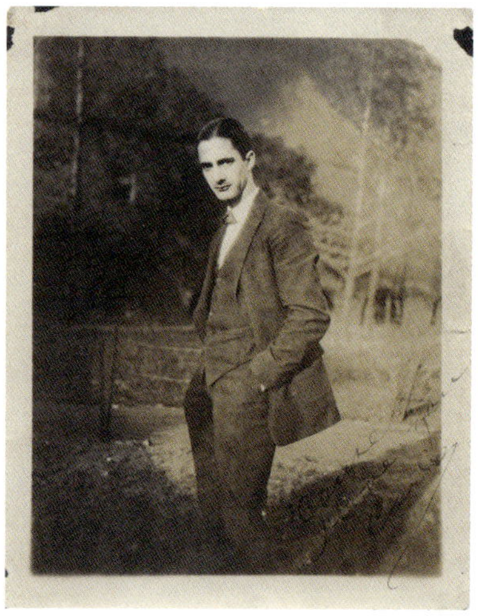

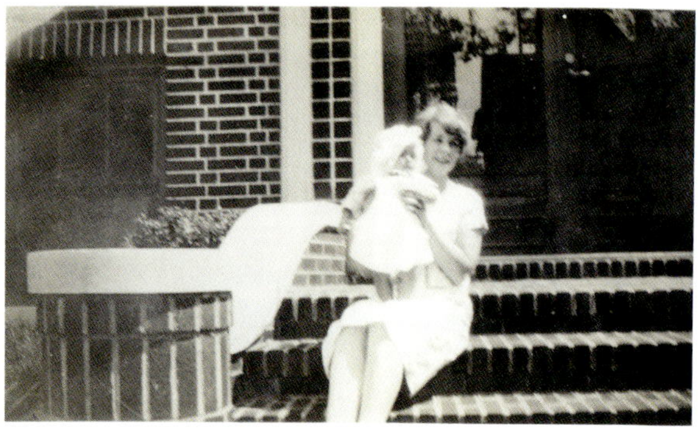

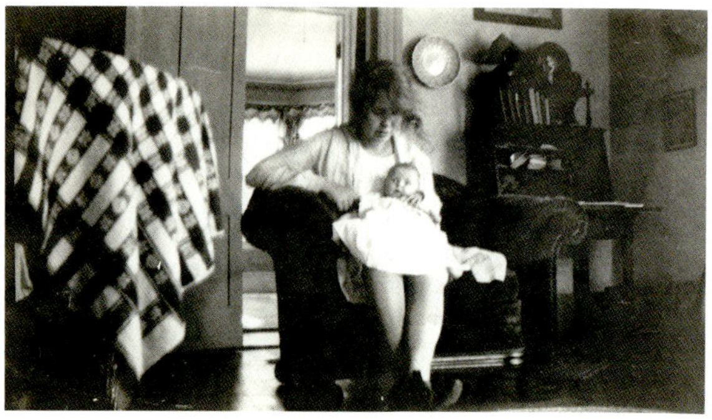

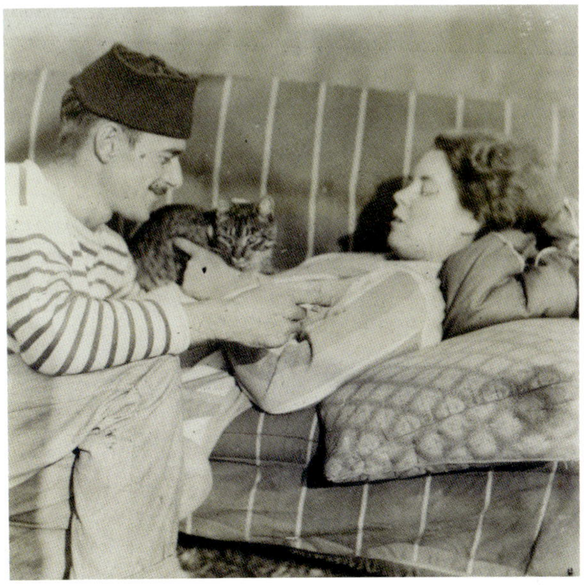

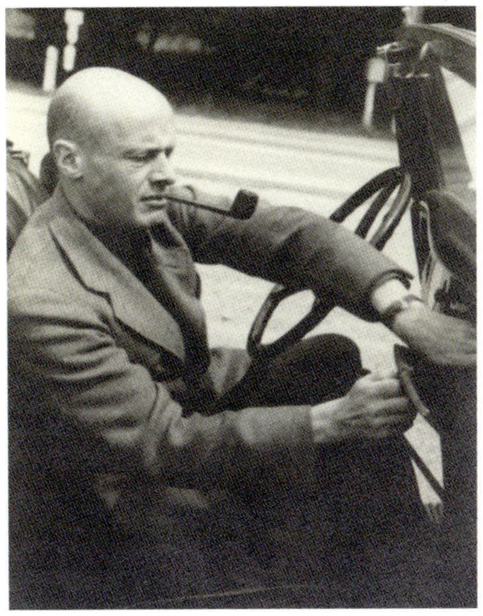

Mai Neel kehrt mit Santillana nach Colwyn, Pennsylvania, zurück.

Herbst Enríquez trifft in Colwyn ein. Die Familie zieht in eine Wohnung an der West 81st Street in New York City. Neel findet Arbeit in einer Buchhandlung in Greenwich Village, die von Fanya Foss betrieben wird, von der sie später das förmliche Porträt *Fanya* sowie den Doppelakt *Bronx Bacchus* malt.

Lernt die Grafologin Nadya Olyanova kennen, die eine ihrer engsten Freundinnen wird und in den späten 1920er und frühen 1930er Jahren oft als Sujet in ihren Werken erscheint.

Winter Zieht mit Enríquez und Tochter in die 1725 Sedgwick Avenue in der Bronx.

Dezember Santillana stirbt an Diphterie und wird am 9. Dezember im Familiengrab der Neels auf dem Arlington-Friedhof in Pennsylvania beigesetzt.

1928

24. November Bringt in New York City Isabella Lillian Enríquez (bekannt als Isabetta) zur Welt.

1930

Enríquez geht mit Isabetta nach Kuba. Er hat vor, Isabetta bei seinen Eltern zu lassen und mit Neel nach Paris zu reisen. Nach seinem Aufbruch vermietet Neel ihre Wohnung in New York unter und zieht zurück ins Haus ihrer Eltern in Colwyn. Sie pendelt jeden Tag nach Philadelphia, wo sie am Washington Square im Atelier zweier Freundinnen aus der Kunstschule, Ethel Ashton und Rhoda Myers, arbeitet.

Juli Enríquez stellt fest, dass für eine Reise zu zweit das Geld nicht reicht, reist ohne Neel nach Paris und lässt Isabetta in der Obhut seiner beiden Schwestern. Neel malt den Sommer über intensiv bis zur Erschöpfung.

15. August Neel kommt nach einem Tag, an dem sie in Myers' und Ashtons Atelier gemalt hat, nach Colwyn zurück und erleidet dort einen Nervenzusammenbruch.

Oktober Neel wird ins Orthopedic Hospital in Philadelphia aufgenommen und bleibt dort bis Weihnachten.

1931

Januar Enríquez kehrt in die Vereinigten Staaten zurück. Er besucht Neel ein paar Mal im Krankenhaus und nimmt sie mit nach Hause in Colwyn, wo sich ihre Familie um sie kümmern kann. Kurz nachdem Neel wieder zuhause ist, unternimmt sie einen Selbstmordversuch, indem sie in der Küche ihrer Eltern den Gasherd aufdreht. Sie wird ins Wilmington Hospital in Delaware eingeliefert und ein paar Tage später ins Orthopedic Hospital in Philadelphia zurücküberwiesen, wo sie ein Glas zerschlägt in der Absicht, die Scherben zu verschlucken. Angehörige des Personals können sie davon abhalten, sich Schaden zuzufügen. Sie wird in die Suizidstation des Philadelphia General Hospital eingeliefert, wo sie bis Ostern bleibt. Während dieser Zeit reist Enríquez erneut nach Paris.

Spätfrühling Eine Sozialarbeiterin empfiehlt Neel, sich in die Suizidstation von Gladwyne Colony, einem privaten Sanatorium in Gladwyne (einem Vorort von Philadelphia), überweisen zu lassen. Nach einer Weile dort wird ihr erlaubt, die Suizidstation zu verlassen und zusammen mit den anderen Patienten im Haupthaus zu leben. Sie wird ermutigt, weiter zu zeichnen und zu malen – wohingegen die herkömmliche Behandlung von Nervenleiden den Patienten zu dieser Zeit vorschreibt, alle mit dem Berufsleben zusammenhängenden Aktivitäten einzustellen.

September Der Psychiater Seymour DeWitt Ludlum entlässt Neel aus dem Sanatorium und sie kehrt nach Colwyn zurück. Sie besucht Olyanova und deren norwegischen Ehemann Egil Hoye, Seemann der Handelsmarine in Stockton, New Jersey. Dort lernt sie Kenneth Doolittle kennen, auch er ein erfahrener Seemann und ein enger Freund des Paares.

1932

Zieht zu Anfang des Jahres mit Kenneth Doolittle in die 33 1/2 Cornelia Street in Greenwich Village.

28. Mai–5. Juni Nimmt an der *First Washington Square Outdoor Art Exhibit* teil. Nach Protesten seitens der katholischen Kirche ist sie gezwungen, *Degenerate Madonna* zurückzuziehen. In der Ausstellung lernt sie John Rothschild kennen, einen Harvard-Absolventen aus wohlhabender Familie, der ein Reiseunternehmen betreibt. Es ist der Beginn einer lebenslangen Freundschaft.

November Nimmt an der *Second Washington Square Outdoor Art Exhibit* teil.

1933

Januar Nimmt zusammen mit Joseph Solman an einer Ausstellung im International Book and Art Shop an der West Eighth Street teil. Solman zählt später zu den Gründungsmitgliedern der Gruppe für abstrakte Kunst *Ten Ten* und nimmt Neel über die Jahre in etliche Gruppenausstellungen auf.

16. März–4. April Stellt bei *Living Art: American, French, German, Italian, Mexican, and Russian Artists* in den Mellon Galleries in Philadelphia aus, einer von J. B. Neumann organisiserten Schau.

26. Dezember Meldet sich beim Public Works of Art Project (PWAP) an, einem von der Regierung finanzierten Programm unter der Schirmherrschaft des Whitney Museum of American Art und dessen Leiterin Juliana Force.

Malt den bekannten Greenwich-Village-Bohemien Joe Gould, der von sich behauptet, er verfasse »*An Oral History of our Time*«.

1934

Januar Enríquez kehrt aus Spanien nach Kuba zurück. Seine Mutter ist gestorben. In einem Schreiben an Neel gibt er seinem Wunsch Ausdruck, wieder mit ihr zusammenzukommen. Sie ist jedoch in einer Beziehung mit Kenneth Doolittle, und John Rothschild läuft ihr nach. Obwohl sie und Carlos nie eine Scheidung oder Annullierung ihre Ehe erwirken, begegnen sie einander nicht mehr wieder.

17. April Neel wird aus der Zuschussliste der PWAP herausgenommen.

1 Neel im Alter von fünf Jahren, 1905
2 Carlos Enríquez ca. 1924–1926
3 Neel und Santillana in Belmar, New Jersey, 1928
4 Neel und die vier Wochen alte Isabetta vermutlich in Neels Elternhaus in Colwyn, Pennsylvania, Dezember 1929
5 Neel und Kenneth Doolittle, ca. 1933
6 John Rothschild, ca. 1940

Sommer Mietet mit ihrer Mutter ein Haus in Belmar an der Küste von New Jersey. Ihre Eltern verbringen dort den Sommer mit ihr. Isabetta, jetzt fast sechs Jahre alt, reist aus Kuba an, um sie zu besuchen. Bei der Gelegenheit malt Neel ein Aktporträt von Isabetta, das später zerstört und neu gemalt wird.

Dezember Doolittle verbrennt in der gemeinsamen Wohnung in der Cornelia Street im Zorn über 300 von Neels Zeichnungen und Aquarellen und zerschlitzt mehr als 50 ihrer Ölgemälde. Neel zieht bei Rothschild ein.

1935

Mit Hilfe ihrer Eltern kauft Neel ein bescheidenes Häuschen in Spring Lake, New Jersey. Zwar verkauft sie dieses 1959 und erwirbt ein größeres Haus, verbringt aber für den Rest ihres Lebens immer einen Teil des Sommers in Spring Lake.

30. September Neel ist auf der Zuschussliste der Works Progress Administration (WPA; später Work Projects Administration), die an die Stelle der PWAP getreten ist, unter der Rubrik Staffeleimalerei mit 103,40 $ monatlich verzeichnet.

Neel zieht in die 3471/2 West 17th Street, New York.

Zu dieser Zeit lernt sie den Nachtklubsänger José Santiago Negrón (1910–1992) kennen. Negrón verlässt seine Frau und sein kleines Kind und zieht bei Neel ein.

1936

28. Januar Erhält Mitteilung über eine Zahlungsanpassung der WPA (auf 95,44 $ pro Monat).

September Stellt in der New Yorker ACA Gallery in einer Schau von Gewinnern ehrenvoller Erwähnungen bei einem vom American Artists' Congress abgehaltenen Wettbewerb aus. Diese Organisation wurde 1935 von einer Künstlergruppe gegründet, der unter anderem Stuart Davis, Louis Lozowick und Moses Soyer angehörten. Die ACA Gallery, 1932 von Herman Varon und den Künstlern Stuart Davis, Adolf Dehn and Yasuo Kuniyoshi gegründet, bevorzugte Künstler mit einem sozialen Gewissen, die die Realität des amerikanischen Lebens darstellten.

1937

Juli Neel wird wegen einer Fehlgeburt im sechsten Monat ihrer Schwangerschaft ins Krankenhaus eingeliefert. Negrón verlässt sie zeitweise und kehrt für eine kurze Zeit zu seiner Frau zurück.

10. Juli Erhält Mitteilung über eine weitere Zahlungsanpassung der WPA (auf 91,10 $ pro Monat).

1938

Zieht mit Negrón nach Spanisch Harlem (East Harlem) in die 8 East 107th Street.

2.–21. Mai Präsentiert 16 Gemälde bei ihrer ersten New Yorker Einzelausstellung in Contemporary Arts, 38 West 57th Street.

Neel wird in diesem Jahr in mindestens drei in Contemporary Arts stattfindenden Gruppenausstellungen aufgenommen.

23. Mai–4. Juni Zeigt vier Gemälde in der Ausstellung *The New York Group* in der ACA Gallery. Ebenfalls in der Schau vertreten sind Jules Halfant, Jacob Kainen, Herb Kruckman, Louis Nisonoff, Herman Rose, Max Schnitzler und Joseph Vogel.

1939

5.–18. Februar Präsentiert drei Gemälde in der zweiten Ausstellung der New York Group in der ACA Gallery.

18. Juli Erhält Mitteilung über eine Zahlungsanpassung der WPA (auf 90,00 $ pro Monat).

Sommer Isabetta reist von Havanna nach Spring Lake, um Neel zu besuchen.

17. August Die WPA kündigt Neel.

14. September Geburt von Neels und Josés Sohn Neel, später Richard genannt.

24. Oktober Alice wird wieder in die WPA aufgenommen.

Dezember Negrón verlässt Neel und ihren drei Monate alten Sohn.

1939/40

Winter Bei einer WPA-Versammlung lernt Neel Sam Brody (1907–1985) kennen, einen Fotografen und Filmemacher, der zu den Mitbegründern der radikalen Filmkooperative Film and Photo League gehört. Brody ist mit Claire Gebiner verheiratet. Neel und Brody beginnen eine Beziehung. Einen Großteil der folgenden zwei Jahrzehnte leben die beiden mit Unterbrechungen zusammen.

1941

28. Februar Die WPA kündigt Neel erneut.

19. März Wiederaufnahme in die WPA.

3. September Geburt von Neels und Brodys Sohn Hartley Stockton Neel.

Herbst Zieht in die 10 East 107th Street in Spanish Harlem.

14. Oktober Die Federal Works Agency, eine Sparte der WPA, benachrichtigt Neel brieflich, dass für sie eine Vereinbarung mit Miss Grace Gosselin, Leiterin des East Side House, getroffen worden sei und führt aus, es gebe »eine Lösung für das ältere Kind, nämlich die Unterbringung in der Winifred Wheeler Day Nursery, wo Sie unterrichten werden« (Archiv Neel). Neel lehrt an der Schule zwei Jahre lang Malerei.

Dezember Brodys Ehe mit Claire wird annulliert.

1942

November Bezieht in der 21 East 108th Street, zwischen Fifth Avenue und Madison Avenue in Spanish Harlem, eine Wohnung auf der zweiten Etage, in der sie die folgenden 20 Jahre lebt und arbeitet. Die Wohnung zeichnet sich durch ein großes Wohnzimmer aus, das zwei Fenster zur Südseite hat; hier malt Neel ihre meisten Bilder.

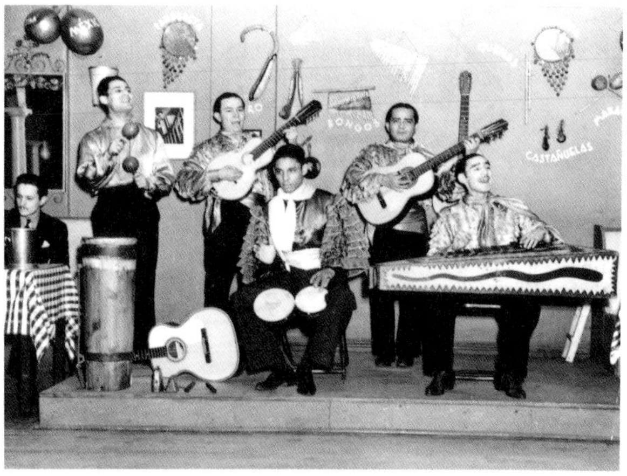

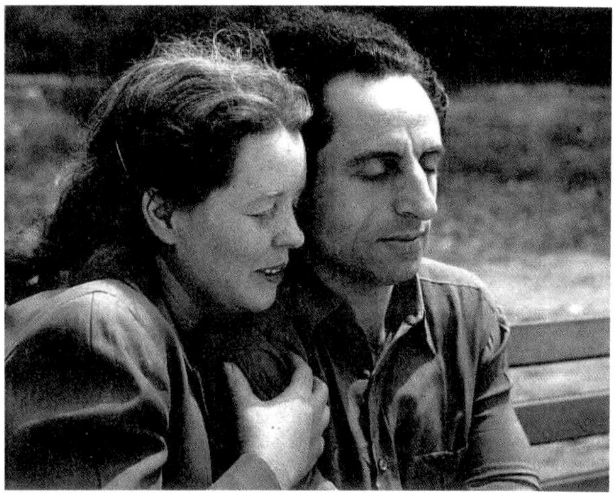

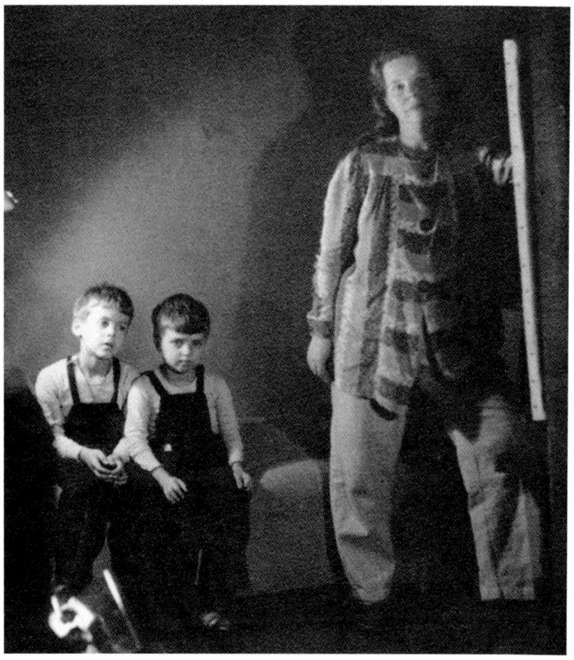

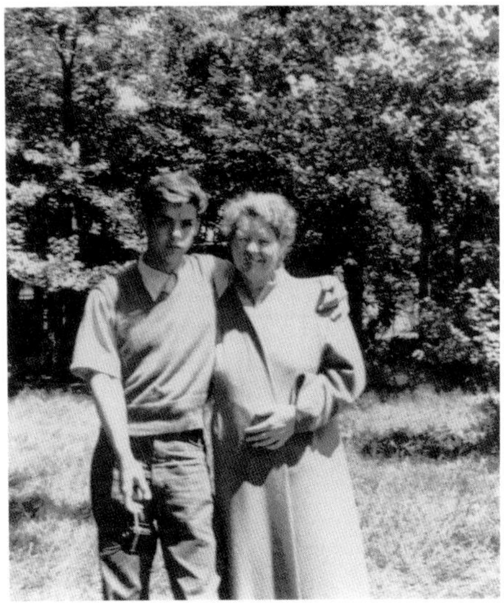

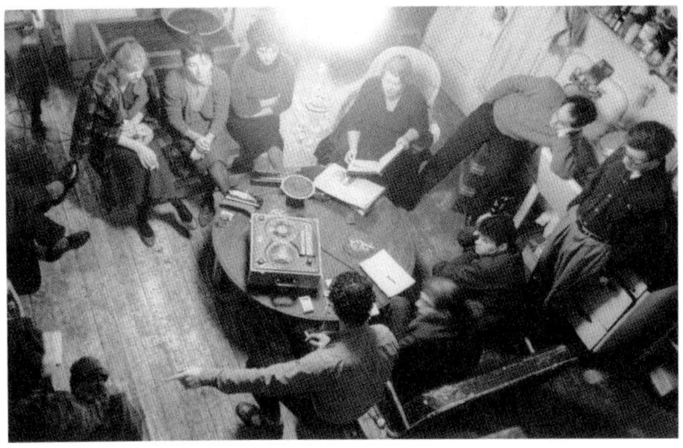

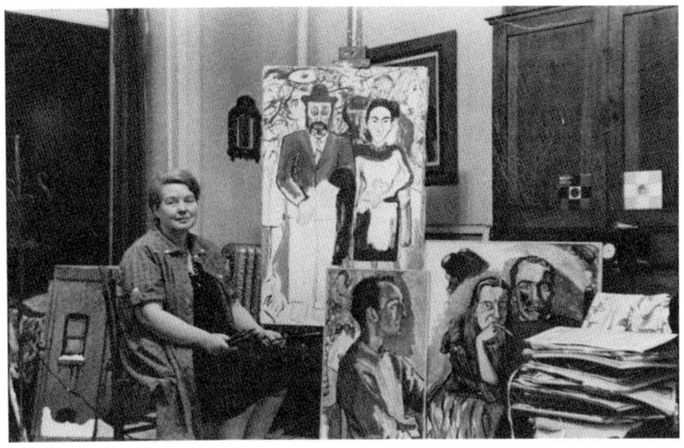

7 José Santiago Negrón (2. v. r.) mit seiner Band, ca. 1938

8 Neel und Sam Brody, ca. 1940

9 Neel mit ihren Söhnen Richard und Hartley an der 21 East 108th Street, 1943. Fotografie von Sam Brody

10 Neel und ihr Sohn Richard ca. 1955. Fotografie vermutlich von Sam Brody

11 John Cohen, Die Besetzung von *Pull My Daisy*, 1959

12 Neel in ihrem Apartment in Spanish Harlem an der 21 East 108th Street. Die sie umgebenden Bilder sind (v.l.n.r.): *Rag in Window* (1959), *Milton Resnick and Pat Passlof* (1960), *Frank O'Hara No. 1* (1960) und *Poet Mark McCloskey and His Girl* (ca. 1960). Fotografie von Sam Brody

1943

Der Kongress beschließt das Ende der WPA, und Neel bezieht von nun an bis Mitte der 1950er Jahre Sozialhilfe.

1944

6.–22. März Präsentiert 24 Gemälde in einer Einzelausstellung in Rose Frieds New Yorker Galerie Pinacotheca.

17. April Das Magazin *Life* berichtet unter der Überschrift »End of WPA Art«, der Trödelhändler Henry C. Roberts habe einem Altwarenhändler in Long Island WPA-Gemälde abgekauft, der diese für vier Cent pro Pfund bekommen habe. Dazu ist Neels Gemälde *New York Factory Buildings* abgebildet. Es gelingt ihr, einige ihrer Gemälde von Roberts zurückzukaufen.

1946

3. Mai Neels Vater stirbt im Alter von 82 Jahren.

Mai Veröffentlicht Illustrationen in dem kommunistischen Magazin *Masses & Mainstream*, der erste einer Reihe von Aufträgen, die Neel für diese Zeitschrift ausführt.

Beide Söhne besuchen mit einem Vollstipendium die Rudolph Steiner School.

1950

26. Dezember–13. Januar 1951 Zeigt in ihrer ersten Einzelausstellung seit sechs Jahren 17 Gemälde in der ACA Gallery.

1951

23. April–23. Mai Präsentiert 24 Gemälde bei einer Einzelausstellung im New Playwrights Theatre, New York.

1953

März Neels Mutter zieht zu ihr nach Spanish Harlem.

Herbst Richard Neel kommt an die High Mowing School in Wilton, New Hampshire, die er mit einem Vollstipendium bis zu seinem Abschluss 1957 besucht. High Mowing ist mit der Rudolph Steiner School assoziiert.

1954

1. März Neels Mutter stirbt im Alter von 86 Jahren an den Komplikationen einer gebrochenen Hüfte.

30. August–11. September Präsentiert 18 Gemälde in *Two One-Man Exhibitions: Capt. Hugh N. Mulzac, Alice Neel* in der ACA Gallery. Dies ist Neels letzte Ausstellung bis 1960.

1955

Herbst Hartley Neel kommt an die High Mowing School, die er mit einem Vollstipendium bis zu seinem Abschluss 1959 besucht.

11. und 17. Oktober Neel wird von FBI-Agenten vernommen, aus deren Unterlagen hervorgeht, dass bereits seit 1951 aufgrund ihres zeitweiligen Engagements für die Kommunistische Partei über sie ermittelt wird. In den Akten wird sie als »Kommunistin des Typs romantischer Bohemien« beschrieben. Laut ihren Söhnen fragte Neel die Agenten, ob sie nicht für Porträts sitzen wollten. Sie lehnten ab.

Irgendwann in diesem Jahr lernt Brody die Fotografin Sondra Herrera kennen und beginnt im folgenden Jahr eine Beziehung mit ihr.

1957

Richard Neel macht seinen Abschluss an der High Mowing School. Im Herbst geht er mit einem Vollstipendium ans Columbia College, New York.

1958

Brodys und Neels Beziehung endet, doch die beiden bleiben bis zu Alices Tod befreundet.

Neel beginnt mit therapeutischen Sitzungen bei dem Psychiater Dr. Anthony Sterrett.

1959

Erscheint mit Gregory Corso, Mary Frank, Allen Ginsberg, Jack Kerouac und Peter Orlovsky in Robert Franks und Alfred Leslies Film *Pull My Daisy*, dem bedeutendsten Kunstfilm der Beatnik-Ära.

Frühjahr Hartley Neel schließt die High Mowing School ab und geht im Herbst mit einem Vollstipendium ans Columbia College.

Neel kauft ein größeres Haus in Spring Lake, New Jersey.

1960

Frühjahr Malt in fünf Sitzungen zwei Porträts des Dichters, Kritikers und Kurators am Museum of Modern Art Frank O'Hara, den sie 1950 bei Versammlungen im The Club kennen gelernt hat.

4.–17. September Hat eine Einzelausstellung in der Old Mill Gallery, Tinton Falls, New Jersey.

Dezember Nimmt teil an der Vier-Personen-Ausstellung *Alice Neel, Jonah Kinigstein, Anthony Toney, Giacomo Porzano* in der ACA Gallery.

1961

Herbst Nach dem Abschluss am Columbia College im Frühjahr nimmt Richard Neel ein Studium an der juristischen Fakultät der Columbia University auf.

1962

21. Januar–3. Februar Der Künstler und Kunstkritiker Hubert Crehan organisiert eine Ausstellung mit 15 Gemälden von Neel im Reed College in Portland, Oregon. Um Zwist zu vermeiden, wird *Joe Gould* in einer Pförtnerloge aufgehangen.

Frühjahr Die Kritiker Thomas Hess und Harold Rosenberg besuchen Neel im Hinblick auf Verleihung des Longview Foundation Purchase Award der Dillard University, New Orleans, der an ungenügend gewürdigte Künstler vergeben wird. Später im Jahr bekommt sie ihn zugesprochen.

21. Mai–15. Juni Zeigt drei Gemälde in der Gruppenausstellung *Figures* in der New Yorker Kornblee Gallery, organisiert als Reaktion auf die Schau *Recent Painting USA: The Figure* im Museum of Modern Art (23. Mai–4. September). Kornblees Liste vom MoMA ignorierter figurativer Maler umfasst unter anderem Milton Avery, Alex Katz, Philip Pearlstein, Fairfield Porter und George Segal.

4.–30. Juni Nimmt teil an der Gruppenausstellung *Portraits* in der Zabriskie Gallery, New York.

September Zieht in die 300 West 107th Street nahe der Ecke zum Broadway in eine sehr viel größere Wohnung mit Bogenfenstern gen Norden und Osten (eines in runder Form), in der sie für den Rest ihres Lebens den Großteil ihrer Bilder malt.

Oktober *ARTnews* publiziert mit dem Text »Introducing the Portraits of Alice Neel« des Kritikers Hubert Crehan den ersten wesentlichen Feature-Artikel zu ihrem Werk.

1963

Frühjahr Hartley Neel schließt das Columbia College ab und tritt im Herbst am Dartmouth College in Hanover, New Hampshire, ein Lehrstipendium und Masterprogramm in Chemie an.

1.–26. Oktober Hat ihre erste Ausstellung in der New Yorker Graham Gallery, die ihr Werk bis 1982 repräsentiert.

21. Dezember Richard Neel und Nancy Greene heiraten. Zwei Jahre leben sie mit Alice zusammen.

1964

Frühjahr Richard macht seinen Abschluss an der juristischen Fakultät der Columbia University.

Neel erhält fortan und bis zu ihrem Tod eine jährliche Zuwendung von 6.000 $ von der amerikanischen Erbin, Philanthropin und Psychiaterin Dr. Muriel Gardiner, die sie durch John Rothschild kennen gelernt hat. Das Stipendiat bleibt bis zu Neels Tod bestehen.

1965

12.–28. Januar Hartley arrangiert eine Ausstellung mit Gemälden und Zeichnungen von Neel am Hopkins Center im Dartmouth College.

5.–21. Februar Zeigt *Max White* (1935) in der *Exhibition of Paintings Eligible for Purchase under the Childe Hassam Fund* an der American Academy of Arts and Letters in New York. Der Fonds bringt Kunstwerke in öffentlichen Sammlungen unter. Neel nimmt bis 1975 an vier dieser Ausstellungen teil.

Sommer Reist mit Hartley nach Europa. Die beiden besuchen Paris, Rom, Florenz und Madrid.

Herbst Hartley nimmt ein Studium an der medizinischen Fakultät der Tufts University in Medford, Massachusetts, auf.

1966

Januar Hat ihre zweite Einzelausstellung in der Graham Gallery, die am 9. Januar in der *Herald Tribune*, am 16. Januar in der *New York Post* und am 31. Januar in *Newsweek* sowie in der Märzausgabe des *Arts Magazine* besprochen wird.

1967

11. Februar Richard und Nancy wird in New York eine Tochter – Olivia – geboren.

9.–30. Juni Peter Homitzky, ein Künstlerkollege und Nachbar, arrangiert eine Ausstellung von Neels Werk in den Maxwell Galleries in San Francisco.

1968

6. Januar–3. Februar Die Graham Gallery präsentiert eine Einzelausstellung von Neels Gemälden. Neel beteiligt sich an dem Protest, der die Abwesenheit von Frauen und afroamerikanischen KünstlerInnen bei der Ausstellung *The 1930's: Painting and Sculpture in America* im Whitney Museum of American Art anprangert.

1969

Hartley macht seinen Abschluss an der medizinischen Fakultät und beginnt sein Praxissemester an der University of California in San Francisco.

16. Januar Neel beteiligt sich an Demonstrationen gegen die Ausstellung *Harlem on My Mind* des Metropolitan Museum of Art. Der Protest wird ausgerichtet von der Black Emergency Cultural Coalition, in der Benny Andrews, Neels enger Freund und Künstlerkollege, Ko-Vorsitzender und Organisator ist. Raphael Soyer, John Dobbs und Mel Roman sind als einzige weitere weiße Künstler dabei.

April Reist mit John Rothschild in die Sowjetunion.

21. Mai Erhält einen mit 3.000 $ dotierten Kunstpreis vom National Institute of Arts and Letters, New York.

Sommer Reist mit Richard und Nancy nach Mexiko. Dort besuchen sie auch Richards Vater José Santiago Negrón, unterdessen Geistlicher der Episkopalkirche, und den mexikanischen Wandmaler David Alfaro Siqueiros.

Von Mexiko aus reist Neel zu einem Aufenthalt bei Hartley und Hartleys späterer Ehefrau Virginia (Ginny) Taylor nach San Francisco. Dort malt Neel über zehn Bilder, darunter eines von Nobelpreisträger Linus Pauling sowie von seiner Frau und ein Portät der beiden zusammen.

November–Dezember Reist mit Richard und seiner Familie nach Dänemark, Norwegen und Spanien. Im November besucht sie Jonathan Brand und seine Frau Monika, pennsylvanische Sammler ihres Werks, die in Kopenhagen leben. Brands Vater, der Romanschriftsteller Millen Brand, war in den 1930er Jahren ein enger Freund von Neel.

1970

12. August Hartley Neel und Virginia (Ginny) Taylor heiraten in Ginnys Heimatstadt Sherman, Connecticut. Die beiden ziehen nach Cambridge, Massachusetts,

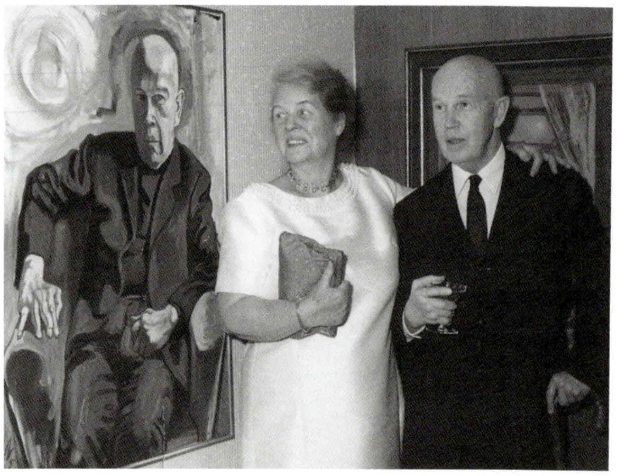

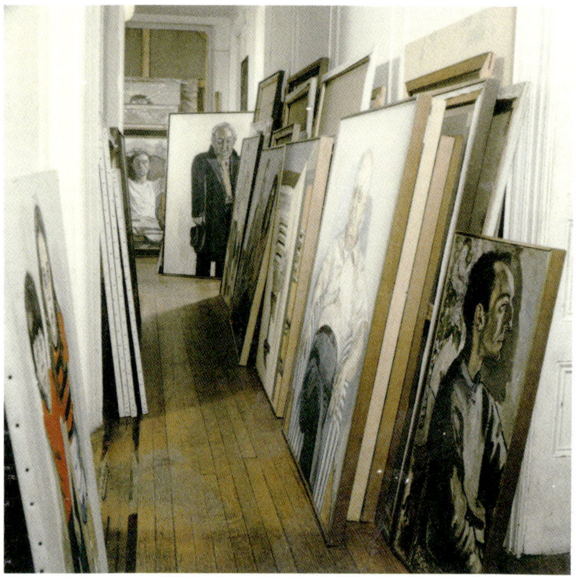

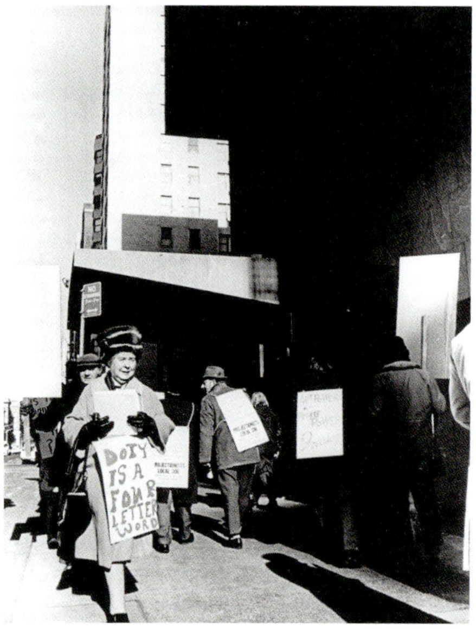

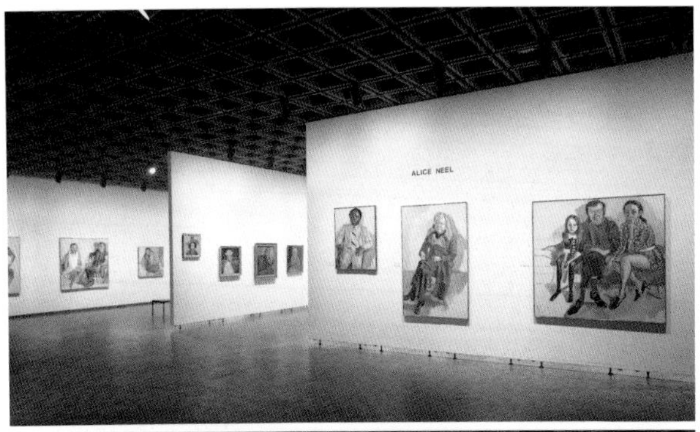

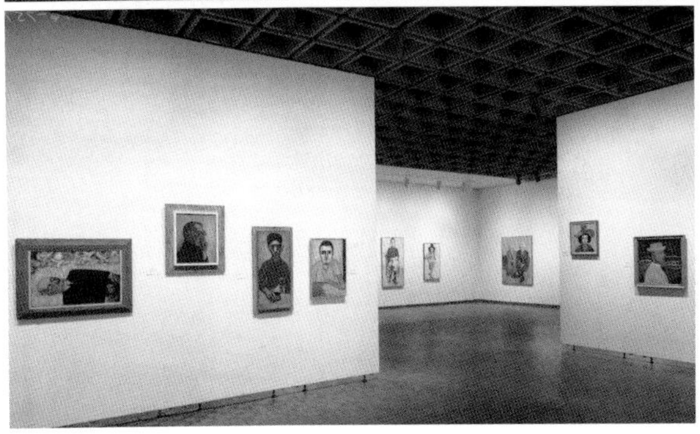

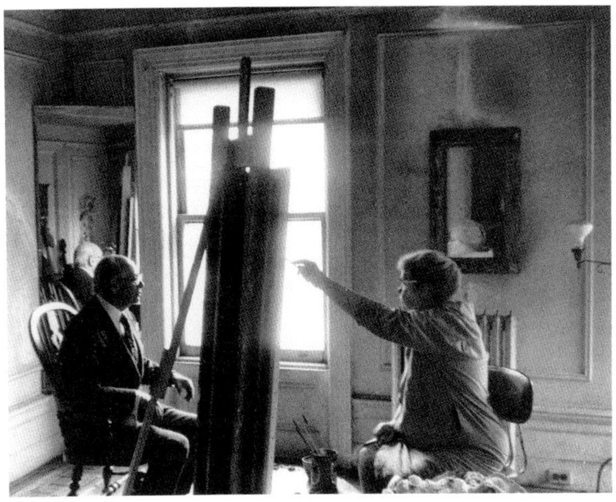

13 Neel und Max White vor seinem 1961 entstandenen Porträt an der Neel-Ausstellung in den Maxwell Galleries, San Francisco, Juni 1967

14 Neels Apartment an der 300 West 107th Street, ca. 1971

15 Neel als Teilnehmerin am Protest gegen die Ausstellung *Contemporary Black Artists in America* im Whitney Museum of American Art, April 1971

16 Zwei Installationsansichten von *Alice Neel* (7. Februar – 17. März 1974). Whitney Museum of American Art, New York. Fotografie von Geoffrey Clements

17 Neel malt ein Porträt von Edward Weiss an der 300 West 107th Street ca. 1976

wo Hartley seine dreijährige Assistenzarzt-Zeit am Massachusetts General Hospital in Harvard antritt.

Rothschild zieht in das Gästezimmer in Neels Wohnung, wo er bis zu seinem Tod 1975 lebt.

31. August Neels Porträt von Kate Millett erscheint auf dem Umschlag einer dem Thema »The Politics of Sex« gewidmeten Ausgabe des Magazins *Time*. Rosemary Frank, die künstlerische Leiterin von *Time*, beautragt Neel regelmäßig mit Porträts öffentlicher Personen, darunter Ted Kennedy und Franklin Roosevelt, um diese möglicherweise in der Zeitschrift abzudrucken.

Oktober Malt Andy Warhol. Brigid Berlin fotografiert die Sitzung.

13. Oktober–7. November Hat eine Einzelausstellung in der Graham Gallery.

1971

15. Januar–19. Februar Das Moore College of Art & Design in Philadelphia, früher Philadelphia School of Design for Women, Neels Alma Mater, richtet ihr eine Einzelausstellung aus.

29. Januar Wirkt in einem Komitee von 19 Frauen mit, die auf einer der wöchentlichen Versammlungen der Alliance of Figurative Artists in New York, die eine lange Tradition ausschließlich männlicher Redner hat, das Wort ergreifen und eine eigene Sitzung fordern.

25. Februar–21. März Beteiligt sich an der *146th Annual Exhibition* der National Academy of Design und erhält den Benjamin Altman Figure Prize in Höhe von 2.500 $.

28. Februar Richard und Nancy werden in New York die Zwillingstöchter Alexandra und Antonia geboren.

Mai Schließt sich einer Demonstration gegen die von Robert Doty kuratierte Ausstellung *Contemporary Black Artists in America* im Whitney Museum of American Art an. Die Ausstellung wird von Künstlern weithin als zu hastig organisiert und schlecht durchdacht kritisiert.

1. Juni Das Moore College of Art & Design verleiht Neel die Ehrendoktorwürde in bildender Kunst.

September Beteiligt sich an einer von der Black Emergency Cultural Coalition und von Artists and Writers Protest Against the War in Vietnam organisierten Kundgebung gegen das Museum of Modern Art. Die Protestierenden wehren sich gegen Gouverneur Nelson Rockefellers Umgang mit dem Gefängnisaufstand in Attica und gegen die Weigerung der Museumsbuchhandlung, ihr *Attica Book* (1971) zu verkaufen. Rockefeller ist Trustee des MoMA und vormals dessen Präsident.

Winter Neels Doktoratsrede am Moore College erscheint in der Zeitschrift *Women and Art*. In der gleichen Ausgabe wird der Start zweier Petitionen bekanntgegeben, eine von der Alliance of Figurative Artists (initiiert von Noah Baen) und die andere von Women in the Arts (initiiert von Cindy Nemser), die die Aufnahme von Neels Werk in die anstehende Jahresausstellung des Whitney verlangen.

1972

25. Januar–19. März Neels Gemälde *The Family (John Gruen, Jane Wilson, and Julia)* (1970) wird in die Jahresausstellung des Whitney aufgenommen.

Juni Reist mit Hartley und John Rothschild nach Griechenland und Afrika.

Spätsommer Verbringt eine Woche als Gastkünstlerin an der Skowhegan School in Maine.

1973

15. Februar–13. März Der Kunstkritiker und Lehrer John Perreault organisiert die Ausstellung *The Male Nude* in der School of Visual Arts Gallery in New York. Von Neel werden *Joe Gould* (1933) und das eigens für die Schau gemalte Bild *John Perreault* (1972) aufgenommen.

Frühjahr Hartley beendet seine Assistenzarzt-Zeit und eröffnet eine Privatpraxis in St. Johnsbury, Vermont. Hartley und Ginny ziehen nach Stowe, Vermont, wo Neel für den Rest ihres Lebens ein paar Wochen im Jahr verbringt.

Der National Endowment for the Arts gewährt Neel eine mit 7.500 $ dotierte Zuwendung.

Von 1973 bis 1975 beteiligt sich Neel an mindestens acht dem Werk von Künstlerinnen gewidmeten Ausstellungen, organisiert unter anderem vom Women's Interart Center und von Women in the Arts.

1974

7. Februar–17. März Das Whitney Museum of American Art präsentiert die erste Retrospektive von Neels Schaffen, *Alice Neel*, kuratiert von Elke Solomon. 85 Gemälde werden darin aufgenommen, und eine achtseitige Broschüre begleitet die Ausstellung. Auch wenn Neels Bewunderer dies als unangemessenes Tribut betrachten, sieht sie selbst darin einen Triumph.

17. April Richard und Nancy wird in New York eine Tochter – Victoria – geboren.

1975

23. Januar Hartley und Ginny wird in Stowe, Vermont, eine Tochter – Elizabeth – geboren.

Sommer Neel hilft Hartley und Ginny einen Raum auf deren Anwesen im ländlichen Vermont zu renovieren, der ihr während ihrer Besuche als Atelier dienen soll.

7. September–19. Oktober Das Georgia Museum of Art in Athens, Georgia, präsentiert *Alice Neel: The Woman and Her Work* mit 83 Gemälden, begleitet von einem Katalog mit einer Einführung von Nemser. Neel hat in diesem Jahr sechs weitere Einzelausstellungen und nimmt an 16 Gruppenausstellungen teil.

Ein Interview mit Neel erscheint in Nemsers Buch *Art Talk: Conversations with 12 Women Artists* (New York: Charles Scribner's Sons, 1975).

2. November Nimmt an einer Podiumsdiskussion zum Thema »Women Artists, Seventy Plus« im New Yorker Brooklyn Museum teil.

1976

Neel wird in das National Institute of Arts and Letters in New York (heute American Academy and Institute of Arts and Letters) eingeführt.

26. Februar Erhält »in Anerkennung herausragender kultureller Beiträge und außerordentlichen Engagements für die Frauen und die Kunst« den International Women's Year Award (1975/76).

Dezember Neels Gemälde *T.B. Harlem* (1940), wird in die von Linda Nochlin und Ann Sutherland Harris organisierte bahnbrechende Wanderausstellung *Women Artists: 1550–1950* aufgenommen, die zuerst im Los Angeles County Museum of Art präsentiert wird.

1977

Neel nimmt über viele weitere Ausstellungen in diesem Jahr hinaus an zwei Schauen teil, die WPA-Künstler der 1930er Jahre ins Licht rücken, eine an der Parsons School of Design in New York, die andere eine Wanderausstellung, ausgerichtet von der Gallery Association of New York.

1978

18. Mai Hartley und Ginny wird in Stowe, Vermont, ein Sohn – Andrew – geboren.

1.–25. November Die Graham Gallery organisiert *Alice Neel: A Retrospective Exhibition of Watercolors and Drawings*, die erste Ausstellung von ihren Werken auf Papier.

1979

30. Januar Erhält mit Isabel Bishop, Selma Burke, Louise Nevelson und Georgia O'Keeffe den Preis des National Women's Caucus for Art für herausragende Leistungen in den bildenden Künsten. Den Preis überreicht Präsident Jimmy Carter.

Ein Interview mit Neel erscheint in Eleanor Munros Buch *Originals: American Women Artists* (New York, 1979).

1980

Nachdem sie mehrfach das Bewusstsein verloren hat, unterzieht sich Neel auf Drängen ihrer Söhne Untersuchungen im Massachusetts General Hospital in Boston. Bei ihr wird ein Sinusknotensyndrom festgestellt, das zu Bradykardie-Anfällen führt. Unverzüglich wird ihr ein Schrittmacher eingesetzt, um ihre Herzfrequenz zu regulieren.

1981

1. Februar–5. März Die Grimaldis Gallery in Baltimore zeigt *Alice Neel '81: A Retrospective, 1926–1981.*

Juli Reist mit ihren Söhnen, Schwiegertöchtern und mehreren Enkeln zu einer Einzelausstellung ihres Werks in der Moskauer Künstlervereinigung. Sie wird organisiert von Philip Bonosky, Korrespondent des *Daily Worker* in Moskau und ein langjähriger Freund.

1982

29. März Der Bürgermeister von New York City gibt in der Gracie Mansion ein Dinner zu Ehren Neels. Dabei wird das Porträt von ihm, das sie vor kurzem erst fertiggestellt hat, präsentiert, und einige weiterer ihrer Gemälde werden gezeigt.

Schließt einen Vertrag mit der Robert Miller Gallery in New York. *Alice Neel Non-Figurative Works* ist ihre erste Ausstellung dort (4. Mai–5. Juni).

1983

17. März–17. April Nimmt an der *158th Annual Exhibition* der National Academy of Design teil und erhält den Benjamin Altman Figure Prize in Höhe von 3.000 $.

Erhält ein mit 25.000 $ dotiertes Stipendium des National Endowment for the Arts.

Patricia Hills' Buch *Alice Neel* (New York, 1983), die erste vollständig illustrierte Monografie über ihr Werk, erscheint. Im Zentrum steht, vermittelt durch Gespräche mit Hills, Neels eigener Lebensbericht.

1984

Februar Zeigt in der Robert Miller Gallery eine Einzelausstellung mit 40 repräsentativen Gemälden aus den 1930er Jahren bis zur Gegenwart.

21. Februar Tritt in Johnny Carsons »The Tonight Show« auf und erweist sich als begabte Entertainerin.

Bei einem Routinebesuch im Massachusetts General Hospital zur Überprüfung ihres Herzschrittmachers zeigen Röntgenaufnahmen einen fortgeschrittenen Dickdarmkrebs, der bereits in die Leber gestreut hat. Sie unterzieht sich sofort einer Operation und hält sich danach bei Hartley, Ginny und deren Kindern in Vermont auf, während sie sich erholt.

Frühjahr/Sommer Trotz ihrer angegriffenen Gesundheit kehrt sie nach New York zurück und setzt dort ihr terminreiches Leben fort. Unter vielen anderen Verpflichtungen gibt sie im Sommer Judith Higgins von *ARTnews* ein Interview für einen anstehenden Artikel. Am 19. Juni hat sie einen zweiten Auftritt in »The Tonight Show«, bei dem sie darauf besteht, Johnny Carson solle sie in New York besuchen kommen, um für ein Porträt zu sitzen.

Juli Sie begibt sich erneut nach Vermont, um Zeit mit Hartley und seiner Familie zu verbringen und an der Vermont Studio School zu unterrichten.

Erhält eine chemotherapeutische Behandlung ihrer Krebserkrankung. Sehr entkräftet verbringt sie den Spätsommer mit Richard und seiner Familie in Spring Lake. Trotz ihrer geschwächten Verfassung fährt sie fort zu malen.

Frühherbst Sie kehrt in ihre Wohnung in New York zurück.

Oktober Erscheint auf dem Umschlag der *ARTnews*-Ausgabe, die Judith Higgnis' Artikel »Alice Neel and the Human Comedy« bringt. Robert Mapplethorpe besucht Neel Anfang Oktober, um sie zu fotografieren. Neel plant, erneut nach Vermont zu reisen, um Hartley und seine Familie zu besuchen und bei einem Vortrag ihr zu Ehren im Fleming Museum in Burlington, Vermont, dabei zu sein. Sie ist jedoch zu schwach, um zu reisen, und stirbt am 13. Oktober im Kreis ihrer Familie in ihrer New Yorker Wohnung.

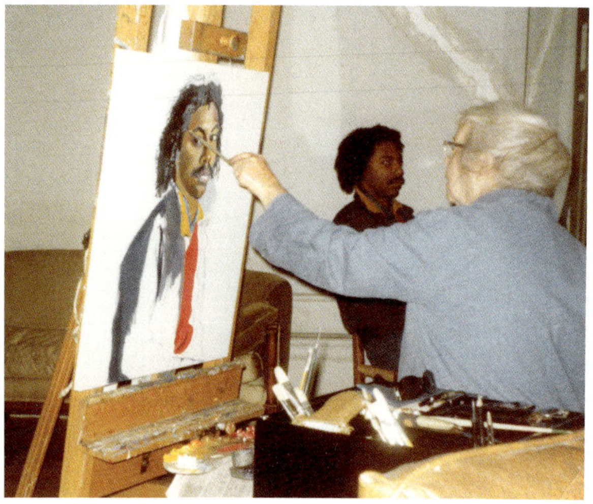

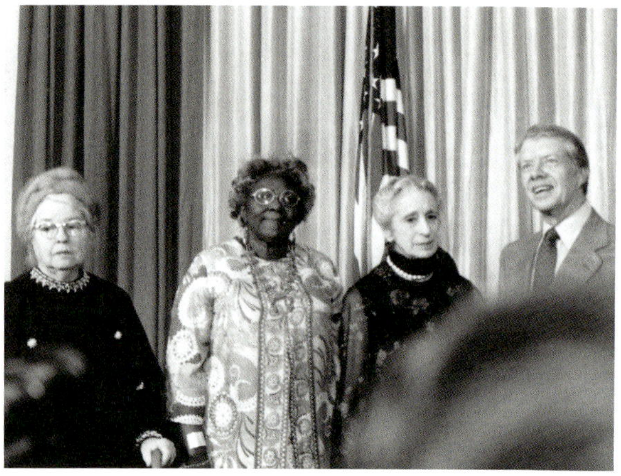

18 Neel malt *Stephen Shepard* an der 300 West 107th Street, 1978

19 Neel, Selma Burke und Isabel Bishop mit Präsident Jimmy Carter bei der ersten National Woman's Caucus for Art Lifetime Achievement Award Ceremony, 1979

Ausstellungs-chronologie

Ausgewählte Einzelausstellungen

Alice Neel
1. Januar 1926
Havanna, Kuba
Genaue Laufzeit und Ausstellungsort unbekannt

Alice Neel
New York, Contemporary Arts
2. Mai – 21. Mai 1938

Neel
New York, The Pinacotheca
6. März – 22. März 1944

Paintings by Alice Neel
New York, New Playwrights Theatre
23. April – 23. Mai 1951

Paintings by Alice Neel
New York, ACA Gallery
26. Dezember 1950 – 13. Januar 1951

Alice Neel
Tinton Falls, New Jersey, Old Mill Gallery
4. September – 17. September 1960

Alice Neel
Portland, Oregon, Reed College
21. Januar – 3. Februar 1962

Alice Neel
New York, Graham Gallery
1. Oktober – 26. Oktober 1963

Recent Paintings and Drawings from the Thirties
New York, Graham Gallery
5. Januar – 29. Januar 1965

Paintings by Alice Neel
Hanover, New Hampshire, Beaumont-May Gallery, Hopkins Center Dartmouth College
12. Januar – 28. Januar 1965

Alice Neel
Bronx, New York, Fordham University
1. September – 30. September 1965

Alice Neel: A One Man Exhibition of Oil Paintings
San Francisco, California, Maxwell Galleries
9. Juni – 30. Juni 1967

Alice Neel
New York, Graham Gallery
6. Januar – 3. Februar 1968

Alice Neel
Toronto, Ontario, Nightingale Galleries
13. November – 4. Dezember 1969

Alice Neel
New York, Graham Gallery
13. Oktober – 7. November 1970

Alice Neel. A Comprehensive Exhibition of Paintings, 1930–1970
Philadelphia, Pennsylvania, Moore College of Art & Design
15. Januar – 19. Februar 1971

Alice Neel
Bowling Green, Ohio, The School of Art Gallery, Bowling Green State University
16. Februar – 14. März 1972

Alice Neel: Portraits
Bloomsburg, Pennsylvania, Haas Gallery of Art, Bloomsburg State College
7. März – 28. März 1972

Alice Neel
Nairobi, Paa Ya Paa Art Gallery and Studio
1. Juni – 30. Juni 1972

Alice Neel: Recent Paintings
New York, Graham Gallery
13. September – 13. Oktober 1973

Alice Neel
New York, Whitney Museum of American Art
7. Februar – 17. März 1974

Alice Neel: The Woman and Her Work
Athens, Georgia, Georgia Museum of Art, The University of Georgia
7. September – 19. Oktober 1975

The Eye of Woman: Alice Neel
Geneva, New York, Houghton House Gallery, Hobart and William Smith Colleges
23. Februar – 28. März 1975

Alice Neel Paintings
Northampton, Massachusetts, Smith College Museum of Art
8. April – 11. Mai 1975

Alice Neel: Recent Paintings
New York, Graham Gallery
31. Januar – 28. Februar 1976

Alice Neel
Wallingford, Connecticut, The Paul Mellon Arts Center, Choate Rosemary Hall
1. November – 30. November 1976

Paintings by Alice Neel
Hagerstown, Maryland, Washington County Museum of Fine Arts
9. Januar – 30. Januar 1977

Alice Neel: Thirty-Six Paintings from 1935–76
Oshkosh, Wisconsin, University of Wisconsin
24. Februar – 3. März 1977

Alice Neel: Drawings and Paintings
New York, Graham Gallery
4. Oktober – 29. Oktober 1977

Alice Neel
Fort Lauderdale, Florida, Fort Lauderdale Museum of Art
8. Februar – 26. Februar 1978

Alice Neel: A Retrospective Exhibition of Watercolors and Drawings
New York, Graham Gallery
1. November – 25. November 1978

Alice Neel: Recent Paintings
Plattsburg, New York, Plattsburg State Art Museum, Plattsburg State University
1. November – 30. November 1978

Alice Neel Paintings
Saratoga Springs, New York, New Art Center, Skidmore College
16. November – 12. Dezember 1978

Alice Neel
Akron, Ohio, Akron Art Institute
9. Dezember 1978 – 28. Januar 1979

Alice Neel: A Retrospective Showing (an exhibition in two parts)
New Canaan, Connecticut, The Silvermine Guild of Artists 18. März – 8. April; reiste nach Madison, Wisconsin, Madison Art Center
25. Februar – 11. April 1979

Paintings by Alice Neel
Williamstown, Massachusetts, Williams College Museum of Art
7. März – 28. März 1979

Alice Neel
Upper Montclair, New Jersey, Montclair State College, Montclair State College (heute University)
6. April – 27. April 1979

Alice Neel
Fort Wayne, Indiana, Fort Wayne Museum of Art
14. September – 1. November 1979

Alice Neel: Paintings of Two Decades
Boston, Massachusetts, Boston University
9. Oktober – 2. November 1980

Alice Neel: Recent Paintings
New York, Graham Gallery
8. November – 13. November 1980

Alice Neel '81: A Retrospective, 1926–1981
Baltimore, Maryland, C. Grimaldis Gallery
5. Februar – 1. März 1981

Alice Neel
Storrs, Connecticut, Jorgensen Gallery, University of Connecticut at Storrs
22. März – 10. April 1981

Alice Neel 1981
Moskau, Union der Künstler
9. Juli – 31. Juli 1981

Alice Neel
Washington, District of Columbia, National Academy of Sciences
12. November – 28. Januar 1982

Non-Figurative Works: Still Lifes, Cityscapes, Landscapes, Interiors
New York, Robert Miller Gallery
4. Mai – 5. Juni 1982

Alice Neel: Paintings 1933–1982
Los Angeles, California, Art Gallery, Loyola Marymount University
29. März – 7. Mai 1983

Alice Neel: Premiering Works from the 20's, 30's, 40's, and 50's
Annandale-on-Hudson, New York, Edith C. Blum Art Institute, Bard College
17. Juli – 28. August 1983

Alice Neel: Five Decades of Painting
Baltimore, Maryland, C. Grimaldis Gallery
29. September – 30. Oktober 1983

Alice Neel
New York, Robert Miller Gallery
31. Januar – 25. Februar 1984

Alice Neel: Paintings Since 1970
Philadelphia, Pennsylvania, Academy of the Fine Arts
26. Januar – 17. März 1985

Perspectives 1: Alice Neel
Portland, Oregon, Portland Art Museum; reiste nach Berkeley, California, University Art Museum
29. Januar – 10. März 1985

Alice Neel: Paintings and Drawings
Roslyn, New York, Nassau County Museum of Fine Art
16. März – 18. Mai 1986

Alice Neel: Drawings and Watercolors
New York, Robert Miller Gallery
2. Dezember 1986 – 3. Januar 1987

Alice Neel: Paintings, Drawings, Watercolors
San Francisco, California, Gallery Paule Anglim
18. September – 31. Oktober 1987

Revealing the Spirit: Paintings by Alice Neel
Lewiston, Maine, Museum of Art, Olin Arts Center, Bates College
8. Oktober – 13. Dezember 1987

Alice Neel in Spanish Harlem
Bridgehampton, New York, Dia Center for the Arts; reiste nach Santa Monica, California, Linda Cathcart Gallery
29. Juni – 28. Juli 1991

Fire and Ice: Painting and Drawing by Alice Neel
Reno, Nevada, Nevada Museum of Art
13. September – 17. November 1991

Exterior/Interior: Alice Neel
Medford, Massachusetts, Tisch Gallery, Aidekman Arts Center, Tufts University
1. Oktober – 20. Dezember 1991

Alice Neel: The Years in Spanish Harlem, 1938–1961
New York, Robert Miller Gallery
15. Februar – 19. März 1994

The Pregnant Nudes of Alice Neel
New York, Robert Miller Gallery
9. Januar – 3. Februar 1996

Kinships: Alice Neel Looks at the Family
Tacoma, Washington, Tacoma Art Museum; reiste an sechs Orte
12. März – 16. Juni 1996

Alice Neel: Paintings from the Thirties
New York, Robert Miller Gallery
11. März – 12. April 1997

Alice Neel: Men in Suits
New York, Cheim & Read Gallery, reiste nach New Orleans
3. März – 25. April 1998

Alice Neel
New York, Whitney Museum of American Art; reiste nach Andover, Philadelphia, Minneapolis und Denver
29. Juni 2000 – 30. Dezember 2001

Duos. Alice Neel's Double Portraits
Naples, Florida, Naples Museum of Art
17. Januar – 24. März 2002

Alice Neel: Black and White
New York, Robert Miller Gallery
14. Februar – 30. März 2002

Alice Neel Drawings
Chicago, Illinois, Arts Club of Chicago
19. September – 8. November 2003

Alice Neel: A Chronicle of New York 1950–1976
London, England, Victoria Miro Gallery
1. Juni – 31. Juli 2004

Alice Neel
Philadelphia, Pennsylvania, Locks Gallery
4. März – 9. April 2005

Alice Neel's Women
Washington, District of Columbia, National Museum of Women in the Arts
28. Oktober 2005 – 15. Januar 2006

Alice Neel: The Cycle of Life
London, Victoria Miro Gallery
23. Mai – 21. Juli 2007

Alice Neel: Pictures of People
Berlin, Galerie Aurel Scheibler
27. September – 3. November 2007

Exhibition of Drawings
Philadelphia, Pennsylvania, Moore College of Art & Design
28. August – 6. Dezember 2008

Moderna Museet Now: Alice Neel Collector of Souls
Stockholm, Moderna Museet
6. September – 7. Dezember 2008

Alice Neel: Nudes of the 1930s
New York, Zwirner and Wirth Gallery
1. Mai – 20. Juni 2009

Alice Neel: Selected Works
New York, David Zwirner Gallery
14. Mai – 20. Juni 2009

Alice Neel: Painted Truths
Houston, Museum of Fine Arts; reiste in die Whitechapel Gallery, London, England und Moderna Museet, Malmö
21. März 2010 – 2. Januar 2011

Alice Neel: Paintings
Los Angeles, California, L.A. Louver Gallery
20. Mai – 26. Juni 2010

Alice Neel: Paintings and Drawings
Berlin, Galerie Scheibler Mitte
29. Oktober 2010 – 14. Januar 2011

Alice Neel: Men Only
London, Victoria Miro Gallery
8. Juni – 29. Juli 2011

Alice Neel: Family
Dublin, Douglas Hyde Gallery
8. September – 16. November 2011

Alice Neel: Late Portraits and Still Lifes
New York, David Zwirner Gallery
4. Mai – 23. Juni 2012

Alice Neel: People and Places. Paintings by Alice Neel
Seoul, Gallery Hyundai
2. Mai – 2. Juni 2013

Alice Neel: Intimate Relations
Skärhamn, Schweden, Nordiska Akvarellmuseet
26. Mai – 8. September 2013

Alice Neel. My Animals and Other Family
London, England, Victoria Miro Mayfair
14. Oktober – 19. Dezember 2014

Alice Neel Drawings and Watercolours 1927–1978
New York, David Zwirner Gallery
19. Februar – 18. April 2015

Alice Neel
Brüssel, Xavier Hufkens
27. Februar – 11. April 2015

Alice Neel
Zürich, Thomas Ammann Fine Art
1. Juni – 23. Oktober 2015

Ausgewählte Gruppenausstellungen

XII Salón de Bellas Artes
Havanna, Asociación de Pintores y Escultores
1. März – 30. April 1927

Exposición de Arte Nuevo
Havanna
7. Mai – 31. Mai 1927

First Washington Square Outdoor Art Exhibit
New York, Washington Square Park
28. Mai – 5. Juni 1932

Washington Square Outdoor Art Exhibit
New York, Washington Square Park
12. November – 20. November 1932

Living Art: American, French, German, Italian, Mexican, and Russian Artists
Philadelphia, Pennsylvania, Mellon Galleries
16. März – 14. April 1933

Exhibition & Sale of Pictures by Needy New York Artists
New York, Hotel Brevoort
1. März – 8. März 1933

Exhibition of Pictures for Sale or Rental
New York, Hotel New Weston
28. September – 1. November 1933

New York Artists Who Have Participated in the Washington Square Outdoor Art Exhibitions
New York, International Art Center of Roerich Museum
17. März – 8. April 1934

The New York Group
New York, ACA Gallery
23. Mai – 4. Juni 1936

Open Exhibition
New York, Contemporary Arts
19. September – 1. Oktober 1936

Paintings for the Five to Fifty Christmas Budget
New York, Contemporary Arts
5. Dezember – 25. Dezember 1938

The New York Group
New York, ACA Gallery
5. Februar – 18. Februar 1939

Mid-Season Retrospection
New York, Contemporary Arts
26. Februar – 16. März 1940

Two One-Man Exhibitions: Capt. Hugh N. Mulzac, Alice Neel
New York, ACA Gallery
30. August – 11. September 1954

Alice Neel, Jonah Kinigstein, Anthony Toney, Giacomo Porzano
New York, ACA Gallery
1. Dezember – 31. Dezember 1960

Figures
New York, Kornblee Gallery
21. Mai – 15. Juni 1962

Portraits
New York, Zabriskie Gallery
4. Juni – 30. Juni 1962

Tenth Street, U.S.A.
New York, Camino Gallery
1. Oktober – 30. Oktober 1962

Some Contemporary American Figure Painters
Hartford, Connecticut, Wadsworth Atheneum
7. Mai – 31. Mai 1964

The West Side Artists
New York, The Riverside Museum
28. September – 8. November 1964

The Emotional Temperatures of Art
New York, Schenectady Museum Association; vier weitere Stationen
10. Oktober – 31. Oktober 1964

Exhibition of Paintings Eligible for Purchase under the Childe Hassam Fund
New York, American Academy of Arts and Letters
Neel war in den Jahren 1972, 1973 und 1976 ebenfalls Teil dieser Ausstellung
5. Februar – 21. Februar 1965

The Art Work of Benny Andrews, Alice Neel, Tecla (Selnick)
New York, New York Public Library, Countee Cullen Regional Branch
18. April – 13. Mai 1966

Social Comment in America
Appleton, Wisconsin, Lawrence University; reiste an acht Orte. Ausstellungskonzept Museum of Modern Art, New York
25. Februar – 9. Juni 1968

Exhibition of Work by Newly Elected Members and Recipients of Honors and Awards
New York, American Academy of Arts and Letters and National Institute of Arts and Letters
21. Mai – 15. Juni 1969

146th Annual Exhibition
New York, National Academy of Design
Neel war 1975 und 1983 ebenfalls Teil dieser jährlichen Ausstellung
25. Februar – 21. März 1971

Annual Exhibition of Contemporary American Painting
New York, Whitney Museum of American Art
25. Januar – 18. Februar 1972

Women Choose Women
New York, The New York Cultural Center
12. Januar – 18. Februar 1973

The Male Nude
Hempstead, New York, Emily Lowe Gallery, Hofstra University; reiste nach New York, School of Visual Arts, Visual Arts Gallery
1. November – 12. Dezember 1973

Women: Self Image
New York, Women's Interart Center
8. März – 18. April 1974

In Her Own Image
Philadelphia, Pennsylvania, Samuel S. Fleisher Art Memorial
5. April – 10. Mai 1974

Tokyo International Biennial,1974: New Image in Painting
Tokyo, Osaka, Hanshin Department Store
6. September – 18. September 1974

New Images: Figuration in American Painting
Flushing, New York, The Queens Museum
16. November – 29. Dezember 1974

Sons and Others: Women Artists See Men
Flushing, New York, The Queens Museum
15. März – 27. April 1975

Figure as Form: American Painting 1930–1975
Saint Petersburg, Florida, Museum of Fine Arts
25. November 1975 – 4. Januar 1976

From Pedestal to Pavement: The Image of Women in American Art, 1875–1975
South Hadley, Massachusetts, Mount Holyoke College
5. Dezember 1975 – 30. Januar 1976

American Family Portraits: 1730–1976
Philadelphia, Pennsylvania, Philadelphia Museum of Art
28. Februar – 30. Juni 1976

Paintings by Three American Realists: Alice Neel, Sylvia Sleigh, May Stevens
Syracuse, New York, Everson Museum of Art
17. September – 31. Oktober 1976

Women Artists: 1550–1950
Los Angeles, California, Los Angeles County Museum of Art
21. Dezember 1976 – 13. März 1977

New Deal for Art: The Government Art Projects of the 1930s with Examples from New York City and State Oswego
Oswego, New York, Tyler Art Gallery, State University of New York; reiste an sieben Orte
25. Januar – 13. Februar 1977

New York WPA Artists Then and Now
New York, Parsons School of Design Exhibition Center
8. November – 10. Dezember 1977

The Sister Chapel
Queens, New York, P.S.1; reiste nach Stony Brook, New York, The Fine Arts Center Gallery, State University of New York
15. Januar – 19. Februar 1978

American Painting of the 1970s
Buffalo, New York, Albright-Knox Gallery; reiste an sechs Orte
8. Dezember 1978 – 14. Januar 1979

As We See Ourselves: Artists' Self-Portraits
Huntington, New York, Heckscher Museum
2. März – 1. April 1979

Six Painters of the Figure: Alex Katz, Diana Kurz, Alfred Leslie, Alice Neel, Philip Pearlstein, Sylvia Sleigh
Boulder, Colorado, Fine Arts Gallery, University of Colorado
5. März – 7. April 1979

Selected 20th-Century American Self-Portraits
New York, Harold Reed Gallery
1. Oktober – 1. November 1980

American Figure Painting 1950–1980
Norfolk, Virginia, Chrysler Museum
17. Oktober – 30. November 1980

Inside Out: Self Beyond Likeness
Newport Beach, California, Newport Harbor Art Museum
22. Mai – 12. Juli 1981

Contemporary American Realism Since 1960
Philadelphia, Pennsylvania Academy of the Fine Arts; fünf weitere Stationen in den USA und Europa
18. September – 13. Dezember 1981

Realism and Realities, The Other Side of American Painting 1940–1960
New Brunswick, New Jersey, Rutgers University Art Gallery; zwei weitere Stationen
17. Januar – 26. März 1982

Five Distinguished Alumni: The WPA Federal Art Project
Washington, District of Columbia, Hirshhorn Museum and Sculpture Garden, Smithsonian Institution
21. Januar – 22. Februar 1982

Five Artists and the Figure: Duane Hanson, Alex Katz, Philip Pearlstein, Alice Neel, George Segal
Stamford, Connecticut, Whitney Museum of American Art, Fairfield County
9. April – 9. Juni 1982

Focus on the Figure: Twenty Years
New York, Whitney Museum of American Art
15. April – 13. Juni 1982

Homo Sapiens: The Many Images
Ridgefield, Connecticut, The Aldrich Museum of Contemporary Art
9. Mai – 5. September 1982

Das Andere Amerika: Kunst, Kultur und Geschichte der Amerikanischen Arbeiter Bewegung
Berlin, Staatliche Kunsthalle Berlin
13. März – 24. April 1983

Social Concern and Urban Realism: American Paintings of the 1930s
Boston, Boston University Art Gallery; weitere Stationen
1. April – 30. Oktober 1983

The Painterly Figure
Southampton, New York, The Parrish Art Museum
24. Juli – 4. September 1983

American Still Life: 1945–1983
Houston, Texas, Contemporary Arts Museum; vier weitere Stationen
20. September – 20. November 1983

The Human Condition: SFMOMA Biennial III
San Francisco, California, San Francisco Museum of Modern Art
28. Juni – 26. September 1984

The Surreal City: 1930s–1950s
New York, Whitney Museum of American Art at Philip Morris; vier weitere Stationen
3. Mai – 11. Juli 1985

The Figure in 20th-Century American Art: Selections from the Metropolitan Museum of Art
New York, The Metropolitan Museum of Art and the American Federation of Arts; vier weitere Stationen
9. Februar – 8. Juni 1986

The Expressionist Landscape: North American Modernist Painting, 1920–1947
Birmingham, Alabama, Birmingham Museum of Art; vier weitere Stationen in den USA und Kanada
11. September – 4. November 1987

Making Their Mark: Women Artists Move Into the Mainstream 1970–85
Cincinnati, Ohio, Cincinnati Art Museum; drei weitere Stationen
22. Februar – 2. April 1989

Alice Neel, Diane Arbus: Children
New York, Robert Miller Gallery
25. April – 20. Mai 1989

Figuring the Body
Boston, Masachussetts, Museum of Fine Arts
28. Juli – 28. Oktober 1990

American Realism and Figurative Art: 1952–1990
Sendai, The Miyagi Museum of Art; vier weitere Stationen in Japan
1. November – 20. Dezember 1991

The Portrait Now
London, National Portrait Gallery
19. November 1993 – 6. Februar 1994

Face-Off: The Portrait in Recent Art
Philadelphia, Pennsylvania, Institute of Contemporary Arts, University of Pennsylvania; zwei weitere Stationen
9. September – 30. Oktober 1994

Féminin-Masculin: Le sexe de l'art
Paris, Centre Georges Pompidou
24. Oktober 1995 – 12. Februar 1996

Poet Rebels of the 1950s
Washington, District of Columbia, The National Portrait Gallery, Smithsonian Institution
26. Januar – 2. Juni 1996

Views from Abroad: European Perspectives on American Art 3: American Realities
New York, Whitney Museum of American Art
10. Juli – 5. Oktober 1997

Body
Sydney, The Art Gallery of New South Wales
12. September – 16. November 1997

Faces of Time: 75 Years of Time Magazine Cover Portraits
Washington, District of Columbia, The National Portrait Gallery, Smithsonian Institution
20. März – 2. August 1998

In Memory of My Feelings: Frank O'Hara and American Art
Los Angeles, California, The Museum of Contemporary Art
11. Juli – 14. November 1999

The American Century: Art & Culture 1950–2000
New York, Whitney Museum of American Art
26. September 1999 – 13. Februar 2000

WACK! Art and the Feminist Revolution
Los Angeles, California, The Geffen Contemporary at MOCA; reiste nach Washington DC, National Museum of Women in the Arts, Long Island City, New York, PS1 und Vancouver, British Columbia, Vancouver Art Gallery
4. März – 4. Juli 2007

The Naked Portrait
Edinburgh, Scottish National Portrait Gallery und Warwick, England, Compton Verney Art Gallery
6. Juni – 2. September 2007

Paint Made Flesh
Nashville, Frist Center for the Visual Arts; reiste in die Phillips Collection, Washington District of Columbia, und Memorial Art Gallery, University of Rochester
23. Januar – 10. Mai 2009

Self-Consciousness
Berlin, VeneKlasen/Werner
30. April – 26. Juni 2010

In the Company of Alice
London, Victoria Miro Gallery
22. Juni – 30. Juli 2010

Face Value: Portraiture in the Age of Abstraction
Washington District of Columbia, National Portrait Gallery, Smithsonian Institution
18. April – 11. Januar 2015

Forces in Nature
London, Victoria Miro Gallery
13. Oktober – 14. November 2015

The Great Mother: Women, Maternity, and Power in Visual Art and Culture, 1900–2015
Mailand, Italien, Palazzo Reale
26. August – 15. November 2015

Rabenmütter
Linz, Lentos Kunstmuseum
23. Oktober 2015 – 21. Februar 2016

Unfinished: Thoughts Left Visible
New York, Met Breuer
18. März – 4. September 2016

Für eine vollständige Liste der Ausstellungen besuchen Sie bitte http://www.aliceneel.com/exhibitions/

Alice Neel: Painter of Modern Life

1 Charles Baudelaire, »Der Maler des modernen Lebens«, *Sämtliche Werke/Briefe* Bd. 5, hrsg. von Friedhelm Kemp und Claude Pichois in Zusamenarbeit mit Wolfgang Drost, München und Wien 1989, S. 213; Charles Baudelaire, »Le Peintre de la vie moderne«, in: *Curiosités esthétiques. L'Art romantique et autres œuvres critiques*, Paris, Editions Garnier Frères 1962, S. 454: »la peinture des mœurs du présent«. Alle französischsprachigen Zitate wurden dieser Ausgabe entnommen.

2 Baudelaire 1989 (wie Anm. 1), S. 214; Baudelaire 1962 (wie Anm. 1), S. 454: »Le plaisir que nous retirons de la représentation du présent tient non seulement à la beauté dont il peut être revêtu, mais aussi à sa qualité essentielle du présent.«

3 Baudelaire 1989 (wie Anm. 1), S. 214; Baudelaire 1962 (wie Anm. 1), S. 454: »la morale et l'esthétique du temps«

4 Baudelaire 1989 (wie Anm. 1), S. 215; Baudelaire 1962 (wie Anm. 1), S. 455 f.: »Le beau est fait d'un élément éternel, invariable, dont la qualité est excessivement difficile à déterminer, et d'un élément relatif, circonstanciel, qui sera, si l'on veut, tour à tour, ou tout ensemble, l'époque, la mode, la morale, la passion. Sans ce second élément, qui est comme l'enveloppe amusante, titillante, apéritive du divin gâteau, le premier élément serait indigestible, inappréciable, non adapté et non approprié à la nature humaine.«

5 Baudelaire 1989 (wie Anm. 1), S. 225; Baudelaire 1962 (wie Anm. 1), S. 466:

»Il s'agit, pour lui, de dégager de la mode ce qu'elle peut contenir de poétique dans l'historique, de tirer l'éternel du transitoire.«

6 Baudelaire 1989 (wie Anm. 1), S. 226; Baudelaire 1962 (wie Anm. 1), S. 467: »La modernité, c'est le transitoire, le fugitif, le contingent, la moitié de l'art, dont l'autre est l'éternel et l'immuable.«

7 Baudelaire 1989 (wie Anm. 1), S. 227; Baudelaire 1962 (wie Anm. 1), S. 468: »J'ai dit que chaque époque avait son port, son regard et son geste.«

8 Baudelaire 1989 (wie Anm. 1), S. 227; Baudelaire 1962 (wie Anm. 1), S. 468: »Si un peintre patient et minutieux, mais d'une imagination médiocre, ayant à peindre une courtisane du temps présent, s'inspire (c'est le mot consacré) d'une courtisane de Titien ou de Raphael, il est infiniment probable qu'il fera une œuvre fausse, ambiguë, et obscure. L'étude d'un chef-d'œuvre de ce temps et de ce genre ne lui enseignera ni l'attitude, ni le regard, ni la grimace, ni l'aspect vital d'une de ces créatures que le dictionnaire de la mode a successivement classées sous les titres grossiers ou badins d'impures, de filles entretenues, de lorettes et de biches.«

9 Baudelaire 1989 (wie Anm. 1), S. 229; Baudelaire 1962 (wie Anm. 1), S. 468: »Ce mot barbarie [...] pourrait induire quelques personnes à croire qu'il s'agit ici de quelques dessins informes que l'imagination seule du spectateur sait transformer en choses parfaites.«

10 Baudelaire 1989 (wie Anm. 1), S. 230; Baudelaire 1962 (wie Anm. 1), S. 470: »Il s'établit alors un duel entre la volonté de tout voir, de ne rien oublier, et la faculté de mémoire qui a pris l'habitude d'absorber vivement la couleur générale et la silhouette, l'arabesque de contour.«

11 Baudelaire 1989 (wie Anm. 1), S. 231; Baudelaire 1962 (wie Anm. 1), S. 471: » [...] chaque dessin a l'air suffisamment fini [...]«

12 Meyer Schapiro, *Paul Cézanne*, Stuttgart u. a., o. J., S. 10; Meyer Schapiro, *Paul Cézanne*, New York 1952, S. 10: »[...] between the old kind of picture, faithful to a striking or beautiful object, and the modern ›abstract‹ kind of painting, a moving harmony of coloured touches representing nothing. [...] The visible world is not simply represented [...] [it] is recreated through the strokes of colour among which are many we cannot identify with an object and yet are necessary for the harmony of the whole.«

13 P. G. Konody, *The Painter of Victorian Life. A Study of Constantin Guys*, hrsg. von Geoffrey Hone, London und New York 1930. Ich danke Michèle Hannoosh für diese Information.

14 Norman Cameron, *My Heart Laid Bare and Other Prose Writing*, mit einer Einführung von Peter Quennell, London und New York 1950.

15 Charles Baudelaire, *The Painter of Modern Life and Other Essays*, übers. von Jonathan Mayne, London 1964.

16 *The Art Spirit* ist eine Sammlung von Henris Vorlesungen, Vorlesungsmitschriften, Auszügen aus Briefen und Lehrmaterialien, die er 1913 zusammentrug und veröffentlichte. Henri lehrte an der Philadelphia School of Design for Women, die er jedoch verließ, bevor Neel dort zu studieren begann. Das Currriculum der Hochschule war jedoch auch nach seinem Fortgang noch stark von ihm beeinflusst.

17 Patricia Hills, *Alice Neel*, New York 1983, S. 134: »My choices were perhaps not always conscious, but I have felt people's images reflect the era in a way nothing else could. When portraits are good art they reflect the culture, the time and many other things«

Moore College of Art & Design ist der neue Name der Philadelphia School of Design for Women.

18 Anmerkung des Übersetzers: Nachdem seit 1920 in den USA das Wahlrecht auch für Frauen galt, forderte die neue mündige Frau, Flapper genannt, die Gleichstellung mit Männern in allen Bereichen. Sie legte sich ein maskulines Aussehen zu, kürzte ihr Haar zu einem Bob, trug keine Korsette mehr, trank und rauchte in der Öffentlichkeit und hatte eine offenere Haltung zur Sexualität. (nach ENCYCLOPÆDIA BRITANNICA, United States - History - 1920 to 1945 - New Social Trends)

Malerei (in) der Krise

1 Siehe z. B. Jeremy Lewison, »Showing the Barbarity of Life: Alice Neel's Grotesque«, in: *Alice Neel. Painted Truths*, hrsg. von Jeremy Lewison und Barry Walker, Ausst.-Kat. Museum of Fine Arts Houston, New Haven und London 2010, S. 34–63.

2 Neel, zitiert nach Eleanor V. Munro, »Alice Neel«, in: *Originals. American Women Artists*, New York 1979, S. 124: »Ich hatte Gewissenbisse, dass ich auf die Kunsthochschule ging [...] Denn wenn ich die Schule betrat, kehrten die Putzfrauen gerade davon zurück, dass sie die ganze Nacht die Gebäudeböden geschrubbt hatten. Es machte mich fertig, dass diese alten grauköpfigen Frauen Böden schrubben mussten und ich dort hineinging, um griechische Statuen zu zeichnen.« – »I had a conscience about going to art school. [...] Because when I'd go into school, the scrubwomen would be coming back from scrubbing the office floors all night. It killed me that these old gray-headed women had to scrub floors and I was going in there to draw Greek statues.«

3 In diesem Essay beziehe ich mich nicht auf die Perspektive des Betrachters sondern auf die Sicht des Porträtierten.

4 Zur Erörterung von Neels Beziehung zur deutschen Malerei siehe Petra Gördürens Essay in diesem Band.

5 Zur weiteren Diskussion der Nachwirkung van Goghs siehe Barry Walker, »Dividing Up the Canvas«, in: Houston 2010 (wie Anm. 1), S. 82; sowie Andrew Hemingway, *Artists on the Left. American Artists and the Communist Movement 1926–1956*, New Haven und London 2002, S. 247, 251.

6 Zum Beispiel schreibt Kirsty Bell, Neels Harlemer Wohnung habe in einer Gegend »weitab vom Spannungsfeld des künstlerischen Treibens in der Stadt« (»far removed from the cut and thrust of artistic activity in the city«) gelegen. Kirsty Bell, *The Artist's House from Workplace to Artwork*, Berlin 2013, S. 88. Eine solche Aussage übergeht die lebendigen literarischen und künstlerischen Bewegungen in Harlem, zu denen Neel zweifelsohne Kontakt hatte.

7 *Hound & Horn*, Okt.–Dez. 1931.

8 Hemingway 2002 (wie Anm. 5), S. 15 f.

9 Programmheft der Film and Photo League, 22. Dez. 1934, zitiert nach Russell Campbell, *Cinema Strikes Back. Radical Filmmaking in the United States 1930–42*, Michigan 1982, S. 107: »the only honest approach to art is TRUTH«.

10 Neel offenbarte dies in einem Interview mit Ted Castle. Ted Castle, »Alice Neel«, in: *Artforum*, Jg. 22, Nr. 2, Oktober 1983, S. 36–41.

11 Siehe Jeremy Lewison, »Allegory«, in: Houston 2010 (wie Anm. 1), S. 100.

12 Hine hatte zuvor eine Einzelausstellung im Yonkers Museum, Yonkers, New York 1931.

13 Zur näheren Erörterung des Verhältnisses von Neels Werk zur zeitgenössischen amerikanischen Fotografie siehe Susan Rosenberg, »People as Evidence«, in: *Alice Neel*, hrsg. von Ann Temkin, Ausst.-Kat. Harry N. Abrams in Zusammenarbeit mit Philadelphia Museum of Art, New York 2000, S. 33–51.

14 Tatsächlich fertigte nicht Nadar diese Fotografie an, sondern besaß eine Daguerreotypie eines anonymen Fotografen mit dem Porträt Balzacs. Darauf verweist Neel vermutlich.

15 Jonathan Brand, *Fire and Alice*, unveröffentlichtes Typoskript, 1969: »Nadar took photographs that were better than paintings. His picture of Balzac couldn't have been outdone. And Nadar made a photograph of [Joseph] Conrad that is just one of the greatest things I have ever seen. He looks like a lion.«

16 James H. Rubin, *Nadar*, London und New York 2001, o. S.: »One sits down, one chats, one laughs, all the while readying the lens; and when [he] is in place, well positioned and drawn out for the decisive moment, radiating all his natural benevolence, warmed by the affection with which he feels himself surrounded the shutter is released.«

17 Henry Geldzahler, »Alice Neel by Henry Geldzahler«, in: *Alice Neel in Spanish Harlem*, Katalog von Henry Geldzahler, Ausst.-Kat. Dia Center for the Arts, Bridgehampton, New York 1991, S. 4: »I lived with a man for many years who was a great photographer, and through him I had an interest in photography.«

18 Jonathan Brand: »the Russian embassy in the thirties – magnificent – loved« 1930 hatte Bourke-White als erste Fotografin die Erlaubnis bekommen, Aufnahmen von sowjetischen Industriebetrieben zu machen.

19 Es ist strittig, wann Brody Neel verließ. Laut Brodys Sohn David (*Juni 1958; siehe http://www.sambrody.com/ Brief Bio, Alice, letzter Zugriff am 27. Februar 2016) endete Brodys Beziehung mit Neel 1955, als er eine Beziehung mit Sondra Herrera (ihrerseits verheiratet) begann, die 1958 zu seiner Frau wurde. Hartley Neel hingegen glaubt, dass Brody seine Beziehung mit Neel zur gleichen Zeit aufrecht erhielt und bis 1958 ihr Partner blieb (E-Mail vom 30. Dezember 2015).

20 In seinem Buch über den Club, *A Sweeper-Up After Artists. A Memoir*, London 2004, lässt Irving Sandler Neel unerwähnt.

21 Ralph Ellison, *Invisible Man*, New York 1952, Neudruck London 2014, S. 3: »a man of substance, of flesh and bone, fiber and liquids [...] I am invisible [...] simply because people refuse to see me.«

22 Patricia Hills, *Alice Neel*, New York 1983, S. 55.

23 Umberto Eco, *The Open Work*, übersetzt v. Anna Cancogni, Cambridge, Massachusetts 1989, letzter Zugriff am 27. Februar 2016 http://monoskop.org/images/6/6b/Eco_Umberto_The_Open_Work.pdf

24 Gespräch mit dem Verfasser.

25 Neel, zitiert nach Cindy Nemser, *Conversations with 12 Women Artists*, New York 1975, S. 132: »Mein Sohn Hartley verkörperte die ganze Jugend jener Tage. In diesem 1966 entstandenen Porträt war er fünfundzwanzig, ihm drohte Vietnam und alles, was der damaligen Jugend sonst noch drohte.« – »My son Hartley represented all the youth of that day. In this portrait of him in 1966 he was twenty-five and threatened with Vietnam and with everything else that threatened the youth of that day.«

26 Mark Greif, *The Age of the Crisis of Man: Thought and Fiction in America, 1933–1973*, Princeton und Woodstock 2015.

27 Hills 1983 (wie Anm. 22), S. 89: »Alice Neel has never allowed them to dehumanize her. This is heroic in American painting, where for the past fifteen years Humanity has been rejected, its place given to the mechanical perversions, patent-leather nightmares and other sick symbols of a dying order.«

28 *Alice Neel*, eine Broschüre von *Elke M. Solomon*, Ausst.-Kat. Whitney Museum of American Art, New York 1974, o. S.: »Man in our present society cannot compete with the forces against which he is pitted, so he technologizes himself and denies his own humanity. He cannot control the technological forces created by his intellect and therefore seeks to ape the lack of feeling of his own inventions, not realizing that without him they would be mere empty shells.«

29 Greif 2015 (wie Anm. 26), S. 8: »Man became at midcentury the figure everyone agreed must be addressed, recognized, helped, rescued, made the center, the measure, the ›root‹, and released for ›what was in‹ him.«

30 Greif 2015 (wie Anm. 26), S. 9, nennt folgende Beispiele: Ernst Cassirer, *An Essay on Man. An Introduction to the Philosophy of Human Culture*, New Haven 1944; Lewis Mumford, *The Condition of Man*, New York 1944; Martin Buber »What is Man«, in: Martin Buber, *Between Man and Man*, New York 1948.

31 Mumford 1944 (wie Anm. 30), S. 393: »Modern man is the victim of the very instruments he values most.«

32 Judith Higgins, »Alice Neel and the Human Comedy«, *ARTnews*, Oktober 1984, S. 75: »I love to paint people mutilated and beaten up by the rat race in New York.«

33 In einem unveröffentlichten Interview am 12. September 1975 erklärte Neel, sie habe José Ortega y Gassets *The Dehumanisation of Art* (1925) gelesen, das ihr Ehemann Carlos Enríquez auf ihre Bitte hin aus dem Spanischen übersetzt habe. Interview im Archiv des Estate of Alice Neel.

34 Robert Penn Warren, »William Faulkner«, in: *Selected Essays*, New York 1958, S. 65; zitiert nach Greif 2015 (wie Anm. 26), S. 119: »[as] the enemy of the human, as abstraction, as mechanism«

35 Michael Leja, *Reframing Abstract Expressionism. Subjectivity and Painting in the 1940s*, New Haven und London 1993.

36 Trillings 1948 in der *Partisan Review* erschienener einflussreicher Essay »Art and Fortune« wurde viel gelesen. Greif 2015 (wie Anm. 26), S. 104–107, erörtert ihn ausführlich.

37 William Faulkner, »I Decline to Accept the End of Man«, *Perspectives USA*, Pilotausgabe, Januar 1952, S. 5 f., zitiert nach Greif 2015 (wie Anm. 26), S. 121 f.: »I decline to accept the end of man [...]. I believe that man will not merely endure; he will prevail. He is immortal, not because he alone among creatures has an inexhaustible voice, but because he has a soul, a spirit capable of compassion and sacrifice and endurance.«

38 1960 in New York veröffentlicht, erschien dies als Zitat in der Broschüre, die als Katalog zu Neels Ausstellung im Whitney Museum of American Art 1974 diente: »When I go to a show of modern work I feel that my world has been swept away — and yet I do not think it can be so that the human creature will be forever verboten. Thou shalt make no graven images.«

39 Peslikis war Künstlerin, feministische Aktivistin und Gründerin des New York Feminist Art Institute. Sie war auch Mitbegründerin der Zeitschrift *Women & Art*, die sich für Neel einsetzte.

Emotionale Werte

Dieser Aufsatz entstand im Sommer 2015 während eines Forschungsaufenthaltes am Getty Research Institute, Los Angeles. Ich danke Thomas W. Gaehtgens, dem Direktor des GRI, und A. Alexa Sekyra, der Leiterin des Scholar-

Programs, für die Möglichkeit, die ausgezeichneten Bestände der Bibliothek und der Special Collections zu nutzen.

1 Vgl. *Post-War and Contemporary Art. Evening Sale,* Auktionskatalog (8. November 2005), Christie's, New York 2005, S. 156, Lot 41.

2 Vgl. Patricia Hills, *Alice Neel*, New York 1983, S. 60. In der ersten Reihe marschiert rechts, in Anzug und Krawatte, der kommunistische Maler Sid Gottcliffe. Außer ihm wurde keiner der Demonstranten namentlich identifiziert. Neel schuf 1953 ein unbetiteltes Gemälde derselben Person, das vom damaligen Besitzer, der William Louis-Dreyfus Foundation, den Titel *Portrait of Welsh Poet Sid Gottcliffe* [sic] zugewiesen bekam. Da sich ein Dichter dieses Namens nicht nachweisen lässt, ist anzunehmen, dass der gleichnamige amerikanische Maler (*1899 in England, †1969 in den USA) dargestellt ist.

3 Die Gruppenausstellung versammelte eine Reihe von Künstlern, die der American Artists' Congress ausgezeichnet hatte. Der American Artists' Congress, der sich gegen Krieg und Faschismus richtete, fand vom 14.–16. Februar 1935 unter Beteiligung von etwa 500 Künstlern in der New York Town Hall statt. Vgl. Serge Guilbaut, *How New York stole the idea of modern art. Abstractionism, freedom and the Cold War*, Chicago 1984, S. 19–21; Andrew Hemingway, *Artists on the Left. American Artists and the Communist Movement 1926–1956,* New Haven und London 2002, S. 123–130.

4 Emily Genauer, »New Fall Exhibits Feature by Tyros' Promising Efforts«, in: *New York World Telegram*, 12. September 1936: »Alice Neel brandishes aloft the torch which she and the members of the Artists Union along with her hope will eventually lead to enlightenment and the destruction of Fascism. One, depicting a workers' parade, would be an excellent picture from the point of view of color, design and emotional significance if the big bold black-and-white sign carried by one of the marchers at the head of the parade, didn't throw the rest of the composition completely out of gear by serving to tear a visual hole in the canvas.«

5 Der *Einzug Christi in Brüssel im Jahre 1889* war in den USA eines der bekanntesten Gemälde von Ensor; vgl. E. M. Benson, »James Ensor«, in: *Parnassus,* Jg. 6, Nr. 2, 1934, S. 1–3. Die Zeitschrift *Parnassus* wurde von der New Yorker College Art Association herausgegeben.

6 Hills 1983 (wie Anm. 2), S. 60: »But if they have noticed that sign, thousands of Jews might had been saved.«

7 Vgl. Hills 1983 (wie Anm. 2), S. 60; Pamela Allara, *Pictures of People. Alice Neel's American Portrait Gallery*, Hanover, und London 1998, S. 66–67; Phoebe Hoban, *Alice Neel. The Art of Not Sitting Pretty,* New York 2010, S. 86, S. 118, S. 344. Für die von Hoban erwähnte Mitgliedschaft in der kommunistischen Partei wurde bislang noch kein dokumentarischer Nachweis veröffentlicht (vgl. Hoban 2010, S. 116). Wegen ihres Kontakts zur kommunistischen Partei stand Neel mindestens bis 1951 unter der Überwachung des FBI (vgl. Hoban 2010, S. 425, Fußnote 82).

8 So berichtete z. B. die *New York Times* am 11. Mai 1933 über Demonstrationen gegen das Hitler-Regime in New York, Chicago und Philadelphia. In New York bildete der von vielen Deutschstämmigen bewohnte Stadtteil Yorkville an der Upper East Side ein Zentrum des Protests, in dem viele Kundgebungen stattfanden (vgl. u. a. *New York Times*, 10. September 1933; 11. Mai 1934; 9. März 1935; 10. Oktober 1935). Die Berichterstattung enthielt meist Informationen über wirtschaftliche Sanktionen gegen die jüdische Bevölkerung. Über Konzentrationslager, in denen 1935 jüdische Heimkehrer ebenso wie Sozialisten und Kommunisten inhaftiert wurden, berichtete z. B. die *New York Times* am 9. März und am 10. Oktober 1935. Eine weitere Massendemonstration gegen das nationalsozialistische Regime fand im Vorfeld der Teilnahme der USA an den Olympischen Spielen 1936 in Deutschland statt (vgl. *New York Times*, 13. November 1935; 19. November 1935; 22. November 1935).

9 Anonym, »Bernhard says now crush all Jews«, in: *New York Times,* 20. Juni 1936: »Consequently [...] the entire German Jewry is now exposed to torture and slavery. It is the fate of these masses the civilized world should be worried about.«

10 Zit. nach Hills 1983 (wie Anm. 2), S. 184: »But Munch I never saw in the beginning. I did a painting, and you'll swear that I was influenced by Munch, but I hadn't even heard of him yet«. Neel hatte zumindest Anfang 1928 eine Gelegenheit, Gemälde von Edvard Munch in der Ausstellung *Carnegie International*, Brooklyn Museum, zu sehen; vgl. Michael Parke-Taylor, »›The Scarlet Trail of the Serpent‹. The Reception of Edvard Munch in America, in: *The symbolist prints of Edvard Munch. The Vivian and David Campbell Collection*, hrsg. von Elizabeth Prelinger und Michael Parke-Taylor, Ausst.-Kat. Art Gallery of Ontario, Toronto 1996, S. 23–48.

11 Grosz' Porträt des Schriftstellers Max Herrmann-Neiße in der Fassung von 1927 wurde 1931 in der Ausstellung *German Painting and Sculpture* des Museum of Modern Art gezeigt und im Katalog abgebildet; vgl. *German Painting and Sculpture,* Ausst.-Kat. Museum of Modern Art, New York 1931, S. 22, Kat. Nr. 19.

12 Vgl. Cindy Nemser, *»Alice Neel. Teller of Truth«*, in: *Alice Neel. The Woman and Her Work,* hrsg. von William D. Paul Jr. und Cindy Nemser, mit Aussagen von Dorothy Pearlstein, Raphael Soyer und Alice Neel, Ausst.-Kat. Georgia Museum of Art, Athens, Georgia 1975, o. S.; Ronald A. Kuchta, »Foreword«, in: *Paintings by three American Realists. Alice Neel, Sylvia Sleigh, May Steven,* Ausst.-Kat. Everson Museum of Art, Syracuse, N.Y 1976, S. 4; Phyllis Derfner, »Introduction«, ebd., S. 7–15, S. 7; Ellen H. Johnson, »Alice Neel's Fifty Years of Portrait Painting«, in: *Studio International,* Nr. 193, 1977, S. 174–179; Allara 1998 (wie Anm. 7), S. 8; Pamela Allara, »Object as Metaphor in Alice Neel's Non-Portrait Work«, in: *Exterior Interior. Alice Neel*, hrsg. von Pamela Allara, Ausst.-Kat. Tisch Gallery at Aidekman Arts Center, Tufts University, Medford 1991, S. 5–38, S. 6 ff.; Eleanor C. Munro, *Originals. American Women Artist,* Boulder 2000, S. 121.

13 Vgl. Hills 1983 (wie Anm. 2), S. 184; Lawrence Alloway, »Review of ›Alice Neel‹ by Patricia Hills«, in: *Art Journal*, Jg. 44, Nr. 2, 1984. S. 191 f. (Typoskript des Artikels, Los Angeles, Getty Research Institute, Special Collections, Lawrence Alloway Papers, Box 26, Folder 4).

14 Zit. nach Hills 1983 (wie Anm. 2), S. 90: »a combination of realism and expressionism«.

15 Vgl. Hills 1983 (wie Anm. 2), S. 13; Munro 2000 (wie Anm. 12), S. 123. Zur School of Design vgl. Gerald L. Belcher und Margret L. Belcher, *Collecting Souls, Gathering Dust. The Struggles of Two Women Artists. Alice Neel and Rhoda Medary*, New York 1991, S. 9 ff.

16 Vgl. Mark Hain, »Coming into Focus. Two Hundred Years of Building a Collection«, in: *Pennsylvania Academy of the Fine Arts, 1805–2005,* Philadelphia 2005, S. 29–41. 1920 fand dort die Ausstellung *Painting and Drawings by Representative Modern Masters*, 1921 *American Modernists* und 1923 *Contemporary European Painting and Sculpture* statt.

17 Zit. nach Hills 1983 (wie Anm. 2), S. 13: »I didn't want to be taught Impressionism [...] I didn't see life as a *Picnic on the Grass*. I wasn't happy like Renoir.«

18 Karl E. Fortess und Alice Neel, »When I was very small« (Audio Interview, 12. September 1975), Smithsonian Archives of American Art, Washington, D.C., Karl E. Fortess taped interviews with artists [1963–1985], zit. nach Hoban 2010 (wie Anm. 7), S. 20: »I didn't want to be taught a formal form.«

19 Alice Neel, *Bloomsbury State College Lecture*, 21. März 1972 [Typoskript], Washington, D.C., Smithsonian Archives of American Art, Alice Neel Papers, Series 2: Writings and Notes, ca. 1960–1979, Box 1, Folder 2: »philosophy about life«.

20 Zit. nach Hills 1983 (wie Anm. 2), S. 13: »very dogmatic«; vgl. ebd. 13 ff.; Munro 2000 (wie Anm. 12), S. 124.

21 Vgl. Allara 1998 (wie Anm. 7), S. 18.

22 Robert Henris *The Art Spirit* erschien in erster Auflage 1923 in Philadelphia. Alice Neel schenkte ein Exemplar in Kuba dem Schriftsteller Alejo Carpentier; vgl. Hoban 2010 (wie Anm. 7), S. 24.

23 Zit. nach Paul Avrich, *The Modern School Movement, Anarchism and Education in the United States,* Princeton 1980, S. 146: »What we need is more sense of the wonder of life and less of this business of making a picture.«

24 Zit. nach Belcher und Belcher 1991 (wie Anm. 15), S. 51: »a fresh new concern for everyday objects and an awareness of new trends in painting«.

25 Vgl. Juan A. Martinez, *Cuban Art and National Identity, 1927–1950*, Gainesville, 1994, S. 5 ff.

26 *Revista de avance*, Jg. 3, Nr. 22, 1928, S. 112 (Max Ernst); S. 124 (George Grosz); Jg. 4, Nr. 33, 1929, S. 101 (Egon Schiele). Werkangaben zu den Illustrationen fehlen.

27 Vgl. Stephanie Barron, »The Embrace of Expressionism: The Vagaries of Ist Reception in America«, in: *German Expressionist Prints and Drawings. The Robert Gore Rifkind Center for German Expressionist Studies*, Ausst.-Kat. Los Angeles County Museum of Art 1989, 2 Bde., Bd. 1, S. 131–149; Pamela Kort, »The Myths of Expressionism in America«, in: *New Worlds. German and Austrian Art 1890–1940*, hrsg. von Renée Price, Ausst.-Kat. Neue Galerie, New York 2001, S. 260–293; Gregor Langfeld, *Deutsche Kunst in New York. Vermittler – Kunstsammler – Ausstellungsmacher*, Berlin 2011.

28 Ruth L. Bohan, *The Société Anonyme's Brooklyn Exhibition. Katherine Dreier and Modernism in America*, Ann Arbor 1982.

29 Vgl. Margaret Sterne, *The Passionate Eye. The Life of William R. Valentiner*, Detroit 1980.

30 Vgl. Anja Tiedemann, *Die »entartete« Moderne und ihr amerikanischer Markt, Karl Buchholz und Curt Valentin als Händler verfemter Kunst (Schriften der Forschungsstelle »Entartete Kunst«, 8)*, Berlin 2011, S. 156; Katrin Engelhardt, *Ferdinand Möller und seine Galerie. Ein Kunsthändler in Zeiten historischer Umbrüche*, Diss. Universität Hamburg, 2013, S. 44–46 (http://ediss.sub.uni-hamburg.de/volltexte/2013/6507/, letzter Zugriff am 14. September 2015).

31 Anonym, »Modern German Art«, in: *New York Times*, 7. Oktober 1923, S. X12: »an unpleasant surprise«.

32 Vgl. Sterne 1980 (wie Anm. 29), 143 f.; zu den Kritiken vgl. Langfeld 2011 (wie Anm. 27), S. 62 ff.

33 Wilhelm R. Valentiner, »Introduction«, in: *A collection of Modern German Art*, Ausst.-Kat. Anderson Galleries, New York 1923, S. 2–9, S. 2: »But there is also an art that is life itself that rises out of the depth like a cry, and it carries the deepest expression of humanity.«

34 Der Katalog der *Sonderbund*-Ausstellung von 1912 beschrieb den Expressionismus als eine internationale Kunstströmung; Vgl. *Internationale Kunstausstellung des Sonderbundes westdeutscher Kunstfreunde und Künstler zu Cöln*, Ausst.-Kat., Köln 1912, S. 3–5, S. 3; Ashley Bassie, *Expressionism*, New York 2008, S. 7; Uwe Fleckner, »Die internationale Avantgarde des Expressionismus«, in: *Gauklerfest unterm Galgen. Expressionismus zwischen »nordischer« Moderne und »entarteter« Kunst (Schriften der Forschungsstelle »Entartete Kunst«, 9)*, hrsg. von Uwe Fleckner und Maike Steinkamp, Berlin 2015, S. 3–9.

35 Vgl. Henry Brennecke, »Germany's New Storm and Stress«, in: *New York Times*, 16. April 1922, S. 49; Herman George Scheffauer, *New Visions in the German Arts*, New York 1924; Hermann Bahr, *Expressionism*, London 1925 (englische Übersetzung der deutschen Ausgabe von 1916).

36 Vgl. Penny Bealle, »J. B. Neumann and the introduction of Modern German Art to New York, 1923–1933«, in: *Archives of Art Journal*, Jg. 29, Nr. 1/2, 1989, S. 2–15; Karl-Heinz Meißner, »Israel Ber Neumann. Kunsthändler – Verleger«, in: *Avantgarde und Publikum. Zur Rezeption avantgardistischer Kunst in Deutschland 1905–1936*, hrsg. von Henrike Junge, Köln 1992, S. 215–224.

37 Vgl. Anabelle Kienle, Max *Beckmann in Amerika*, Petersberg 2008, S. 14 ff.; Gesa Jeuthe, *Kunstwerte im Wandel. Die Preisentwicklung der deutschen Moderne im nationalen und internationalen Kunstmarkt 1925 bis 1955 (Schriften der Forschungsstelle »Entartete Kunst«, 7)*, Berlin 2011.

38 Henry McBride, »First Exhibition by Max Beckmann«, in: *New York Sun*, 16. April 1927, zit. nach Kienle 2008 (wie Anm. 37), S. 15: »unquestionable strong painter«.

39 Anonym, »Beckmann's Art Portrays German Post-War Disillusion«, in: *New York Times*, 17. April 1927, S. X8: »selective mirror of life in post-war Central Europe«.

40 Anonym, »German Art Hailed«, in: *New York Times*, 3. September 1927, S. 15: »The greatest change in the art situation in Europe today has taken place in Germany. [...] In Germany art has become completely modernist.«

41 Vgl. *Twenty-Sixth annual International Exhibition of Paintings*, Ausst.-Kat. Carnegie Institute, Pittsburgh 1927. In der internationalen Jury der Ausstellung war 1927 mit Karl Hofer ein deutscher Künstler vertreten. Die Ausstellung wurde vom 13. Oktober bis 4. Dezember 1927 in Pittsburgh gezeigt sowie vom 9. Januar bis 19. Februar 1928 in New York und vom 2. April bis 13. Mai 1928 in San Francisco.

42 Elisabeth L. Cary, »Portraiture in Variety«, in: *New York Times*, 15. Januar 1928. Das Porträt Hugo Erfurths von Otto Dix wurde nicht abgebildet, dafür das Kinderporträt *Nelly in Blumen* (1924, Privatbesitz).

43 Helen Appleton Read, »National Characteristics in the Art are Emphasized at Carnegie International«, in: *Brooklyn Daily Eagle*, 15. Januar 1928, S 61: »The German section is in interesting contrast to the French and British. German painters care little for charm, but there is an earnestness [...] and always the psychological twist which gives their art a distinctive personality and interest. [...] Painting does not mean decoration or merely esthetic satisfaction to the German. It is and always has been a Weltanschauung (attitude toward life).« Zu Helen Appleton Read vgl. Carol Lowry, *A Legacy of Art. Paintings and Sculptures by Artist Life Members of the National Arts Club*, Hudson Hills 1927, S. 179.

44 Vgl. Valentiner 1923 (wie Anm. 33), S. 2.

45 Vgl. Edward Alden Jewell, »Dusseldorf A Mecca«, in: *New York Times*, 24. Juni 1928, S. X7; Anonym, »German Cartoonist Fined«, in: *New York Times*, 11. Dezember 1928, S. X5.

46 Vgl. Alfred Kuhn, »German Art of the Present Day«, in: *Survey graphic*, Jg. 14, Nr. 5, Sonderheft: The New Germany, 1929, S. 591–595; Anonym, »Modern German Art«, in: *New York Times*, 3. Februar 1929, S. 117.

47 Lina Goldschmidt, »Aspects of Current Art Season in Berlin«, in: *New York Times*, 23. März 1930. George Grosz leitete 1932 einen Sommerkurs an der Artist League, der große Aufmerksamkeit erregte, weil konservative Stimmen innerhalb des Verbandes sich gegen ihn aussprachen. 1933 siedelte er in die USA um; vgl. Jeuthe 2011 (wie Anm. 37), S. 73 f.

48 Vgl. Anonym, »Buy German Art Works«, in: *New York Times*, 3. September 1929, S. 7.

49 Lina Goldschmidt, »From Rembrandt to Nolde«, in: *New York Times*, 25. Mai 1930: »greatest living German painter«; Edward Alden Jewell, »Eleven Nations Show their Art«, in: *New York Times*, 10. August 1930, S. X7. Dix' Gemälde wurde mit dem Titel *Girl Resting* abgedruckt.

50 Vgl. New York 1931 (wie Anm. 11); Langfeld 2011 (wie Anm. 27), S. 72 ff.

51 Zur Ausstellung erschien ein Faltblatt, das die teilnehmenden Künstler und ihre Werke listete, allerdings ohne genauere Angaben; vgl. *Living Art Exhibition*, Faltblatt zur Ausstellung, Mellon Galleries, Philadelphia 1933, Washington, D.C., Smithsonian Archives of American Art, Alice Neel Papers, Series: Printed Material 1933–1983, Box 1,

Folder 24. Von den ausgestellten Werken der deutschen Künstler kann bislang nur Max Beckmann, *Künstler am Meer,* 1930, Öl auf Leinwand, 36,5 x 24 cm, Privatbesitz, sicher identifiziert werden.

52 Vgl. Belcher und Belcher 1991 (wie Anm. 15), S. 163 und S. 174.

53 Vgl. Munro 2000 (wie Anm. 12), S. 128: »Ich folgte nie einer Schule. Ich imitierte nie einen Künstler. [...] Ich glaube, dass ich eine Humanistin bin. Das ist die Art und Weise, wie ich die Welt sehe und das ist es, was ich male.« – »I never followed any school. I never imitated any artist. [...] I believe what I am is a humanist. That's the way I see the world, and that is what I paint.«

54 Vgl. *Social Concern and Urban Realism: American Paintings of the 1930s,* hrsg. von Patricia Hills mit einem Essay von Raphael Soyer, Ausst.-Kat. Boston University Art Gallery, Boston, MA 1983; *American Scene Painting and Sculpture. Dominant Style of the 1930's and 1940's*, Ausst.-Kat D. Wigmore Fine Art, New York 1988; *American Impressionism and Realism. The Painting of Modern Life, 1885–1915*, Ausst.-Kat. Metropolitan Museum, New York 1994; Bram Dijkstra, *American Expressionism. Art and Social Change 1920–1950*, New York 2003.

55 Vgl. Hoban 2010 (wie Anm. 7), S. 135.

56 Sheldon Cheney, *A Primer of Modern Art*, New York 1924, S. 192 und S. 194: »Expressionism escapes any such limitation of technique or method. It is distinguished only by a difference in approach to art. [...] shift from impressionistic surface values to emotional values, from imitation to expression.«

Ein »Marxist Girl« über den Kapitalismus

1 Tamar Garb beschreibt in ihrem Artikel »The human racetorntopieces. The Painted Portraits of Alice Neel« einige der Entwicklungen innerhalb der Kunst, die dazu führten, dass Neels Stil als altmodisch betrachtet wurde. In: *Alice Neel. Painted Truths,* hrsg. von Jeremy Lewison und Barry Walker, Ausst.-Kat. Museum of Fine Arts Houston, New Haven und London 2010, S. 16–33.

2 Die dominierende Rolle des Abstrakten Expressionismus hing zusammen mit Amerikas »kulturellem (kalten) Krieg«, den es gegen sozialistische Ideen führte. Welche Ausmaße dieser Krieg hatte, kann man lesen in Frances Stonor Saunders, *Who Paid the Piper? The CIA and the Cultural Cold War*, London 2000.

3 Neels Zeit in La Víbora in Havanna/Kuba und das, was kurz danach geschah, wird ausführlicher beschrieben in Gerald Meyer, »Alice Neel: The Painter and Her Politics«, in: *Columbia Journal of American Studies*, Jg. 9, 2009, S. 154 f.

4 Andrew Hemingway, *Artists on the Left. American Artists and the Communist Movement 1926–1956,* New Haven und London 2002, S. 248.

5 Joseph Mitchell, *Joe Gould's Secret*, New York 1965, S. 1–12. In diesem Buch stellt Mitchell Gould als Betrüger dar, als den Schriftsteller mit den »leeren Notizbüchern«. Als Reaktion darauf schicken ihm einige Leute Notizbücher von Gould, die in ihrer Gesamtheit doch einige Kapitel seiner ›Oral History‹ enthalten.

6 Neben dem Federal Writers Project gab es auch das Federal Arts Project der WPA (Works Progress Administration). Es war zur Zeit der Großen Depression gegründet worden, um Künstler zu unterstützen. Auch Alice Neel erhielt über die WPA von 1933 bis 1943 ein Stipendium. Zudem wurde sie Mitglied der sogenannten »easel-painting«-Abteilung der WPA. Neel bekam dort Künstlerbedarfsartikel, im Gegenzug lieferte sie alle sechs Wochen ein Bild.

7 Ein Kapitel wurde 1923 in *Broom: An International Magazine of the Arts* publiziert.

8 Informationen über das Porträt von Joe Gould in: Houston 2009 (wie Anm. 1), S. 204 und Pamela Allara, *Pictures of People. Alice Neel's American Portrait Gallery*, Hanover, New Hampshire und London 1998, S. 79–82.

9 Weiterführende Lektüre u. a. Hemingway 2002 (wie Anm. 4), S. 249–251.

10 Allara 1998 (wie Anm. 7), S. 142–145; Meyer 2009 (wie Anm. 3), S. 160 f.

11 Dies unterstellte, dass die Beats prokommunistisch waren, tatsächlich waren sie apolitisch. Sympathisanten des Kommunismus fühlten sich allerdings häufig zu der Gegenkultur der Beats hingezogen.

12 Im Grunde lediglich eine andere Methode, Gegenkulturen im Griff zu behalten.

13 Dieselbe Zeitschrift sollte zwei Jahre später anlässlich einer Überblicksausstellung von Neels Werken in der Reed Gallery in Oregon einen Beitrag von Hubert Crehan mit dem Titel »Introducing the Portraits of Alice Neel« veröffentlichen. Dies war für Neel die erste Rezension in einem landesweiten Medium.

14 Dieser Schritt passte exakt zu dem, was ihr vorschwebte: »Ich male gerne Menschen, die von all den Dingen zerrissen werden, die sie im New Yorker rat-race stören.« In: Patricia Hills, *Alice Neel*, New York 1983, S. 100.

15 Gerald L. Belcher und Margaret L. Belcher, *Collecting Souls, Gathering Dust. The Struggles of Two American Artists, Alice Neel and Rhoda Medary,* New York 1991, S. ix.

16 Phoebe Hoban, *Alice Neel. The Art of Not Sitting Pretty,* New York 2010, S. 273.

17 Eine interessante Begegnung, da die Pop Art dafür sorgte, dass der Abstrakte Expressionismus seine dominante Stellung verlor und Künstlern wie Alice Neel eine Bühne ermöglichte. Weiterführende Lektüre: u. a. Allara 1998 (wie Anm. 7), S. 179–184.

18 Susan Sontag, »Notes on Camp«, in: *Partisan Review*, 1964, S. 515.

19 Allara 1998 (wie Anm. 7), S. 184.

20 Ebd., S. 141.

21 Auf jeden Fall ist deutlich, dass er Gleichartigkeit als eine Konsequenz sowohl der konsumorientierten Kultur des Kapitalismus als auch der staatlichen Unterdrückung Russlands betrachtete. »Ich möchte, dass jeder gleich denkt [...] in Russland macht es die Regierung [...] Jeder sieht gleich aus und denkt das Gleiche, und mit uns geht es immer mehr in diese Richtung.« Andy Warhol, Interview mit Gene Swenson, »What is Pop Art?«, in: *Art News*, November 1963, S. 25.

22 Der Begriff »redstockings« ist eine Kombination aus dem Wort »bluestockings«, das für intellektuelle (heißt: nicht sexy) Frauen verwendet wird, und der roten Farbe des Sozialismus.

23 In dem Jahr, als Peslikis Eingang in Neels ›Visual History‹ fand, trug sie ferner zu dem »Oral History Project: Art World in Turmoil« für die Archives of American Art bei.

24 Allara 1998 (wie Anm. 7), S. 195 f.

25 Mutterschaft ist für Alice Neel ein wichtiges Thema. In ihrem œuvre findet sich eine große Anzahl von Gemälden schwangerer Frauen. Weiterführende Lektüre: u. a. Jeremy Lewison, »Showing the Barbarity of Life: Alice Neel's Grotesque«, in: Houston 2009 (wie Anm. 1), S. 34–63.

26 Über den Kontext von Neels Diapräsentationen: Meyer 2009 (wie Anm. 3), S. 174.

27 Balzacs *Comédie humaine* wird zu der bevorzugten belletristischen Lektüre von Marx und Engels gezählt.

28 Houston 2009 (wie Anm. 1), S. 252.

»I Hate the Use of the Word Portrait«

1 Im Film »Alice Neel« von Andrew Neel: »you see time happen«

2 Im Film »Alice Neel« von Andrew Neel. (Abb. 44)

3 Cindy Nemser, Alice Neel – Teller of Truth, in: *Alice Neel. The Woman and Her Work*, hrsg. von William D. Paul Jr. und Cindy Nemser, mit Aussagen von Dorothy Pearlstein, Raphael Soyer und Alice Neel, Ausst.-Kat. Georgia Museum of Art, Athens, GA. 1975, zitiert nach Patricia Hills, *Alice Neel*, New York 1983, S.105: »If they are very liberated people, I in turn feel very liberated and can paint them in a more liberated way«.

4 Hills 1983 (wie Anm. 3), S. 184: »My painting always includes the frame as part of the composition [...] Soutine is just like Rembrandt, inside the frame«

5 Im Film »Alice Neel« von Andrew Neel und im Bonustrack der DVD.

6 Ein Buchtitel bringt dies sehr schön auf den Punkt: *Alice Neel. The Art of not Sitting Pretty* von Phoebe Hoban, New York 2010.

7 Hills 1983 (wie Anm. 3), S. 141: »I do not pose my sitters, they unconsciously assume their most characteristic pose, which in a way involves all their character and social standing – what the world has done to them and their retaliation. And then I compose something around that.« Tatsächlich ist bekannt geworden, dass Alice Neel sehr wohl die Position der Modelle bestimmt oder beeinflusst hat. Dies zeigt Michel Auder in seinem Film über Alice Neel auf, wie sie die schwangere Margaret Evans malt, und er erklärt es auch im Interview im Philadelphia Katalog. Vgl. *Alice Neel*, hrsg. von *Ann Temkin,* Ausst.-Kat. Harry N. Abrams in Zusammenarbeit mit Philadelphia Museum of Art, New York 2000.

8 Bonustrack auf der DVD des Films *Alice Neel.*

9 Hills 1983 (wie Anm. 3), S.134: »There is a new freedom for women to be themselves, to find out what they really are.«

10 Jeremy Lewison verweist in *Alice Neel. Painted Truths,* hrsg. von Jeremy Lewison und Barry Walker, Ausst.-Kat. Museum of Fine Arts Houston, New Haven und London 2010, S. 43 auf Pamela Allara, who »maintains that pregnancy was not considered an appropriate subject by feminists because it threatened to provide evidence for the charge – certain to send women back to their suburban prisons – that ›anatomy is destiny‹« In: Pamela Allara, »›Mater‹ of Fact. Alice Neel's Pregnant Nudes«, in: *American Art*, Jg. 8, Nr. 2, 1994, S. 6–31.

11 Der damalige Kunstkritiker der Village Voice.

12 Brigid Berlin, *Polaroids*, London 2015, S. 144: »Andy asked me to go with him to Alice Neel's because he was afraid to go to Harlem by himself. I couldn't believe we were going all the way up there.«

13 Hills 1983 (wie Anm. 3), S. 49. Joe Gould, ein heruntergekommener Schriftsteller, Beat, oder Tramp, der an »The Oral History of Our Time« schrieb, man nannte ihn Professor Seagull, er nannte es auch »the shirt-sleeved multitude«. Vgl. Joseph Mitchell, »Joe Gould's Secret«, in: New Yorker, 19. September 1964, S. 61 und Jill Lepore, »Joe Gould's Teeth«, in: *New Yorker*, 27. Juli 2015.

14 Hills 1983 (wie Anm. 3), S. 183: »I get so identified when I paint them, when they go home I feel frightful. I have no self – I've gone into this other person. And by doing that, there's a kind of something I get that other artists don't get [...] That's right. It is my way of overcoming alienation. It's my ticket to reality.«

15 Pamela Allara, *Pictures of People. Alice Neel's American Portrait Gallery*, Hanover, New Hampshire und London 1998, S. 75: »One plus one plus one is a crowd.«

16 Man sehe sich Robert Franks Film *Pull My Daisy*, 1959 an, wo sie an der Seite von Allen Ginsberg, Jack Kerouac, Gregory Corso und andern mythischen Größen auftritt. Abb. 48.

17 Houston 2010 (wie Anm. 10), S. 94.

18 Kunsthistorisch verstört 1983 Leo Steinberg mit seinem Essay *The Sexuality of Christ in Renaissance Art and in Modern Oblivion,* zweite überarbeitete Auflage, Chicago 1996, einen Teil der Gemeinde während sich seither das Thema Körper und Geschichte in der Theorie nun ins Uferlose ausgeweitet hat.

19 Klaus Theweleit und Rainer Höltschl, *Jimi Hendrix. Eine Biographie*, Berlin 2008, S. 16. Dieses Gespräch umkreist exemplarisch Hendrix' »Electric Body«, in ihm verlösche »der Ideologie-Körper des zwanzigsten Jahrhunderts, der Gehorsamkeitskörper der faschistischen Blöcke wie auch der Zurichtungskörper der sozialistischen Überzeugungs-Garden«.

20 Transformer: Aspekte der Travestie, (17.3.–15.4.1974) in der mit Katharina Sieverding sich allerdings eine einzige Frau unter den partizipierenden Künstlern befand (mit Urs Lüthi, Jürgen Klauke, Luciano Castelli, Luigi Ontani, Pierre Molinier, Tony Morgan, Walter Pfeiffer, Andrew Sherwood, Alex Silber, The Cockettes, Andy Warhol).

21 Hills, 1983 (wie Anm. 3), S. 134: »No matter what the rules are, when one is painting one creates ones's own world.«

Das soziale Bewusstsein einer modernen Frau

1 Linda Nochlin, »Why Have There Been No Great Women Artists?«, in: *ARTnews*, Januar 1971, S. 22–39, 67–71: »[The] romantic, elitist, individual-glorifying and monograph-producing substructure upon which the profession of art history is based.«

2 Nicht zu verwechseln mit dem Los Angeles County Museum of Art, welches unter derselben Abkürzung firmiert.

3 Phoebe Hoban, *Alice Neel. The Art of Not Sitting Pretty,* New York 2010, S. 266: »Women terrified me. I thought they were stupid because all they did was keep children and dogs in order.«

4 Ebd., S. 7: »I am the century.«

5 Annamari Vänskä, »Gender and Sexuality, 1920–2000s«, in: F*ashion in the Modern Age (1920–2000) (Bloomsbury Series on Cultural History of Fashion & Dress, 6),* hrsg. von Alexandra Palmer, London und New York, 2016: »[T]he new breed of women«.

6 Hoban 2010 (wie Anm. 2), S. 20: »I didn't want to be taught a formal form. At least where I went it wasn't too organised, but you had freedom. You could do as you wanted, which was the most important thing in my life.«

7 Ebd., S. 27: »[I] didn't want to pour tea [or to wear] fluffy dresses«

8 Eleanor V. Munro, »Alice Neel«, in: *Originals. American Women Artists,* New York 1979, S. 124, zit. nach Hoban 2010 (wie Anm. 2). S. 27: »I worked so hard [...] not for my own family, but for all the poor in the world. Because when I'd go into the school, the scrubwomen would be coming back from scrubbing office floors all night. It killed me that these old gray-headed women had to scrub floors, and I was going in there to draw Greek statues.«

9 Ebd., S. 21: »I didn't see life as *Picnic on the Grass*. I wasn't happy like Renoir.«

10 Annamari Vänskä, *Fashionable Childhood. Children in Fashion Advertising*, London und New York 2016.

11 Andrew Neel, *Alice Neel*, SeeThink Productions 2007: »I think it's disgusting. I mean, I'm conservative, but, I'm not, you know, fuddy-duddy. And I would never have my children, naked, like that, standing for a photograph or a painting. I, I just don't think it's correct. All that genitalia, you know... (laughs nervously) and it was very pronounced in that picture... I, I think it's ugly.«

12 Jeremy Lewison, »The Detached Gaze«, in: *Alice Neel. Painted Truths,* hrsg. von Jeremy Lewison und Barry Walker, Ausst.-Kat. Museum of Fine Arts Houston, New Haven und London 2010, S. 234

Ausgewählte Literatur

Schriften von Alice Neel

Alice Neel, »A Statement«, in: *The Hasty Papers. A One-Shot Review*, hrsg. von Alfred Leslie und Robert Frank, New York 1960, S. 50.

Vortrag in *Alice Neel: Paintings 1933–1982*, hrsg. von Ann Sutherland Harris, Ausst.-Kat. Art Gallery Los Angeles, Los Angeles, California 1983.

Monografien

Pamela Allara, *Pictures of People. Alice Neel's American Portrait Gallery*, Hanover, New Hampshire und London 1998.

Gerald L. Belcher und Margaret L. Belcher, *Collecting Souls, Gathering Dust. The Struggles of Two American Artists, Alice Neel and Rhoda Medary,* New York 1991.

Kirsty Bell, *The Artist's House from Workplace to Artwork,* Berlin 2013, S. 86–97.

Carolyn Carr, *Alice Neel: Women*, New York 2002.

Andrew Hemingway, *Artists on the Left. American Artists and the Communist Movement 1926–1956,* New Haven und London 2002.

Patricia Hills, *Alice Neel*, New York 1983.

Phoebe Hoban, *Alice Neel. The Art of Not Sitting Pretty,* New York 2010.

Richard Leppert, *The Nude. The Cultural Rhetoric of the Body in the Art of Western Modernity,* Boulder, Colorado 2007, S. 149–151, 153–155, 191–193.

Eleanor V. Munro, »Alice Neel«, in: *Originals. American Women Artists,* New York 1979, S. 120–130.

Cindy Nemser, »Alice Neel«, in: *Art Talk. Conversations with 12 Women Artists*, New York 1975, S. 97–122.

Linda Nochlin, *Bathers, Bodies, Beauty. The Visceral Eye*, Cambridge, Massachusetts 2006, S. 224–230.

Anne Middleton Wagner, *Mother Stone. The Vitality of Modern British Sculpture,* New Haven und London 2005, S. 76–80.

Kataloge Einzelausstellungen

Alice Neel: Black and White, Ausst.-Kat. Robert Miller Gallery, New York 2002.

Exterior Interior. Alice Neel, hrsg. von Pamela Allara, Ausst.-Kat. Tisch Gallery at Aidekman Arts Center, Tufts University, Medford, Massachusetts 1991.

Kirsty Bell, »Her Family and Other Animals«, in: *Alice Neel. My Animals and Other Family*, Ausst.-Kat. Victoria Miro Gallery, London 2014.

Alice Neel. Paintings Since 1970, mit einem Interview geführt von Ted Castle, Ausst.-Kat. Pennsylvania Academy of the Fine Arts, Philadelphia, Pennsylvania 1985.

Alice Neel. Drawings and Watercolors, mit einem Beitrag von John Cheim, Ausst.-Kat. Robert Miller Gallery, New York 1986.

Alice Neel in Spanish Harlem, Katalog von Henry Geldzahler, Ausst.-Kat. Dia Center for the Arts, Bridgehampton, New York 1991.

Paintings by Alice Neel, mit einem Beitrag von Mike Gold, Ausst.-Kat. New Playwrights Theatre, New York 1951.

Tim Griffin, »A Scene of Her Selves«, in: *Alice Neel. Late Portraits and Still Lifes,* Ausst.-Kat. David Zwirner, New York und Santa Fe, New Mexico 2012.

Alice Neel: Paintings 1933–1982, hrsg. von Ann Sutherland Harris, Ausst.-Kat. Art Gallery Los Angeles, Los Angeles, California 1983.

Alice Neel: Paintings from the Thirties, hrsg. von Wayne Koestenbaum, Ausst.-Kat. Robert Miller Gallery, New York 1997.

Alice Neel, mit einem Beitrag von Elisabeth Lebovici, Ausst.-Kat. Xavier Hufkens, Brüssel 2015.

Alice Neel. A Chronicle of New York 1950–1976, mit einem Beitrag von Jeremy Lewison, Ausst.-Kat. Victoria Miro Gallery, London 2004.

Alice Neel. Painted Truths, hrsg. von Jeremy Lewison und Barry Walker, Ausst.-Kat. Museum of Fine Arts Houston, New Haven und London 2010.

Jeremy Lewison, »Alice Neel and her Legacy«, in: *Alice Neel: People and Places. Paintings by Alice Neel*, Ausst.-Kat. Gallery Hyundai, Seoul 2013.

Alice Neel Drawings and Watercolours 1927–1978, mit Beiträgen von Jeremy Lewison und Claire Messud, Ausst.-Kat. David Zwirner, New York 2015.

Alice Neel. Nära Relationer / Intimate Relations, hrsg. von Bera Nordal, Ausst.-Kat. Nordiska Akvarellmuseet, Skärhamn 2013.

Alice Neel. The Woman and Her Work, hrsg. von William D. Paul Jr. und Cindy Nemser, Ausst.-Kat. Georgia Museum of Art, Athens, Georgia 1975.

Elizabeth Peyton, »On Alice Neel«, in: *Alice Neel. Pictures of People*, Ausst.-Kat. Galerie Aurel Scheibler, Berlin 2007.

Adam Phillips, »Sitting Targets«, in: *Alice Neel. Family,* Ausst.-Kat. The Douglas Hyde Gallery, Dublin 2011.

Alice Neel. Paintings and Drawings, hrsg. von *Aurel Scheibler,* Ausst.-Kat. Galerie Aurel Scheibler, Berlin 2010.

Paintings by Alice Neel, mit einem Beitrag von Joseph Solman, Ausst.-Kat. ACA Gallery, New York 1950.

Alice Neel, eine Broschüre von Elke M. Solomon, Ausst.-Kat. Whitney Museum of American Art, New York 1974.

Robert Storr, »Interview«, in: *Alice Neel. The Cycle of Life*, Ausst.-Kat. Victoria Miro Gallery, London 2007.

Alice Neel, hrsg. von Ann Temkin, Ausst.-Kat. Harry N. Abrams in Zusammenarbeit mit Philadelphia Museum of Art, New York 2000.

Kataloge Gruppenausstellungen

Unfinished. Thoughts Left Visible, mit Beiträgen von Kelly Baum, Andrea Bayer and Sheena Wagstaff, Ausst.-Kat. Met Breuer, New York 2016.

WACK! Art and the Feminist Revolution, hrsg. von Cornelia Butler und Lisa Gabrielle Mark, Ausst.-Kat. The Geffen Contemporary at MOCA, Los Angeles, California 2007.

Nexus New York. Latin/American Artists in the Modern Metropolis, hrsg. von Deborah Cullen, Ausst.-Kat. El Museo del Barrio, New York und New Haven 2009.

Face Value. Portraiture in the Age of Abstraction, mit Beiträgen von Brandon Brame Fortune, Wendy Wick Reeves und David C. Ward, Ausst.-Kat. National Portrait Gallery, Smithsonian Institution Washington, D.C. in Zusammenarbeit mit D. Giles Limited, London 2014.

The Great Mother. Women, Maternity, and Power in Art and Visual Culture, 1900–2015, hrsg. von Massimiliano Gioni, Ausst.-Kat. Fondazione Nicola Trussardi, Milan 2015.

The Naked Portrait 1900–2007, mit Beiträgen von Martin Hammer, Ausst.-Kat. National Galleries of Scotland Edinburgh, Edinburgh 2007.

Women Artists 1550–1950, hrsg. von Ann Sutherland Harris und Linda Nochlin, Ausst.-Kat. Los Angeles County Museum of Art, Los Angeles, California 1976.

Social Concern and Urban Realism: American Paintings of the 1930s, hrsg. von Patricia Hills mit einem Essay von Raphael Soyer, Ausst.-Kat. Boston University Art Gallery, Boston, Massachusetts 1983.

Rabenmütter. Zwischen Kraft und Krise: Mütterbilder von 1900 bis heute, hrsg. von Elisabeth Nowak-Thaller, Ausst.-Kat. Lentos Kunstmuseum, Linz 2015.

Paint Made Flesh, hrsg. von Mark W. Scala, Ausst.-Kat. Frist Center for the Visual Arts, Nashville, Tennessee 2009.

Views from Abroad. European Perspectives on American Art 3: American Realities, hrsg. von Adam Weinberg, Ausst.-Kat. Whitney Museum of American Art, New York 1997.

Zeitschriften

Pamela Allara, »›Mater‹ of Fact. Alice Neel's Pregnant Nudes«, in: *American Art*, Jg. 8, Nr. 2, 1994, S. 6–31.

Lawrence Alloway, »Review of *Alice Neel* by Patricia Hills«, in: *Art Journal*, Jg. 44, Nr. 2, 1984, S. 191–192.

Lawrence Alloway, »Art«, in: *The Nation*, 9. März 1974, S. 318.

Denise Bauer, »Alice Neel's Feminist and Leftist Portraits of Women«, in: *Feminist Studies*, Jg. 28, Nr. 2, 2002, S. 375–395.

Denise Bauer, »Alice Neel's Portraits of Mother Work«, in: *NWSA Journal*, Jg. 14, Nr. 2, 2002, S. 102–120. Nachdruck in *Being and Becoming Visible. Women, Performance and Visual Culture*, hrsg. von Olga Mesropova und Stacey Weber-Féve, Baltimore 2010, S. 26–43.

Denise Bauer, »Alice Neel's Female Nudes«, in: *Woman's Art Journal*, Jg. 15, Nr. 2, 1994/95, S. 21–30.

Kirsty Bell, »Alice Neel«, in: *Frieze*, September 2007, letzter Zugriff am 27. Februar 2016, http://www.frieze.com/issue/review/alice_neel1/.

Ted Berrigan, »The Portrait and Its Double«, in: *ARTnews*, Jg. 64, Nr. 9, Januar 1966, S. 30–33 und S. 63f.

Mel Bochner, »In the Galleries: Alice Neel«, in: *Arts Magazine*, Jg. 40, Nr. 5, März 1966, S. 55.

Lawrence Campbell, »Reviews and Previews: Alice Neel, Jonah Kinigstein, Anthony Toney, Giacomo Porzano«, in: *ARTnews*, Jg. 59, Nr. 8, Dezember 1960, S. 13f.

Ted Castle, »Alice Neel«, in: *Artforum*, Jg. 22, Nr. 2, Oktober 1983, S. 36–41.

Hubert Crehan, »Introducing the Portraits of Alice Neel«, in: *ARTnews*, Jg. 61, Nr. 6, Oktober 1962, S. 44–47 und S. 68.

Henry Geldzahler, »Alice Neel«, in: *Interview*, Jg. 15, Nr. 1, Januar 1985, S. 86f., Nachdruck in Henry Geldzahler, *Making It New. Essays, Interviews, and Talks*, New York 1994, S. 232–241.

Mike Gold, »Alice Neel Paints Scenes and Portraits from Life in Harlem«, in: *Daily Worker*, 27. Dezember 1950.

John Gruen, »Collector of Souls«, in: *New York Herald Tribune*, 9. Januar 1966, Nachdruck als »Alice Neel«, in: John Gruen, *Close-Up*, New York 1968, S. 144–146.

Piri Halasz, »Alice Neel: ›I Have This Obsession with Life‹«, in: *ARTnews*, Jg. 73, Nr. 1, Januar 1974, S. 47–49.

Ann Sutherland Harris, »A Note on Alice's Greatness«, in: *ARTnews*, Jg. 75, Nr. 11, November 1977, S. 113.

Thomas B. Hess, »Art: Sitting Prettier«, in: *New York Magazine*, 23. Februar 1976, S. 62f.

Judith Higgins, »Alice Neel, 1900–1984«, in: *ARTnews*, Jg. 83, Nr. 10, Dezember 1984, S. 14.

Henry R. Hope, »Alice Neel: Portraits of an Era«, in: *Art Journal*, Jg. 38, Nr. 4, 1979, S. 273–281.

Ellen H. Johnson, »Alice Neel's Fifty Year's of Portrait Painting«, in: *Studio International*, Jg. 193, Nr. 987, März 1977, S. 174–179.

M. Lawrence, »Alice Neel Remembered«, in: *Art in America*, Jg. 89, Nr. 5, Mai 2001, S. 39.

Jeremy Lewison, »Beyond the Pale: Alice Neel and her Legacy«, in: *Art & Australia*, Jg. 48, Nr. 3, 2011, S. 502–513.

Thomas McEvilley, »Reviews: Alice Neel«, in: *Artforum*, Jg. 32, Nr. 9, Mai 1994, S. 97f.

Suzie MacKenzie, »Heroes and Wretches«, in: *Guardian Weekend*, 29. Mai 2004, letzter Zugriff am 27. Februar 2016, http://www.theguardian.com/artanddesign/2004/may/29/art.

Pat Mainardi, »Alice Neel at the Whitney Museum«, in: *Art in America*, Jg. 62, Nr. 3, Mai/Juni 1974, S. 107f.

Kito Nedo, »Ihre visuelle Chronik der New Yorker«, in: *Berliner Zeitung*, 23. Oktober 2007, letzter Zugriff am 27. Februar 2016, http://www.berliner-zeitung.de/archiv/ihre-visuelle-chronik-der-new-yorker,10810590,10513586.html.

Cindy Nemser, »Alice Neel: Portraits of Four Decades«, in: *Ms.*, Jg. 2, Nr. 4, Oktober 1973, S. 48–53.

Linda Nochlin, »Some Women Realists: Painters of the Figure«, in: *Arts Magazine*, Jg. 48, Nr. 8, Mai 1974, S. 29–33, Nachdruck in Linda Nochlin, *Women, Art, and Power and Other Essays,* New York 1988, S. 86–108.

John Perreault, »Catching Souls and Quilting«, in: *Village Voice*, 27. Februar 1974.

Nancy Princenthal, »About Faces: Alice Neel's Portraits«, in: *Parkett*, Nr. 16, 1988, S. 6–17.

Raphael Rubinstein, »Eros in Spanish Harlem«, in: *Art in America*, Jg. 88, Nr. 12, Dezember 2000, S. 102–109 und S. 131.

Jerry Saltz, »Alice Neel«, in: *Village Voice*, 25. Juli 2000, S. 65.

Jerry Saltz, »Notes on a painting: Alice Neel, painter laureate«, in: *Arts Magazine*, Jg. 66, Nr. 3, Oktober 1991, S. 25f.

Peter Schjeldahl, »Wild Life. Alice Neel's People«, in: *New Yorker*, 25. Mai 2009, S. 86–87.

Mira Schor, »Some Notes on Women and Abstraction and a Curious Case History: Alice Neel as a Great Abstract Painter«, in: *Differences: A Journal of Feminist Cultural Studies*, Jg. 17, Nr. 2, 2006, S. 132–160.

Gilda Williams, »Alice Neel. Whitechapel Gallery« in: *Artforum*, Oktober 2010, S. 286f.

Robert Silberman, »Alice Neel, Walker Art Center, Minneapolis«, in: *Burlington Magazine*, Jg. 143, Nr. 1181, August 2001, S. 518–519.

May Stevens, »The Non-Portrait Work of Alice Neel«, in: *Women's Studies*, Jg. 6, 1978, S. 61–73.

Ann Temkin, »Double Exposure«, in: *ARTnews*, Jg. 99 Nr. 5, Mai 2000, S. 138 und S. 140.

Julia Voss, »Chuck Close! Ich hasse Ihr Werk!«, in: *Frankfurter Allgemeine Zeitung*, 29. September 2007.

Jeff Weinstein, »Alice Neel«, in: *Artforum*, September 2000.

Jackie Wullschlager, »Familiar and unfamiliar visions of American art«, in: *Financial Times*, 2. Juni 2004.

Für eine vollständige Bibliographie besuchen Sie bitte http://www.aliceneel.com/bibliography/?mode=display

Index

Alle Verweise beziehen sich auf Seitenzahlen, kursive Nummern bezeichnen Seiten mit Abbildungen.

Autoren

Bice Curiger ist die künstlerische Direktorin der Fondation Vincent van Gogh Arles. Von 1993–2013 war sie Kuratorin am Kunsthaus Zürich, wo sie zahlreiche Ausstellungen organisierte wie „Birth of the Cool", 1997 und „Hypermental", 2000, die auch in den Deichtorhallen bzw. in der Hamburger Kunsthalle gezeigt wurden, sowie „Deftig Barock", 2012. Sie war 2011 die Direktorin der 54. Biennale in Venedig. Sie ist Mitbegründerin und Chefredakteurin von Parkett und Autorin vieler Publikationen zur Kunst.

Dr. Petra Gördüren lebt als freie Kunsthistorikerin und -forscherin in Berlin. Unter anderem Autorin und Redakteurin für das *Allgemeine Künstlerlexikon* bei De Gruyter, ist sie spezialisiert auf amerikanische Kunst des 19. und frühen 20. Jahrhunderts. Sie hat über die Beziehung zwischen Kunst und Wissenschaften ebenso publiziert wie über zeitgenössische Kunst, insbesondere das Porträt im späten 20. Jahrhundert.

Jeremy Lewison ist freier Kurator und Berater für die Betreuung von Alice Neels Nachlass. Ehemals Leiter der Sammlung an der Tate Gallery, organisiert er Ausstellungen und schreibt über moderne und zeitgenössische Kunst mit einem besonderen Interessensschwerpunkt auf amerikanischer Kunst. Unter anderem hat er Bücher und Kataloge über Jackson Pollock, Barnett Newman und Brice Marden verfasst.

Laura Stamps ist Kuratorin für moderne Kunst am Gemeentemuseum Den Haag, wo sie Ausstellungen organisiert und Texte hauptsächlich über Werke in der Sammlung schreibt. Ihre jüngste Ausstellung *Constant – New Babylon* wanderte, nachdem sie in Den Haag gezeigt worden war, ins Madrider Reina Sofia. Derzeit recherchiert Stamps für eine Lee-Bontecou-Ausstellung, die 2017 stattfinden soll.

Dr. Annamari Vänskä ist außerordentliche Professorin an der Universität Turku, in deren Kollegium sie als Forscherin arbeitet. Ihre fachlichen Schwerpunkte liegen in den Bereichen Modetheorie, visuelle Kultur, Bildgebungen der Konsumkultur, kritische Gendertheorie und Kindheitsstudien. Ihr Interesse gilt der Untersuchung, wie die kommerzielle Bildkultur, insbesondere in der Werbung, zur Formung von Identitäten eingesetzt wird, wie Kleider dechiffriert und zu Identitätskonstruktionen verwendet werden. Zurzeit arbeitet sie über den emotionalen Konsum in der Hundehaltung.

Bildnachweise

Alle Abbildungen unterliegen dem Copyright des Estate of Alice Neel mit folgenden Ausnahmen:

Art + Commerce / Mapplethorpe Foundation

Nancy Baer

Bridgeman Images

Brigid Berlin Courtesy / Vincent Fremont Enterprises, Inc.

Brian Buckley

Camera Press, London

Cathy Carver, New York

Centre Pompidou, MNAM-CCI, Dist. RMN-Grand Palais / Jean-Claude Planchet

Cheim & Read, New York

Christie's Images / Bridgeman Images

The Cleveland Museum of Art

John Cohen, Courtesy L. Parker Stephenson Photographs, New York

Giorgio Colombo, Mailand

David Zwirner, New York

De Agostini Picture Library / G. Nimatallah / Bridgeman Images

The Estate of Diane Arbus LLC Howcroft, Will

Lee Fatherree

Honolulu Museum of Art

J. Paul Getty Trust

Locks Gallery, Philadelphia

The Metropolitan Museum of Art / Art Resource / Scala, Florenz 2015

The Metropolitan Museum of Art / Art Resource / Scala, Florenz (Copy Photograph) 2016

Joseph Mills

Moderna Museet, Stockholm

Musée d'Orsay, Dist. RMN-Grand Palais / Patrice Schmidt

Museum of Fine Arts, Boston

The Museum of Fine Arts, Houston

The Museum of Modern Art, New York / Scala, Florenz

National Gallery of Art, Washington D.C.

Národní galerie in Prag 2016

National Museum of Women in the Arts / Lee Stalsworth

National Portrait Gallery / Smithsonian Institution / Scala, Florenz

Ethan Palmer

John Parnell (1995–11) / The Jewish Museum / Art Resource / Scala, Florenz 2015

Philadelphia Museum of Art

Privatsammlung

Rheinisches Bildarchiv, Köln

The Richard Avedon Foundation

RMN-Grand Palais (Musée d'Orsay) / Hervé Lewandowski

Paul Rogers

Det Kongelige Bibliotek, Dänemark

Smithsonian Museum of American Art, Washington D.C.

Tate, London 2015

Walker Evans Archive, The Metropolitan Museum of Art / Scala, Florenz

Whitney Museum of American Art, New York

Malcolm Varon, New York

Victoria & Albert Museum, London

Victoria Miro Gallery, London

Simon Vogel

Copyrights

Herausgeber
Jeremy Lewison

Herausgeber der deutschen Ausgabe
Dirk Luckow, Deichtorhallen Hamburg

Redaktion
Anu Utriainen, Ateneum Art Museum, Finnish National Gallery

Bildredaktion
Anna Luhtala, Finnish National Gallery

Produktion
Tijdsbeeld & Pièce Montée, Gent, unter Leitung von Ronny Gobyn und Rik Jacques

Koordination
Ann Mestdag, Mercatorfonds, Brüssel
Barbara Costermans, Tijdgeest, Gent

Lektorat
Basil Blösche, Stephanie Köhler, Malin Lindenberg, Sabine Seidel, Annette Sievert

Übersetzungen
Stefan Barmann S. 9–29, 56–63, 220–226, 238, Heike Reissig S. 64-219, (Englisch-Deutsch), Susanne George S. 40-47, (Holländisch-Deutsch)

Grafische Gestaltung und Satz
Yanne Devos, Tijdsbeeld & Pièce Montée, Gent
Schriften: Lyon Text (Kai Bernau) und Larsseit (Type Dynamic)
Papier: LuxoArt Samt 150 g/m2

Reproduktionen, Druck und Bindung
Graphius, Gent

Ausstellungs- und Katalogkoordination
Ateneum Art Museum, Finnish National Gallery
Direktorin Susanna Pettersson

Diese Publikation wurde von Mercatorfonds, Brüssel (Direktor: Bernard Steyaert) betreut.

Mit freundlicher Unterstützung von
FÖRDERKREIS DEICHTORHALLEN HAMBURG

Partner der Deichtorhallen
cewe BEST IN PRINT · UBS · OLYMPUS · WHITE & CASE · EY Building a better working world · KULTURPARTNER NDR kultur

Museumsausgabe:
ISBN 978-94-6230-151-1
D/2016/703/30

Deutsche Buchhandelsausgabe:
ISBN 978-3-7757-4176-7

Erschienen im
Hatje Cantz Verlag
Zeppelinstr. 32
73760 Ostfildern
Tel. +49 711 4405-200
Fax +49 711 4405-220
www.hatjecantz.de
Ein Unternehmen der Ganske Verlagsgruppe

Printed in Belgium

Umschlag vorne: Alice Neel, *Jackie Curtis and Ritta Redd*, 1970 (Kat. 52)
Umschlag hinten: Alice Neel, *The Family (Algis, Julie and Bailey)*, 1968 (Kat. 48)
Seite 2: Brigid Berlin, Polaroid von Alice Neel beim Malen von Andy Warhol, um 1970
Seiten 6/7: Alice Neel, *Mother and Child (Nancy and Olivia)*, 1967 (Kat. 46)
Seiten 64/65: Neel in ihrem Apartment in Spanish Harlem, um 1940, Fotografie von Sam Brody